ILÍADA

HOMERO

TRADUÇÃO **CHRISTIAN WERNER**

ILÍADA HOMERO

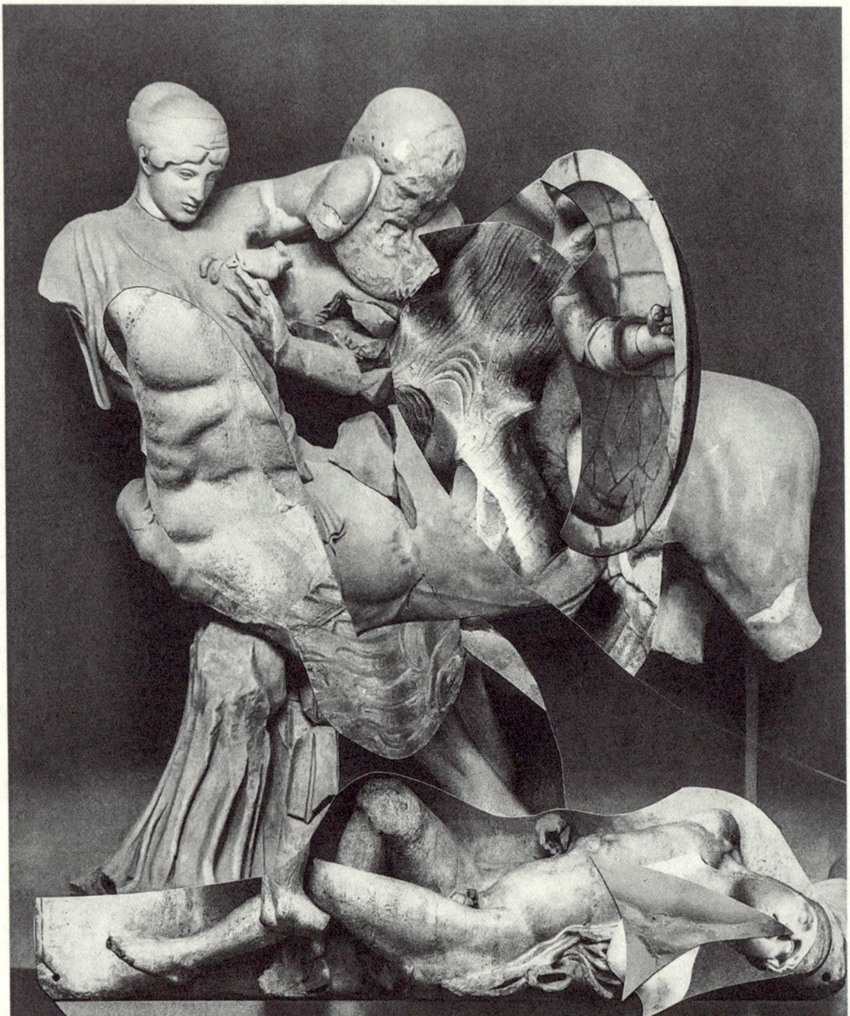

UMA POÉTICA DA (I)MORTALIDADE[1] CHRISTIAN WERNER

Grito de dor e brado de triunfo partiam dos varões
que matavam e morriam, e sangue corria na terra.
(*Ilíada*, 4, 450–51)

[...] *agora a moira me alcançou.*
Que eu não morra sem esforço e sem fama, mas tendo
feito algo grande que também os vindouros conheçam.
(22, 303–05)

Agora à morada de Hades, sob os confins da terra,
vais, e a mim abandonas, em luto odioso,
como viúva no palácio. O filho, ainda tão pequeno,
que geramos tu e eu, desventurados, nem tu para ele
serás um conforto, Heitor, pois morreste, nem ele para ti.
(22, 482–86)

1 O presente trabalho foi realizado com o apoio do Conselho Nacional de Desenvolvimento Científico e Tecnológico (CNPq). Os principais textos que influenciaram a leitura da *Ilíada* aqui apresentada são os seguintes: Redfield (1994); Nagy (1999); Schein (1984); Martin (1989); Rousseau (1996); Foley (1999); Graziosi (2002); Grethlein (2006); Koning (2010); e Halliwell (2011). Agradeço a Erika Werner, Leonardo Vieira e Camila Zanon pelos comentários feitos a este texto, e a Maria Emilia Bender, por mais uma jornada homérica, prazerosa e instrutiva.

A guerra e a fragilidade humana

O protagonista de *A marca humana*, romance de Philip Roth, proclama diante de seus alunos que a literatura ocidental iniciou com uma briga, aquela entre Aquiles e Agamêmnon (Roth 2014: 10–11). Essa afirmação não surpreende, pois é comum, ao pensarmos na *Ilíada*, focarmos seu esqueleto narrativo, qual seja, essa briga e sua sequência: o afastamento de Aquiles do combate, a intervenção de Pátroclo e sua morte, e o ódio de Aquiles contra Heitor, que o faz buscar a morte deste mesmo sabendo que, na sequência, sua morte é certa. Tal visão sinóptica, todavia, tende a concentrar as virtudes do poema em seu enredo, que, por sua vez e não por acaso, converge para o enredo-padrão de outro modelo clássico, a tragédia – em particular para o tipo de enredo que se verifica nas tragédias gregas que os séculos XIX e XX privilegiaram (*Agamêmnon*, *Antígona*, *Édipo Rei* e *Bacantes*, sobretudo), nas quais consequências funestas decorrem diretamente de uma ação executada por um sujeito que intencionava algo bem diferente.

Ao colocar o enredo da *Ilíada* em segundo plano e examinar sua poética, ganha-se uma visão mais abrangente e profunda da obra. No centro do enredo está, sim, a disputa entre Aquiles e Agamêmnon (1, 6), mas o que permeia todo o poema e lhe dá forma não é tanto essa briga singular, mas a noção geral de briga (*eris*), entendida como uma ação humana recorrente, manifestação da divindade de mesmo nome (*Eris*). Essa concepção de briga está no cerne da guerra tal como representada pelo poeta (11, 3–4): "Zeus enviou Briga às naus velozes dos aqueus, / a cruel, que levava o sinal do combate nas mãos".

Esses versos são a abertura da mais longa narração de um único dia no poema. Ele inicia, no canto 11, com um ataque aqueu liderado por Agamêmnon e termina no canto 18, com a produção das novas armas de Aquiles, já que Heitor se apossara das antigas após matar Pátroclo. Com exceção de breves momentos nos cantos 11 e 16 e da primeira metade do canto 18, Aquiles não participa da ação narrada. Isso colaborou para tornar esse longo trecho menos popular que os cantos 1, 9, 19, 22 e 24, bem mais empolgantes para a sensibilidade moderna devido a sua dramaticidade, vale dizer, a seus diálogos muito bem construídos, cuja exuberância se deve à participação de Aquiles. Outro canto querido da Antiguidade à modernidade é o sexto (Easterling 1984; Graziosi & Haubold 2006: 47–56), cujo apelo advém da forma como Homero cria cenas domésticas que acentuam o drama, no centro do qual estão Heitor e as mulheres que, por razões e de modos diferentes, reclamam sua presença em Troia: Hécuba, Helena e Andrômaca.

Examinando os textos da Grécia Antiga que chegaram até nós, a crítica em geral tende a considerar a *Ilíada*, e não a *Odisseia*, o modelo da poesia épica guerreira, um gênero narrativo tradicional que já no século V a.C. conhece um compositor canônico, Homero:

> Orfeu mostrou-nos os ritos e a abstinência de assassinatos;
> Museu, a cura de doenças e também oráculos; Hesíodo,
> o cultivo da terra, as estações dos frutos e as colheitas; e não tem
> o divino Homero honra e glória por ter ensinado coisas úteis,
> posicionamentos, ações excelentes e modos de os guerreiros se
> armarem? (Aristófanes, *Rãs*, 1032–36)[2]

2 Traduzo o texto grego de Wilson (2007). Trata-se de quatro poetas canônicos que escreveram no mesmo metro tradicional, o hexâmetro datílico; Platão, na *Apologia de Sócrates* 41a, também menciona os quatro, e nenhum outro

Nessa passagem, o comediógrafo ecoa uma opinião comum nesse período da história intelectual grega, em particular ateniense, em que pela primeira vez se procurou definir, de forma analítica, o que seria poesia e como ela se manifestaria. No trecho cômico, Homero é referido sobretudo como o autor da *Ilíada*, pois muito pouco se fala de táticas guerreiras na *Odisseia*: a grande batalha do poema, aquela entre Odisseu e os pretendentes de sua mulher, Penélope, ocorre dentro do salão da casa do rei; o cavalo de pau, a façanha que conquistou Troia, está no passado (Werner 2018). A excelência guerreira retratada na *Ilíada*, que se manifesta em táticas diversas e em virtudes como coragem e inteligência prática, ainda é digna de ser transmitida e celebrada no século dos historiadores Heródoto e Tucídides, narradores de grandes guerras (quase) contemporâneas a eles.

No século V a.C., poetas ainda se destacam entre as diversas figuras de sábios valorizadas em Atenas (Ford 2002; Kurke 2011). Poucos anos depois de Aristófanes, Platão, um intelectual que constitui sua prosa de forma visceralmente agônica em relação a outros discursos prestigiosos na cultura poética ateniense, debocha, no diálogo Íon, do tipo de conhecimento de um importante grupo de especialistas em poesia, os rapsodos que apresentavam as composições de Homero e Hesíodo, e faz com que Sócrates, por meio de uma redução ao absurdo, leve seu interlocutor, o rapsodo que dá nome ao diálogo, a concluir que os melhores generais por certo seriam os rapsodos especializados em sua poesia, vale dizer, na *Ilíada*, já que eles conheceriam os assuntos da guerra como ninguém.

poeta, como ótima companhia para Sócrates no Hades; cf. Werner & Lopes (2014) e Werner (2014).

Outro tipo de crítica, talvez já saliente na passagem de Aristófanes, diz respeito à comparação entre a temática guerreira típica da *Ilíada* e poemas como *Trabalhos e dias*, de Hesíodo, que focalizam as atividades humanas que exigem uma sociedade na qual vigorem a justiça e a paz. Uma dessas atividades é a agricultura, sempre interrompida nas imediações de uma cidade sob ataque inimigo, justamente a realidade ateniense em boa parte do último terço do século V a.C., a época de Aristófanes e do jovem Platão. Em uma composição em prosa mais ou menos contemporânea de Platão, o *Certame Homero-Hesíodo*,[3] esses dois poetas, diante de uma plateia composta de um rei e outros notáveis, digladiam-se por meio de seus versos, mais ou menos como os poetas trágicos Ésquilo e Eurípides nas *Rãs* de Aristófanes. Pelos resultados parciais na sequência de provas que visam testar a habilidade poética dos dois, Homero deveria sair vencedor. Todavia, quando se pede aos poetas que reproduzam seus mais belos versos, Hesíodo escolhe um trecho que fala do ciclo da semeadura e da colheita, e Homero, uma passagem bélica da *Ilíada* (13, 126–33 e 339–44), de sorte que o rei, por mais que a plateia continue a preferir Homero, opta por seu rival, "dizendo que era justo vencer quem conclamava à agricultura e à paz, não quem narrou combates e massacres" (Torrano 2005: 221).[4]

3 O *Certame* que chegou até nós é de um autor desconhecido do século II d.C. A maior parte do texto, porém, é composta de extratos de uma obra do intelectual Alcidamas, que atuou em Atenas no início do século IV a.C., e que, por sua vez, deve ter se servido de histórias correntes pelo menos desde o início do século V a.C.

4 Em outra composição do século V a.C., a comédia de Cratino intitulada *Os Arquílocos*, Homero perde para Arquíloco, igualmente um poeta canônico no século V a.C., que sai vitorioso por revelar que um poeta que celebra a guerra

Não são esses parâmetros bélicos, porém, que estão em jogo em uma das mais antigas citações de Homero na poesia grega (Kelly 2016); trata-se de um fragmento elegíaco:

> Uma coisa belíssima disse o homem de Quios:
> "como a geração das folhas é também a de varões".
> Poucos mortais, ao receberem isso em seus ouvidos,
> depositaram-no no peito. Há expectativa em cada
> homem, essa que cresce no âmago dos jovens.[5]

O "homem de Quios" é Homero, e o verso citado é da *Ilíada* (6, 146).[6] A outra parte recuperada do poema desenvolve o tema das ilusões enganadoras da juventude, refletindo, em chave elegíaca, uma temática que também está presente na épica homérica: a fragilidade da vida humana.

O verso faz parte da resposta que Glauco, um guerreiro lício, povo aliado dos troianos, dá a uma interpelação de Diomedes, extraordinário herói aqueu cuja *aristeia* se inicia no canto 5. *Aristeia* (plural: *aristeiai*) é a sucessão de façanhas individuais bem-sucedidas, em certo momento da batalha, de um herói que, dessa forma, confirma sua fama de *aristos*, "excelente", "o

só pode ser prejudicial a uma pólis. Como a comédia foi transmitida de forma bastante fragmentária, essa reconstrução do enredo é incerta, baseada em prováveis semelhanças com as *Rãs* e o *Certame Homero-Hesíodo* (Bakola 2010; Rotstein 2010).

5 Tradução minha do texto grego editado por West (1992: 123); é quase consenso, modernamente, atribuir essa passagem a Simônides, poeta que viveu entre os séculos VI e V a.C.

6 Quios é uma das cidades apontadas como berço de Homero; acerca da forma como se construiu sua biografia na Antiguidade grega, cf. Graziosi (2002) e Werner & Couto Pereira (2014), este último contendo a tradução de um exemplo desse tipo de biografia muito popular na Antiguidade.

melhor". Antes de se deparar com Glauco, seu suposto inimigo, Diomedes recebe instruções e uma força especial de Atena, e com isso consegue afastar do combate a deusa Afrodite e, num segundo momento, o próprio deus da guerra, Ares. Trata-se de uma passagem na narrativa em que um mortal, graças ao caráter notável de uma sucessão de vitórias que só é possível para alguém que tenha sido beneficiado por um deus, recebe um louvor superlativo de Homero. No caso de Diomedes, esse louvor se dá, por exemplo, por meio de uma avaliação que dele faz Heitor:

> [...] selvagem lanceiro, brutal mestre instigador de pânico,
> que afirmo ter-se mostrado o mais forte dos aqueus.
> Nem Aquiles tememos assim um dia, o líder de varões,
> que afirmam ter nascido de uma deusa; esse demais
> endoidece, e ninguém é capaz de igualar seu ímpeto. (6, 97–101)

Contudo, o louvor embutido na narração de Homero tem limites, o principal deles sendo a comparação de um herói a um deus.

O herói "feito uma divindade"

O arriscado poder quase divino de um herói transparece na fórmula "feito uma divindade" (5, 438; 16, 705; 21, 227 etc.). Embora a diferença fundamental entre mortais e imortais seja basilar na tradição poética da qual faz parte a *Ilíada* (Graziosi & Haubold 2005; Haubold 2013), essa fórmula não é trivial. Ao examinar o contexto em que é usada, verifica-se que seu sentido conotativo está distante da corriqueira fórmula em que "divino" é um epíteto que acompanha o nome de um herói, como "divino Aquiles" e "divino Odisseu", combinação na qual "divino" traduz o termo grego *dios*. O sentido originário desse adjetivo era "descendente de Zeus"; todavia, devido a sua onipresença nos dois poemas de Homero, não significa muito mais que "bem-nascido", "nobre" (Ruijgh 1995: 81), lembrando porém que "nobres", em Homero, são todos os heróis, que por definição sempre têm um ancestral divino.

"Feito uma divindade", por sua vez, é uma fórmula na qual "divindade" traduz o substantivo *daimōn*, termo que em Homero nem sempre é usado como sinônimo de *theos* ("deus"). A fórmula aparece apenas nove vezes na *Ilíada* para caracterizar três heróis, Diomedes, Pátroclo e Aquiles, sempre por ocasião de suas grandes *aristeiai*, respectivamente, nos cantos 5, 16 e, para Aquiles, 20 e 21. Ainda mais interessante é o contexto em que a fórmula é utilizada; é ele que indica ao leitor moderno o sentido específico da fórmula, ou seja, seu sentido denotativo. De fato, essa fórmula só caracteriza um herói na *Ilíada* quando ele, ultrapassando a barreira que separa mortais de imortais, se volta contra um deus que lhe é, *a priori*, inacessível (Graziosi & Haubold 2005: 126–27).

Nas cenas em questão, é sempre Apolo que antagoniza os três heróis mencionados. Isso se deve em parte por ele ser o principal deus aliado dos troianos, e os três heróis serem justamente aqueus. O mais importante, porém, é que na tradição épica esse deus, ao lado de Páris, é responsável pela morte de Aquiles. A morte desse herói não é narrada na *Ilíada*, mas a ela se alude em importantes momentos a partir do canto 18 (Burgess 2009). De fato, note-se que Aquiles, o protagonista do poema, embora só volte ao centro dos acontecimentos no canto 18, é implicitamente substituído por Diomedes sobretudo nos cantos 5 e 6 e, por Pátroclo, explicitamente, no canto 16 (e, de forma alusiva, no canto 17).

Aquiles, por sua vez, é o herói comparado de forma mais direta a Ares. No meio da briga com Aquiles, Agamêmnon, representado nesse episódio como uma figura que, poderíamos dizer, encarna a soberania, o que, pelo menos em parte, o coloca como *pendant* humano (ou assim ele o imagina) de Zeus, diz a seu guerreiro mais notável: "És-me o mais odioso dos reis criados por Zeus; / briga, guerras e combates sempre te são caros" (1, 176–77). Linguagem formular equivalente também será usada por Zeus para criticar Ares: "És-me o mais odioso dos deuses que tem o Olimpo: / briga, guerras e combates sempre te são caros" (5, 890–91). Não é por acaso, portanto, que o deus aludido pela fórmula "feito uma divindade" tende a ser, contextualmente, Ares (Muellner 1996: 12–16),[7] o deus que se lambuza de sangue:

> Pátroclo, visando males, abalroou os troianos.
> Três vezes investiu como se fosse o ligeiro Ares,
> com rugido horrífico, três vezes matou nove heróis.
> Quando na quarta arremeteu feito divindade,
> então para ti, Pátroclo, a vida se consumou:
> Febo te encarou na refrega brutal, fero. (16, 783–88)

As várias coincidências entre essa passagem e o ataque de Diomedes a Apolo exploram um tema central da *Ilíada*, os limites da aproximação entre deuses e heróis, em particular quando esses mortais se destacam em suas *aristeiai*:

> Três vezes investiu com gana de matá-lo,
> três vezes Apolo o repeliu com o escudo brilhante.

7 Observe que uma fórmula relativamente comum para um guerreiro no meio do combate é "par de Ares" ou sua expansão "par do ligeiro Ares".

Quando na quarta arremeteu, feito divindade,
berrando terrivelmente, disse-lhe Apolo age-de-longe:
"Atenção, Tidida, sê deferente e como um deus
não queiras raciocinar, pois não são da mesma raça
os deuses imortais e os homens que andam no chão". (5, 436–2)

Não deve surpreender que o herói que mais perto chega de se igualar a um deus não poderia ser outro senão Aquiles. De fato, desde o primeiro canto somos lembrados de que sua excepcionalidade guerreira deriva de Tétis, sua mãe divina.[8] Aquiles, ao contrário dos outros grandes heróis do poema, que, feridos ou mortos em algum momento, nunca levam a termo suas *aristeiai*, conclui sua *aristeia* iniciada no canto 20 com a derrota do único inimigo que sobrou no campo de batalha, Heitor, o maior guerreiro troiano. Ainda assim, quando Homero destaca o ímpeto bélico de Aquiles e narra seu primeiro ataque a Heitor por meio da dicção formular que também é usada na narração dos feitos de Apolo nas cenas de Diomedes e Pátroclo mencionadas, o poeta indica que somente um deus é, de fato, um deus:

Falou e arremessou a lança após brandi-la. A ela Atena,
com uma lufada, volveu para longe do glorioso Aquiles,
soprando de leve: retornou ao divino Heitor
e aí mesmo, diante dos pés, tombou. Então Aquiles,
sôfrego, arremeteu, ansiando matá-lo,
com rugido horrífico; Apolo arrebatou Heitor

8 "Se és mais vigoroso, deusa te gerou como mãe" (1, 280). A formulação é de Nestor no discurso em que tenta reverter a briga entre Aquiles e Agamêmnon: como procura o impossível, louvar os dois exatamente na mesma medida, seu comentário sobre Aquiles é positivo; cf. também 10, 204.

bem fácil como um deus e ocultou-o em densa névoa.
Três vezes atacou-o o divino Aquiles defesa-nos-pés
com a lança brônzea; três vezes golpeou o éter profundo.
Quando na quarta arremeteu feito divindade,
berrando terrivelmente, dirigiu-lhe palavras plumadas:
"De novo evadiste a morte, cão; ainda assim perto de ti
chegou o dano: desta vez te protegeu Febo Apolo...". (20, 438–50)

A facilidade e a leveza das ações quase imateriais dos deuses[9] – ou ultramateriais, como sua capacidade de metamorfose –[10] têm uma contrapartida na imagem das gerações de homens que se sucedem como folhas, mencionada por Glauco. Para o observador humano, não parece haver dificuldade na queda outonal das folhas e em seu crescimento muito rápido na primavera:

Como a geração das folhas é também a de varões.
Folhas: a umas o vento joga no chão, a outras forma
o bosque em flor, e vem a estação da primavera:
tal é a geração de varões, uma se forma, a outra fenece. (6, 146–49)

Todavia, quando um herói enfrenta a morte no campo de batalha, é com esforço que cumpre o dever de garantir a solidez da fama de sua família, algo que seus antepassados já fizeram

9 Um bom exemplo é o deus que tira o guerreiro do meio da batalha (3, 380–82): "Afrodite arrebatou Alexandre / bem fácil como uma deusa, ocultou-o em densa névoa / e depositou-o no aposento oloroso e perfumado".
10 Como Atena e Apolo assistindo à luta como abutres (7, 58–60): "Eis que Atena e Apolo arco-de-prata / sentaram-se assemelhados a abutres / no alto carvalho do pai Zeus porta-égide".

e, ele espera, também será conseguido por seus filhos. Glauco, falando do pai, assim encerra seu discurso a Diomedes:

> Enviou-me a Troia e, com insistência, me ordenou
> ser sempre excelente, sobressair entre os outros
> e não vexar a linhagem dos antepassados, que foram,
> de longe, os melhores em Éfira e na ampla Lícia. (6, 207–10)

O homem tem a possibilidade de fazer de sua vida algo que ultrapassa sua efemeridade. Contudo, no mesmo canto, quando Heitor proclama seu desejo de que o filho sobressaia ao pai, sabemos que esse não será o caso:

> Zeus e os outros deuses, concedei que também esse meu
> filho se torne como eu, proeminente entre os troianos
> e bravo igual na força e, poderoso, reja Ílion.
> Diga-se um dia "esse é muito melhor que o pai"
> vindo ele de uma batalha; traga armas sangrentas,
> após matar um varão hostil, e se alegre a mãe. (6, 476–81)

Diversas vezes, porém, implícita e explicitamente, afirma-se, como em uma das epígrafes deste texto, que Troia será destruída; Andrômaca, escravizada; e o filho de Heitor, morto.

A (im)permanência dos heróis

A vida dos heróis que lutam na *Ilíada* sempre corre o risco de acabar de forma abrupta, o que às vezes pode implicar o fim de sua própria linhagem. As gerações de folhas, entretanto, se sucedem sem interrupção, e essa continuidade também é aquela das performances que apresentam a própria história narrada ou, quando a *Ilíada* alcançou uma versão estável e bastante conhecida, do próprio poema: idealmente, ele será sempre de novo apresentado.

Não é possível definir uma única função para os decantados símiles do poema, mas, tendo em vista que a maioria deles ocorre em cenas de batalha, ou seja, em sequências de ações marcadas por mortes, o fato de serem constituídos, o mais das vezes, por eventos corriqueiros no mundo do público do poema reforça aquilo que é a própria poesia: a permanência do mundo dos heróis, que deixou de existir após ter sofrido um fim brusco. Permanência e impermanência definem a família do herói e sua fama, mas também a própria narrativa das ações que sustentam essa fama.

A poesia congela o momento da morte de um guerreiro cujo nome, sem ela, desapareceria. Um símile pode dar profundidade a essa celebração, ao reforçar que toda vida humana se perde e que a única chance de obter algum tipo de conservação é por meio da poesia:

> Lá Ájax Telamônio atingiu o filho de Floroso,
> Simoésio, solteiro vicejante, a quem um dia a mãe,
> após descer do Ida, junto às margens do Simoeis
> pariu ao seguir os pais para olhar pelos rebanhos.
> Por isso o chamavam Simoésio: aos caros pais
> não retribuiu a criação pois diminuta foi sua seiva,
> subjugado pela lança do animoso Ájax.
> Ia na frente, Ájax atingiu seu peito junto ao mamilo
> direito, e a lança brônzea atravessou seu ombro
> diretamente. Ele tombou no pó como um álamo,
> que, na depressão de grande planície alagada, cresceu

podado, e só bem no topo cresceram seus galhos:
a ele um varão faz-carros, com ferro brilhante,
cortou a fim de vergá-lo, o aro de um belo carro;
o álamo, secando, jaz nas margens de um rio. (4, 473–87)

Álamos nunca deixarão de ser cortados, e sua madeira, transformada em objetos. Um herói sem descendentes, ao morrer, só deixa a poesia que o celebra. Mesmo no ambiente selvagem ("planície alagada"), o álamo cresce marcado pela atuação do homem ("podado"), e sua natureza se desenvolve apenas parcialmente ("só bem no topo crescem seus galhos"). O tempo que separa esse desenvolvimento natural da produção do artefato humano é concentrado na brevidade da narrativa que une as duas pontas da vida humana, nascimento e morte. A expectativa frustrada – Floroso jamais gerará descendência – converte-se na beleza da poesia. Não se trata, porém, de uma estetização da morte violenta: a última imagem é a madeira sem vida secando junto às margens do rio, desolação que remete à última batalha do poema, na qual Aquiles encherá de cadáveres o rio na planície troiana.

Boa parte das vítimas da guerra morre sem que saibamos nada mais que seu nome:

Ájax, filho de Oileu, arremeteu contra Cleóbulo
e pegou-o vivo, enredado no tumulto; lá soltou
seu ímpeto, golpeado no pescoço por espada com punho.
Toda a espada esquentou-se com o sangue; de seus olhos
se apossaram a morte sangrenta e a poderosa moira.
Peneleu e Lícon atacaram-se um ao outro [...] (16, 330–35)

A vida toda desse guerreiro se concentra em sua morte e na descrição vívida desse momento. O clímax da cena é a espada (fria) que se esquenta ao mesmo tempo que mais um cadáver é produzido. É justamente esse tipo de instante do poema que motiva *Memorial*, uma versão da *Ilíada* da poeta inglesa Alice Oswald, que, como ela escreve na introdução, traduziu não a história, mas a atmosfera do poema (Oswald 2013: 6). A plasticidade da carnificina não tem vez nesse poema, composto apenas de símiles e das curtas biografias das vítimas, como a de Floroso. De fato, a "tradução" começa com uma lista de mortos do tipo que se vê em tantos cemitérios ou memoriais militares pelo mundo.

Nos cantos centrais da *Ilíada* nos deparamos, sempre de novo, com aquele que será o destino de Heitor e Aquiles, a morte violenta: por causa da briga que opõe aqueus e troianos, os homens de uma comunidade, no auge da vida, são arrancados da família e da cidade. O que lhes resta é participar de um poema no qual essa violência é, de alguma forma, transformada em beleza, tanto pela forma como Homero cristaliza seu instante final, por mais horrível que ele seja, como pelo discurso de lamento que as mulheres mais diretamente atingidas pela morte pronunciam. O lamento, ao mesmo tempo que potencializa a dor causada pela impermanência do herói, é constitutivo da celebração de seus feitos – inclusive ou principalmente daqueles que o levaram à morte – no futuro. Andrômaca finaliza assim o seu lamento no funeral de Heitor:

> Por isso também as gentes o choram pela cidade,
> e incutiste lamento indizível e luto para os pais,
> Heitor; sobretudo para mim ficarão aflições funestas.

> Ao morrer, do leito não me estendeste as mãos
> nem me falaste uma fala cerrada, a qual sempre
> eu mentalizaria, dia e noite, vertendo lágrimas. (24, 740–45)

O termo grego que aponta para a permanência das façanhas do herói e da própria poesia que as celebra é *kleos*, "fama", "gesta". Mais de uma vez o poeta insiste que a permanência de seu canto é superior à dos objetos materiais por meio dos quais o homem tenta deixar sua memória na paisagem.[11] Isso não significa, entretanto, que a motivação central das personagens do poema seja uma forma de transcender as limitações da vida humana, nem que a fama seja um ideal supremo.

Aquiles, por exemplo, considera que, nas circunstâncias em que se encontra após ter sido desonrado por Agamêmnon, viver em sua terra natal vale muito mais que perder a vida em Troia:

> A mãe, a deusa Tétis pés-de-prata, afirma que
> um duplo destino me leva ao fim que é a morte:
> se ficar aqui e lutar pela cidade dos troianos,
> perderei meu retorno, mas a fama será imperecível;
> se me dirigir para casa, à cara terra pátria,
> perderei minha nobre fama, por longo tempo minha seiva
> terei, e o termo, a morte, rápido não me alcançará. (9, 410–16)

E assim comunica aos emissários aqueus, que tentaram convencê-lo a voltar à batalha por meio de uma rica lista de presentes oferecidos por Agamêmnon, que nada há que o prenda à Troia (9, 417–29). Quem ouve a *Ilíada*, porém, sabe que Aqui-

11 O caso mais emblemático é a muralha construída pelos aqueus para proteger seu acampamento (Porter 2011).

les ficará em Troia e que somente por isso sua fama – e a do canto que se ouve – é imortal.

No centro da poética iliádica, portanto, há uma tensão insolúvel entre o valor do canto – vale dizer, das ações guerreiras – e as mortes lamentáveis que o possibilitam. Essa ambiguidade é evidenciada na chegada dos emissários à cabana de Aquiles:

> Alcançaram as cabanas e naus dos mirmidões
> e toparam-no deleitando o juízo com a soante lira,
> bela e adornada, na qual havia uma barra de prata;
> pegara-a do butim ao destruir a cidade de Eécion:
> com ela deleitava o ânimo, cantando gestas dos varões. (9, 185–89)[12]

Na última vez que Homero nos mostrou Aquiles, porém, era este seu humor:

> Descansava nas naus o divino Aquiles defesa-nos-pés,
> irado por causa da jovem Briseida de belas tranças,
> a quem escolhera em Lirnesso, após muito penar
> na destruição de Lirnesso e dos muros de Tebas,
> ele que derrubou Mineto e Epístrofo, famosos na lança,
> filhos do senhor Eueno, filho de Selépio;
> Aquiles jazia aflito por ela, mas logo se ergueria. (2, 688–94)

A ira e a aflição de Aquiles se devem ao butim de guerra que lhe foi tirado, a cativa Briseida. O que lhe causa deleite em meio a esse sofrimento? A valiosa lira, o canto ou a combinação dos dois? Ele só possui essa lira por causa de uma façanha

12 Para essa passagem, cf. Halliwell (2011: 72–77).

guerreira pregressa bem-sucedida; não sabemos, por outro lado, se canta as próprias façanhas ou aquelas de heróis do passado. A lira e / ou o canto são sucedâneos da atividade guerreira ou implicam uma atividade desejável só possível quando cessa o horror da batalha na qual está em jogo a própria vida? Dito de outra forma: por que se canta uma guerra?

A maneira como se reconhece de modo palpável o valor – político e marcial – de um membro do exército é a mercê (*geras*). Os principais líderes dos diferentes contingentes que formam o exército aqueu de modo algum podem ficar sem sua cota distintiva do butim. É um problema relativo a essa distribuição que causa o conflito entre Aquiles e Agamêmnon no início do poema. Aquiles tenta equacioná-lo matematicamente, mas Agamêmnon explicita sua superioridade sobre os outros chefes ao proclamar que, de forma arbitrária, vai tomar algo de algum deles. Ele é o líder supremo, não só por ser o comandante do maior contingente, mas também por ser irmão de Menelau, a quem por primeiro o rapto de Helena prejudicou.

A mercê é uma manifestação material de um valor simbólico, a honra (*timē*). Mesmo quando um rei afirma receber honra de Zeus, essa só se confirma por meio de efeitos visíveis, como a vitória em uma batalha. Quando Aquiles, ao mencionar sua honra abalada por Agamêmnon, lembra Tétis de sua vida breve, demonstra um conhecimento inédito, indicando o risco de todos os líderes, que lutam na linha de frente:

> Mãe, já que me geraste para ter vida curta,
> o Olímpio deveria pelo menos estender-me honra,
> Zeus troveja-no-alto; agora nem pouco me honrou.

Sim, a mim o Atrida, Agamêmnon extenso-poder,
desonrou: tem minha mercê que ele mesmo arrancou. (1, 352–56)

Aquiles quer que Zeus demonstre que reconhece o valor do mortal, não somente porque sua vida será breve, mas também por ser filho de uma deusa. Quando Agamêmnon lhe oferece um sem-número de bens para convencê-lo a voltar ao combate e Aquiles os recusa, fica claro que a honra não é apenas o prestígio sinalizado por bens, mas exige outros gestos simbólicos da parte dos que pretendem reconhecê-la.

Honra também é algo que distingue os deuses. Zeus, Poseidon e Hades têm honra equivalente por dominarem, respectivamente, o céu, o mar e a região ínfera; cada um mereceu sua região por serem deuses de igual valor (15, 185–93). A honra de um deus e a de um mortal dizem respeito aos sinais visíveis do que dominam – os bens e a esposa, no caso deste; parte do cosmo, no caso daquele – e também a um feixe de direitos e deveres que sedimenta sua relação com aqueles cuja honra reconhece e que reconhecem a sua. Esse feixe manifesta-se em suas ações e discursos, os quais a poesia épica celebra.

A ambivalência da guerra

A celebração de feitos que compõe a poesia épica às vezes é quase tão ambivalente quanto a representação da guerra no que diz respeito à sua motivação principal – a briga, atividade que interessa sobremodo a Aquiles (pelo menos segundo Agamêmnon) e ao deus mais odiado, Ares. Qual o valor de ações ligadas a uma motivação tão nefasta? Não há combate sem a manifestação da cruel Briga (3, 440–43; 11, 3–4), que também está presente no escudo de Atena, ao lado de Bravura

(5, 740), e no escudo de Aquiles (18, 535). A briga entre Menelau e Páris motivou a Guerra de Troia; a briga entre Agamêmnon e Aquiles, a própria *Ilíada*. Sem Briga não existiria o poema. Aquiles expressa bem essa ambivalência:

> Que para longe de deuses e homens sumam briga
> e raiva,[13] esta que te insta, embora muito-juízo, a endurecer,
> ela que, muito mais doce que mel quando escorre,
> no peito dos varões aumenta como fumaça –
> assim me enraiveceu o senhor dos varões, Agamêmnon.
> Isso, porém, deixemos no passado, mesmo angustiados,
> ao subjugar o caro ânimo no peito por necessidade.
> Agora me vou para alcançar o destruidor de cara vida,
> Heitor: meu finamento... (18, 107–15)

A briga no seio do exército aqueu parece resolvida quando Aquiles decide retornar à luta, mas a onipresença da noção de briga no poema e o desejo de Aquiles de se vingar de Heitor reforçam sua ubiquidade no tempo e no espaço; o desejo de que ela desapareça é negado pela própria decisão de Aquiles de retornar à luta. Não surpreende que, mesmo na ocasião pacífica dos jogos em honra de Pátroclo, a briga intestina ameace reaparecer mais de uma vez (explicitamente, em 23, 490; cf. Kelly 2017). Não há diferença entre a briga entre Aquiles e Agamêmnon e aquela que opõe aqueus e troianos: ambas são "tira-vida" (7, 210; 19, 58). Que, no canto 7, o regramento e a contenção do duelo entre Ájax Telamônio e Heitor sejam uma ilusão, isso transparece não apenas no uso dessa mesma expressão, como

13 Tanto "briga" como "raiva" poderiam ser personalizados aqui; sigo, porém, a lição dos editores modernos.

na irônica troca de presentes entre os dois quando a noite interrompe o duelo deles. Trata-se do típico gesto entre nobres que firmam uma aliança de hospitalidade; aqui, porém, ele apenas antecipa, por meio dos presentes trocados, a trágica morte futura dos dois heróis. Diz Heitor:

> "Pois que troquemos presentes gloriosíssimos
> a fim de que aqueus e troianos falem assim:
> 'Eles pelejaram em briga tira-vida
> e se separaram em amizade e harmonia'."
> Isso disse e lhe deu a espada pinos-de-prata,
> junto entregando a bainha e o cinturão bem-cortado;
> Ájax deu-lhe o cinto brilhante de púrpura. (7, 299–305)

No centro do poema está Briga e, portanto, destruição, ruína e o consumo da vida. O poema insiste que algumas coisas podem permanecer, entre elas, como expresso na fala de Heitor, a rememoração de feitos notáveis de homens do passado. Curiosamente, é Heitor quem mais põe frases na boca de outros, contemporâneos ou vindouros, e cuja cidade será destruída: não haverá, no futuro, homens troianos que possam se lembrar de seus feitos.[14] Como se viu, o principal termo que expressa a continuidade das ações por meio de discursos que a propaguem é "fama".

Assim como b/Briga, fama também envolve um lado inquietante, pois no contexto da poesia heroica a fama de um implica a aflição de outro ou a sua própria (4, 197; Nagy 1999). "Fama" tem sempre duas camadas de sentido: uma diz respeito

14 A única exceção parcial é quando Homero menciona a linhagem futura de Eneias.

à reputação de um herói; a outra, ao próprio poema que atesta essa reputação e a mantém. Assim, a fama do herói Pândaro advém de sua capacidade de manusear seu arco como ninguém (5, 171–72), o que lhe garante, por sua vez, posição de destaque em um episódio memorável, aquele em que a guerra quase acabou em razão do ferimento que produz em Menelau.

A fama de Pândaro se presentifica em seu próprio arco, um objeto descrito com minúcias:

> Presto tirou o arco bem-polido, de cornos de adulto bode
> agreste, no qual um dia ele mesmo acertou no peito,
> estando de tocaia, quando o bode saiu de trás de uma rocha:
> no peito o acertou, e ele tombou de costas na rocha.
> Seus cornos, na cabeça, tinham dezesseis palmos;
> com perícia, um artesão torneia-cornos articulou-os,
> poliu bem o conjunto e prendeu uma ponteira de ouro.
> Pois Pândaro vergou o arco e contra a terra o apoiou... (4, 105–12)

A morte do bode duplica a quase morte de Menelau. Dos cornos do bode originou-se um artefato notável graças à perícia de um artesão; de forma análoga, a façanha de Pândaro continua a ser narrada graças à perícia de Homero. A descrição do arco e sua função na narrativa apontam para a essência da fama, cuja importância no contexto épico, segundo Halliwell (2011: 26), "não reside, estritamente, em 'informações' acerca do passado nem em uma noção integralmente laudatória de glória, mas em um tipo de engrandecimento da existência humana falha que a torna uma substância nova, o meio 'imortal' composto de histórias especiais que podem sustentar experiências perpetuamente renovadas de canto".

O arco de Pândaro, como Briga, é um objeto que traz morte e sofrimento; todavia, tem algo de belo – o tamanho invulgar e a perícia do artesão – e imperecível, o ouro. Em parte, funciona como o escudo de Aquiles fabricado por Hefesto, só que produzido para um mortal. Entretanto, é um derivado imperecível de uma criatura perecível, um animal, e assim homólogo ao cetro de Aquiles, que o menciona quando sedimenta seu rompimento com o exército:

> Eu te direi e, junto, jurarei um grande juramento:
> por esse cetro, que nunca mais brotará
> folhas e galhos, uma vez tendo sido cortado no morro,
> nem de novo florirá, pois em volta o bronze o privou
> de folhas e casca, e agora os filhos de aqueus
> carregam-no nas mãos, os zela-tradições, que guardam
> as normas a mando de Zeus. Essa será a grande jura:
> um dia saudade de Aquiles virá aos filhos de aqueus,
> todos juntos; então, embora angustiado, não poderás
> protegê-los quando muitos, sob o homicida Heitor,
> caírem morrendo. No íntimo, lacerarás teu ânimo,
> irado porque não honraste o melhor dos aqueus. (1, 233–44)

Como os cornos do bode, o pedaço de madeira também foi trabalhado por metal e separado de tudo aquilo que é mudança e decomposição. Reforça, contudo, que a ruína anunciada por Aquiles vai ocorrer, ou seja, o *telos* do próprio poema, as ações às quais a narrativa se dirige.

A Musa e o prazer estético

A poética da *Ilíada*, portanto, é marcada pela ambivalência e pelo paradoxo, sugeridos, de forma concentrada, já no proêmio:[15]

> A cólera canta, deusa, a do Pelida Aquiles,
> nefasta, que aos aqueus impôs milhares de aflições,
> remessou ao Hades muitas almas vigorosas
> de heróis e fez deles mesmos presas de cães
> e banquete de aves – completava-se o desígnio de Zeus –,
> sim, desde que, primeiro, brigaram e romperam
> o Atrida, senhor de varões, e o divino Aquiles.
> Que deus lançou-os na briga e os fez pelejar?
> O filho de Leto e de Zeus [...] (1, 1–9)

O canto que Homero pede à Musa fala de morte e destruição. Os heróis são mencionados por meio daquilo que deles resta no momento mesmo da derrota final, a alma, duplo que ruma a um lugar de trevas dominado pelo deus que os mortais mais detestam, Hades (9, 158–59), e seus corpos, que, no pior cenário, não recebem honras fúnebres. Homero, em sua própria voz, nunca sugere que há algo de belo no cadáver de um guerreiro no campo de batalha. A única personagem que o afirma é Príamo (22, 71–73: "é de todo adequado para o jovem, / o morto por Ares, dilacerado por bronze agudo, / jazer: mesmo morto, tudo que aparece é belo") em um discurso no qual busca reforçar as consequências negativas da morte de Heitor, o fim da cidade e a morte de seus moradores, em particular, evocando o seu próprio corpo de ancião. Quando Hei-

15 A concepção homérica da Musa que segue deve muito a Halliwell (2011: 36–92).

tor morrer de fato, não haverá nada de belo em seu corpo, que Aquiles tentará conspurcar a todo custo.

No proêmio é acentuada a separação entre deuses e homens. O conflito e a ruína estão somente do lado dos mortais, o que, em algumas passagens do poema, acaba provocando uma ponte entre os dois mundos por meio da compaixão dos deuses.[16] No proêmio, porém, é outra espécie de vínculo que o poeta mortal está pedindo de um deus, a Musa. O que dela solicita ao pedir que cante? Por certo não são informações, já que está a par até mesmo do "desígnio de Zeus". Também não afirma que, como uma espécie de contrapartida da morte dos heróis, irá celebrar a glória de seus feitos, garantindo sua imortalidade.[17] Pelo contrário: ele insiste no caráter irremediável e terrível dessas mortes e não parece fazê-lo para sugerir que a poesia poderia de algum modo ressuscitar os heróis. Isso não significa, por outro lado, que a performance dos poemas homéricos não implicasse as duas coisas, celebração e presentificação – apenas que não é a isso que o proêmio parece evocar com mais veemência.

A particularidade do início da *Ilíada* se torna evidente quando ele é comparado ao início da narrativa em prosa de outra guerra, aquela entre gregos e persas no século V a.C.:

> Os resultados das investigações de Heródoto de Halicarnasso são apresentados aqui para que a memória dos acontecimentos não se apague entre os homens com o passar do tempo e para que os feitos maravilhosos e admiráveis dos helenos e bárbaros não percam

16 Cf., por exemplo, a compaixão de Hefesto por um seu sacerdote ao evitar que seus dois filhos fossem mortos por Diomedes (5, 9–24).

17 De Jong (1987: 44–53) insiste no ponto de vista *humano* do narrador homérico; não ouvimos uma narrativa contada por um deus.

sua fama, inclusive as razões pelas quais eles guerrearam. (Heródoto, *Histórias* 1)[18]

O início desse relato historiográfico grego do século V a.C. pauta-se pelo proêmio da *Ilíada* (Murari Pires 2006: 273–76), e as diferenças entre esses textos acentuam isso: sai a Musa e entra o nome do autor; as façanhas notáveis são exclusivamente humanas; não há contribuição divina e a investigação humana é a força motriz do relato. Todavia, assim como Homero menciona aqueus e troianos, Heródoto, para escândalo de muitos leitores na antiguidade greco-romana, dá igual espaço a gregos e bárbaros.

Homero não vincula a ação da Musa à conquista da fama, nem sugere que é por intermédio da deusa que um feito fadado ao esquecimento passa a ser lembrado, muito embora a *Ilíada* permita essa interpretação, como indica a própria formulação de Heródoto, que busca abocanhar parte da importância cultural de Homero ao dialogar com ele. Todavia, o próprio poema, se não opõe a ação da Musa consubstanciada na produção do canto à fama gerada pelas ações dos heróis, pelo menos distingue canto e fama.[19]

Uma pista para entender a invocação à Musa no proêmio encontra-se no final do canto 1, quando assistimos a uma per-

18 Tradução de M. da Gama Kury, com modificações (Heródoto 1985: 19).

19 A fama das ações dos heróis do passado, por todos conhecida, é um conhecimento de segunda ordem: "Narrai-me agora, Musas, que têm casas olímpias, / pois sois deusas, estais presentes e tudo sabeis, / e nós só ouvimos a fama e nada sabemos, / quem eram os líderes dos dânaos e os chefes" (2, 484–87). Nada no poema permite estender esse pedido às Musas para o restante do canto, ou seja, o poeta não precisa das Musas como se fossem suas fontes. A função retórica principal dessa mensagem às Musas é destacar o *tour de force* que é o longo catálogo mítico-geográfico que segue; cf. também Halliwell (2011: 61, especialmente n. 49).

formance das deusas na morada de Zeus. Em boa medida, o que ocorre no Olimpo – uma súplica (Tétis) ao senhor dos deuses (Zeus) leva a uma briga entre ele e sua poderosa esposa (Hera) – duplica o que aconteceu anteriormente no acampamento aqueu – uma súplica (Crises) leva a uma briga entre o comandante dos aqueus (Agamêmnon) e seu melhor guerreiro (Aquiles) –, mas com alterações significativas. Enquanto Nestor fracassa na tentativa de resolver o conflito fazendo uso da sabedoria que lhe confere a idade, contrapartida de sua deficiência guerreira atual, Hefesto, um sábio a seu modo, provoca o riso entre os deuses e é bem-sucedido em aliviar a tensão que permanece entre eles após Zeus impor sua autoridade. Com isso, os deuses podem banquetear e ouvir as Musas e Apolo, que trocou o arco, com o qual causara destruição no bivaque aqueu no início do poema, pela lira. Não ouvimos o que as Musas cantam, mas, desde o encontro entre Tétis e Zeus, o assunto que predomina entre os deuses são os conflitos passados entre os deuses. A performance musical ou bem marca o fim desse tema ou indica a sua transformação em canto.[20] A ambivalência é homóloga àquela que vimos no uso da lira por Aquiles.

O fim do conflito divino é temporário. A tensão entre os olímpios não diminui ao longo do poema, e somente nessa cena Apolo, o principal deus do lado dos troianos, toca sua lira.[21] Quanto aos humanos, também é raro que brigas e suas consequências acabem sendo sucedidas pelo prazer inequívoco que testemunhamos no banquete no Olimpo. Os deuses, porém, conseguem se deleitar até mesmo com o espetáculo

20 O proêmio da *Teogonia* de Hesíodo e o *Hino homérico Hermes* mostram que o tema dileto dos cantos ouvidos pelos deuses são eles próprios.

21 Só uma vez mais uma personagem toca a lira no poema: Aquiles.

guerreiro (7, 58–62; 20, 23) de uma maneira que, aos mortais, só é possível por meio do canto. O prazer de Aquiles na batalha (19, 312–13) advém de sua vingança contra Heitor e os troianos; não se trata de um gozo da morte.

Os mortais, quando enlutados, deleitam-se com o lamento. Trata-se de um prazer que tem um forte componente físico, como no caso do sono, do sexo e da alimentação. "Deleitar-se" (*terpomai*) pertence ao mesmo campo semântico de "desejo" (*eros*), que pode ser por alimentação, sexo e guerra, e de "atração" (*himeros*), cujo complemento no poema pode ser alimentação, sexo e também lamento.[22] Na penúltima grande cena do poema, todavia, o encontro entre Aquiles e Príamo (a última é o funeral de Heitor), está em jogo um prazer diferente do apaziguamento que decorre da satisfação de um desses desejos:

> Após apaziguarem o desejo por bebida e comida,
> o Dardânida Príamo maravilhou-se com Aquiles,
> como era grande e bem-apessoado: de frente um deus;
> com o Dardânida Príamo maravilhou-se Aquiles,
> mirando sua nobre fronte e ouvindo seu discurso.
> Após se deleitarem mirando-se mutuamente,
> a ele primeiro falou o ancião, Príamo divinal... (24, 628–34)

Essa passagem, uma das mais memoráveis do poema, finaliza o encontro de Aquiles e Príamo, que Homero parece concentrar e congelar em um instante emblemático, um gesto, o beijo, bastante raro no poema:

22 Lamento (23, 10 e 14; 24, 513); sono (24, 3); sexo (3, 441 e 446); alimentação (1, 469; 9, 705–06; 11, 89); guerra (13, 636–39).

> Não viram o alto Príamo entrar; perto postou-se,
> pegou os joelhos de Aquiles e beijou suas mãos
> terríveis, homicidas, que mataram muitos filhos seus.
> Como quando denso desatino pega o varão: na pátria
> mata um homem, dirige-se a terra estrangeira,
> alcança um varão rico, e pasmo toma quem o mira –
> assim Aquiles pasmou-se ao ver Príamo divinal;
> também os outros, trocando olhares, se pasmaram.
> Suplicando-lhe, Príamo dirigiu o discurso:
> "Mentaliza teu pai, Aquiles semelhante a deuses,
> de idade igual à minha, no umbral funesto da velhice.
> [...]
> Respeita os deuses, Aquiles, e te apieda de mim,
> mentalizando teu pai: mereço ainda mais piedade,
> pois isto nunca outro mortal sobre a terra ousou,
> levar à boca as mãos do assassino do filho".
> Falou, e no outro instigou desejo de lamentar o pai [...] (24, 477–87 e 503–07)

Nesse momento que abre o encontro, a proximidade física entre os dois – o beijo – acentua a distância, pois o pai da vítima beija as mãos do assassino do filho, mas também inicia a comunhão anímica que ultrapassa distâncias reais e imaginárias, pois Príamo acentua a própria semelhança com o pai de Aquiles, o qual sabe que Peleu, assim como Príamo, jamais verá o filho vivo de novo.

Entretanto, depois do notável diálogo entre o jovem e o ancião, a distância entre os dois terá se tornado ainda menor: Aquiles se vê em Príamo, Príamo se vê em Aquiles, e o que ambos enxergam é a condição humana que os marca aos dois

(Grethlein 2006: 291–302; Haubold 2013: 42–49). Se estendermos esse momento para nossa própria relação com a poesia, chegamos à conclusão de que a Musa não permite apenas que o poeta deleite seu público, mas que o faça oferecendo-lhe alguma forma de cognição.

Como já notou Aristóteles em sua *Poética* ao discutir o prazer que a representação (*mimesis*) causa ao homem, trata-se da visão mediada de algo que, visto diretamente, só nos causaria horror:

> Eriçou-se o combate destrói-mortal com as lanças
> longas, corta-carne, que seguravam; aos olhos cegou
> o raio brônzeo que vinha de elmos reluzentes,
> couraças recém-polidas e escudos brilhantes
> das tropas entrechocando-se. Seria bem audacioso-coração
> quem jubilasse ao ver a pugna e não se afligisse. (13, 339–44)

No contexto do campo de batalha, alguém rejubila quando percebe que algo contribui para a vitória de sua tropa. Aqui, porém, fala-se de alguém que apenas contempla o combate, nós mesmos. O poeta, com a Musa, transforma a visão amedrontadora em algo que nos é aprazível. Não é por acaso, portanto, que o autor do *Certame Homero-Hesíodo* fez Homero escolher esse trecho para exemplificar a excelência de sua poesia.

Na *Ilíada*, o grau máximo dessa contemplação ocorre quando o sujeito se percebe a si mesmo no outro e por meio do outro como radicalmente mortal, ao mesmo tempo que consegue vislumbrar algo de imortal nos negócios humanos.

DA TRADUÇÃO

Para esta tradução da *Ilíada*, baseei-me, com raras exceções, nas edições do texto grego de Van Thiel (2010) e West (1998–2000). As passagens entre colchetes são prováveis interpolações tardias, isto é, versos adicionados em um momento da transmissão dos textos em que o poema, na Antiguidade, já tinha recebido uma forma escrita estável.

Utilizei extensivamente o léxico de Snell et al. (1955–2010). Também foram consultados com frequência os comentários de Ameis-Hentze (1884–1914), Kirk (1985–93) e Bierl-Latacz (2000); para cantos individuais, Pulleyn (2000), Graziosi-Haubold (2010), de Jong (2011) e Macleod (1982). Homer (2011), a tradução de Anthony Verity, e Homero (2013), a de Frederico Lourenço, foram bastante úteis na revisão final.

Mantive as características principais que definiram minha tradução da *Odisseia* (Homero 2014): clareza, fluência e poeticidade.[1] O poema deriva de uma longeva tradição narrativa oral, caracterizada, a partir de certo momento impossível de precisar, por três elementos estilísticos fundamentais: o metro fixo

1 Em alguns momentos deste texto, retomo o que já explicitei na minha tradução da *Odisseia* (Homero 2014: 95–109).

(hexâmetro datílico), a fórmula e o tema ou cena típica (Werner 2018: 52–57). Minha tradução, embora não adote um metro fixo, procura criar certo ritmo discursivo por meio de dois procedimentos: a utilização de fórmulas e, consequentemente, certa distribuição dos sintagmas no verso. Para isso, os parâmetros impostos foram a criação de uma linguagem especial (sobretudo por meio de adjetivos compostos por justaposição, como "alvos-braços" ou "caro-a-Zeus") e a reprodução do sentido do verso original no verso em vernáculo, desde que isso não forçasse uma ordem sintática estranha demais ao português.

Ao começar a leitura de um poema homérico, o leitor contemporâneo precisa sentir que está entrando em um mundo bastante diferente do seu, o que a tradução pode reforçar por meio da linguagem empregada. Esse estranhamento, a seu turno, de certa forma simula a recepção dos poemas na Grécia arcaica, pois a linguagem homérica também era especial para os gregos, sobretudo devido à simbiose de diversos dialetos e ao uso de uma linguagem mitopoética. Ao mesmo tempo, a dicção escolhida não deve apontar excessivamente para sua própria singularidade, a fim de permitir que o leitor, uma vez acostumado a ela, entre no mundo que está sendo recriado. A busca de uma linguagem especial que, mesmo de forma tênue, simule ou evoque a homérica, não deve ser um fim em si mesmo, pois antes de tudo o poema funciona como testemunha, um conjunto de vozes que nos faz ver um mundo tradicional e imaginário. Isso só acontece quando nos acostumamos a sua linguagem e se ela permitir que a narrativa flua.

Mas visão não é tudo na poesia homérica (Heiden 2002), ou melhor, "ver" também implica prestar atenção nos discursos construídos pelas personagens, já que Homero, em sua própria voz (aquela que os modernos chamam de "narrador"), intervém relativamente pouco no que diz respeito às falas de suas personagens; assim como nós, público receptor, ele ouve os discursos e pouco os comenta. A importância deles, contudo, não é pequena na economia do poema. Podemos até considerar que o clímax da narrativa seja a morte de Heitor, mas o poema inicia e termina com uma sucessão de discursos bastante sofisticados nos quais a diferença está em detalhes que não devem desaparecer na tradução.

A linguagem homérica é tradicional e em boa medida artificial (o termo erudito, da crítica alemã, é *Kunstsprache*). Era compartilhada por um grupo de bardos profissionais – a partir de certo momento, chamados rapsodos – que apresentavam seus poemas oralmente, sem auxílio, pelo menos direto, da escrita. Não sabemos nem quando nem por que o poema recebeu sua primeira versão escrita, em algum momento entre os séculos VIII e VI a.C., mas, pelo menos até o século V a.C., a performance oral foi o meio privilegiado pelos gregos para tomar contato com aquilo que hoje lemos.

Dessa linguagem, um dos principais elementos que tento incorporar na tradução é a fórmula, elemento bastante comum – mas não uma condição *sine qua non* – em uma poesia de tradição oral. Para meus propósitos, fiz uso de uma definição mínima de fórmula: um grupo de palavras repetido na mesma posição de um verso, ou um verso inteiro que reaparece em contextos que, em última instância, são similares (Bakker 2013: 158–59).

A fórmula não é apenas um recurso mecânico e utilitário que facilita a composição extemporânea do poema. Ela precisa ser entendida, em primeiro lugar, como meio expressivo intrínseco a uma forma tradicional de comunicação (Lord 1960;

Foley 1999; Werner 2008).[2] Por meio dela, o aedo traz a seu público uma realidade distante no tempo, o mundo épico. Isso equivale a afirmar que a fórmula não é apenas um meio de expressão, mas também de performance (Bakker 1997; 2005). Fórmulas constituídas por um nome acompanhado de um epíteto, por exemplo, contribuem para recriar, no momento da performance, uma realidade especial familiar ao aedo e seu público. A sucessão de fórmulas, no que têm de familiar e de especial, é um dos elementos que permite a passagem para esse mundo.

Procurei manter algumas fórmulas comuns no poema, como "divino Aquiles" ou sua expansão, "divino Aquiles defesa-nos-pés", sempre na mesma posição do verso, ou seja, no final, mesmo que essa escolha nem sempre siga a ordem natural do português, o predicado depois do sujeito. Faço isso para reforçar um ritmo no desenvolvimento da narrativa que independe de certa regularidade rítmica no verso, que, por sua vez, ainda que de forma frouxa, procurei criar.

Espero ter ficado claro, até aqui, que minhas opções estilísticas foram no sentido de produzir, ainda que parcialmente, aquilo que na época das performances orais dos poemas épicos era a regra: a possibilidade de o público experimentar um distanciamento significativo de seu tempo, lugar e linguagem cotidiana por meio de uma combinação particular de familiaridade e estranheza. *Mutatis mutandis*, embora num primeiro momento minha tradução possa soar estranha para um falante do português, a leitura contínua tende a tornar o texto cada vez mais familiar e fluente.

2 Em Werner (2016) discuto a expressão formular "mire veja", utilizada por João Guimarães Rosa em *Grande sertão: veredas*, a partir dos protocolos homéricos.

Destaco algumas fórmulas cujo sentido talvez não seja claro à primeira vista para o leitor:

* "dirigiu-se-lhe e nomeou-o": fórmula introdutória de um discurso, na qual os dois verbos são virtualmente sinônimos; poucas vezes "nomeou-o" indica que o falante inicia seu discurso com um nome próprio;
* "pastor de tropa": fórmula que se refere ao comandante, tão responsável pelas tropas que comanda como um pastor por seu rebanho (Haubold 2000);
* "força de Héracles" ou outro nome próprio: fórmula arcana, sinônima do nome próprio;
* "deusa divina": fórmula pleonástica que pode ser aplicada a qualquer deusa;
* "medo amarelo": aponta para a palidez resultante do medo;
* "soltar os membros / joelhos": sinônimo de matar;
* "tocar os joelhos": suplicar; nem sempre implica o gesto – às vezes denota apenas o discurso;
* "porção justa": refere-se ao banquete no qual cada nobre que dele participa ganha a porção de carne que seu status relativo permite;
* "leito perfurado": o sentido exato do epíteto se perdeu; uma possibilidade é que se referia ao modo como cordas eram presas no leito para sustentar um colchão.

No grego homérico, é comum a estrutura *husteron proteron*, "primeiro o que é posterior no tempo". Em geral, inverti a ordem do sintagma no português, a não ser quando a sequência no grego não fosse muito estranha, como em "quando o sono o tivesse pegado, e ele, parado de brincar" (22, 502).

Na maioria dos casos, também mantive a lítotes, uma figura de linguagem bastante utilizada na literatura grega antiga: a ênfase é construída por meio de um eufemismo, como "eu não iria te instigar e pedir que [...] fosses às naus dos argivos" (24, 297–98), equivalente a "eu te suplico que não vás".

Na vernaculização dos nomes próprios, em geral segui a opção consagrada, a não ser quando fosse sonoramente mais interessante uma proximidade maior ao grego. Sempre que traduzi um nome próprio, mencionei o nome próprio vernaculizado em nota (ver notas ao final deste texto); os nomes traduzidos são aqueles significativos no contexto.

Toda personagem masculina do poema costuma ser identificada pelo seu patronímico, a exceção sendo Tersites, no canto 2. Por isso, adotei a mesma solução do grego, juntando o sufixo "ida" ao nome do pai ou do avô: Pelida é "filho de Peleu"; Atrida, "filho de Atreu; "Nelida" é filho ou neto de Neleu (respectivamente, Nestor e Antíloco). O patronímico pode vir antes ou depois do nome do filho (ou neto) ou sozinho.

Quando um epíteto distintivo – aquele que é usado apenas para um deus ou um herói – aparecer sozinho no texto, sem o nome do deus a que se refere, a qualificação surge em letra maiúscula (Lança-de-Longe); caso contrário, em minúscula ("Apolo lança-de-longe"). Às vezes, um epíteto vem acompanhado de outro, mesmo ausente o nome do deus; nesse caso, só um deles começa por maiúscula ("Treme-Solo sustém-terra"). Nem todo epíteto tem o sentido claro para nós, e por isso não foram traduzidos ("Tritoguêneia" para Atena, por exemplo).

"Nu" geralmente denota "sem armas", pois o guerreiro, ao ser morto, com frequência é vítima de pilhagem; às vezes também implica nudez total.

"Cerrado" em geral traduz um adjetivo polissêmico cujo sentido básico se refere a grande número de constituintes, um ao lado do outro; por derivação, qualifica algo que revela inteligência e astúcia, como "plano cerrado".

"Luz", em certo contexto, é metáfora para "salvação". Assim, um feito heroico pode ser a "luz" para um exército ou uma cidade: a façanha garante que aqueles que corriam risco de morte estão, pelo menos por um tempo, sãos e salvos.

Noein refere-se a uma atividade ("pensar") e também implica que tal atividade gera um resultado, qual seja, uma ideia ("ter uma ideia"). De forma semelhante, o *noos* ("espírito") é o *locus* onde se processa tal atividade, a própria atividade ("pensamento") e seu resultado ("ideia")

O verbo grego tradicionalmente traduzido por "lembrar-se" recebeu, o mais das vezes, a tradução "mentalizar", já que aquilo que chamamos de "memória" era conceitualizado de forma diferente na Grécia Arcaica. Trata-se de uma capacidade ao mesmo tempo mental e física, uma energia que implica uma ação. "Mentalizar" – seu oposto foi traduzido por "esquecer" – a luta significa utilizar a energia mental necessária para pôr em ação aquilo que se sabe; no caso, lutar (Bakker 2005). Quando Posêidon critica Apolo por não trazer à mente o que sofreram no passado por causa de Laomédon, um rei de Troia, ele não acusa o sobrinho simplesmente de esquecimento, mas também de não agir de acordo com uma cognição e emoção conjuntas ("não mentalizas / todos os males que sofremos por Ílion": *Il.* 21, 441–42). "Mentalizar" uma pessoa, por sua vez, significa torná-la virtualmente presente: é o que faz Homero ao contar a Guerra de Troia para nós.

Psykhē, que geralmente traduzo por "alma", diz respeito àquilo que o indivíduo perde ao morrer; por isso também a tradução "ar vital" (*Il.* 22, 467). Constitui uma espécie de duplo do indivíduo, algo imaterial que desce ao Hades.

Personificações são comuns na *Ilíada* e uma constante na tradição mítica grega; basta pensar em *Eros* ("Desejo") e *Nikē* ("Vitória"). Trata-se de elementos do cosmo culturalmente significativos, desde rios e fontes até emoções, que são percebidos como divinos e, portanto, podem ser antropomorfizados como qualquer deus. Prática comum entre editores e tradutores de textos gregos arcaicos é utilizar uma inicial maiúscula para essas entidades apenas quando algum elemento antropomórfico for saliente na passagem, o que não é uma solução perfeita, pois a fronteira entre o emprego do substantivo próprio e do substantivo comum é permeável, tendo em vista que os deuses não se contrapõem à realidade (humana), mas são intrínsecos a ela. Mesmo assim, no poema se lerá sol ou Sol, aurora ou Aurora; "Moira" somente virá em maiúscula quando se tratar de clara personificação. Afasto-me dessa prática, porém, na tradução de *Ares*.

"Ares" não implica necessariamente o deus; pode ser usado como metonímia de batalha, o que às vezes força a tradução (*Il.* 2, 385: "para que o dia inteiro nos meçamos no odioso Ares" = "na odiosa batalha"), mas, por outro lado, sustenta o caráter central desse deus nas ações mortíferas do poema. Na evolução da tradição épica, esses dois usos devem ter se distanciado de forma semelhante a "Funérea"/"demônio da morte".

"Funérea" (18, 535) é a tradução de uma divindade virtualmente ausente do poema, *Kēr*. Esse mesmo termo em geral é traduzido por "finamento" em outras passagens, mesmo quando no plural (2, 302: "os que o finamento da morte não levou", ou "os que os demônios da morte não levaram"). Na evolução da linguagem épica, o termo perdeu sua força mítico-religiosa.

Traduzo o termo *atē* por "desatino" ou "prejuízo", sua personificação por Desatino e seu verbo cognato por "prejudicar". O sentido central é objetivo – "prejuízo" –, mas em Homero prepondera o sentido subjetivo – "desatino" –, ou seja, o estado mental que produz prejuízos ao agente, de sorte que, em Homero, podemos pensar em seu núcleo semântico como "desatino", mas levando em conta que o erro de julgamento só fica claro uma vez que o prejuízo dele oriundo se torna aparente (Cairns 2012).

"Macho" e "macheza", quando aplicados a um herói, apontam para um excesso de masculinidade conotado negativamente, sendo diferenciados de "viril" e "virilidade" (Graziosi & Haubold 2003).

"Hóspede-amigo" corresponde a *xenos*, que, na minha tradução da *Odisseia*, virou "aliado". Trata-se de realidades sociais diferentes, porém: a relação de "hospedagem-amizade" é estabelecida quando um nobre é hospitaleiro com outro. A partir desse momento, fica constituído um feixe de direitos e deveres entre os dois nobres, idealmente, hereditário.

"Ancião" não se refere necessariamente a um indivíduo de idade avançada. Pode ser utilizado para denotar a importância política e social do herói, sobretudo os que participam do conselho (*Il.* 2, 53; 19, 303).

Traduzo *basileus* por "rei" por duas razões: essa foi, durante muito tempo, a tradução convencional do substantivo grego; e não há consenso entre os intérpretes acerca do funcionamento político da sociedade representada nos poemas. O termo certamente não é usado para uma situação política na qual uma comunidade possui apenas uma autoridade suprema que transfere seu poder, necessariamente, por herança, ou seja, não temos algo equivalente a uma monarquia constitucional no poema. Em Troia, por exemplo, Heitor ocupa uma posição de mando não apenas porque é filho de Príamo, como porque, entre seus pares, comprova sempre de novo ser o melhor. No limite, em qualquer momento sua autoridade pode ser contestada por quem se achar superior, seja no campo de batalha, seja por meio de distintas qualidades de comando.

Não diferenciei, na tradução, os vários tipos de escudo; o escudo de Ájax Telamônio é sempre o grande e retangular *sakos*, não o redondo *aspis*.

"Pátio" traduz o termo grego *aulē*, que se refere ao espaço "em torno de um palácio, delimitado por um muro ou cerca e marca o limite externo de uma propriedade. Às vezes é usado para a criação de animais" (Graziosi & Haubold 2010: 260).

O Pérgamo é a acrópole de Troia, ou seja, a parte mais elevada da cidade, seu centro político e religioso.

Mantive, em itálico, eventuais interjeições de cunho ritual, como "*ié* Apolo".

Por fim, algumas notas que esclarecem elementos de ordem diversa no poema (os números identificam os versos):

CANTO 1

[2] "Aqueu", "dânao" e "argivo" são adjetivos usados indistintamente para o contingente dos inimigos de Troia; são os helenos ou gregos.

[9] Ou seja, Apolo.

[14-15] A grinalda normalmente estaria na estátua de Apolo, em cujo templo Crises é o sacerdote; aqui ela está presa no cetro.

[37] Crises é o nome da ilha e do sacerdote que zela pelo santuário de Apolo.

[71] Ílion é um nome para a cidade de Troia.

[155] Ftia é a cidade natal de Aquiles, onde seu pai, Peleu, ainda é o rei.

[163-64] Durante os quase dez anos em que estão acampados diante de Troia, os aqueus pilham constantemente as cidades no entorno.

[242] "Homicida" traduz um epíteto usado sobretudo para Heitor que significa "mata-varões" e não tem nenhuma conotação jurídica.

[260-72] Referência ao conflito entre lapitas e centauros, iniciado nas bodas de Pirítoo e Hipodameia, quando a noiva e outras convidadas foram atacadas pelos centauros ébrios. Cf. *Il.* 2, 743-46 e *Od.* 21, 295-304.

[312-13] Na narração oral, muitas vezes duas ações simultâneas são contadas como se fossem sequenciais.

[320] Passolargo traduz Euríbates.

[366] O rei de Tebas era o pai de Andrômaca.

CANTO 2

[15] Ou: "Hera, ao suplicar, e lhe damos o granjeio do triunfo".

[43] O sentido da palavra que traduzi por "bela" é desconhecido.

[103] Matador-da-Serpente é um epíteto de Hermes.

[134] Os aqueus já partiram de Áulis há mais de nove anos.

[206] É possível que esse verso seja uma interpolação tardia e "dar" seja usado de forma intransitiva no verso anterior.

[353] "À destra" é sempre o lado do céu, ao se interpretar um presságio como o indicado pelo voo de um pássaro, que implica conotações positivas.

[381] "Ares" é empregado aqui (assim como abaixo, no verso 385) em sentido metonímico para "luta, combate (encarniçado)". Esse uso do nome de um deus como equivalente a sua área de atuação é mais comum na poesia hexamétrica que posteriormente. Em geral, mantive o substantivo próprio na tradução.

[406] O filho de Tideu é Diomedes.

[426] "Hefesto" vale por "fogo".

[543] "Freixos" é metonímia de lança (de freixo).

[563-64] Capaneu e Tideu, pais, respectivamente, de Estênelo e Diomedes, são grandes guerreiros que, na geração anterior, fracassaram na tentativa de conquistar Tebas das mãos do herdeiro de Édipo, Etéocles.

[651] Eniálio pode ser considerado um segundo nome de Ares.

[653] Héracles é o mais notável herói da geração anterior àquela que lutou em Troia; ele próprio, como se verá, pilhou a cidade.

[700] Remete a um ritual funerário por parte da esposa, arranhar a própria face.

[743-46] Referência ao conflito entre lapitas e centauros por causa das bodas de Pirítoo e Hipodameia; cf. *Il.* 1, 260-72.

[755] Estige (ou *Styx*), rio no mundo subterrâneo dominado por Hades, também representa o mais poderoso juramento dos deuses. Em Homero não é personificado. É entidade feminina, muito embora no imaginário grego os rios sejam concebidos como masculinos.

[780-85] Nos relatos cosmogônicos gregos, Terra é personificada; esse é o caso aqui, já que Tifeu é inimigo de Zeus em um desses relatos.

[819] Anquises faz parte da linhagem real troiana; é primo de Príamo.

[851] "Coração peludo" é a tradução literal da expressão grega, que implica coragem: o peito coberto de pelos deve ter sido associado

à força; a capilaridade deslocada para o coração sugere coragem de forma geral.

[856] Naestrada traduz Ódio.

[860] Eaco é avô de Aquiles, é pai de Peleu e Télamon, pai de Ájax.

[865] Ou seja, pela ninfa que habita a lagoa.

[872] O texto não deixa claro qual dos dois irmãos.

CANTO 3

[73] Firmar um pacto de amizade por sacrifício, ou seja, um pacto de confiança por meio de um sacrifício.

[145] Os Portões Esqueios são uma importante saída de Troia; eles dão para a planície do Escamandro e o campo de batalha.

[180] "Se é que foi": expressão patética, enfatiza o tempo trascorrido que faz o evento passado parecer quase irreal.

[190] Em certo momento da Guerra de Troia – mas não durante a ação narrada na *Ilíada* –, as amazonas são aliadas dos troianos.

[237] Polideuces ou, na tradição latina, Pólux.

[250] Laomédon é o troiano que antecedeu seu filho, Príamo, como rei. Foi ele que comandou a construção das muralhas da cidade.

[372] "Quatro-camadas" é um termo para "elmo" em referência a sua constituição típica.

CANTO 4

[8] Os epítetos das deusas referem-se a locais de seu culto.

[101] "Licegênio" é um epíteto de sentido desconhecido, mas talvez se refira à região da Lícia, de onde também vem Pândaro.

[127] Essa é a primeira apóstrofe no poema, ou seja, momentos em que a voz de Homero (ou, modernamente, o narrador primário) se dirige a uma personagem. As apóstrofes mais comuns são a Menelau e Pátroclo.

[219] Asclépio, cuja origem divina (filho de Apolo) não é mencionada na *Ilíada*, é pai de Macáon e um excelente médico treinado pelo centauro Quíron, que, por sua vez, na tradição épica (mas não na *Ilíada*), também foi mestre de Aquiles. O nome de Quíron alude a habilidades manuais, portanto, a sua habilidade médica.

[301] "Guerreiro com carro" refere-se a um guerreiro que utiliza seu carro apenas para se locomover até o campo de batalha ou por ele; pode, mas não precisa, referir-se ao combatente que o dirige. Por isso, só às vezes o termo grego é traduzido, nesse contexto, por "auriga".

[395] Autófono e Polifonte são nomes significativos; a segunda raiz presente nos dois nomes (*phon-*) aponta para sua missão, a de assassinar Tideu.

[473] Ao traduzir Antêmio por Floroso, procurei reforçar o caráter da morte do filho na flor da juventude.

[478] "Seiva (de vida)" traduz o grego *aiōn*, cujo sentido de "energia vital" se aproxima do sentido que o termo passará a ter depois de Homero, "(tempo de) vida" (Bakker 2002).

[508] Pérgamo é a acrópole, ou seja, o local mais alto da cidade de Troia.

CANTO 5

[5] Sírio.

[59-60] Outra possibilidade de interpretação do trecho é "Féreclo, o filho do carpinteiro Harmonides"; "filho de Encaixador" traduz o grego *Harmonidēs*.

[105] Apolo.

[265-69] Trôs é o fundador da raça troiana. Pai de Ilo (cujo nome, como o do pai, também se refere à localidade) e de Ganimedes, raptado por Zeus devido a sua beleza. Laomédon é filho de Ilo e pai de Príamo. Boa parte da linhagem de Heitor e Eneias é narrada em *Il.* 20, 215–40.

[392] Héracles.

[495] Comumente os guerreiros levam duas lanças ao combate.

[640] Os cavalos de Laomédon já foram referidos. O rei prometera alguns deles a Héracles se este salvasse sua filha de um monstro; não cumpre sua palavra, e o herói se vinga.

[677-78] Uma lista de nomes com significados evidentes em grego: Chefe (Coirano), Odioso (Alastor), Trovejador (Crômio), Valente (Alcandro), Marinho (Hálio), Ponderado (Noêmon) e Líder (Prítanis).

[696] "Consciência" traduz *psukhē*.

[741] As Górgonas eram três irmãs. Medusa, a única mortal, foi morta por Perseu, que entregou sua cabeça a Atena, que, por sua vez, acoplou-a a seu escudo. Na *Ilíada*, a imagem da górgona apenas gera terror.

[749] "Estações" traduz o grego *Hōrai*, plural de *Hōras* (Bremmer 2013).

[778] "Pombas tímidas": não é possível definir se "tímidas" adjetiva "pombas" ou é um substantivo que especifica o animal (de Jong 2011: 95).

[845-46] O "elmo de Hades" permite total invisibilidade a quem o usa. De fato, não só o reino subterrâneo é o espaço da ausência completa de luz, portanto, de visibilidade, mas Homero (e o imaginário popular) liga o nome *A-idēs* à incapacidade de ver (*idein*). Essa etimologia é referida nesses dois versos: Ares vê apenas Diomedes, que, por sua vez, graças a Atena, consegue distinguir o deus, algo normalmente impossível a um mortal. Cf. Gazis (2018: 36–38).

[898] Os filhos de Céu (Urano), os Titãs, estão no Tártaro.

CANTO 6

[22] Pastoreio traduz Bucólion.

[145-51] "Geração" procura dar conta da polissemia do termo grego repetido quatro vezes na passagem (*geneē*). O sentido principal ("es-

tirpe") é dado pelo contexto, mas a comparação com as folhas o alarga para "espécie, gênero", que pode ter uma conotação que chamaríamos biológica, assim como "geração". No restante do poema, porém, traduz-se *geneē* por "linhagem".

[168] "Sinais" implica "letras" em uma tabuleta à guisa de carta.

[201] O nome grego da planície remete à ação de vagar.

[402-3] Astíanax é um apelido, que significa "senhor da cidade"; o nome verdadeiro é Escamândrio. Como fica claro no verso seguinte, o apelido – ou segundo nome – refere-se a uma qualidade de Heitor.

CANTO 7

[252] "Artificiosa" traduz aqui e no restante do poema termos gregos que compartilham da mesma raiz (*daidal-*) de Dédalo (18, 592), o artesão mítico que construiu o labirinto onde foi aprisionado o Minotauro.

[334-35] Menção a um costume funerário estranho à prática usual em Homero, o que indica adição tardia dos dois versos. A contradição com os versos 336-37 é clara.

[380] Sigo as modificações propostas pelo segundo volume de Kirk (1985-93), em relação ao texto dos manuscritos, nos quais se lê "então jantaram no bivaque, em seus regimentos".

CANTO 8

[48] O Gárgaro é um lugar específico do maciço do Ida, que Homero toma como seu ponto culminante.

[81] O cavalo atingido não é um dos dois que puxam o carro, mas um cavalo adicional.

[164] "Boneco" traduz o termo grego cujo sentido literal é "globo ocular, pupila", e que geralmente é entendido nessa passagem

como uma criatura semelhante a uma boneca, tal como a imagem de uma pessoa refletida na pupila (Kirk 1990).

[185] Sem traduzir, os nomes, pela ordem, são: Xanto, Podargo, Éton e Lampo.

[368] Cérbero é o nome do cão. "Érebo" é uma palavra grega para "escuridão" e identifica o espaço subterrâneo regido por Hades (15, 187–93).

CANTO 9

[122] "Medidas" traduz o termo grego em geral traduzido por "talento", pois o valor exato da medida homérica é desconhecido, mas muito provavelmente inferior ao "talento" histórico, ou seja, a medida empregada na Grécia antiga.

[404-05] Referência à grande riqueza do templo de Apolo em Delfos.

[440] "Niveladora" indica que a guerra atinge todos, sem distinção.

[457] Hades.

[458-61] É pouco provável que esses versos tenham integrado versões mais antigas da *Ilíada*.

[556] *Cleó*-patra, assim como *Pátro*-clo, sonoramente remetem a dois termos centrais neste canto, *kleos* ("fama, glória") e *patres* ("pais, ancestrais").

[640] Referência às obrigações do anfitrião para com o hóspede.

CANTO 10

[110] Ou seja, Meges.

[314] O nome Dólon remete à habilidade exigida em táticas guerreiras noturnas, a astúcia.

[431] "Hipoguerreiro" é a leitura menos atestada; a mais comum nos manuscritos é "doma-cavalo".

[496-97] Trecho obscuro.

[561] "Décimo terceiro" implica deixar-se Reso de fora da conta; entretanto, o número total de mortos da aventura noturna é, de fato, catorze.

CANTO 11

[5-9] Desta passagem até o canto 17, o combate vai transcorrer no entorno da muralha aqueia, dentro ou fora do acampamento. A perspectiva de Homero é sempre a de alguém dentro do acampamento, que tem à frente a muralha; no limite da esquerda estão as cabanas de Ájax Telamônio e, no da direita, as de Aquiles: os melhores guerreiros cuidam das posições mais vulneráveis. No meio estão as cabanas de Odisseu e Agamêmnon.

[50] "Indizível" traduz o termo encontrado em parte dos manuscritos; o outro talvez possa ser traduzido por "desejável".

[191] Provável interpolação.

[336] Imagem de um deus puxando uma corda em referência a sua intervenção na batalha.

CANTO 12

[13-14] A aparente contradição pode ser lida da seguinte maneira: ainda que faça parte da história da linhagem de heróis terem todos morrido, do ponto de vista do fim imediato da Guerra de Troia, alguns aqueus sobreviveram num primeiro momento e conseguiram voltar a sua terra, o que é explicitado no verso 16. Aliás, no verso 23 se usa pela primeira e única vez na *Ilíada* a expressão "linhagem de varões semidivinos", que implica que essa linhagem já findou de todo (cf. Hesíodo 2013b e Nagy 1999).

[118] Homero, ao dar indicações espaciais do tipo "esquerda" e "direita", sempre assume a perspectiva do acampamento aqueu em direção à planície de Troia (Clay 2011: 45).

[283] "Lótus", em Homero, deve ser um tipo de trevo.

[342] "Ligeiro" traduz Tootes.

[403] A expressão "nas últimas naus" sempre pode ser entendida também como "junto às popas das naus". O sentido depende da interpretação dos versos 14, 31–32 (cf. abaixo).

CANTO 13

[207] A saber, Anfímaco.

[623-24] Zeus hospitaleiro refere-se à esfera de atuação desse deus quanto a direitos e deveres de hóspedes-amigos.

[669] Tributo ou penalidade para quem recusasse participar da guerra.

CANTO 14

[31-32] Minha tradução segue a interpretação segundo a qual as últimas naus puxadas para a terra firme são as mais distantes do mar; junto a elas foi construída a muralha.

[70] Provável interpolação, pois o "isso" do verso 69 refere-se ao que foi dito antes, e não ao verso subsequente.

[250] A saber, Héracles.

[275] "Admiradíssima" traduz Pasítea.

CANTO 15

[87] "Norma" traduz Têmis.

[705] Protesilau foi o primeiro aqueu a morrer ao desembarcar em Troia.

CANTO 16

[143] O nome do pai de Aquiles, Peleu, vincula-se ao monte Pélion.

[181] A saber, Hermes.

[397] "Alta muralha" deve se referir àquela de Troia (Clay 2011: 88).

CANTO 17

[211] Eniálio é outro nome para Ares.

[324] Altíssono traduz Épito.

[407-8] Ou seja, Aquiles não esperava conquistar Troia porque sabia que morreria.

[410-11] Há algumas boas razões, embora não definitivas, para serem considerados versos tardios.

[455] Esse verso talvez seja uma adição tardia.

CANTO 18

[39] Aqui e nos próximos versos, os nomes gregos das deusas: Glauce, Talia, Cimódoce.

[40] Neseia, Espeio, Toa, Hália.

[41] Cimmótoe, Actai, Limoreia.

[42] Mélite, Iaira, Anfítoe, Agave.

[43] Doto, Proto, Ferusa, Dinâmene.

[44] Dexâmene, Anfínome, Calianeira.

[45] "Tudovê" traduz Pânope.

[46] Nemertes, Apseudes, Calianassa.

[47] Clímene, Ianeira, Ianassa.

[48] Moira, Oritia, Amalteia.

[82] O sintagma verbal traduzido por "perdi-o" também pode ser traduzido por "destruí-o": o verbo grego comporta as duas acepções.

[478] Neste verso começa a narração da produção do escudo por Hefesto. Ele tem cinco camadas, nas quais o deus insere diversas vinhetas separadas por expressões formulares, como "nele (colocou)".

[535] "Funérea" traduz "*Kēr*", uma espécie de demônio da morte.

[570] O "lino" é um tipo de canção referente a um músico mítico, Lino, primeiro mortal a quem os deuses deram o dom do canto e que foi morto por Apolo.

[593] A referência é aos presentes que um noivo dava ao pai de sua noiva.

[604-05] O trecho entre colchetes deve ser adição tardia.

CANTO 19

[72] "Dobrar os joelhos" refere-se ao descanso após uma fuga bem-sucedida.

[141] "Ontem" deve se referir ao dia que começou depois do pôr do sol dois dias antes.

[176] "Dela" refere-se a Briseida.

CANTO 20

[53] Belacolina traduz Calicolone.

[405] "Senhor de Hélice": trata-se de Posêidon.

CANTO 21

[483-84] Ártemis é uma das deusas ligadas ao parto das mulheres.

[497] Argifonte é Hermes, que pode ser representado como condutor dos mortos ao Hades.

CANTO 22

[94] A passagem sugere a concepção segundo a qual a cobra ingere o veneno que vai usar posteriormente contra suas vítimas.

[126] Expressão proverbial, cujo sentido talvez seja algo como "de coisas superficiais".

[162] As pistas de corrida de cavalo tinham o formato de U; depois de fazerem a curva na extremidade da pista, os competidores retornavam ao ponto de partida.

CANTO 23

[34] Há dúvidas sobre o sentido do epíteto "canecas-cheias". Uma possibilidade é que o sangue dos animais abatidos fosse oferecido em canecas ao morto.

[46] "Tosar a cabeleira": gesto tradicional dos enlutados.

[88] Ossos de animais domésticos de médio porte (ovelhas, cabritos) usados ao modo de dados.

[141–51] A prática de rapazes dedicarem uma mecha do cabelo a um deus-rio é bem documentada na Grécia antiga.

[295] Em grego, os nomes são Eta e Podargo; Tem-Potros traduz Equepolo.

[441] Ou seja, deverá jurar, uma vez finda a corrida, que se ateve às regras da disputa.

[612] Em grego, Noêmon.

[850] O termo grego traduzido por "roxo" tem sentido incerto; talvez algo equivalente a "escuro".

[863] "Senhor" refere-se a Apolo.

CANTO 24

[54] Verso de interpretação duvidosa; "terra" talvez seja metáfora para o cadáver.

[360] O epíteto distintivo de Hermes talvez esteja ligado a "velocidade".

[388] Optou-se pela variante *hōs* para iniciar o verso (West 2000).

[544] "Ditoso" traduz Mácar, rei legendário de Lesbos.

[578] Outro epíteto transmitido nos manuscritos para "carro" é "com boa camba".

[617] Nos manuscritos, o nome do rio é Aqueloio; optou-se pela reconstrução de West (2000).

[724] Em vez de "homicida", outro epíteto achado nos textos transmitidos é "doma-cavalo".

PERSONAGENS PRINCIPAIS

A melhor e mais completa apresentação dos guerreiros troianos e aqueus é o chamado "catálogo das naus" (canto 2, a partir do verso 494). Abaixo, uma lista dos principais, bem como das personagens femininas; os deuses não foram listados. Entre parênteses, o patronímico mais usual.

AGAMÊMNON (ATRIDA) comandante supremo dos aqueus em Troia, é irmão de Menelau e marido de Clitemnestra, irmã de Helena. A *Ilíada* talvez aluda, discretamente, ao sacrifício de sua filha Ifigênia à deusa Ártemis, que, enraivecida, fez parar os ventos que trariam a frota da Grécia para Troia. Segundo a tradição, na volta da Guerra de Troia ele foi morto pelo amante da mulher, seu primo Egisto.

ÁJAX OILEU (OILIDA) geralmente luta ao lado do outro Ájax, que é maior.

ÁJAX TELAMÔNIO (TELAMONIDA) quando o nome não vem acompanhado do patronímico, refere-se ao filho de Télamon, da ilha de Salamina. Excelente defensor, protege guerreiros que atacam, em especial, seu meio-irmão Teucro.

ALEXANDRE OU PÁRIS filho de Príamo e Hécuba, marido troiano de Helena.

ANDRÔMACA esposa de Heitor, originária de Tebas, na Cilícia.

ANQUISES pai de Eneias.

ANTENOR importante ancião troiano, recebeu uma embaixada composta por Odisseu e Menelau que solicitou a entrega de Helena.

ANTÍLOCO (NESTORIDA) jovem filho de Nestor, não sobreviverá à guerra. Um dos melhores amigos de Aquiles.

AQUILES (PELIDA; EÁCIDA) filho de Peleu com a deusa Tétis; neto de Eaco. Embora tenha um filho, Neoptólemo (mencionado poucas vezes no poema), Aquiles, por ser bastante jovem, não é casado. Queria o destino de Tétis que o filho por ela gerado fosse mais poderoso que o pai, de sorte que Zeus a obrigou a desposar o notável Peleu. A *Ilíada* não menciona o tradicional "calcanhar", e só na literatura bastante posterior (a primeira ocorrência da qual temos notícia é em Ésquilo) registra-se uma relação homoerótica com Pátroclo.

ASTEROPEU notável aliado dos troianos, é morto por Aquiles.

BRISEIDA presa de guerra dos aqueus, faz parte do butim de Aquiles, mas é tomada à força por Agamêmnon.

CALCAS o adivinho grego.

CASSANDRA filha de Príamo e Hécuba.

CRISEIDA filha de Crises, que fracassa em seu resgate; após a intervenção de Apolo, ela retorna ao pai.

CRISES pai de Criseida.

DEÍFOBO filho de Hécuba e Príamo.

DIOMEDES (TIDIDA) filho de Tideu, é o principal guerreiro no ataque aqueu no início do poema.

EÉCIO pai de Andrômaca, morto por Aquiles.

ENEIAS filho de Anquises e Afrodite, é o principal guerreiro do lado troiano depois de Heitor. É da Dardânia, localidade próxima a Troia.

ESCAMÂNDRIO filho de Heitor, também conhecido por Astíanax.

ESTÊNELO assistente de Diomedes, com quem participou da conquista da cidade grega de Tebas, empresa na qual fracassaram seus pais, dois dos "sete contra Tebas".

FÊNIX ancião que foi tutor de Aquiles. Fora da *Ilíada*, esse função geralmente é exercida pelo centauro Quíron.

GLAUCO junto com Sarpédon, seu primo, líder dos lícios.

HÉCUBA a esposa "oficial" de Príamo.

HEITOR (PRIAMIDA) grande herói troiano, o filho predileto de Príamo. É ele quem garante a segurança da cidade. Casado com Andrômaca e pai de Astíanax.

HELENA a bela esposa de Menelau, deixou o marido (à força, dependendo de quem conta a história) para se casar com Alexandre (ou Páris), com o qual não tem filhos. Quando Alexandre morrer, quase no final da guerra, desposará seu irmão, Deífobo.

HELENO irmão de Heitor, é um adivinho.

HÉRACLES excelente arqueiro, é um herói da geração que antecede aquela dos heróis que lutaram em Troia.

IDOMENEU mais importante nobre de Creta.

LAOMÉDON pai já falecido de Príamo.

MACÁON (ASCLEPÍADA) filho do herói-médico, é a ele que cabem as principais funções médicas no exército aqueu.

MENELAU (ATRIDA) marido de Helena e irmão de Agamêmnon.

MERÍONES cretense, assistente de Idomeneu.

NESTOR (NELIDA) filho de Neleu e rei de Pilos, sua cidade natal, é chamado de "gerênio" provavelmente por ter crescido em

Gerênia (ou Generos), na Messênia. O ancião está em Troia com os filhos Trasímedes e Antíloco. Destaca-se pelos bons conselhos e pela capacidade de persuasão.

ODISSEU (LAÉRCIDA) famoso pela astúcia e, portanto, protegido de Atena, é ele quem vai liderar a tocaia constituída pelo cavalo de pau. Filho de Laerte, pai de Telêmaco e marido de Penélope.

PÂNTOO um dos anciãos troianos, pai de Polidamas, Euforbo – que fere Pátroclo imediatamente antes do golpe mortal de Heitor e é morto por Menelau –, e Hiperenor – também morto por Pátroclo.

PÁTROCLO (MENECIDA) companheiro e assistente de Aquiles.

PELEU (EÁCIDA) pai de Aquiles, o ancião ficou em Ftia, onde é o rei.

POLIDAMAS troiano que, na economia do poema, funciona como contraparte mais sensata de Heitor.

PRÍAMO (DARDÂNIDA; LAOMEDÔNTIDA) o ancião é rei de Troia. Uma vez finda a guerra, é morto pelo filho de Aquiles, Neoptólemo. Tem cinquenta filhos no poema, a maioria com suas diversas concubinas.

SARPÉDON filho de Zeus e Laodameia, principal aliado dos troianos, líder dos lícios.

TALTÍBIO arauto de Agamêmnon.

TEUCRO (TELAMÔNIO) notável arqueiro, irmão de Ájax Telamônio por parte de pai (é bastardo).

DEUSES

AFRODITE deusa ligada ao desejo sexual, é filha de Zeus e Dione, e gerou, com o troiano Anquises, Eneias. Um de seus epítetos é Cípris. Luta ao lado dos troianos, entre outras razões, por ter sido escolhida a mais bela deusa por Páris, que em troca recebeu a garantia de que Helena o desejaria.

APOLO filho de Zeus e Leto; irmão gêmeo de Ártemis. Entre seus epítetos, estão Febo e Arco-de-Prata. Luta ao lado dos troianos. É sobretudo um arqueiro, mas também está ligado a performances musicais, sobretudo por sua habilidade com a lira.

ARES deus da guerra em seus aspectos mais selvagens. Filho de Hera e Zeus. Também chamado de Eniálio.

ÁRTEMIS filha de Zeus e Leto; irmã gêmea de Apolo. Flecheira como o irmão, está ligada à caça e a alguns elementos do casamento, embora seja virgem.

ATENA outra deusa virgem, foi gerada por Zeus sozinho. Entre seus epítetos, estão Palas, Atritone, Alalcomeneia e "olhos-de-coruja" (o termo grego também pode ser interpretado como "de olhos verdes ou glaucos"). Uma das razões de ela, bem como Hera, lutar ao lado dos aqueus é ter sido preterida por Páris, que escolheu Afrodite quando as três deusas lhe pediram para julgar qual dentre elas era a mais bela. É uma deusa guerreira, mas a tecelagem, a principal atividade das mulheres casadas, também é de sua responsabilidade.

AURORA a deusa responsável pelo amanhecer. Amante de rapazes.

BRIGA ou *Eris*, em grego, é ligada a Ares.

CÉU em grego *Ouranos*. Com Terra, gerou os chamados Titãs, divindades aprisionadas nas profundezas da terra, entre os quais estão Crono e Jápeto.

CRONO um dos Titãs, é pai de Zeus e outros deuses olímpicos. Seu atributo principal é a astúcia. Foi aprisionado no Tártaro com os outros Titãs quando Zeus lhe tomou o poder seguindo o plano de sua mãe, Reia, já que Crono devorava todos os filhos que ela gerava. A história pode ser lida em Hesíodo 2013a.

DEMÉTER deusa ligada à agricultura.

DIONE mãe de Afrodite.

DIONISO deus ligado ao vinho.

ENIÓ outra divindade ligada à guerra.

ERÍNIAS geralmente como um coletivo, garantem a punição de alguns crimes.

ESTAÇÕES as *Horai*, que representam, de certa forma, a sequência das estações e o tempo.

GRAÇA uma das irmãs chamadas coletivamente de Graças (*Charis*/*Charites*). Esposa de Hefesto. As irmãs estão ligadas a Afrodite, portanto, à sedução amorosa.

HADES poderoso irmão de Zeus, é responsável por uma região abaixo da terra para onde vão as "almas" dos mortos – por metonímia, chamada de Hades.

HEFESTO deus coxo, é um exímio artesão. Filho de Zeus e Hera.

HERA irmã e esposa de Zeus. Deusa ligada ao casamento como instituição social. Também foi preterida por Páris em seu julgamento sobre a deusa mais bela. Com frequência, entra em conflito com o marido.

HERMES filho de Zeus e da ninfa Maia. Pode ser representado como o condutor dos mortos ao Hades. Alguns epítetos obscuros o definem, como Argifonte.

JUVENTUDE em grego, *Hebe*; deusa secundária.

ILITIAS deusas encarregadas de auxiliar em partos.

LETO mãe de Apolo e Ártemis.

MUSAS filhas de Zeus e *Mnemosunē* ("Memória"), ligadas à performance poética.

NORMA em grego, *Themis*, deusa associada ao âmbito da lei e da justiça. É irmã de Crono.

OCEANO divindade primordial, o nome indica sua área de atuação. Costuma ser representado como um enorme fluxo de água em torno do mundo conhecido.

PEÃ deus ligado à cura e a uma canção de mesmo nome; associado a Apolo.

POSÊIDON irmão de Zeus, deus bastante poderoso, ligado ao mar mas também à terra, em particular, a terremotos.

REIA esposa e irmã de Crono, é mãe de Zeus, Hera e Posêidon, entre outros.

TERRA em grego, *Gaia*. Deusa primordial, muitas vezes indistinta do elemento de mesmo nome.

TÉTIS filha de Nereu (o "ancião do mar") e irmã das Nereidas, gerou Aquiles ao casar com Peleu.

TETYS esposa de Oceano. Não confundir com outra divindade marítima, Tétis, a mãe de Aquiles.

ZEUS o deus mais poderoso. Ligado ao céu e a seus fenômenos, como o raio. Esposo de Hera, com quem gerou vários filhos, mas também se uniu a outras deusas e mulheres mortais, que lhe deram vasta prole.

ILÍADA

1

A cólera canta, deusa, a do Pelida Aquiles,
nefasta, que aos aqueus impôs milhares de aflições,
remessou ao Hades muitas almas vigorosas
de heróis e fez deles mesmos presas de cães
e banquete de aves – completava-se o desígnio de Zeus –,
sim, desde que, primeiro, brigaram e romperam
o Atrida, senhor de varões, e o divino Aquiles.
Qual deus lançou-os na briga e os fez pelejar?
O filho de Leto e de Zeus: com raiva do rei,
atiçou danosa peste no exército, e a tropa perecia
porque a Crises, o sacerdote, desonrou
o Atrida. Veio às naus velozes dos aqueus
recuperar a filha trazendo resgate sem-fim,
com a grinalda de Apolo lança-de-longe nas mãos,
no alto do cetro dourado, e suplicou a todos os aqueus
sobretudo aos dois Atridas, ordenadores de tropas:
"Atridas e demais aqueus de belas grevas,
a vós concedam os deuses que têm casas olímpias
assolar a cidade de Príamo e chegar bem em casa.
Libertai minha cara menina e aceitai este resgate,

venerando o filho de Zeus, Apolo lança-de-longe".
Todos os outros aqueus acharam por bem
respeitar o sacerdote e aceitar o belo resgate;
ao Atrida Agamêmnon, porém, não agradou,
e ele o dispensou rudemente, dando a dura ordem:
"Ancião, que eu não tope contigo junto às cavas naus:
não te demores agora nem voltes mais tarde;
receio que o cetro e a grinalda do deus não te protejam.
Não libertarei tua filha; a velhice a pegará antes,
longe da pátria, em nossa propriedade em Argos,
ativa junto ao tear e procurando minha cama.
Para a salvo voltares, não me provoques".
Falou, e o ancião temeu e obedeceu ao discurso;
quieto, foi ao longo da praia do mar ressoante.
Então afastou-se e, insistente, o ancião rezou
ao senhor Apolo, ao qual gerou Leto bela-juba:
"Ouve-me, Arco-Prateado, tu que zelas por Crises
e pela numinosa Cila e reges Tênedos com poder.
Esminteu: se te agradei ao cobrir tua morada
ou se uma vez te queimei gordas coxas
de touros e cabras, realiza-me esta vontade:
com tuas setas paguem os dânaos pelo meu choro".
Falou, rezando, e Febo Apolo o ouviu
e partiu dos cumes do Olimpo, irado no coração,
com o arco sobre os ombros e a aljava tampada:
as flechas estridularam nos ombros do irado
ao se mover, e ele ia semelhante à noite.
Sentou-se longe das naus e no meio flechou;
fero estrídulo subiu do arco prateado.
Primeiro foi atrás de mulas e lépidos cães,

e então projéteis acuminados sobre os homens
lançou; piras repletas de corpos ardiam sem cessar.
Por nove dias, setas do deus corriam no bivaque,
e no décimo Aquiles convocou a tropa à ágora.
Isso pusera em seu juízo a deusa, Hera alvos-braços,
pois se apiedou dos dânaos ao vê-los morrer.
Então, após estarem reunidos, todos juntos,
entre eles ergueu-se e falou Aquiles, veloz nos pés:
"Atrida, agora creio que nós, de novo vagando,
de volta retornaremos (caso escapemos da morte),
se, juntas, guerra e peste subjugarem os aqueus.
Pois interroguemos um adivinho ou sacerdote,
ou um onirócrita (o sonho também vem de Zeus),
que diria por que Febo Apolo ficou tão irado,
se sua queixa é por prece ou sacrifício,
a ver se o olor de ovelhas e de cabras perfeitas
talvez aceite para de nós afastar o flagelo".
Após falar assim, sentou-se. Entre eles ergueu-se
Calcas, filho de Testor, de longe o melhor áugure,
que conhecia o presente, o futuro e o passado,
e guiou as naus dos aqueus rumo a Ílion
por meio de sua adivinhação, dom de Febo Apolo.
Refletindo bem, tomou a palavra e disse:
"Aquiles caro-a-Zeus, pedes que enuncie
a cólera de Apolo, o senhor lançador-de-longe.
Portanto falarei; tu, compreende e jura
deveras me defender, solícito, com palavra e braço.
Penso que irei enraivecer o varão que, poderoso,
chefia todos os argivos, e os aqueus a ele obedecem.
Superior é o rei quando se ira contra varão inferior:

se, quanto a sua raiva, no mesmo dia a engolir,
no futuro, porém, sentirá rancor em seu peito
até o consumar. Tu, reflete se me salvarás".
Respondendo, disse-lhe Aquiles, veloz nos pés:
"Com muita coragem fala o dito divino, o que sabes.
Por Apolo caro-a-Zeus, Calcas, a quem oras
quando revelas ditos divinos aos dânaos,
ninguém, se eu estiver vivo, vigiando sobre a terra,
descerá mãos pesadas contra ti junto às cavas naus,
aqueu nenhum, nem se mencionares Agamêmnon,
que agora proclama ser, de longe, o melhor dos aqueus".
Então o adivinho impecável encorajou-se e falou:
"Ele não se queixa de uma prece ou de um sacrifício:
por causa do sacerdote a quem Agamêmnon desonrou,
e não libertou sua filha nem recebeu o resgate,
por isso Lança-de-Longe deu e ainda dará aflições.
Antes não afastará para os aqueus a peste ultrajante,
não antes de se devolver a jovem de olhar luzente ao pai,
sem preço, sem resgate, e conduzir-se sacro sacrifício
a Crises; propiciando-o, iríamos persuadi-lo".
Falou e sentou-se; entre eles ergueu-se
o herói Atrida, Agamêmnon de extenso poder,
atormentado: seu juízo se enegreceu ao se encher
de muito ímpeto, e seus olhos pareciam fogo cintilante.
Falou a Calcas primeiro, com males nos olhos:
"Adivinho de males, nunca me falaste algo bom.
Sempre te é caro, no ânimo, profetizar esses males
e nunca disseste ou realizaste algum dito ótimo.
Enuncias também agora, entre os dânaos, profecias:
Lança-de-Longe lhes prepara aflições

porque ao radiante resgate da filha de Crises
eu não quis aceitar, já que com ardor preferi
tê-la em casa. De fato, anteponho-a a Clitemnestra,
a esposa legítima, pois não é pior que ela
em porte e aparência, no juízo e nos trabalhos.
Ainda assim quero devolvê-la, se isso é melhor;
prefiro a tropa sã e salva a estar destruída.
Uma mercê, porém, logo me aprontem: que eu não seja
o único dos argivos a ficar sem mercê; não convém.
Todos percebem que minha mercê vai a outro lugar".
Respondeu-lhe o divino Aquiles defesa-nos-pés:
"Majestosíssimo Atrida, de todos, o mais ávido de bens:
como os animosos aqueus te darão uma mercê?
Até onde sabemos, não há muita coisa coletiva;
o que saqueamos das cidades foi distribuído,
e não convém que a tropa o recolha e junte de novo.
Quanto a ti, envia-a ao deus; os aqueus
te compensarão três, quatro vezes, se acaso Zeus
conceder que se aniquile a fortificada urbe de Troia".
Respondendo, disse-lhe o poderoso Agamêmnon:
"Teomórfico Aquiles, embora sejas valoroso, não
roubes na ideia: não me irás ultrapassar nem persuadir.
Acaso queres, para manter tua mercê, que eu assim
fique sentado carente, pedindo que eu a devolva?
Se os animosos aqueus me derem uma mercê,
adequada a meu ânimo, aceito a compensação;
se não me derem, eu mesmo devo tomá-la,
ou mercê tua ou de Ájax ou de Odisseu
irei pegar e levar: terá raiva quem eu alcançar.
Depois, porém, consideremos isso de novo;

agora, puxemos negra nau até o divino mar,
com zelo reunamos remadores, nela a hecatombe
ponhamos e ela mesma, Criseida bela-face,
embarquemos; que um varão conselheiro seja o chefe,
ou Ájax, ou Idomeneu, ou o divino Odisseu,
ou tu, Pelida, o mais assustador de todos os varões,
e sacrifique a Age-de-Longe e o propicie para nós".
Olhando de baixo, disse-lhe Aquiles, veloz nos pés:
"És juízo-ladino e te cobres de desrespeito!
Como tuas palavras persuadirão um aqueu expedito
a fazer o percurso ou a combater varões com energia?
Não vim por causa dos troianos lanceiros
para cá combater, pois, contra mim, nada fizeram;
nunca tangeram meu gado nem meus cavalos,
e nunca na fértil Ftia grandes-glebas
devastaram a colheita, pois entre nós e Troia
há muito morro umbroso e um oceano ruidoso.
A ti seguimos, sumo impudente, para te alegrares,
e tentamos garantir tua honra, cara-de-cão, e a de Menelau,
da parte dos troianos. Isso ignoras e não te preocupas;
agora ameaças tu mesmo arrancar-me uma mercê,
pela qual muito padeci, a qual me deram os filhos de aqueus.
Mercê nunca tenho igual à tua quando os aqueus
assolam uma cidade dos troianos, boa de morar;
contudo, a maior parte da guerra encapelada
meus braços realizam, e se ocorre uma partilha,
tua mercê é muito maior, e levo uma pequena
e querida na volta às naus, quando lutei até a exaustão.
Agora irei para Ftia, pois é muito melhor
ir para casa com naus recurvas, e não creio que para ti,

aqui sendo desonrado, gerarei riqueza e abastança".
Respondeu-lhe o senhor de varões, Agamêmnon:
"Se o ânimo te incita, recua que não te persuadirei
a ficar por mim; também outros me acompanham,
sobretudo o astuto Zeus: recuperarão minha honra.
És-me o mais odioso dos reis criados por Zeus;
briga, guerras e combates sempre te são caros.
Se és bem mais vigoroso, isso foi o que te deu o deus.
Indo para casa com tuas naus e companheiros,
rege os mirmidões; contigo não me preocupo
nem considero teu rancor. Esta é minha ameaça:
já que Febo Apolo tira Criseida de mim,
a quem eu, com minha nau e companheiros,
conduzirei, vou buscar Briseida bela-face,
tua mercê, eu mesmo indo à cabana, para bem saberes
quão superior a ti eu sou, e que outros se apavorem
de se crer igual a mim e de rivalizar face a face".
Falou; o Pelida afligiu-se, e seu coração,
no peito peludo, meditou dividido:
ou iria puxar o gládio afiado da coxa,
dispersá-los e matar o Atrida,
ou iria cessar a raiva e conter o ânimo.
Enquanto revolvia isso no juízo e no ânimo
e tirava a grande espada da bainha, chegou Atena
do céu; a deusa a enviara, Hera alvos-braços,
que no ânimo gostava igual de ambos e deles cuidava.
Parou atrás do Pelida e puxou sua loira cabeleira,
aparecendo só para ele; ninguém mais a viu.
Aquiles voltou-se, pasmo, e de pronto reconheceu
Palas Atena – seus olhos, terríveis, brilharam –,

e, falando, dirigiu-lhe palavras plumadas:
"Por que vieste, rebento de Zeus porta-égide?
Para ver a violência do Atrida Agamêmnon?
Eu te direi, e também creio que isto se cumprirá:
devido a sua arrogância, logo perderá a vida".
A ele dirigiu-se a deusa, Atena olhos-de-coruja:
"Caso obedeceres, para cessar teu ímpeto vim
do céu; a deusa enviou-me, Hera alvos-braços,
que no ânimo gosta igual de ambos e cuida de vós.
Deixa a briga e não puxes a espada com a mão;
censura-o com palavras e lhe diga como será.
Pois assim eu falarei, e também isto se cumprirá:
um dia haverá para ti três vezes mais dons radiantes
devido a essa violência; contém-te e a nós obedece".
Respondendo, disse-lhe Aquiles, veloz nos pés:
"Carece acatar-se, deusa, a palavra de vós duas,
mesmo quem tem muita raiva no ânimo: é melhor.
Os deuses ouvem mais quem a eles obedece".
Falou, manteve a mão pesada sobre o punho de prata,
repôs na bainha a grande espada e não ignorou
o discurso de Atena. Ela ao Olimpo partiu,
à casa de Zeus porta-égide para junto dos outros deuses.
O Pelida de novo com palavras insultantes
dirigiu-se ao Atrida, sem abandonar a raiva:
"Tonto-de-vinho, olhos-caninos e coração-de-cervo:
nem te armares com a tropa para a batalha,
nem ires com os melhores aqueus à tocaia,
isso, que para ti se assemelha à morte, não ousas.
Muito mais lucrativo, no grande bivaque de aqueus,
é arrancar presentes de quem te encarar.

És rei devora-povo, já que reges medíocres;
senão, Atrida, agora seria tua última ofensa.
Eu te direi e, junto, jurarei um grande juramento:
por esse cetro, que nunca mais brotará
folhas e galhos, uma vez tendo sido cortado no morro,
nem de novo florirá, pois em volta o bronze o privou
de folhas e casca, e agora os filhos de aqueus
carregam-no nas mãos, os zela-tradições, que guardam
as normas a mando de Zeus. Esta será a grande jura:
um dia saudade de Aquiles virá aos filhos de aqueus,
todos juntos; então, embora angustiado, não poderás
protegê-los quando muitos, sob o homicida Heitor,
caírem morrendo. No íntimo, lacerarás teu ânimo,
irado porque não honraste o melhor dos aqueus".
Falou o Pelida, no chão lançou o cetro
cravado de tachas douradas e sentou-se; o Atrida,
no outro lado, encolerizava-se. Entre eles Nestor
doce-palavra pulou, o soante orador dos pílios,
e de sua língua fluía voz mais doce que o mel.
Já tinha visto duas gerações de homens mortais
perecerem, no passado criadas e nascidas com ele
na mui sacra Pilos, e era o senhor da terceira.
Refletindo bem, tomou a palavra e disse:
"Incrível, que grande aflição atinge a terra aqueia!
Sim, Príamo e os filhos de Príamo jubilariam,
e muito outros troianos se alegrariam no ânimo
se soubessem de tudo isto, que pelejais os dois,
vós que superais os dânaos no plano e na luta.
Vamos, obedecei; ambos sois mais novos que eu.
Sim, pois no passado me reuni com varões até melhores

que vós, e nunca a mim menosprezaram.
Outra vez não vi nem verei varões assim
como Pirítoo e Drias, pastores de tropas,
Ceneu, Exádio e o excelso Polifemo,
e Teseu, filho de Egeu, semelhante aos imortais.
Criaram-se como os mais fortes varões terrestres;
eram os mais fortes e pelejaram com os mais fortes,
os monteses centauros, e foi terrível como os destruíram.
Pois com esses me reuni ao vir de Pilos,
de longe, terra distante, pois me chamaram,
e combati sozinho; contra aqueles nenhum
dos que hoje são mortais terrestres combateria.
Atentavam meus planos e obedeciam a meu discurso.
Também vós obedecei, já que obedecer é melhor.
Nem tu, embora valoroso, dele tomes a moça,
mas deixa-a, pois os filhos de aqueus lhe deram a mercê;
nem tu, Pelida, queiras brigar com o rei,
encarando-o, já que não tem uma honra igual
o rei porta-cetro a quem Zeus dá glória.
Se és mais vigoroso, deusa te gerou como mãe;
ele, porém, é superior pois é senhor de mais homens.
Atrida, cessa teu ímpeto; de minha parte,
suplico que largues a raiva por Aquiles, que, para todos
os aqueus, é grande muro contra batalha danosa".
Respondendo, disse-lhe o poderoso Agamêmnon:
"Por certo isso tudo, velho, falaste com adequação.
Mas esse varão quer superar todos os outros,
sobre todos ter poder ele quer, a todos reger
e a todos chefiar, e não creio que será obedecido.
Se os deuses sempre vivos o fizeram lanceiro,

por isso o incumbem de discursar insultos?".
A ele, de chofre, respondeu o divino Aquiles:
"Sim, eu seria chamado de fraco e medíocre
se cedesse a ti em tudo que falas;
ordena isso aos outros, pois não a mim
chefiarás: creio que não mais a ti obedecerei.
Outra coisa te direi, e em teu juízo a lança:
com os braços não pelejarei contra ti ou outro
pela jovem que de mim arrancastes após a dardes;
do restante que tenho junto à negra nau veloz,
disso nada irás pegar e levar contra minha vontade.
Vamos, experimenta e também saberão esses aí:
de pronto teu negro sangue jorrará em torno da lança".
Assim os dois, após pelejarem com palavras contendoras,
ergueram-se, solvendo a assembleia junto às naus aqueias.
O Pelida às cabanas e às naus simétricas
foi com o Menecida e seus companheiros;
e o Atrida puxou uma nau veloz rumo ao mar,
selecionou vinte remadores, a hecatombe
ao deus embarcou e Criseida bela-face
fez sentar; como líder embarcou Odisseu muita-astúcia.
Após embarcarem, cruzavam fluentes caminhos;
quanto às tropas, o Atrida mandou-as se purificar.
Purificaram-se, lançaram as impurezas ao mar
e para Apolo fizeram hecatombes completas
de touros e cabras junto à praia do mar ruidoso;
e o olor chegou ao céu, ondulando em torno da fumaça.
Disso se ocupavam no bivaque, e Agamêmnon não
deixou a briga na qual primeiro ameaçou Aquiles;
não, dirigiu-se a Taltíbio e Passolargo,

que eram seus arautos e ágeis assistentes:
"Ide à cabana do Pelida Aquiles,
pegai Briseida bela-face pela mão e a trazei.
Se ele não a der, eu mesmo devo tomá-la,
indo com número maior, o que fará Aquiles congelar".
Isso disse, a dura ordem, e os enviou.
Foram os dois, coatos, junto à praia do mar ruidoso
e alcançaram as cabanas e naus dos mirmidões.
Encontraram-no junto à cabana e à negra nau,
sentado; Aquiles, ao vê-los, não rejubilou.
Os dois, com temor e respeitando o rei,
pararam e nada lhe falaram nem perguntaram;
ele se deu conta em seu juízo e disse:
"Salve, arautos, mensageiros de Zeus e dos homens!
Achegai-vos; não sois responsáveis, mas Agamêmnon,
que vos enviou por causa da moça Briseida.
Traze a moça, Pátroclo oriundo-de-Zeus,
e entregue-a a eles. Que os dois sejam testemunhas
diante dos deuses ditosos e dos humanos mortais
e também diante do rei intratável se de novo
eu for necessário para afastar o flagelo ultrajante
para os outros. Com seu juízo destrutivo, está louco,
e não sabe pensar para a frente e nem para trás
a fim de que os aqueus pelejem a salvo junto às naus".
Falou, e Pátroclo obedeceu ao caro companheiro;
trouxe para fora da cabana Briseida bela-face
e entregou-a a eles. E voltaram às naus aqueias;
a mulher, coata, com eles seguia. Aquiles
pôs-se a chorar e, longe dos companheiros, sentou
na orla do mar cinzento, mirando o oceano vinoso;

com fervor rezou à cara mãe, braços estendidos:
"Mãe, já que me geraste para ter vida curta,
o Olímpio deveria pelo menos estender-me honra,
Zeus troveja-no-alto; agora nem pouco me honrou.
Sim, a mim o Atrida, Agamêmnon extenso-poder,
desonrou: tem minha mercê que ele mesmo arrancou".
Falou, chorando, e a senhora mãe o ouvia,
sentada nas profundas do mar junto ao velho pai.
Rápido do mar cinzento emergiu tal nevoeiro,
sentou-se diante dele, que lágrimas vertia,
com a mão o acariciou, dirigiu-se-lhe e nomeou-o:
"Filho, por que choras? Que aflição atingiu teu juízo?
Fala, não o escondas na mente; que ambos o saibamos".
Gemendo fundo, respondeu-lhe Aquiles, veloz nos pés:
"Tu o sabes; por que a ti, ciente, falo tudo isto?
Fomos até Tebas, a sacra cidade de Eétion,
que destruímos e então para cá tudo trouxemos.
Isso bem dividiram entre si os filhos de aqueus,
e para o Atrida escolheram Criseida bela-face.
Pois Crises, o sacerdote de Apolo alveja-de-longe,
veio às naus velozes dos aqueus couraça-brônzea
trazendo resgate sem-fim para recuperar a filha,
com a grinalda de Apolo lança-de-longe nas mãos,
no alto do cetro dourado, e suplicou a todos os aqueus,
sobretudo aos dois Atridas, ordenadores de tropas.
Todos os outros aqueus foram favoráveis
a respeitar o sacerdote e aceitar o belo resgate;
não ao ânimo do Atrida Agamêmnon isso agradou,
e dispensou-o rudemente, dando dura ordem.
O velho, irado, de volta partiu; a Apolo

rezou, e esse o ouviu, pois era-lhe muito caro,
e lançou atroz projétil nos argivos: as tropas
morriam em sucessão, e corriam as setas do deus
pelo amplo bivaque de aqueus. A nós um adivinho
de De-Longe, bem-versado em profecias, falou.
De pronto pedi por primeiro que se propiciasse o deus;
a raiva tomou conta do Atrida, ligeiro se ergueu
e ameaçou com um discurso que se cumpriu.
A ela, com nau veloz, os aqueus de olhar luzente
a Crises conduzem, e levam dons ao senhor;
a outra, há pouco arautos saíram da cabana, levando-a,
a filha de Brises, que me deram os filhos de aqueus.
Mas tu, se és capaz, protege teu filho;
vai ao Olimpo e suplica a Zeus, se um dia já
alegraste, com palavra ou ação, o coração de Zeus.
Amiúde te ouvi, no palácio do pai, te jactando,
dizendo que, para o Cronida nuvem-negra,
só tu, entre os imortais, afastaste o ultrajante flagelo,
a tentativa dos outros Olímpios de prendê-lo,
Hera, Posêidon e Palas Atena.
Tu, porém, chegaste, deusa, e o soltaste dos grilhões,
rápido chamando Cem-Braços ao grande Olimpo,
a quem os deuses chamam Briareu, e todos os homens,
Egéon, o qual na força é melhor que seu pai.
Junto ao Cronida sentava-se, gozando sua glória;
os deuses venturosos temeram-no e não mais o tentaram prender.
Lembra-o disso agora, senta ao lado dele e agarra-lhe os joelhos
na expectativa de que queira acudir os troianos
e encurralar os aqueus nas popas das naus na praia,
eles sendo mortos, para que todos desfrutem o rei,

e também o Atrida, Agamêmnon extenso-poder, perceba
seu desatino, pois não honrou o melhor dos aqueus".
Tétis respondeu-lhe, vertendo lágrimas:
"Ai de mim, filho meu, por que, mãe do horror, te criei?
Deverias, junto às naus, sem lágrimas e sem penas,
estar, pois cumpre-te viver pouco tempo, não muito;
agora, destino-veloz e lastimoso mais que todos
te tornaste: sim, gerei-te para a má sorte.
Para dizer essa palavra a Zeus prazer-no-raio,
eu mesma irei ao nevoso Olimpo a ver se obedece.
Tu, agora sentado junto às naus fende-rápido,
sinta cólera contra os aqueus, e te abstenha de toda batalha.
Atrás dos impecáveis etíopes, ontem Zeus foi até Oceano
para um banquete, e todos os deuses o seguiram.
No décimo segundo dia, voltará ao Olimpo,
e então por ti irei à casa chão-brônzeo de Zeus,
tocarei em seus joelhos e creio que o persuadirei".
Após falar assim, partiu, e deixou-o lá mesmo,
enraivecido no ânimo pela mulher acinturada,
arrancada à força contra sua vontade. E Odisseu
chegou a Crises, conduzindo a sacra hecatombe.
Quando entraram no porto bem profundo,
recolheram as velas, colocaram-nas na negra nau,
puseram o mastro no cavalete após baixá-lo com estais
rápido, e com remos impulsionaram a nau à ancoragem.
Para fora lançaram as âncoras e prenderam os cabos;
para fora saíram na rebentação do mar,
para fora levaram a hecatombe a Apolo lança-de-longe;
para fora Criseida saiu da nau cruza-mar.
A ela conduzia ao altar Odisseu muita-astúcia,

que a pôs na mão do caro pai e a esse disse:
“Crises, enviou-me o senhor de homens, Agamêmnon,
para trazer-te a filha e a Febo sacra hecatombe
fazer pelos dânaos para apaziguarmos o senhor,
que lançou aos argivos agruras muito-gemido”.
Isso disse e a pôs em suas mãos; alegre, ele recebeu
a cara filha. Os outros ao deus a sacra hecatombe
rápido organizaram em torno do altar bem-feito
e então se lavaram e apanharam grãos de cevada.
Entre eles, Crises ergueu os braços e rezou com fervor:
“Ouve-me, Arco-Prateado, tu que zelas por Crises
e pela numinosa Cila e reges Tênedos com poder:
já antes, um dia, me ouviste quando rezei
e honraste-me ao muito oprimir a tropa de aqueus.
Também ainda desta vez realiza minha vontade:
afasta agora dos dânaos o flagelo ultrajante”.
Falou, rezando, e Febo Apolo o ouviu.
Após rezar e para a frente lançar os grãos de cevada,
puxaram as cabeças das vacas, degolaram-nas e as esfolaram,
deceparam-lhes as coxas e as encobriram com gordura,
camada dupla, e sobre elas puseram peças cruas.
O ancião as queimava sobre toras e nelas faiscante vinho
aspergia; perto, jovens com garfos cinco-pontas nas mãos.
Após queimarem as coxas e comerem as vísceras,
cortaram o restante, que transpassaram em espetos,
assaram com todo o cuidado e tudo retiraram do fogo.
Após concluírem a tarefa e terem pronto o banquete,
banquetearam-se, e porção justa não faltou ao ânimo.
Após apaziguarem o desejo por comida e bebida,
rapazes preencheram crateras com bebida

e a distribuíam a todos, tendo posto primícias nas taças.
O dia todo propiciaram o deus com música e dança,
os jovens aqueus belamente cantando um peã,
celebrando Age-de-Longe, que, ouvindo, se deleitava.
Quando o sol mergulhou e as trevas vieram,
então deitaram-se ao longo da popa da nau.
Quando surgiu a nasce-cedo, Aurora dedos-róseos,
partiram rumo ao largo bivaque de aqueus;
Apolo age-de-longe enviou-lhes brisa bem-vinda.
Após erguerem os mastros e içarem as brancas velas,
vento inflou o meio da vela, e, nos dois lados, onda
agitada, lúrida, rugia na proa, e a nau se movia;
corria onda abaixo, cumprindo o percurso.
Quando atingiram o largo bivaque de aqueus,
puxaram a negra nau na terra firme, para o alto
das dunas, estendendo grandes escoras embaixo;
quanto a eles, dispersaram-se às cabanas e naus.
Encolerizava-se, sentado junto às naus fende-rápido,
o oriundo-de-Zeus, o filho de Peleu, Aquiles, veloz nos pés;
não se dirigia à assembleia engrandecedora
nem à batalha, mas desgastava o caro coração
ficando lá mesmo, saudoso do alarido da batalha.
Quando, depois daquilo, veio a décima segunda aurora,
então ao Olimpo se dirigiram os deuses sempre vivos,
todos juntos, e Zeus liderava. Tétis não olvidou
as ordens do filho, e emergiu da onda do mar,
matutina, subiu ao grande céu, ao Olimpo,
e achou o Cronida ampla-visão sentado sem os outros
no mais alto pico do Olimpo muita-lomba.
Sentou-se diante dele, tocou seus joelhos

com a esquerda, com a direita pegou abaixo do queixo
e, suplicando, dirigiu-se a Zeus, o senhor Cronida:
"Pai Zeus, se uma vez te ajudei, entre os imortais,
com palavra ou ação, realiza-me esta vontade:
honra meu filho, de todos, o de destino mais veloz.
A ele, agora, o senhor de varões, Agamêmnon,
desonrou: possui sua mercê que ele mesmo arrancou.
Pois honra-o, Olímpio, Zeus astucioso;
atribui a supremacia aos troianos até os aqueus
honrarem meu filho e ampliarem sua honra".
Falou; e Zeus junta-nuvens não se dirigiu a ela,
sentado quieto. Assim como tocara seus joelhos,
Tétis continuava enraizada e falou-lhe de novo:
"Sem evasivas, agora me promete e sinaliza
ou nega, pois não tens medo, a fim de eu bem saber
quanto eu, entre todos, sou a deusa mais desonrada".
Muito perturbado, a ela dirigiu-se Zeus junta-nuvens:
"Sim, haverá ações atrozes quando me porás contra
Hera, que vai me provocar com palavras insultuosas.
Entre os deuses imortais, briga assim desde sempre
comigo e diz que, no combate, acudo os troianos.
Pois agora te afasta para Hera não te ver;
vou me ocupar do assunto até o concluir.
Vamos, assentirei com a cabeça para te convenceres:
esse que vem de mim, entre os imortais, é o supremo
sinal; o meu não é revogável, nem enganoso
nem irrealizado, isso que assentir com a cabeça".
Falou e com as negras celhas sinalizou o Cronida:
as madeixas ambrosíacas do senhor caíram para a frente
da cabeça imortal, e vibrou o grande Olimpo.

Os dois, tendo ponderado assim, separaram-se: ela
saltou do Olimpo fulgurante ao mar profundo,
e Zeus foi para casa. Todos os deuses levantaram
dos assentos em direção ao pai: ninguém ousou
aguardá-lo se achegar; todos se puseram diante dele.
Lá sentou-se na poltrona; Hera não o ignorou,
tendo visto que com ele planejara um plano
Tétis pés-de-prata, a filha do ancião do mar.
De pronto dirigiu provocações a Zeus Cronida:
"Que deus, ó astuto, elaborou um plano contigo?
Sempre te é caro, estando longe de mim,
tomar decisões com ideias secretas; de modo algum
ousas, sincero, dizer-me a palavra que pensas".
Então respondeu-lhe o pai de varões e deuses:
"Hera, não esperes a todos os meus planos
conhecer; será difícil, mesmo sendo minha esposa.
O que for apropriado ouvires, então ninguém,
nem um deus nem um homem, antes o saberá;
o que eu, afastado dos deuses, quiser pensar,
não o questiones nem investigues".
Respondeu-lhe a soberana Hera de olhos bovinos:
"Terribilíssimo Cronida, que discurso falaste!
Nunca, no passado, a ti questionei ou investiguei,
mas, muito tranquilo, planejas o que queres.
Agora sinto um medo terrível de que te convenceu
Tétis pés-de-prata, a filha do ancião do mar:
matutina, junto a ti se sentou e tocou teus joelhos;
suponho teres assentido a ela que irás honrar
Aquiles e a muitos aniquilar nas naus dos aqueus".
Respondendo, disse-lhe Zeus junta-nuvens:

"És terrível, sempre cismas, e nunca de ti escapo;
de forma alguma conseguirás algo, e de meu ânimo
te afastarás: isso será mais gelado para ti.
Se o fato é esse, supõe-se que assim eu prefira.
Vamos, senta quieta e obedece a meu discurso;
seja quantos deuses há no Olimpo, não te protegerão
de meu ataque quando lançar os braços intocáveis".
Falou, a soberana Hera de olhos bovinos temeu
e sentou quieta, tendo dobrado o caro coração.
E os deuses celestes turvaram-se na casa de Zeus.
Entre eles Hefesto arte-famosa começou a falar,
levando apoio à cara mãe, Hera alvos-braços:
"Essas ações serão atrozes e não mais suportáveis
se brigardes os dois assim por causa de mortais
e alvoroçarem os deuses; com o nobre banquete
não há prazer quando vence o mais infame.
À mãe eu aconselho, embora ela própria perceba,
que leve apoio ao caro pai, para que este de novo
não brigue e lance nosso banquete em desordem.
Se o Olímpio relampejador a nós quisesse
golpear para longe dos assentos – ele é muito superior!
Vamos, com palavras suaves o aborda;
de pronto o Olímpio será propício a nós".
Falou e, com um salto, uma taça dupla-alça
pôs na mão da cara mãe e lhe disse:
"Suporta, minha mãe, e aguenta, embora aflita,
para com os olhos, querida, eu não te ver
ser golpeada, pois não poderei, embora aflito,
dar-te proteção: é difícil contrapor-se ao Olímpio.
Sim, pois a mim, outra vez, sôfrego por proteger-te,

pegou pelo pé e lançou do umbral prodigioso.
O dia inteiro fui levado, e quando o sol se pôs
caí em Lemnos, e mal havia vida em mim.
Lá varões síntios, tão logo caí, cuidaram de mim".
Falou, sorriu a deusa, Hera alvos-braços,
e, após sorrir, com a mão aceitou a taça do filho.
Quanto a ele, pela direita, a todos os outros deuses
vertia doce néctar, tirando-o da cratera.
Riso inextinguível irrompeu entre os deuses ditosos
ao verem Hefesto arfando pela casa.
Então assim, o dia inteiro até o pôr do sol,
banquetearam-se, e porção justa não faltou ao ânimo,
nem a lira muito bela, que tinha Apolo,
nem as Musas: alternando-se, cantavam com bela voz.
Quando mergulhou a fúlgida luz do sol,
cada um, a fim de deitar-se, voltou a sua casa
que, para cada um, o gloriosíssimo Duas-Curvas,
Hefesto, construíra com arguto discernimento.
Zeus foi a seu leito, Olímpio relampejador,
onde dorme quando doce sono o alcança;
lá subiu e deitou-se, e, ao lado, Hera trono-dourado.

2

Os outros, deuses e varões elmo-equino,
dormiram a noite toda, mas o doce sono não dominava Zeus,
que meditava no juízo como iria honrar
Aquiles e destruir muitos nas naus dos aqueus.
Em seu ânimo, mostrou-se este o melhor desígnio,
enviar ao Atrida Agamêmnon o destrutivo Sonho.
Falando, dirigiu-lhe palavras plumadas:
"Ruma, destrutivo Sonho, às naus velozes dos aqueus;
após chegar à cabana do Atrida Agamêmnon,
fala tudo com muita precisão como ordeno.
Pede que faça se armarem os aqueus cabelo-comprido
a toda pressa, pois agora ele tomaria a urbe amplas-ruas
dos troianos. Os que têm casas olímpias não mais ponderam
divisos, os imortais, pois Hera dobrou a todos
com sua súplica, e agruras estão presas aos troianos".
Assim falou, e Sonho partiu após ouvir o discurso
e presto dirigiu-se às naus velozes dos aqueus.
Eis que foi até o Atrida Agamêmnon; alcançou-o
dormindo na cabana, e sono imortal o envolvia.
Parou acima da cabeça, assemelhado ao Nelida

Nestor, o chefe a quem Agamêmnon mais honrava;
àquele semelhante, a este disse o divino Sonho:
"Dormes, filho do aguerrido Atreu doma-cavalo?!
Não precisa dormir a noite inteira o varão conselheiro
a quem são confiadas tropas e que tantas coisas ocupam.
Agora me escuta ligeiro: sou mensageiro de Zeus,
que, longe, muito se preocupa contigo e se apieda.
Pede que faças se armarem os aqueus cabelo-comprido
a toda pressa, pois agora tomarias a urbe amplas-ruas
dos troianos. Os que têm casas olímpias não mais ponderam
divisos, os imortais, pois Hera dobrou a todos
com sua súplica, e presas aos troianos estão agruras
de Zeus. Guarda isso em teu juízo, e a ti esquecimento
não agarre quando o sono adoça-juízo te deixar".
Após falar assim, partiu e deixou-o lá mesmo
refletindo, no ânimo, isto que não iria se completar.
Pensou que tomaria a cidade de Príamo naquele dia,
o tolo, e não conhecia os feitos projetados por Zeus,
que ainda iria impor aflições e gemidos
a troianos e dânaos em batalhas brutais.
Ele despertou do sono, e divina soada o envolveu.
Sentou-se ereto, vestiu a túnica macia,
bela, nova, e em volta lançou grande capa;
sob os pés reluzentes, atou belas sandálias.
Em torno dos ombros lançou espada pinos-de-prata
e pegou o cetro ancestral, sempre imperecível;
com ele passou pelas naus dos aqueus túnica-brônzea.
A deusa Aurora encaminhou-se ao grande Olimpo
para anunciar a luz a Zeus e aos outros imortais;
quanto a Agamêmnon, ele ordenou aos arautos de clara voz

que convocassem à ágora os aqueus cabelo-comprido.
Aqueles os convocaram, e estes se reuniram bem rápido.
Primeiro ele reuniu o conselho dos animosos anciãos
junto à nau de Nestor, rei nascido em Pilos.
Após os congregar, forjou um plano cerrado:
"Ouvi, amigos; veio até mim, no sono, divino Sonho
ao longo da noite imortal; sobremodo ao divino Nestor,
em aparência, altura e físico, deveras se assemelhava.
Parou acima da cabeça e me dirigiu o discurso:
'Dormes, filho do aguerrido Atreu doma-cavalo?!
Não precisa dormir a noite inteira o varão conselheiro
a quem são confiadas tropas e que tantas coisas ocupam.
Agora me escuta ligeiro: sou mensageiro de Zeus,
que contigo, de longe, muito se preocupa e de ti se apieda.
Pede que faças se armarem os aqueus cabelo-comprido
a toda pressa, pois agora tomarias a urbe amplas-ruas
dos troianos. Os que têm casas olímpias não mais ponderam
divisos, os imortais, pois Hera dobrou a todos
com sua súplica, e presas aos troianos estão agruras
de Zeus. Tu, guarda isso em teu juízo'. Assim falou
e foi, alçando voo, e a mim o doce sono deixou.
Eia, a ver se fazemos se armarem os filhos de aqueus.
Primeiro farei um teste com palavras, como é a norma,
e ordenarei que recuem com as naus muito-calço;
vós, um aqui, outro acolá, contende-os com palavras".
Após falar assim, sentou-se; e entre eles se ergueu
Nestor, ele que era o senhor da arenosa Pilos.
Refletindo bem, tomou a palavra e disse:
"Amigos, líderes e dirigentes dos argivos:
se outro aqueu tivesse narrado esse sonho,

diríamos ser embuste e nos distanciaríamos;
agora, viu-o quem proclama ser, de longe, o melhor dos aqueus.
Eia, a ver se fazemos se armarem os filhos de aqueus".
Falou assim e foi o primeiro a deixar o conselho.
Ergueram-se e obedeceram ao pastor de tropa
os reis porta-cetro, e a tropa apressou-se.
Como vão os densos contingentes de abelhas,
que sempre de novo saem de côncavas rochas,
e em cachos voam sobre flores primaveris:
umas voejam, a granel, nessa direção, outras, naquela –
assim muitos contingentes saíam das naus e cabanas
e, diante da funda costa, avançavam em colunas
rumo à ágora, hordas. Entre eles, Rumor os inflamava
e instigava a ir, o mensageiro de Zeus; eles se reuniam.
A assembleia estava encapelada, abaixo a terra gemia
por causa da tropa sentando-se com zoada; a ela nove
arautos, gritando, procuravam conter, para enfim ao alarido
ela renunciar e ouvir os reis criados por Zeus.
Com esforço a tropa sentou-se e, contidos nos assentos,
cessaram o guinchado. Agamêmnon se pôs de pé,
levando o cetro, o que Hefesto lavorara com zelo:
Hefesto o deu a Zeus, o senhor Cronida,
e eis que Zeus o deu ao condutor Matador-da-Serpente;
o senhor Hermes o deu a Pélops açoita-cavalo,
e Pélops então o legou a Atreu, pastor de tropa;
Atreu, ao morrer, deixou-o a Tiestes muito-cordeiro,
e Tiestes o legou a Agamêmnon para que o levasse
como senhor de muitas ilhas e de toda a Argos.
Apoiado sobre ele, enunciou palavras entre os argivos:
"Meus caros heróis dânaos, assistentes de Ares:

Zeus Cronida me atou com vigor a pesado desatino,
tinhoso, ele que antes me prometeu e sinalizou
que eu retornaria após assolar a fortificada Ílion,
e agora intencionou engodo vil e me impele
a voltar, infame, a Argos, após perder muitos homens.
Creio ser claro que isso agrada ao impetuoso Zeus,
que de muitíssimas cidades já aniquilou as frontes
e ainda aniquilará, pois seu poder é supremo.
Vergonhoso isto é, notícia também aos vindouros,
tão qualificada e grande tropa de aqueus assim à toa
guerrear e pelejar uma guerra infrutífera
contra varões em menor número, e o fim ainda não aparece.
Se quiséssemos, aqueus e troianos,
após firmar pacto confiável, ser enumerados,
se todos os troianos que estão em casa se agrupassem,
se nós, aqueus, fôssemos distribuídos em dezenas
e cada uma escolhesse um varão troiano para escançar vinho,
muitas dezenas careceriam de um escanção.
Nesse número afirmo que os filhos de aqueus superam
os troianos, esses que habitam a cidade; mas aliados
há nela, varões brande-lança de muitas cidades
que me rechaçam para longe e não deixam que, querendo,
assole a cidade dos troianos, boa de morar.
Claro, passaram-se nove anos do grande Zeus,
e as vigas das naus estão podres e o cordame, ressolto;
creio que elas, nossas esposas, e as crianças pequenas,
sentadas nas casas, nos aguardam; nossa tarefa,
pela qual para cá viemos, continua irrealizada.
Vamos, ao que eu falar, obedeçamos todos:
recuemos com as naus rumo à cara terra pátria

pois não mais tomaremos Troia amplas-ruas".
Falou e agitou-lhes o ânimo no peito,
o de todos da multidão que no conselho não o ouviram;
moveu-se a assembleia como grandes ondas do oceano
no mar Icário, aquelas que Euro e Noto,
num salto, agitam vindos das nuvens do pai Zeus.
Como quando vem Zéfiro e move a funda seara,
ventando, fogoso, e nisso ela verga com suas espigas,
assim toda a assembleia moveu-se. Com alarido,
apressavam-se às naus, e sob os pés a poeira
erguia-se ao alto. Uns aos outros mandavam
apanhar as naus e puxá-las até o divino mar,
e desimpediam os sulcos das quilhas. O alarido ao céu chegou;
ansiando irem para casa, removiam as escoras das naus.
Lá, contra a moira, o retorno dos argivos ocorreria
se Hera não tivesse dado essa ordem a Atena:
"Incrível, rebento de Zeus porta-égide, Atritone!
Assim, de fato, para casa, à cara terra pátria
os argivos recuarão sobre o amplo dorso do mar?
Como triunfo para Príamo e os troianos, deixariam
a argiva Helena, pela qual inúmeros aqueus
em Troia pereceram longe do caro solo pátrio.
Pois vai agora à tropa de aqueus couraça-brônzea:
com tuas palavras suaves contém cada herói
e não permitas puxarem ao mar as naus ambicurvas".
Falou, e não a ignorou a deusa, Atena olhos-de-coruja,
e ela partiu, lançando-se dos cumes do Olimpo.
Presto dirigiu-se às naus velozes dos aqueus.
Então achou Odisseu, que é feito Zeus na astúcia,
de pé; ele não apanhou negra nau bom-convés,

pois comoção atingiu seu coração e ânimo.
Parada perto, disse-lhe Atena olhos-de-coruja:
“Laércida oriundo-de-Zeus, Odisseu muito-truque,
assim, de fato, para casa, à cara terra pátria
recuareis após pulardes nas naus muito-calço?
Como triunfo para Príamo e os troianos, deixaríeis
a argiva Helena, pela qual inúmeros aqueus
em Troia pereceram longe do caro solo pátrio.
Pois vai agora à tropa de aqueus e não titubeies:
com tuas palavras suaves contém cada herói
e não permitas puxarem ao mar as naus ambicurvas”.
Isso disse, e ele entendeu a voz da deusa que falara:
pôs-se a correr e deixou para trás a capa; pegou-a
o arauto Passolargo, itacense, que o seguia.
Odisseu foi parar diante do Atrida Agamêmnon
e dele pegou o cetro ancestral, sempre imperecível;
com ele passou pelas naus dos aqueus túnica-brônzea.
Qualquer rei e varão excepcional que alcançasse,
a este, com palavras suaves continha, parado ao lado:
“Insano, não convém, como um vil, te amedrontares,
mas tu mesmo senta e faz o resto da tropa sentar.
Não conheces claramente, creio, a ideia do Atrida:
agora testa, mas logo apertará os filhos de aqueus.
No conselho, não ouvimos todos o que disse?
Que ele, enraivecido, não hostilize os filhos de aqueus.
O ânimo é grande, o dos reis criados por Zeus,
a honra é oriunda de Zeus e acolhe-o o astuto Zeus”.
Ao varão do povo que visse, que achasse gritando,
com o cetro o golpeava e descompunha com o discurso:
“Insano, senta, imóvel, e escuta o discurso dos outros,

eles que são superiores a ti, e tu, imbele e covarde,
nunca contas, seja na batalha ou na deliberação.
Por certo não seremos todos reis aqui, os aqueus.
Não é boa a multichefia; que haja um só chefe,
um só rei, a quem deu o filho de Crono curva-astúcia
o cetro e as normas para com eles reger".
Assim, chefiando, dispunha o exército; eles à ágora
de novo se apressavam, indo das naus e das cabanas,
com um ruído como quando onda do mar ressoante
na praia freme alto, e o oceano ribomba.
Os outros sentaram-se, contidos nos assentos;
sozinho, Tersites ainda altercava, verborrágico:
conhecia palavras em seu juízo, muitas e sem adequação,
à toa e não de forma adequada, para rivalizar com reis,
o que lhe parecesse ser engraçado entre os argivos.
Era o homem mais feio que viera a Ílion:
torto e manco em um pé, seus ombros,
curvos, no peito juntavam-se; em cima,
da pontiaguda cabeça saíam tufos esparsos.
Odioso era sobretudo a Aquiles e a Odisseu,
a quem insultava. Eis que contra o divino Agamêmnon,
aos soantes berros, enumerava censuras. Dele os aqueus
tinham terrível rancor e indignaram-se no ânimo,
e ele, gritando alto, insultou Agamêmnon com o discurso:
"Atrida, por que de novo te queixas e a que aspiras?
Cheia de bronze está tua cabana, muitas mulheres
há na cabana, singulares, que te damos, aqueus,
em primeiro lugar ao tomarmos uma cidade.
Ou também ainda careces de ouro, que trará algum
troiano doma-potro de Ílion como resgate pelo filho

a quem eu mesmo ou outro aqueu prender e trouxer,
ou de uma jovem mulher para a ela unir-te em amor,
a qual tu mesmo, longe, para ti queres ter? Não convém
que o líder leve os filhos de aqueus às desgraças.
Caros, sois infâmias vis, aqueias, não mais aqueus;
a casa naveguemos com as naus, e a esse aí deixemos
aqui mesmo em Troia remoendo sua mercê para ver
se também nós em algo o ajudamos ou se também não.
Esse agora a Aquiles, homem muito melhor que ele,
desonrou: possui sua mercê que ele mesmo arrancou.
Muita raiva, porém, Aquiles não tem no juízo, e é frouxo;
senão, Atrida, agora seria tua última ofensa".
Falou Tersites, insultando Agamêmnon, pastor de tropa.
Rápido a seu lado postou-se Odisseu
e, olhando de baixo, reprovou-o com duro discurso:
"Intrincado Tersites, embora sejas um orador soante,
contém-te e não queiras, sozinho, rivalizar com reis.
Afirmo que outro mortal inferior a ti não há
entre todos que com o Atrida vieram a Ílion.
Assim não deverias falar na ágora pondo reis na boca,
contra eles levar insultos e ser o guardião do retorno.
Não sabemos com clareza como isto se dará,
ou bem ou mal retornaremos, os filhos dos aqueus.
Assim agora ao Atrida Agamêmnon, pastor de tropa,
insultas sentado porque ricamente o presenteiam
os heróis dânaos; tu, melindrando-o, falas na ágora.
Eu, porém, te falarei, e isto se cumprirá:
se te encontrar de novo louco como agora mesmo,
não mais a cabeça de Odisseu fique sobre os ombros
e não mais eu seja chamado pai de Telêmaco

se não te pegar, despir-te as vestes,
capa e túnica, as que recobrem as vergonhas,
e a ti, chorando, despachar rumo às naus velozes,
golpeando para fora da ágora com golpes ultrajantes".
Falou, e com o cetro, nas costas e ombros,
golpeou-o; ele se curvou, e farto choro dele jorrou:
vergão sangrento das costas irrompeu
sob o cetro dourado. Temeroso, sentou-se,
e, com a dor, olhou debalde e secou suas lágrimas.
Os outros, mesmo aflitos, dele riram com prazer;
assim falavam, cada um fitando o homem ao lado:
"Incrível! Milhares de nobres ações Odisseu já efetuou,
originando bons planos e aguçando o combate;
agora foi esta a melhor que entre os argivos efetuou,
ao afastar dos discursos esse insolente peso morto.
Por certo o ânimo macho não o instigará de novo
a insultar reis com palavras depreciativas".
A multidão falou. De pé Odisseu destrói-cidade
se pôs, levando o cetro; ao lado, Atena olhos-de-coruja,
assemelhada ao arauto, mandou a tropa silenciar
para, juntos, os primeiros e últimos filhos de aqueus,
ouvirem o discurso e analisarem o plano.
Refletindo bem, ele tomou a palavra e disse:
"Atrida, agora os aqueus querem a ti, senhor,
tornar o mais infame de todos os homens mortais
e para ti não querem cumprir a promessa feita
quando ainda vinham de Argos nutre-cavalo:
assolar a fortificada Ílion e retornar.
Vê, como crianças novas e mulheres viúvas,
uns com os outros choram para a casa retornar.

Claro que a pugna é tal que, sem motivação, retorna-se;
também se alguém, um só mês, fica longe da esposa,
impacienta-se com a nau muito-banco, que rajadas
invernais e o mar agitado seguram:
para nós, o nono ano está transcorrendo,
e aqui esperamos. Assim não me indigna que aqueus
se impacientam junto às naus recurvas. Mesmo assim,
é vergonhoso esperar longamente e retornar sem nada.
Resisti, meus caros, e esperai um tempo para vermos
se Calcas adivinhou de verdade ou não.
Pois isto já bem sabemos no juízo, sois todos
testemunhas, os que o finamento da morte não levou:
ontem, anteontem, quando em Áulis as naus dos aqueus
estavam reunidas, levando males para Príamo e troianos,
nós, em volta da fonte, sobre cada um dos sacros altares,
fazíamos hecatombes perfeitas aos imortais
sob belo plátano de onde fluía radiante água.
Então surgiu um grande sinal: serpente rubra no dorso,
aterrorizante, que o próprio Olímpio enviou à luz,
de sob o altar lançou-se, apressada rumo ao plátano.
Lá havia filhotes de pardal, crias pequenas,
no galho mais alto sob as folhas encolhidos,
oito, e o nono era a mãe, que procriara as crias.
Enquanto chiavam, uma lástima: devorou-as a cobra.
A mãe em volta adejava, chorando suas crias;
a ela, guinchando em volta, a cobra pegou pela asa após serpear.
Então devorou as crias da pardeja e a própria,
e o deus que a fez surgir tornou-a bem visível:
de pedra tornou-a o filho de Crono curva-astúcia.
Nós, estáticos, nos maravilhamos com o que ocorreu.

Como prodígios terríveis vieram às hecatombes dos deuses,
Calcas logo depois enunciou profecias na assembleia:
'Por que em silêncio ficastes, aqueus cabelo-comprido?
O astuto Zeus mostrou-nos esse grande sinal,
tardio, de termo tardio, cuja fama jamais findará.
Como aquela devorou os filhotes da pardeja e a própria,
oito, e, como nona, a mãe, que procriara as crias,
assim nós, mesmo número de anos, aqui guerrearemos,
e tomaremos a cidade amplas-ruas no décimo'.
Assim falou, e agora tudo isso chega ao termo.
Pois bem, ficai todos vós, aqueus de belas grevas,
aqui mesmo até tomarmos a grande urbe de Príamo".
Falou, e os argivos gritavam, e, em volta, as naus
ecoaram, aterrorizantes, com o brado dos aqueus,
aprovando o discurso do divino Odisseu.
Também entre eles falou o gerênio, o cavaleiro Nestor:
"Incrível, por certo falastes como crianças
pequenas que não se ocupam de feitos bélicos.
O que será de nossos acordos e juramentos?
Iriam para o fogo os planos e projetos dos varões,
as libações puras e mãos destras nas quais confiamos:
em vão brigamos com palavras, e remédio algum
conseguimos achar ficando muito tempo aqui.
Atrida, como até agora, segue com um plano sólido
e capitaneia os argivos em batalhas brutais;
deixa-os aí perecer, um ou dois, que, à parte
dos aqueus, planejam – isso não realizarão –
partir antes para Argos, antes que se saiba se foi
um embuste ou não a promessa de Zeus porta-égide.
Afirmo, então, que o impetuoso Cronida consentiu

no dia em que nas naus fende-rápido entraram
os argivos, aos troianos levando o finamento da matança,
ao mostrar, relampeando, sinais apropriados à destra.
Por isso, que ninguém se apresse em voltar para casa
antes de deitar-se junto a uma esposa troiana
para vingar-se dos anseios e gemidos de Helena.
Se alguém com veemência quer voltar para casa,
que apanhe sua negra nau bom-convés
para alcançar antes dos outros seu destino de morte.
Mas senhor, tu mesmo bem planeja e escuta outrem;
descartável não será a palavra que te direi:
separa os homens por tribos e fratrias, Agamêmnon,
para que fratria acuda fratria, tribo, tribo.
Se fizeres isso e os aqueus te obedecerem,
logo saberás que general e que guerreiros são ruins
e quais são bons, pois combaterão em seus grupos.
Saberás se não aniquilas a urbe por causa do divino
ou da vileza e da insensatez dos varões na peleja".
Respondendo, disse-lhe o poderoso Agamêmnon:
"De novo vences os filhos de aqueus no discurso, ancião.
Oxalá, por Zeus pai, Atena e Apolo,
tivesse eu dez conselheiros aqueus desse porte;
então rápido se vergaria a cidade do senhor Príamo,
conquistada e pilhada por nossas mãos.
Dores deu-me, porém, Zeus, o Cronida porta-égide
que me lança em brigas e disputas infrutíferas.
Pois eu e Aquiles, por causa de uma jovem, pelejamos
com palavras confrontantes, e endureci primeiro.
Se nos unirmos em torno de um só plano, não mais
se postergará – nem um pouco – o mal contra os troianos.

Agora almocemos para que juntos conduzamos Ares.
Cada um bem apronte a lança, bem disponha o escudo,
cada um bem forneça refeição aos cavalos pé-ligeiro,
cada um bem se ocupe do combate após vistoriar o carro,
para que o dia inteiro nos meçamos no odioso Ares.
Não haverá pausa, nem por pouco tempo,
a não ser que a noite separe o ímpeto dos varões.
Suará, em torno do peito de muitos, o cinturão
do escudo cobre-varão, e a mão em volta da lança cansará;
suará o cavalo de muitos, puxando o carro bem-polido.
Quem quer que eu perceba querendo aguardar
longe da peleja junto às cavas naus, esse então
com certeza não escapará dos cães e das aves".
Falou, e os argivos berravam tal onda que bate
na costa elevada, quando o Noto vem e a move
contra penedo saliente, ao qual nunca deixam as ondas
que vêm de ventos vários, em toda parte se formando.
Após se erguerem, dispersando-se, lançaram-se às naus,
acenderam o fogo nas cabanas e almoçaram.
Cada um sacrificava a um dos deuses sempiternos,
rezando para escapar da morte e do tumulto de Ares.
O senhor de varões, Agamêmnon, abateu um boi
gordo de cinco anos para o impetuoso Cronida
e chamou os anciãos, os melhores de todos os aqueus:
por primeiro, Nestor e o senhor Idomeneu,
e depois os dois Ájax e o filho de Tideu,
e, o sexto, Odisseu, que é feito Zeus na astúcia.
Por si só até ele foi Menelau bom-no-grito;
sabia, no ânimo, quanto o irmão se esforçava.
Cercaram o boi e apanharam grãos de cevada;

rezando, entre eles falou o poderoso Agamêmnon:
"Zeus majestosíssimo, supremo, nuvem-negra, morador do céu,
não antes se ponha o sol e venham as trevas,
antes que no chão eu derrube a casa de Príamo,
enegrecida, queime com fogo abrasador os portais
e rasgue, em volta do peito, a túnica heitoriana
com bronze: muitos companheiros em volta dele,
de bruços no pó, morderiam a terra".
Falou, e isso o Cronida ainda não iria realizar;
aceitou o sacrifício e aumentou o labor não invejável.
Após rezar e para a frente lançar os grãos de cevada,
puxaram as cabeças das vacas, degolaram-nas e esfolaram-nas,
deceparam-lhes as coxas e as encobriram com gordura,
camada dupla, e sobre elas puseram peças cruas.
Eis que isso assaram sobre toras desfolhadas
e, espetando as entranhas, as puseram sobre Hefesto.
Após queimarem as coxas e comerem as vísceras,
cortaram o restante, que transpassaram em espetos,
assaram com todo o cuidado e tudo retiraram do fogo.
Após concluírem a tarefa e terem pronto o banquete,
banquetearam-se, e porção justa não faltou ao ânimo.
Após apaziguarem o desejo por bebida e comida,
entre eles começou a falar o gerênio, o cavaleiro Nestor:
"Majestosíssimo Atrida, senhor dos varões, Agamêmnon,
não fiquemos conversando nem mais tempo
postergando o feito que o deus nos estende.
Eia, que à tropa de aqueus couraça-brônzea
os arautos agrupem junto às naus,
e, assim reunidos, pelo amplo bivaque de aqueus
vamos para mais rápido despertar o afiado Ares".

Assim falou, e Agamêmnon, o senhor de varões,
de pronto ordenou aos arautos de clara voz
convocar à batalha os aqueus cabelo-comprido.
Aqueles os convocaram, e estes se reuniram ligeiro.
Os reis criados por Zeus em volta do Atrida
se punham a organizá-los com Atena olhos-de-coruja
que levava a égide valiosa, sem idade e imortal;
dela pendiam cem franjas de puro ouro,
todas bem-trançadas, cada uma valendo cem bois.
Com ela Atena disparou e atravessou a tropa de aqueus
instigando-os; no peito de cada um suscitava
força para guerrearem e pelejarem sem cansar.
Presto se lhes tornou a batalha mais doce que retornar
sobre as cavas naus rumo à cara terra pátria.
Como fogo infernal chameja em mato incontável
no pico de um monte, e de longe o fulgor se mostra,
assim o bronze prodigioso dos que marchavam
produzia um fulgor que atravessava os ares.
Como muitos contingentes de aves aladas,
gansos, grous ou cisnes de longo pescoço,
na campina da Ásia junto à corrente do Caístrios,
voam para todo lado, felizes com suas asas,
avançando com estrídulos, e a campina estrondeia,
assim muitos contingentes saíam das naus e cabanas
e ocupavam a planície do Escamandro; abaixo, o solo
ecoava, aterrorizante, com os pés dos homens e cavalos.
Pararam na campina florida do Escamandro, milhares,
tantos quantas são as folhas e flores na primavera.
Como vão os muitos e densos contingentes de moscas
que na primavera vagueiam por paradouros de rebanhos,

quando vasilhas de leite ficam cheias,
tantos aqueus cabelo-comprido contra os troianos
se postaram na planície, sôfregos por dilacerá-los.
A eles, como pastores a rebanhos dispersos de cabras
fácil separam depois que no pasto se misturam,
assim os generais os distribuíam por toda parte
rumo à batalha, e junto ia o poderoso Agamêmnon,
no olhar e no porte igual a Zeus prazer-no-raio,
a Ares na cintura, no peito a Posêidon.
Como quando um boi é excepcional no rebanho,
um touro, pois se destaca entre os bois reunidos,
assim, naquele dia, Zeus conferiu ao Atrida
destaque excepcional entre todos os heróis.
Narrai-me agora, Musas, que tendes casas olímpias,
pois sois deusas, estais presentes e tudo sabeis,
e nós só ouvimos a fama e nada sabemos,
quem eram os líderes dos dânaos e os chefes.
Da multidão não vou enunciar ou nomear seus membros,
nem se dez línguas fossem minhas, dez bocas tivesse,
voz inquebrável, e, dentro, coração de bronze,
exceto se as Musas Olímpias, de Zeus porta-égide
as filhas, mentalizassem quantos vieram a Ílion;
os líderes das naus destacarei e a totalidade das naus.
Aos beócios comandavam Peneleu, Leito,
Arcesilau, Protoenor e Clônio:
eles ocupavam Híria, a rochosa Áulis,
Escoino, Escolo, Eteono, rica em encostas,
Tespeia, Graia e a espaçosa Micalesso;
ocupavam o entorno de Harma, Ilésio e Eritras;
dominavam Éleon, Hila e Péteon,

Ocália e Médeon, cidade bem-fundada,
e Copas, Eutrésis e Tisbe, rica em pombos,
e também Coroneia e a herbosa Haliarto;
tinham Plateia e habitavam Glisas;
dominavam Hipotebas, cidade bem-fundada,
e o sagrado Onquestos, radiante bosque de Posêidon;
tinham Arna, rica em vinhas, e Mideia,
a numinosa Nisa e a costeira Antédon.
Desses vieram cinquenta naus, e em cada
embarcaram cento e vinte rapazes beócios.
Os que habitavam Asplédon e o mínio Orcômenos,
a esses lideravam Ascálafo e Iálmeno, filhos de Ares,
gerados por Astíoca na casa do Azida Actor,
moça respeitável que subira aos aposentos
com o brutal Ares, que junto a ela se deitou em segredo.
Por eles foram enfileiradas trinta cavas naus.
Aos fócios lideravam Esquédio e Epístrofo,
os filhos do animoso Ífito, filho de Náubolo:
eles dominavam Ciparisso e a rochosa Pito,
a numinosa Crisa, Dáulis e Panopeu;
habitavam em torno de Anemoreia e Hiâmpolis;
moravam ao longo do rio Cefiso, o divino,
e dominavam Lilaia na fonte do Cefiso:
a eles seguiam quarenta naus negras.
Os líderes postaram, com zelo, as fileiras de fócios
e, ao lado dos beócios, à esquerda, prepararam as armas.
Aos lócrios comandava o rápido Ájax Oileu,
o menor, não tão grande quanto Ájax Telamônio,
mas muito menor; com pequena couraça de linho,
superava na lança a todos os helenos e aqueus:

aqueles habitavam Cino, Opoente, Caliaro,
Bessa, Escara, a encantadora Augeias,
Tarfa e Trônio, junto às margens do Boágrio.
A ele seguiam quarenta naus negras
de lócrios, que habitam defronte à sagrada Euboia.
Os abantes com ímpeto nas ventas, que possuem a Euboia,
Cálcis, Erétria, Histiaia, rica em vinhas,
Cerinto, junto ao mar, a escarpada cidade de Dio,
os que têm Caristo e os que habitam Estira,
a esses comandava Elefenor, servo de Ares,
o Calcodôntida, animoso líder dos abantes.
A ele seguiam os abantes, ligeiros, hirsutos nas costas,
lanceiros sôfregos por rasgar, com freixos estendidos,
as couraças em volta do peito dos inimigos;
a ele seguiam quarenta naus negras.
Os que tinham Atenas, cidade bem-fundada,
a terra do enérgico Erecteu que um dia Atena
nutriu, a filha de Zeus (Terra dá-trigo o parira),
e o acomodou em seu rico templo em Atenas –
lá o propiciam com touros e carneiros
os rapazes atenienses em cada ano que transcorre –,
a eles comandava o filho de Peteu, Menesteu.
Nunca houve um varão terrestre como ele
no organizar cavalos e varões porta-broquel;
só Nestor com ele competia, pois era mais velho.
A ele seguiam cinquenta naus negras.
Ájax conduzia doze naus de Salamina,
e trouxe-as aonde se postavam as falanges atenienses.
Os que tinham Argos, a murada Tirinto,
Hermíone e Asina, as duas em funda baía,

Trezena, Eionas e Epidauro, rica em vinhedos;
os que tinham Egina e Mases, rapazes aqueus:
a esses comandava Diomedes bom-no-grito
e Estênelo, o caro filho do esplêndido Capaneu.
Com eles ia um terceiro, Euríalo, herói feito deus,
filho de Mecisteu, o senhor filho de Talau.
A todos comandava Diomedes bom-no-grito;
a eles seguiam oitenta naus negras.
Os que tinham Micenas, cidade bem-fundada,
a próspera Corinto e a bem-construída Cleonas,
e habitavam Orneias, a encantadora Aretírea
e Sícion, cidade à qual primeiro Adrasto regeu;
os que tinham Hiperésia, a escarpada Gonoessa
e Pelena, habitavam em torno de Égion,
por todo o Egíalo e em torno da ampla Hélice:
liderava cem naus deles o poderoso Agamêmnon,
o Atrida; de longe a maior parte das tropas e as melhores
o seguiam. Ele próprio vestiu o lampejante bronze,
majestoso, e se destacava entre todos os heróis:
o melhor guiava a maior parte, de longe, das tropas.
Os que tinham a cava Lacedemônia, cavernosa,
Fáris, Esparta e Messa, rica em pombas,
e ocupavam Briseia e a encantadora Augeias;
os que tinham Amiclas e Helo, cidade costeira,
e os que tinham Laas e habitavam Oitilo:
desses liderava seu irmão, Menelau bom-no-grito,
sessenta naus; e à parte se armavam.
Ele marchava confiante em seu empenho,
instigando-os ao combate; por demais almejava
vingar-se dos anseios e gemidos de Helena.

Os que ocupavam Pilos e a encantadora Arena,
Tríon, o vau do Alfeu, a bem-construída Épi,
e habitavam Ciparisseis e Anfigeneia,
Ptéleo, Helo e Dórion, onde as Musas,
ao topar com o trácio Tamiris, dele subtraíram o canto
quando vinha da Oicália de junto de Eurito:
afirmara, jactante, que venceria, mesmo que as próprias
Musas cantassem, as filhas de Zeus porta-égide;
enraivecidas, deixaram-no inválido, a seu canto
prodigioso tiraram e fizeram-no esquecer a arte da lira.
A esses comandava o gerênio, o cavaleiro Nestor;
por ele foram enfileiradas noventa cavas naus.
Os que tinham a Arcádia sob o íngreme monte de Cilene
junto ao túmulo de Épito, onde os varões lutam colados,
os que ocupavam Feneu, Orcômeno, rico em rebanhos,
Ripa, Estrácia, a ventosa Enispa,
e tinham Tegeia e a encantadora Mantineia,
tinham Estínfalo e ocupavam Parrásia:
desses liderava o filho de Anceu, o poderoso Agapenor,
sessenta naus; em cada nau, muitos varões árcades
embarcaram, habilidosos no combate.
O próprio senhor de varões, Agamêmnon, deu-lhes
naus bom-convés para cruzarem o oceano vinoso
porque não se ocupavam dos feitos marítimos.
Os que habitavam Buprásion e a divina Élida,
toda a região à qual Hirmina, a remota Mírsino,
a rocha Olênia e Alésio circunscrevem:
esses tinham quatro líderes, a cada varão dez
naus velozes seguiam, e muitos epeus embarcaram.
Parte deles era comandada por Anfímaco e Tálpio,

um, o filho de Ctéato, o outro, do Actorida Êurito;
outra parte liderava o forte Diores, filho de Amarinceu;
uma quarta, liderava o divinal Polixeino,
filho do senhor Agástenes, filho de Augeias.
Eles que vinham de Dulíquion e de Equinas, sagradas
ilhas do outro lado do mar, defronte à Élide,
a esses comandava Meges como se fosse Ares,
o Filida: gerou-o o cavaleiro Fileu, caro a Zeus,
que, com raiva do pai, mudara-se para Dulíquion.
A ele seguiam quarenta naus negras.
Odisseu guiava os animosos cefalênios,
que tinham Ítaca e o Nérito de folhas farfalhantes,
e ocupavam Crocileia e a montanhosa Egílips;
tinham Zacintos e habitavam Samos,
tinham o continente e ocupavam a costa em frente:
a eles liderava Odisseu, que é feito Zeus na astúcia;
a ele seguiam doze naus face-vermelha.
Aos etólios conduzia o filho de Andrêmon, Toas,
eles que ocupavam Plêuron, Óleno e Pilena,
a costeira Cálcis e a rochosa Cálidon:
os filhos do enérgico Oineu e ele próprio
não mais viviam, e o loiro Meleagro morrera;
reger os etólios em tudo fora atribuído a Toas;
e a ele seguiam quarenta naus negras.
Aos cretenses conduzia Idomeneu, famoso na lança,
eles que tinham Cnosso e a murada Gortina,
Licto, Mileto e Licasto de brancas rochas,
Festo e Rício, cidades nas quais se mora bem,
e todos que moravam em Creta de cem cidades.
A eles conduzia Idomeneu, famoso na lança,

e Meríones, semelhante ao sanguinário Eniálio;
a eles seguiam oitenta naus negras.
Tlepólemo, decidido e grande, filho de Héracles,
trouxe de Rodes nove naus com honrados ródios,
moradores de Rodes divididos em três grupos:
Lindo, Ielisso e Cameiro de brancas rochas.
A eles conduzia Tlepólemo, famoso na lança:
gerou-o Astioqueia para a força de Héracles,
que a trouxera de Éfira, de junto do rio Seleis,
quando pilhou muita urbe de bravos criados por Zeus.
Tlepólemo, depois de criado em palácio bem-erigido,
de pronto matou o caro tio materno de seu pai,
o já velho Licímnio, servo de Ares;
ligeiro construiu naus, reuniu grande tropa
e se pôs em fuga no mar, ameaçado pelos outros
filhos e netos da força de Héracles.
Após vagar e sofrer agonias, a Rodes chegou;
a colonização foi tripartite, por tribos, e eram caros
a Zeus, ele que rege deuses e homens,
e o Cronida verteu sobre eles riqueza ímpar.
Nireu, vindo de Sime, conduziu três naus simétricas,
Nireu, o filho de Aglaia e do senhor Cárops,
Nireu, o mais belo varão que veio a Troia
entre todos os dânaos após o impecável Pelida;
mas era fraco, e pequena tropa o seguia.
Os que tinham Nisiro, Crápato, Casso,
Cós, a cidade de Eurípilo, e as ilhas Calidnas,
a esses comandaram Fidipo e Antifo,
os dois filhos de Téssalo, o senhor Heráclida;
por eles foram enfileiradas trinta cavas naus.

Agora os que habitavam a Argos pelásgica,
os que ocupavam Alos, Álope e Tráquis,
os que tinham Ftia e a Hélade de belas mulheres,
chamados mirmidões, helenos ou aqueus:
Aquiles era o líder de cinquenta naus deles.
Não mentalizavam, porém, o hórrido combate,
pois não havia quem os comandasse em fileiras.
Descansava nas naus o divino Aquiles defesa-nos-pés,
irado por causa da jovem Briseida de belas tranças,
a quem escolhera em Lirnesso, após muito penar
na destruição de Lirnesso e dos muros de Tebas,
ele que derrubou Mineto e Epístrofo, famosos na lança,
filhos do senhor Eueno, filho de Selépio;
Aquiles jazia aflito por ela, mas logo se ergueria.
Os que tinham Fílace e o florido Pírasso,
santuário de Deméter, e Íton, mãe de ovelhas e cabras,
Ântron, junto ao mar, e Ptéleo, rico em capim,
a esses comandava o belicoso Protesilau
quando vivo; então a negra terra já o cobria.
Sua esposa, toda arranhada, ficou em Fílace,
e a casa, semipronta; matara-o um dardânio
ao saltar de sua nau, o primeiro dos aqueus.
Também não estavam sem líder, embora saudosos,
e Podarces, servo de Ares, os organizava,
filho de Íficlo, o Filácida rico em rebanhos,
irmão de sangue do animoso Protesilau,
mas mais novo; era mais velho e melhor
o belicoso herói Protesilau; de forma alguma
estavam sem líder, ainda que saudosos do valoroso.
A ele seguiam quarenta naus negras.

Os que ocupavam Feras junto ao lago Boibeis,
Boiba, Gláfiras e a bem-construída Iolco,
desses liderava onze naus o caro filho de Admeto,
Eumelo, que divina mulher pariu de Admeto,
Alceste, a mais bela das filhas de Pélias.
Os que ocupavam Metone e Taumácia
e tinham Meliboia e a montanhosa Olízon,
desses sete naus liderava Filoctetes, perito no arco;
em cada uma, cinquenta remadores
embarcaram, peritos no arco para o combate.
Mas ele jazia em uma ilha, sofrendo forte agonia,
na mui sacra Lemnos, onde o deixaram os aqueus
sofrendo por causa de feia ferida de cobra maligna;
lá jazia aflito, mas logo iriam os argivos,
juntos às naus, mentalizar o senhor Filoctetes.
Também não estavam sem líder, embora saudosos;
organizou-os Médon, filho bastardo de Oileu,
que Rena pariu de Oileu arrasa-urbe.
Os que tinham Trica e a rochosa Itoma,
os que tinham Oicália, a cidade do oicálio Eurito,
a esses comandavam os dois filhos de Asclépio,
os bons médicos Podalério e Macáon;
por eles foram enfileiradas trinta cavas naus.
Os que tinham Ormênio e a fonte Hipereia,
os que tinham Astérion e os brancos picos do Títano,
a esses liderava Eurípilo, o radiante filho de Euêmon;
a eles seguiam quarenta naus negras.
Os que tinham Argissa e ocupavam Girtona,
Orta, Elona e a branca cidade de Oloósson,
a esses comandava o firme guerreiro Polípoites,

filho de Pirítoo, a quem gerara Zeus imortal:
a famosa Hipodameia o pariu de Pirítoo
no dia em que ele se vingou dos centauros peludos,
ao afastá-los do Pélion e aproximá-los dos étices,
não sozinho, mas com Leonteu, servo de Ares,
filho do autoconfiante Corono, o Cenida;
a eles seguiam quarenta naus negras.
Guneu, de Cifo, guiou vinte e duas naus;
a ele seguiam os enienes e os perebos, firmes guerreiros,
que se fixaram em torno de Dodona de duro inverno,
e os que plantavam em volta do atraente Titaresso,
que deságua no Peneio sua bela corrente
ao qual, de argênteo redemunho, não se mistura,
mas flui sobre ele como se fosse azeite:
é um afluente da Estige, terrível rio dos juramentos.
Aos magnetes liderava Prótoo, filho de Tentrédon,
que no Peneio e no Pélion de folhas farfalhantes
habitavam: a eles comandava o lépido Prótoo,
e a ele seguiam quarenta naus negras.
Pois esses eram os comandantes e chefes dos dânaos.
Relata-me, Musa, quem era, de longe, o melhor
deles e o dos cavalos, desses que seguiam os Atridas.
Éguas superiores eram as do filho de Feres,
que Eumelo conduzia, velocípedes como pássaros,
de mesma pelagem e idade, de mesma altura a prumo;
a essas, na Pereia, criara Apolo arco-argênteo,
fêmeas as duas, e levavam pânico à batalha.
O varão superior era Ájax Telamônio durante
a cólera de Aquiles, que era muito melhor;
também os cavalos que levavam o impecável Pelida.

Todavia, está nas naus recurvas que cruzam o mar,
deitado, encolerizado com Agamêmnon, pastor de tropa,
o Atrida; suas tropas, junto à rebentação do mar,
deleitavam-se arremessando discos e dardos
e flechando; os cavalos, cada um junto a seu carro,
comiam trevo e salsa que nasce nos charcos;
os carros, bem-recobertos, estavam nas cabanas
dos senhores; esses, saudosos do líder caro-a-Ares,
vagavam inquietos pelo bivaque sem lutar.
Eis que iam os aqueus como se fogo pastasse todo o solo;
Terra gemia abaixo como quando Zeus prazer-no-raio
irou-se e, em volta de Tifeu, fustigou Terra
entre os arimos, onde, dizem, fica o pouso de Tifeu –
assim, sob os pés deles, Terra gemia com força
ao avançarem; e bem rápido percorreram o plaino.
Um mensageiro veio aos troianos, Íris pés-de-vento,
com funesta nova da parte de Zeus porta-égide;
eles discutiam abertamente nos portões de Príamo,
todos juntos reunidos, jovens e velhos.
Parada próximo, falou Íris, veloz nos pés,
tal fosse, na voz, Polites, filho de Príamo,
que, espia troiano confiante na ligeireza, sentava-se
no ponto mais alto da tumba do velho Esietes,
aguardando os aqueus se lançarem das naus;
a ele assemelhada, disse Íris, veloz nos pés:
"Ancião, sempre te são caros discursos indefinidos,
como em tempo de paz; pois voltou a batalha inescapável.
Já entrei em muita peleja de varões,
mas nunca vi tropa tão qualificada e grande:
deveras assemelhados a folhas ou grãos de areia

marcham pelo plaino para pelejar contra a cidade.
Heitor, encarrego-te sobremodo a proceder assim,
pois muitos os aliados na grande urbe de Príamo,
uma língua para cada um dos homens espalhados:
que cada um deles dê ordens a quem lidera
e os conduza, organizando-os como um só contingente".
Falou, e Heitor não ignorou a palavra da deusa,
logo dissolveu a assembleia, e apressaram-se às armas.
Todo portão foi aberto, e para fora a tropa se lançou,
infantaria e combatentes com carro; grande alarido subiu.
Diante da cidade, há uma colina escarpada
no plaino, afastada e circundável nos dois sentidos,
à qual os homens denominam Batieia,
e os imortais, o sepulcro de Mirina muito-salto;
lá os troianos e seus aliados se distribuíram.
Aos troianos comandava o grande Heitor elmo-fulgente,
o Priamida; com ele, a maior e melhor parte, de longe,
das tropas se armou, ávida pelas lanças.
O nobre filho de Anquises liderava os dardânios,
Eneias, a quem Afrodite pariu de Anquises;
a deusa deitou-se com o mortal nas encostas do Ida.
Não ia sozinho; com ele, os dois filhos de Antenor,
Arquéloco e Acamas, versados em todas as lutas.
Os que moravam em Zeleia no sopé mais baixo do Ida,
abastados que bebem a negra água do Esepo,
troianos, a eles liderava o radiante filho de Licáon,
Pândaro, a quem o próprio Apolo deu o arco.
Os que tinham Adresteia e a região do Apeso,
e tinham Pitieia e o escarpado monte Tereia,
a esses lideravam Adrasto e Ânfio couraça-de-linho,

os dois filhos do percósio Mérops, que, mais que todos,
conhecia a arte mântica e não permitiu aos filhos
rumar à guerra aniquiladora: de forma alguma
obedeceram, e o finamento da negra morte os levou.
Os que moravam em torno de Percota e Práctio,
e tinham Sesto, Ábido e a divina Arisbe,
a esses liderava o Hirtácida Ásio, chefe de varões,
o Hirtácida Ásio, trazido de Arisbe por cavalos
reluzentes, esplêndidos, desde o rio Seleis.
Hipotoo guiava a raça dos pelasgos, famosos na lança,
aqueles que habitavam Larissa grandes-glebas;
a esses liderava Hipotoo e Pilaio, servo de Ares,
os dois filhos do pelasgo Leto, filho de Têutamo.
Aos trácios conduziam Acamas e o herói Piroo,
todos da região delimitada pelo caudaloso Helesponto.
Eufemo era líder dos lanceiros cícones,
o filho de Trezeno, o Ceida criado-por-Zeus.
Pirecmes conduzia os peônios de arcos recurvos
desde Amídon, a partir do rio de larga corrente,
Áxios, o das águas mais belas que há na terra.
Aos paflagônios guiava Pilêmenes de coração peludo
desde a terra dos ênetos, origem da raça de mulas selvagens,
eles que têm Cítoro e habitam Sésamo,
e possuíam famosas moradas em volta do rio Partênio,
em Cromna, Egíalo e nos elevados Eritinos.
Aos halizonas lideravam Naestrada e Epístrofo,
de longe, desde Álibe, local originário da prata.
Aos mísios lideravam Crômio e Ênomo, o áugure;
com as aves, porém, não afastou o negro finamento,
mas foi subjugado pelas mãos do Eácida pé-ligeiro

no rio onde estraçalhou também outros troianos.
Fórcis e também Ascânio conduziam os frígios
de longe, da Ascânia, com gana de lutar na batalha.
Aos meônios comandavam Mestles e Antifo,
filhos de Telêmenes, paridos pela lagoa Gigea;
eles guiavam os meônios que viviam sob o Tmolo.
Nastes comandava os cários língua-bárbara,
que tinham Mileto, o monte Ftires de cerrada vegetação,
as correntes do Meandro e os íngremes picos de Micale;
eis que Anfímaco e Nastes os comandavam,
Nastes e Anfímaco, os radiantes filhos de Nomíon.
Ele foi com ouro para a guerra como uma jovem
tola, mas tal não o protegeu do fim funesto,
e foi subjugado pelos braços do Eácida pé-ligeiro
no rio, e o aguerrido Aquiles levou o ouro.
Sarpédon e o impecável Glauco guiavam os lícios
de longe, da Lícia, desde o voraginoso Xanto.

3

Após cada tropa ter sido organizada junto com seus líderes,
os troianos avançavam com assuada feito aves,
como quando o guinchado de grous soa no céu:
depois que escapam do frio e da chuva infinita,
voam guinchando rumo às correntes do oceano
levando o finamento da matança aos varões pigmeus,
e eis que trazem do ar seu ataque maligno.
Os aqueus iam quietos, com ímpeto nas ventas
e sôfregos no ânimo pela defesa mútua.
Quando Noto verte nevoeiro no pico de um monte,
ruim aos pastores e melhor que a noite ao ladrão,
e só se vê tão longe quanto o arremesso de uma pedra,
assim, sob os pés deles, densa nuvem de pó se erguia
ao avançarem; e bem rápido percorreram o plaino.
Quando estavam próximos, indo uns contra os outros,
o divinal Alexandre, entre os troianos, pôs-se na frente
com pele de pantera nos ombros, arco recurvo
e espada; a duas lanças guarnecidas com bronze
brandindo, desafiou todos os melhores argivos
a lutar mano a mano com ele em refrega terrível.

Quando Menelau caro-a-Ares o percebeu
vindo para diante da multidão a passos largos,
alegrou-se como leão que topa grande carcaça,
encontrando veado chifrudo ou cabra-selvagem,
faminto: ávido a devora, mesmo que a ele
cães velozes e jovens viçosos afugentem –
assim alegrou-se Menelau ao ver, com os olhos,
o divinal Alexandre: pensou que puniria o infrator.
De pronto saltou do carro com as armas.
Quando o divinal Alexandre o percebeu
surgir na vanguarda, sentiu um golpe no coração
e recuou até os camaradas para evitar a morte.
Como quem vê uma cobra e retrocede
no vale, e tremor se apossa de seus membros,
de pronto recua, e sua face fica pálida,
assim presto sumiu na multidão de troianos honrados
o divinal Alexandre com medo do filho de Atreu.
Vendo-o, Heitor ralhou com palavras injuriosas:
"Páris-ruim, o mais formoso, namorador, trapaceiro,
deverias ser infecundo e morrer sem núpcias.
Isso eu preferiria, e seria muito mais vantajoso
a seres uma tal vergonha, alvo da chacota de todos.
Seguro que gargalham os aqueus cabelo-comprido:
pensaram seres um nobre campeão, porque é bela
tua figura, mas não tens força e bravura no ânimo.
Foi sendo assim, após em naus cruza-mar
navegares, tendo juntado leais companheiros,
e socializares com estrangeiros, que raptaste formosa
mulher de terra distante, nora de varões lanceiros,
grande desgraça para teu pai, cidade e todo o povo,

alegria para os inimigos e ignomínia para ti?
Não conseguirias resistir a Menelau caro-a-Ares?
Notarias de que herói tens a viçosa consorte;
não te ajudariam a cítara e os dons de Afrodite,
nem teus cachos e formosura, ao te unires à poeira.
Medrosos são os troianos, porém; senão já terias
vestido uma túnica de pedra, tanto mal aprontaste".
Então a ele dirigiu-se o divinal Alexandre:
"Heitor, foi correto como ralhaste comigo;
teu coração nunca se desgasta, como o machado
com que um varão fende a madeira com destreza
para um navio, e ele aumenta a energia do homem –
assim é teu impávido espírito no peito.
Não me anteponhas aos amáveis dons de Afrodite:
não são descartáveis os majestosos dons dos deuses,
todos que eles dão; de bom grado, ninguém os escolheria.
Se queres que eu, agora, combata e peleje,
faze sentar os troianos restantes e todos os aqueus,
e que eu e Menelau caro-a-Ares no meio
nos choquemos em luta por Helena e todos os bens.
O que vencer e se mostrar o mais forte,
pegue todos os bens e leve a mulher para casa;
os restantes, após firmardes um pacto de amizade por sacrifício,
habitai Troia grandes-glebas; os outros retornem
a Argos nutre-cavalo e à Acaia de belas mulheres".
Falou, Heitor alegrou-se demais ao ouvir o discurso,
foi ao meio e fazia as falanges de troianos recuar,
pegando sua lança no meio; todos pararam.
Os aqueus cabelo-comprido fizeram dele seu alvo,
tentando mirar suas flechas e lançar pedras;

mas alto gritou Agamêmnon, senhor de varões:
"Contei-vos, argivos, cessai os lançamentos;
Heitor elmo-fulgente mostra querer falar".
Assim eles pararam de lutar e fizeram silêncio
ligeiro; e Heitor, entre os dois lados, falou:
"Ouvi de mim, troianos e aqueus de belas grevas,
o discurso de Alexandre, a causa dessa disputa.
Requer que os troianos restantes e todos os aqueus
deponham as belas armas no solo nutre-muitos,
e ele mesmo e Menelau caro-a-Ares no meio,
sozinhos, lutem por Helena e todos os bens.
O que vencer e se mostrar o mais forte,
pegue todos os bens e leve a mulher para casa;
os restantes, firmemos um pacto de amizade por sacrifício".
Assim falou, e todos, atentos, se calaram.
Entre eles falou Menelau bom-no-grito:
"Ouvi agora também a mim; a maior parte da aflição
é minha, e penso que agora nos apartemos,
argivos e troianos, já que muito mal sofrestes
graças à briga entre mim e Alexandre, que a iniciou.
Para quem tiver sido preparado o quinhão da morte,
que morra; os restantes, que ligeiro se apartem.
Trazei dois cordeiros, um branco e outro preto,
para Terra e Sol; traremos outro para Zeus.
Trazei a força de Príamo para fazer o sacrifício pactual
ele mesmo, pois seus filhos são soberbos e falsos:
que ninguém lese o pacto de Zeus, violando-o.
São sempre flutuantes os juízos dos varões mais jovens;
se junto há um ancião, olha para a frente e para trás,
de sorte que ocorra o melhor para os dois lados".

Assim falou, e alegraram-se os aqueus,
pois esperavam pôr um fim à guerra lastimável.
Contiveram os cavalos nas fileiras, apearam dos carros
e tiraram as armas, que depuseram sobre a terra,
próximas entre si; em torno, pouco se via do solo.
Heitor enviou dois mensageiros à cidade
para ligeiro trazerem os cordeiros e chamarem Príamo,
e o poderoso Agamêmnon enviou Taltíbio
rumo às cavas naus, pedindo que o carneiro
buscasse; eis que obedeceu ao divino Agamêmnon.
Então veio Íris como mensageira até Helena alvos-braços,
na forma da cunhada, a esposa de um filho de Antenor,
Laódice, a quem tinha o poderoso Helicáon
Antenorida: era a mais bela filha de Príamo.
Topou-a no salão; grande urdidura tramava,
púrpura e dupla, e nela inseria muitas provações
dos troianos doma-cavalo e dos aqueus túnica-brônzea,
as quais por causa dela sofriam sob a palma de Ares.
Parada perto, falou Íris, veloz nos pés:
"Vem junto, cara jovem; que vejas os feitos notáveis
dos troianos doma-cavalo e dos aqueus túnica-brônzea,
que antes, entre si, conduziam Ares muito-choro
na funesta planície, almejando o combate;
o combate parou, e estão quietos, sentados,
apoiados em escudos, grandes lanças fincadas ao lado.
Pois Alexandre e Menelau caro-a-Ares
por ti combaterão com grandes lanças;
serás chamada cara esposa daquele que vencer".
Falou a deusa e lançou doce atração no ânimo
pelo primeiro marido, sua cidade e os pais.

De pronto cobriu-se com claro véu,
disparou do quarto e deixou cair delicada lágrima,
não indo sozinha: com ela seguiam duas criadas,
Etra, filha de Piteu, e Clímene, de olhos bovinos.
Presto alcançaram os Portões Esqueios.
Os quem acompanhava Príamo – Pântoo, Timoites,
Lampo, Clício e Hiquetáon, servo de Ares,
Ucalégon e Antenor, ambos inteligentes –,
anciãos conselheiros, estavam nos Portões Esqueios;
pela idade, não mais combatiam, mas eram oradores
notáveis, semelhantes a cigarras que, pousadas nas árvores,
lançam clara voz de lírio pelo bosque:
tais eram os líderes troianos na muralha.
Ao verem Helena dirigindo-se à muralha,
entre eles falaram baixo palavras plumadas:
"Não causa indignação que troianos e aqueus de belas grevas
sofram aflições tanto tempo por causa de tal mulher;
é terrível como se assemelha a deusas imortais.
Mesmo ela sendo assim, que retorne nas naus
e não fique, desgraça futura para nós e nossos filhos".
Assim falavam, e Príamo chamou Helena com ênfase:
"Vem cá e senta diante de mim, minha criança,
para que vejas o antigo marido e teus parentes
(para mim não és tu a responsável, mas os deuses;
atrelaram-me guerra muito-choro contra aqueus)
e também me nomeies aquele varão portentoso:
quem é esse varão aqueu, bravo e grande?
Quanto à estatura, há outros ainda maiores,
mas no que tange à beleza, nenhum assim eu vi
nem tão honrável: parece um varão régio".

Helena, divina mulher, respondeu-lhe com o discurso:
"Caro sogro, devo-te respeito e temor;
a morte vil deveria ter-me pegado quando para cá
segui teu filho, deixando o tálamo e a família,
a filha muito amada e minhas adoráveis amigas.
Mas isso não ocorreu, e assim derreto em lágrimas.
Isto eu te direi, o que me inqueres e questionas:
aquele lá é o Atrida, Agamêmnon de extenso poder,
tanto valoroso rei como forte lanceiro,
e de mim, cara-de-cadela, foi cunhado – se é que foi".
Assim falou, e o ancião, impressionado, disse:
"Venturoso Atrida, filho do destino, de boa fortuna,
deveras muitos jovens aqueus se subordinaram a ti.
Já me dirigi à Frígia de muitos vinhedos,
onde vi inumeráveis varões frígios, de potros velozes,
as tropas de Otreu e do excelso Mígdon,
que um dia acamparam nas margens do Sangário;
também eu, como aliado, entre eles acampei
no dia em que vieram as masculinas amazonas –
mas não eram tantos quantos os aqueus de olhar luzente".
Em segundo lugar, o ancião viu Odisseu e perguntou:
"Pois diga-me também, minha criança, quem é aquele;
na estatura, é menor que o Atrida Agamêmnon,
mas mais largo nos ombros e no peito.
Suas armas jazem no solo nutre-muitos, e ele,
feito carneiro, inspeciona as fileiras de varões:
assemelho-o a um carneiro pelo-espesso
que corta grande rebanho de ovelhas brancas".
Respondeu-lhe Helena, nascida de Zeus:
"Esse aí é o filho de Laerte, Odisseu muita-astúcia,

que cresceu na região de Ítaca, mesmo sendo rochosa,
perito em todo tipo de truque e em planos cerrados".
Então disse direto a ela o inteligente Antenor:
"Mulher, muito veraz essa fala que falaste:
sim, para cá mesmo veio um dia o divino Odisseu,
junto de Menelau caro-a-Ares, com mensagem sobre ti.
Como hóspedes os recebi e tratei bem no salão,
e observei, de ambos, o físico e os planos cerrados.
Ao se juntarem aos troianos reunidos em assembleia,
eles de pé, sobressaía Menelau, de largos ombros;
ambos sentados, o mais honorável era Odisseu.
Mas quando tramavam seus discursos e planos para todos,
quanto a Menelau, falava de modo fluente,
sucinto mas bem claro, pois não é falastrão
nem desvairado; na verdade, era o mais jovem.
Porém quando Odisseu muita-astúcia pulava
e se postava, olhando para baixo, olhos fixos no chão,
não movia o cetro nem para a frente nem para trás,
e segurava-o imóvel feito homem ignorante;
dirias ser alguém carrancudo e sem juízo.
Mas quando lançava poderosa voz do peito
e palavras assemelhadas a flocos de neve,
nenhum mortal seria capaz de rivalizar com ele.
Então a aparência de Odisseu não nos impressionava".
Em terceiro lugar, o ancião viu Ájax e perguntou:
"Quem é esse varão aqueu, bravo e grande,
aqueu excepcional em estatura e largos ombros?".
Respondeu-lhe Helena peplo-bom-talhe, divina mulher:
"Aquele é Ájax, portentoso bastião dos aqueus;
Idomeneu, como um deus entre os cretenses, no outro

lado está, e, em volta, reunidos, os chefes cretenses.
Muitas vezes hospedou-o Menelau caro-a-Ares
em nossa casa quando chegava de Creta.
Agora, vejo todos os outros aqueus de olhar luzente,
os quais eu poderia fácil reconhecer e nomear;
e dois comandantes de tropas sou incapaz de ver,
Castor doma-cavalo e Polideuces, bom no boxe,
os gêmeos, que para mim gerou uma única mãe:
ou não vieram da encantadora Lacedemônia
ou então seguiram para cá em naus cruza-mar
mas agora não querem entrar no combate de varões,
temendo as muitas injúrias e censuras ligadas a mim".
Assim falou, mas a terra brota-grão já os cobria
na Lacedemônia, lá no caro solo pátrio.
Na urbe, arautos traziam as oferendas pactuais dos deuses,
dois cordeiros e vinho alegrador, fruto do solo,
em odre de cabra; o arauto Ideu trazia
uma cratera reluzente e taças de ouro.
Instigou o ancião, tendo-se postado a seu lado:
"Apressa-te, Laomedôntida, chamam-te os melhores
troianos doma-cavalo e aqueus túnica-brônzea,
que desças à planície e faças o sacrifício pactual;
Alexandre e Menelau caro-a-Ares
combaterão com grandes lanças pela esposa.
A quem vencer, seguirão esposa e bens;
os restantes, após firmarmos um pacto de amizade por sacrifício,
habitaremos Troia grandes-glebas; os outros retornarão
a Argos nutre-cavalo e à Acaia de belas mulheres".
Falou, o ancião tremeu e pediu aos companheiros
que jungissem os cavalos; eles presto obedeceram.

Príamo subiu e puxou as rédeas para trás;
para junto dele, Antenor subiu no belíssimo carro.
Pela planície esqueia, guiavam os cavalos velozes.
Quando alcançaram os troianos e aqueus,
desceram do carro sobre a terra nutre-muitos
e caminharam no meio, entre troianos e aqueus.
De pronto moveu-se o rei de varões, Agamêmnon,
e ergueu-se Odisseu muita-astúcia; os ilustres arautos
trouxeram as oferendas aos deuses, misturaram o vinho
na cratera e nas mãos dos reis verteram água.
O Atrida puxou com as mãos um punhal,
sempre pendente junto à grande bainha de sua espada,
e cortou pelos das cabeças dos cordeiros; então arautos
os distribuíram aos melhores troianos e aqueus.
Entre eles, o Atrida ergueu os braços e rezou com fervor:
"Zeus pai, regente do Ida, majestosíssimo, supremo,
e Sol, que tudo enxerga e tudo ouve,
rios e Terra, e vós dois que embaixo aos homens
finados castigais, a todo aquele que perjurou:
sede testemunhas e vigiai o pacto de confiança.
Se acaso Alexandre matar Menelau,
que ele mantenha Helena e todos os bens,
e nós retornaremos sobre as naus cruza-mar;
mas se o loiro Menelau matar Alexandre,
os troianos entregarão Helena e todos os bens
e retribuirão com multa adequada,
que será conhecida por todos os homens futuros.
Se Príamo e os filhos de Príamo a mim não quiserem
pagar a multa no caso de Alexandre cair,
eu mesmo continuarei a combater pela reparação

ficando aqui até atingir a conclusão da guerra".
Falou e degolou os cordeiros com bronze impiedoso;
depositou-os, em convulsão, sobre o solo,
perdendo a vida; o bronze eliminou-lhes o ímpeto.
Tirando-o da cratera, nos cálices o vinho
vertiam, e rezavam aos deuses sempiternos.
Alguns aqueus e troianos assim falavam:
"Zeus majestosíssimo e supremo e demais imortais,
o lado que por primeiro danar o pacto sacrificial,
que, como o vinho, seus miolos corram sobre o solo,
os deles e os dos filhos, e outros subjuguem suas esposas".
Falou, e o Cronida ainda não lhes completaria isso.
Entre eles, o Dardânida Príamo dirigiu o discurso:
"Ouvi-me, troianos e aqueus de belas grevas,
quanto a mim, voltarei à ventosa Troia,
pois não suportarei ver, com os olhos,
meu caro filho combatendo Menelau caro-a-Ares.
Zeus e os demais deuses imortais disto sabem,
para qual deles está destinado o fim que é a morte".
Falou e colocou os cordeiros no carro, herói feito deus,
subiu e puxou as rédeas para trás;
para junto dele, Antenor subiu no carro belíssimo.
Eis que os dois retornaram a Troia.
Heitor, filho de Príamo, e o divino Odisseu
primeiro mediram a arena, e depois
pegaram seixos e os jogaram num elmo brônzeo
para ver quem lançaria antes a lança brônzea.
As tropas ergueram os braços aos deuses e oraram,
e alguns aqueus e troianos assim falavam:
"Zeus pai, regente do Ida, majestosíssimo, supremo,

àquele que impôs essas aflições aos dois lados,
concede que morra e desça à morada de Hades
e, para nós, um pacto de amizade confiável".
Falavam, e o grande Heitor elmo-fulgente o sacudiu,
olhando para o lado; a pedra de Páris ligeiro pulou.
Então os outros sentaram nas fileiras, onde estavam
os cavalos ergue-pé e as armas ornadas de cada um;
e ele vestiu em volta dos ombros as belas armas,
o divino Alexandre, marido de Helena bela-juba.
Primeiro pôs as grevas em torno das panturrilhas,
belas, guarnecidas com argênteos protetores de ossos;
depois vestiu a couraça em volta do peito,
a de seu irmão Licáon, e ela nele serviu.
Em torno dos ombros lançou espada pinos-de-prata,
brônzea, e depois o escudo, grande e robusto;
sobre a altiva cabeça colocou o elmo bem-feito
com crina, e a terrível crista movia-se para baixo.
E tomou a brava lança, que à sua palma se adequava.
Da mesma forma, Menelau caro-a-Ares vestiu as armas.
Após se armarem em lados opostos da multidão,
caminharam no meio entre troianos e gregos
com olhares ameaçadores. Pasmo tomava quem os mirava,
os troianos doma-cavalo e os aqueus de belas grevas.
Então aproximaram-se na arena medida
e brandiram as lanças com rancor recíproco.
Alexandre lançou antes a lança sombra-longa
e atingiu o Atrida no escudo simétrico;
o bronze não o furou, e sua ponta entortou-se
no vigoroso escudo. O segundo a arremeter com o bronze
foi o Atrida Menelau, após orar a Zeus pai:

“Senhor Zeus, dá-me vingança contra quem me danou antes,
o divino Alexandre, e subjugue-o sob minha mão
para que as gerações futuras tenham medo
de danar quem dá hospitalidade e oferece amizade”.
Falou, brandiu a lança sombra-longa, arremessou-a
e atingiu o Priamida no escudo simétrico:
a ponderosa lança varou o reluzente escudo,
forçou passagem pela couraça muito adornada
e penetrou a túnica diretamente ao longo do flanco;
ele inclinou-se, porém, e escapou da negra morte.
O Atrida puxou sua espada pinos-de-prata
e, braço erguido, golpeou a placa do elmo, mas ela
quebrou em três, quatro pedaços, e caiu de sua mão.
O Atrida olhou para o céu e lamentou:
“Zeus pai, nenhum deus é mais destrutivo que tu:
pensei que me vingaria da vileza de Alexandre,
mas em minhas mãos se partiu a espada, e minha lança
em vão foi disparada da palma e não o subjugou”.
Então arremeteu, pegou Páris pelo elmo rabo-de-cavalo
e, volvendo-se, puxou-o rumo aos aqueus de belas grevas.
A tira ornada do elmo sufocava-o no pescoço macio,
a que, sob o queixo, segurava seu quatro-camadas.
Agora o teria arrastado e granjeado glória incontável
se a filha de Zeus, Afrodite, não tivesse pensado rápido
e, para Alexandre, rompido à força a tira de boi morto:
na mão encorpada de Menelau vazio ficou o elmo,
que para junto dos aqueus de belas grevas o herói
lançou, após girá-lo, e leais companheiros o levaram.
Menelau arremeteu de volta, com gana de matar
com a lança brônzea. Afrodite arrebatou Alexandre

bem fácil como uma deusa, ocultou-o em densa névoa
e depositou-o no aposento oloroso e perfumado.
Ela própria foi chamar Helena; encontrou-a
na torre elevada, e em volta, troianas em profusão.
Sacudiu o peplo nectáreo de Helena, puxando-o,
e interpelou-a na forma de uma vetusta anciã
que cardava lã: quando Helena morou na Lacedemônia,
a serva obrava fina lã, sendo-lhe muito cara;
assemelhada a ela, a divina Afrodite falou:
"Vem comigo; Alexandre pede que voltes para casa.
Lá está, no quarto, sobre o leito bem-acabado,
fulgurante em beleza e nas vestes; não pensarias
ter ele chegado após combater um varão, mas à dança
estar indo ou ter-se sentado após parar de dançar".
Sua fala agitou o ânimo de Helena no peito;
assim que percebeu o belíssimo pescoço da deusa,
seu colo atraente e os olhos cintilantes,
espantou-se e então nomeou-a e disse:
"Insana, por que almejas me iludir desse modo?
Pelas cidades boas de morar, ainda mais longe
me levarás, pela Frígia ou adorável Meônia,
no caso de também lá um homem mortal te ser caro?
Como Menelau, agora, ao divino Alexandre
derrotou e quer a mim, odiosa, para casa levar,
por isso tu, com mente ardilosa, agora estás aqui?
Vai e senta ao lado dele; abandona a via dos deuses
e não retornes mais ao Olimpo com teus pés,
mas sempre te esfalfa em torno dele e o guarda
até ele fazer de ti sua concubina ou até escrava.
Eu lá não irei, o que seria causa de indignação,

para compartilhar seu leito; mais tarde, as troianas
todas me maldiriam; tenho mágoas sem par no ânimo".
Encolerizada, disse-lhe a divina Afrodite:
"Não me provoques, tinhosa; que, com raiva, não te deixe
e passe a te odiar tanto como agora te amo demais.
Inventarei funesto ódio no meio de ambos,
troianos e dânaos, e morrerás em destino sinistro".
Falou, e Helena, nascida de Zeus, temeu
e cobriu-se com o véu branco e luzente, em silêncio,
sem as troianas restantes a verem; a deusa ia na frente.
Quando chegaram à belíssima casa de Alexandre,
as servas ligeiro se dirigiram a seus afazeres
e ela, divina mulher, rumou a seu quarto grandioso.
Para ela Afrodite ama-sorriso pegou uma banqueta
e a própria deusa a pôs diante de Alexandre.
Nela sentou-se Helena, a filha de Zeus porta-égide,
olhando para o lado, e reprovou o marido:
"Voltaste do combate; deverias ter lá perecido,
subjugado por forte varão, meu primeiro marido.
Claro que no passado proclamaste superar
Menelau caro-a-Ares em força, braços e lança;
pois desafia agora Menelau caro-a-Ares
a de novo pelejar contra ti; quanto a mim, porém,
peço que pares e contra o loiro Menelau
não guerreies e pelejes em combate mano a mano
sem pensar, para que sua lança não te domine ligeiro".
Páris respondeu-lhe com o discurso:
"Mulher, não me reproves com críticas duras;
agora Menelau foi vitorioso com Atena,
e outra vez serei eu; também há deuses conosco.

Vamos, deitados em amor, deleitemo-nos;
desejo nunca encobriu meu juízo desse modo,
nem quando, no início, da encantadora Lacedemônia
te raptei e navegava em naus cruza-mar,
e na ilha rochosa unimo-nos em enlace amoroso –
como agora te desejo e doce atração me toma".
Falou e na frente rumou ao leito; junto seguia a esposa.
Eis que os dois deitaram-se para dormir no leito perfurado,
e o Atrida zanzava pela multidão feito fera
esperando vislumbrar o divinal Alexandre.
Nenhum troiano ou aliado afamado, porém, foi capaz
de mostrar Alexandre a Menelau caro-a-Ares;
não o esconderiam por amizade se o vissem:
era tão odiado por todos quanto a negra morte.
Então entre eles falou Agamêmnon, senhor de varões:
"Escutai-me, troianos, dardânios e aliados:
a vitória mostrou ser de Menelau caro-a-Ares;
entregai a argiva Helena e com ela os bens
e retribuí com multa adequada,
que será conhecida por todos os homens futuros".
Falou o Atrida, e todos os aqueus aprovaram.

4

Os deuses, sentados junto a Zeus, estavam em assembleia
sobre piso de ouro. Entre eles, a soberana Juventude
servia néctar, e com cálices de ouro brindavam-se
mutuamente, mirando a cidade dos troianos.
De pronto o Cronida tentou provocar Hera
com palavras assanhadas de forma casual:
"São duas as deusas protetoras de Menelau,
a argiva Hera e Atena Alalcomeneia.
Entretanto, as duas, sentadas longe, observam
com deleite, e Afrodite ama-sorriso sempre
está ao lado de Páris e dele afasta a morte,
como agora o salvou, ele crendo que iria morrer.
Pois a vitória é de Menelau caro-a-Ares!
Reflitamos como se darão estas coisas:
devemos de novo guerra danosa e combate terrível
produzir, ou lançar amizade entre os dois lados.
Se acaso isso for caro e agradável a todos,
que a cidade do senhor Príamo continue habitada
e que Menelau leve de volta a argiva Helena".
Assim falou, e Atena e Hera murmuraram contra ele,

sentadas próximas, e armaram males aos troianos.
Quanto a Atena, estava calada e nada disse,
descontente com o pai Zeus, e raiva selvagem a tomava.
O peito de Hera, porém, não conteve a raiva e disse:
"Terribilíssimo Cronida, que discurso falaste!
Como queres tornar vãos e sem finalidade a pugna,
o suor de meu esforço e a exaustão de meus cavalos
quando reuni a tropa, dano para Príamo e seus filhos?
Faze; mas não o aprovamos, todos os outros deuses".
Muito perturbado, a ela dirigiu-se Zeus junta-nuvens:
"Espantoso! O que Príamo e os filhos de Príamo
fizeram-te de tão ruim, que sem cansar anseias
por aniquilar Ílion, a cidade bem-construída?
Se após passares pelos portões da grande muralha
devorasses, crus, Príamo, os filhos de Príamo
e os demais troianos, apaziguarias tua raiva.
Faze como quiseres; mas que briga tal, no futuro,
não se torne grande problema entre nós dois.
Outra coisa te direi, e em teu juízo a lança:
quando eu estiver sôfrego por aniquilar urbe
de minha escolha, com habitantes caros a ti,
não te oponhas à minha raiva, mas me permita.
De fato, dócil, concedi a ti com ânimo indócil:
aquelas que sob o sol e o céu estrelado
se encontram, as cidades dos homens mortais,
dentre essas eu honrava, de todo o coração, a sacra Ílion,
bem como Príamo e o povo de Príamo boa-lança.
A meu altar nunca faltou porção justa,
libação e olor, a mercê que nos é atribuída".
Respondeu-lhe a soberana Hera de olhos bovinos:

“Três as cidades que me são as mais caras,
Argos, Esparta e Micenas de amplas ruas:
arrasa-as quando as odiares de todo o coração;
não me porei diante delas nem guardarei rancor.
Ainda que me ressinta e não permita que as arrase,
nada realizarei, pois és bem mais forte,
mas carece que minha pugna tenha uma conclusão:
sou uma deusa, minha origem é igual à tua
e Crono curva-astúcia me gerou como a mais honrada
por isto, pelo nascimento e porque de tua esposa
sou chamada, e és o senhor de todos os imortais.
Contudo, nisso submetamo-nos um ao outro,
eu a ti, tu a mim, e nos seguirão os outros deuses
imortais. Quanto a ti, ordena ligeiro a Atena
que vá ao prélio terrível entre troianos e aqueus
para tentar que os troianos, não os arrogantes aqueus,
comecem por primeiro a violar o pacto sacrificial”.
Falou, e não o ignorou o pai de varões e deuses;
de imediato a Atena dirigiu palavras plumadas:
“Ligeiro vai ao campo entre os troianos e os aqueus
para tentar que os troianos, não os arrogantes aqueus,
comecem por primeiro a violar o pacto sacrificial”.
Isso disse e instigou Atena, que já ansiara por partir;
partiu, lançando-se dos cumes do Olimpo.
Como estrela que envia o filho de Crono curva-astúcia,
presságio para nautas ou para amplo bivaque de tropas,
fúlgido, do qual se soltam muitas faíscas,
dessa forma Palas Atena disparou à terra
e saltou no meio: pasmo tomou os que viram,
troianos doma-cavalo e aqueus de belas grevas.

Assim falavam, cada um fitando o homem ao lado:
"Por certo de novo guerra danosa e combate terrível
haverá; ou Zeus estabelece amizade entre os dois lados,
ele que administra a guerra entre os homens?".
Alguns aqueus e troianos assim falavam.
Ela entrou na multidão troiana na forma de um varão,
um filho de Antenor, o forte lanceiro Laódoco,
em busca do excelso Pândaro, esperando encontrá-lo.
Encontrou o impecável e forte filho de Licáon
parado; em volta dele, fortes fileiras de tropas
armígeras, que o seguiram das correntes do Esepo.
Parada perto, dirigiu-lhe palavras plumadas:
"Tu me obedecerias, aguerrido filho de Licáon?
Então ousarias disparar rápida flecha contra Menelau;
obterias graça e glória junto a todos os troianos,
sobretudo, entre todos, do rei Alexandre.
Dele obterias, em primeiro lugar, dons radiantes
se ele vir o belicoso Menelau, filho de Atreu,
dirigir-se ao fogo pungente, subjugado por teu projétil.
Vamos, dispara a flecha contra o majestoso Menelau
e reza a Apolo Licegênio, famoso-no-arco, que farás
gloriosa hecatombe de cordeiros, os primeiros do ano,
no retorno para casa, a sacra cidade de Zeleia".
Falou Atena e convenceu o juízo do desajuizado.
Presto tirou o arco bem-polido, de cornos de adulto bode
agreste, no qual um dia ele mesmo acertou no peito,
estando de tocaia, quando o bode saiu de trás de uma rocha:
no peito o acertou, e ele tombou de costas na rocha.
Seus cornos, na cabeça, tinham dezesseis palmos;
com perícia, um artesão torneia-cornos articulou-os,

poliu bem o conjunto e prendeu uma ponteira de ouro.
Pois Pândaro vergou o arco e contra a terra o apoiou;
na frente, nobres companheiros seguravam escudos,
com medo que saltassem os belicosos filhos de aqueus
antes de atingir o belicoso Menelau, filho de Atreu.
Tirou a tampa da aljava e escolheu uma flecha
virgem, plumada, produtora de dores negras.
De pronto ajeitou a seta aguda na corda
e rezou a Apolo Licegênio, famoso-no-arco, que faria
gloriosa hecatombe de cordeiros, os primeiros do ano,
no retorno para casa, a sacra cidade de Zeleia.
Puxou, juntas, as fendas da flecha e a corda de boi;
achegou a corda de seu peito, e a ponta de ferro, do arco.
Após esticar o grande arco até formar um círculo,
o arco zuiu, a corda gritou alto, e a flecha saltou,
ponta-afiada, com gana de voar ao longo da multidão.
Mas de ti, Menelau, não esqueceram os deuses ditosos,
os imortais, e primeiro a filha de Zeus, a traz-butim,
ela que, de pé atrás, repeliu o projétil acuminado.
Afastou-o do corpo o suficiente, como quando a mãe
afasta uma mosca do filho que dorme doce sono;
a deusa o direcionou para onde as fivelas do cinto,
de ouro, o seguram, e ele encontra a couraça dupla.
No cinto ajustado, penetrou a seta afiada:
eis que trespassou o adornado cinto
e forçou passagem pelo couraça muito adornada
e pelo cinturão, defesa do corpo, bastião contra lanças,
o que mais o protegia, e perfurou-o por completo.
Na superfície, a flecha riscou a pele do varão;
logo correu sangue enegrecido do ferimento.

Como mulher, meônia ou cária, que tinge
marfim com púrpura, um adorno de focinho equino:
jaz no depósito, muitos cavaleiros desejam-no
levar, mas lá está para a exultação de um rei
e é os dois, adorno do cavalo, glória para o cocheiro –
dessa forma, Menelau, tuas coxas perfeitas se tingiram
de sangue, e as grevas e os belos tornozelos.
Então tremeu Agamêmnon, rei de varões,
quando viu o sangue escuro escorrer do ferimento,
e tremeu também Menelau caro-a-Ares.
Quando viu o cordão e farpas ainda de fora,
então seu ânimo se juntou de novo no peito.
Gemendo fundo, falou o poderoso Agamêmnon,
tomando a mão de Menelau, e os companheiros gemeram:
"Caro irmão, o pacto que firmei foi morte para ti
ao te pôr sozinho, diante dos aqueus, a guerrear troianos;
troianos te atingiram e pisotearam o pacto confiável.
De modo algum é vã a jura, o sangue de cordeiros,
libações puras e mãos destras nas quais confiamos.
Ainda que o Olímpio não o cumpra de pronto,
mesmo tarde o cumprirá, e pagarão preço grande,
a cabeça de suas mulheres e rebentos.
De fato, isso bem sei no juízo e no ânimo:
chegará o dia em que a sacra Ílion perecerá,
e Príamo e o povo de Príamo boa-lança,
e Zeus Cronida senta-no-alto, morador do céu,
ele mesmo brandirá a lúgubre égide sobre todos
com rancor dessa farsa; isso não ficará incompleto.
Todavia, atroz sofrimento me causarás, Menelau,
se morreres e cumprires teu destino de vida.

Eu voltaria à sedenta Argos como o mais infame,
pois de pronto os aqueus mentalizarão a terra pátria
e como triunfo para Príamo e os troianos deixariam
a argiva Helena, e o solo decomporá teus ossos,
jazendo em Troia sobre feito incompleto.
Assim falarão os arrogantes troianos,
pulando sobre a tumba do majestoso Menelau:
'Que Agamêmnon em tudo complete assim sua raiva:
também agora em vão trouxe o exército para cá
e já foi para casa, à cara terra pátria,
com naus vazias e deixou para trás o valoroso Menelau'.
Assim dirão um dia, e para mim se abra a ampla terra".
Encorajando-o, disse-lhe o loiro Menelau:
"Coragem! Não assustes a tropa de aqueus.
A seta aguda não entrou em ponto vulnerável; antes
o cinto multicolor a conteve e, abaixo,
a tanga e o cinturão, que ferreiros trabalharam".
Respondendo, disse-lhe o poderoso Agamêmnon:
"Pois que então assim seja, caro Menelau;
que o médico examine a ferida e em cima aplique
drogas que interrompam as dores negras".
Falou e dirigiu-se ao divino Taltíbio:
"Taltíbio, bem rápido chama Macáon para cá,
o herói filho de Asclépio, o médico impecável,
para que veja o belicoso Menelau, filho de Atreu,
a quem alguém, perito no arco, atingiu com uma seta,
ou troiano ou lício, para sua fama e aflição nossa".
Falou, e o arauto ouviu e não desobedeceu.
Deslocou-se pela tropa de aqueus couraça-brônzea,
vasculhando atrás do herói Macáon. Percebeu-o

parado; em volta dele, fortes fileiras de tropas
armígeras, que o seguiam de Trica doma-cavalo.
Parado perto, dirigiu-lhe palavras plumadas:
"Mexa-te, Asclepíada; o poderoso Agamêmnon te chama
para que vejas o belicoso Menelau, filho de Atreu,
a quem alguém, perito no arco, atingiu com uma seta,
ou troiano ou lício, para sua fama e aflição nossa".
Falou, agitou-lhe o ânimo no peito
e deslocaram-se ao longo do amplo exército de aqueus.
Quando chegaram aonde estava o loiro Menelau,
ferido, e em volta dele todos os melhores se agrupavam
em círculo, Macáon parou no meio, herói feito deus,
e de pronto pôs-se a tirar a flecha do cinto ajustado;
ao ser puxada, as farpas agudas quebraram para trás.
Soltou seu cinto multicolor e, abaixo,
a tanga e o cinturão, que ferreiros trabalharam.
Quando viu o ferimento, onde entrou a flecha afiada,
sugou o sangue e, perito, sobre ela drogas salutares
polvilhou, as que um dia Quíron, benévolo, deu a seu pai.
Enquanto se ocupavam de Menelau bom-no-grito,
fileiras de troianos se aproximaram, e os aqueus
de novo puseram as armas e mentalizaram a vontade de lutar.
Então não verias o divino Agamêmnon com preguiça,
encolhido de medo ou não querendo pelejar,
e sim com muita gana pelo combate engrandecedor.
Deixou os cavalos e o carro ornado com bronze;
continha-os à parte, resfolegantes, um assistente,
Eurimédon, o filho do Piraida Ptolemaio:
insistiu que os mantivesse próximos para quando
seus membros se cansassem ao dar ordens na multidão;

a pé inspecionava as fileiras de varões.
A todo aqueu potro-veloz que visse acelerado,
muito o encorajava, de pé ao lado, com as palavras:
“Argivos, de modo algum abandoneis a bravura impetuosa;
o pai Zeus não será um auxiliar de falseadores.
Não, aqueles que primeiro danaram o pacto sacrificial,
desses os abutres comerão a pele delicada,
e nós, suas caras esposas e crianças pequenas
levaremos nas naus, após conquistar a cidade”.
A quem visse safando-se do combate hediondo,
com esses ralhava com palavras raivosas:
“Argivos fanfarrões, infames, não tendes vergonha?
Como estais imóveis, aturdidos como enhos,
que após cansarem, correndo na ampla planície,
param, e força alguma têm no peito –
parados assim estais, aturdidos, e não combateis.
Aguardai até os troianos se achegarem de onde as naus
de belas popas estão, junto à orla do mar cinzento,
a fim de virdes se Zeus, sobre vós, estenderá sua mão?”.
Chefiando assim, inspecionava as fileiras de varões.
Transitando no aglomerado de varões, chegou aos cretenses.
Armavam-se em volta do aguerrido Idomeneu,
que estava na vanguarda, feito javali em bravura,
e Meríones instigava as últimas falanges.
Ao vê-los, jubilou o senhor de varões, Agamêmnon,
e, com agrados, de pronto disse a Idomeneu:
“Idomeneu, honro-te como a nenhum aqueu potro-veloz
tanto no combate como em outro tipo de feito
e no banquete, quando o vinho fulgente dos conselheiros
os melhores argivos misturam na cratera.

Pois quando os outros aqueus cabelo-comprido
bebem sua porção, teu cálice sempre cheio
está, como o meu, para beber quando pede o ânimo.
Anima-te para a luta, bravo como proclamas ser".
Direto a ele disse Idomeneu, líder dos cretenses:
"Atrida, eu por certo teu companheiro leal
serei, como no passado assenti e prometi;
vamos, instiga os outros aqueus cabelo-comprido
para lutarmos sem demora, pois os troianos romperam
o pacto; serão deles a morte e os pesares
no futuro, porque por primeiro danaram o pacto".
Assim falou, e o Atrida avançou, feliz no coração.
Transitando no aglomerado de varões, chegou aos dois Ájax;
armavam-se seguidos por nuvem de soldados a pé.
Tal cabreiro que vê, de sua atalaia, nuvem
mover-se do mar sob a carga de Zéfiro:
para quem está longe, mais escura que breu
parece ao chegar do mar, e traz forte temporal;
vendo-a, treme e tange o rebanho caverna adentro –
tais as densas fileiras de bravos criados por Zeus, que
sob os dois Ájax se moviam rumo à quente batalha,
escuras, eriçadas por meio de escudos e lanças.
Ao vê-los, jubilou o senhor de varões, Agamêmnon,
e, falando, dirigiu-lhes palavras plumadas:
"Ájax, líderes dos argivos couraça-brônzea,
nada lhes peço, pois não precisam ser instigados:
ordenam sozinhos que a tropa peleje com força.
Oxalá por Zeus pai, Atena e Apolo,
o ânimo de todos fosse assim em cada peito:
rápido se vergaria a cidade do senhor Príamo,

conquistada e pilhada por nossas mãos".
Após falar assim, deixou-os lá mesmo e foi até outros.
Então encontrou Nestor, o soante orador dos pílios,
dispondo os companheiros e instigando-os a pelejar
em volta do grande Pelago, de Alastor e Crômio,
e do poderoso Hêmon e de Bias, pastor de tropa.
Bem na frente pôs os combatentes com cavalos
e carros, atrás, os soldados a pé, muitos e valorosos,
muro contra a batalha; os ruins empurrou para o meio:
quem não quisesse, que por necessidade guerreasse.
Primeiro aos guerreiros com carros deu ordens: impôs-lhes
conter os cavalos e não tumultuar na multidão:
"Que ninguém, confiante na equitação e na virilidade,
sozinho, diante dos outros, anseie combater troianos
ou recuar: mais enfraquecidos ficareis.
O varão que, com seu carro, alcançar outro,
com a lança arremeta, pois isso é bem melhor.
Assim os de antanho saquearam urbes e muros,
mantendo essa ideia e o ânimo no peito".
Assim o ancião instigava, há muito versado em batalhas.
Ao vê-lo, o poderoso Agamêmnon jubilou
e, falando, dirigiu-lhe palavras plumadas:
"Ancião, oxalá como o ânimo em teu caro peito
também fossem teus joelhos, e tua força fosse segura.
Porém a velhice imparcial te molesta; essa deveria
pegar outro varão, e tu, estar entre os mais jovens".
Respondeu-lhe o gerênio, o cavaleiro Nestor:
"Atrida, sobremodo eu próprio para ti gostaria
de ser assim como quando matei o divino Ereutálion.
Os deuses, porém, nunca dão tudo junto aos homens;

se então fui jovem, agora a velhice me oprime.
Mesmo assim, estarei com os combatentes em carros,
exortando com planos e discursos, essa, a mercê dos anciãos.
Com lanças combaterão os mais moços, que são
mais jovens que eu e confiam em sua violência".
Assim falou, e o Atrida avançou, feliz no coração.
Encontrou o filho de Peteu, Menesteu açoita-cavalo,
parado; em volta, atenienses, mestres do alarido.
Perto estava parado Odisseu muita-astúcia,
e junto, paradas, as fileiras de cefalênios, não fracas.
Ainda não tinham ouvido o grito de guerra da tropa,
mas há pouco puseram-se em marcha as falanges
de troianos doma-cavalo e aqueus, e eles esperavam,
parados, o avanço de outra torre de aqueus
irrompendo contra os troianos e o começo da peleja.
Ao vê-los, ralhou o senhor de varões, Agamêmnon,
e, falando, dirigiu-lhes palavras plumadas:
"Filho de Peteu, um rei criado-por-Zeus,
e tu, superior em truques danosos, juízo-ladino,
por que, afastados, vos encolheis e aguardais os outros?
Convém que estejais entre os primeiros,
fincando o pé e encarando o combate abrasador;
sois os primeiros que chamo para o banquete
quando os aqueus preparam um banquete aos anciãos.
Lá tendes prazer em comer carne assada e beber
vinho doce como mel enquanto quiserem.
Agora vosso prazer seria o de ver até dez torres de aqueus
lutando na vossa frente com bronze impiedoso".
Olhando de baixo, disse-lhe Odisseu muita-astúcia:
"Atrida, que palavra te escapou da cerca de dentes!

Como dizes que abandonamos a batalha? Sempre
despertamos, aqueus, o afiado Ares contra os troianos!
Verás, se quiseres e se isso te interessar,
o caro pai de Telêmaco juntar-se aos da vanguarda
dos troianos doma-cavalo; lanças frases ao vento".
Sorrindo, falou-lhe o poderoso Agamêmnon,
notando a raiva do outro, e retirou o que afirmara:
"Laércida oriundo-de-Zeus, Odisseu muito-truque,
nem ralho contigo de forma supérflua nem te dou ordens;
sei como teu ânimo, no caro peito, conhece
planos amigáveis: tu e eu pensamos igual.
Vamos, depois nos reconciliaremos, se algo ruim
foi dito; que os deuses façam tudo ir com o vento".
Falou assim, deixou-os lá mesmo e foi até outros.
Topou o filho de Tideu, o autoconfiante Diomedes,
de pé sobre o carro bem-ajustado com seus cavalos;
parado junto dele, Estênelo, filho de Capaneu.
Ao vê-lo, ralhou o senhor de varões, Agamêmnon,
e, falando, dirigiu-lhe palavras plumadas:
"Nossa, filho de Tideu, o aguerrido doma-cavalo!
Por que te encolhes, por que espias os diques da batalha?
Esse encolhimento não era caro a Tideu; lutava
com o inimigo bem na frente dos companheiros.
Assim falam os que o viram pugnando, pois a ele não
topei nem vi; dizem ter sido superior aos outros.
De fato, entrou em Micenas sem propósito bélico,
amigo-hóspede, reunindo tropa com o excelso Polinices.
Faziam a campanha contra os sacros muros de Tebas
e pediram muito que se lhes dessem aliados gloriosos.
Aprovaram e quiseram dá-los, como pediram,

mas Zeus os dissuadiu ao mostrar sinais adversos.
Depois de partirem e já estando adiantados,
chegaram ao Asopo junco-profundo, rico em capim,
de onde os aqueus enviaram Tideu como mensageiro.
Ele foi e encontrou muitos cadmeus
banqueteando-se na casa da força de Etéocles.
Embora não sendo amigo-hóspede, o cavaleiro Tideu
não receou, mesmo sozinho no meio de muitos cadmeus;
desafiou-os a se medir com ele, e fácil os venceu em tudo:
tinha em Atena uma auxiliar de tal jaez.
Os cadmeus enraivecidos, aguilhoadores de cavalos,
contra ele, na volta, armaram cerrada emboscada
de cinquenta jovens, e dois eram os líderes,
Méon, filho de Hêmon, semelhante aos imortais,
e o filho de Autófono, Polifonte, firme guerreiro.
Pois Tideu lançou fado ultrajante também sobre eles:
matou todos, e só um mandou para casa de retorno;
liberou Méon, obedecendo a um presságio dos deuses.
Tal era o etólio Tideu; gerou seu filho, porém,
como pior que ele na guerra mas melhor na assembleia".
Falou, e o forte Diomedes não se dirigiu a ele,
respeitando a reprovação do respeitável Agamêmnon.
Respondeu-lhe o filho do majestoso Capaneu:
"Atrida, não mintas, sabendo falar verdades.
Proclamamos ser bem melhores que nossos pais:
também conquistamos o sítio de Tebas sete-portões,
os dois guiando tropa menor contra muros mais belicosos,
confiantes nos portentos de deuses e na ajuda de Zeus;
aqueles pereceram por causa da própria iniquidade.
Assim, nunca nos confiras honra igual à de nossos pais".

Olhando de baixo, disse-lhe o forte Diomedes:
"Amigo, fica quieto e obedece a meu discurso.
Não me indigno com Agamêmnon, pastor de tropa,
ao instigar os aqueus de belas grevas a pelejar:
glória seguirá com ele, se os aqueus
matarem os troianos e tomarem a sagrada Ílion,
ou grande aflição, se os aqueus forem abatidos.
Eia, também nos ocupemos da impetuosa bravura".
Falou e, com suas armas, do carro saltou ao chão.
Assustador, ressoou o bronze no peito do senhor
ao se lançar; até um bravo teria se amedrontado.
Como quando onda do mar, em praia ressoante,
se lança, uma após a outra, sob a carga de Zéfiro:
no mar, primeiro se levanta, e depois, quebrando
em terra firme, alto freme, e, em volta dos cabos,
abaulada, atinge o ápice e cospe espuma salgada –
assim se moviam, sem cessar, uma após a outra,
as falanges de dânaos rumo à batalha. Cada comandante
à sua dava ordens; os outros iam quietos, e não dirias
que tamanha tropa seguiria com a voz no peito,
em silêncio, temendo os líderes: em torno de todos,
brilhavam as armas adornadas com que marchavam.
Os troianos, tal ovelhas no pátio de um varão muita-posse,
milhares de pé ao terem tido extraído seu leite branco,
balindo sem cessar quando ouvem o som dos cordeiros,
assim zoada se ergueu dos troianos no largo exército:
não havia grito homogêneo nem voz única,
mas a língua era mesclada, e os varões, de muitos lugares.
A estes instigava Ares, àqueles, Atena olhos-de-coruja,
e Terror, Pânico e Briga, sôfrega e incansável,

irmã e companheira do homicida Ares,
que primeiro se levanta pouco, mas então
no céu fixa sua fronte ao marchar sobre a terra.
Essa também aí lançou disputa imparcial no meio deles,
indo pela multidão, ampliando o gemido dos varões.
Quando se entrechocaram em um único espaço,
entrebateram-se os escudos, as lanças e os ímpetos
dos varões couraça-brônzea; os escudos umbigados
achegaram-se uns dos outros, e grande alarido se fez.
Grito de dor e brado de triunfo partiam dos varões
que matavam e morriam, e sangue corria na terra.
Tal enxurradas que descem das montanhas no inverno
e juntas lançam água ponderosa em um barranco,
originada de grandes fontes nas cavas ravinas,
e, longe nas montanhas, um pastor ouve o ressoar,
assim era o grito e a pugna dos que se entrechocavam.
Antíloco por primeiro pegou um varão troiano, combatente,
notável na linha de frente, Equepolo, filho de Talísio.
Atingiu-o primeiro na placa do elmo rabo-de-cavalo:
perfurou sua testa, e a lança brônzea penetrou
seu osso; negror encobriu seus olhos,
e, feito torre, ele tombou na refrega brutal.
Ao cair, pegou-o pelos pés o poderoso Elefenor,
o Calcodôntida, animoso líder dos abantes,
e puxou-o para longe dos projéteis, ávido por rápido
despi-lo de suas armas. Seu arranque durou pouco:
ao puxar o cadáver, o animoso Agenor o viu
e, as costelas que surgiram ao lado do escudo, ao se abaixar,
furou com bronze polido, e Elefenor soltou seus membros.
Assim a vida o deixou, e sobre ele difícil tarefa

executaram troianos e aqueus: como lobos,
atacaram-se mutuamente, e varão fustigava varão.
Lá Ájax Telamônio atingiu o filho de Floroso,
Simoésio, solteiro vicejante, a quem um dia a mãe,
após descer do Ida, junto às margens do Simoeis
pariu ao seguir os pais para olhar pelos rebanhos.
Por isso o chamavam Simoésio: aos caros pais
não retribuiu a criação pois diminuta foi sua seiva,
subjugado pela lança do animoso Ájax.
Ia na frente, Ájax atingiu seu peito junto ao mamilo
direito, e a lança brônzea atravessou seu ombro
diretamente. Ele tombou no pó como um álamo
que, na depressão de grande planície alagada, cresceu
podado, e só bem no topo cresceram seus galhos:
a ele um varão faz-carros, com ferro brilhante,
cortou a fim de vergá-lo, o aro de um belo carro;
o álamo, secando, jaz nas margens de um rio.
Assim a Simoésio, filho de Floroso, matou
Ájax oriundo-de-Zeus. Mas nele Antifo couraça-luzente,
o Priamida, atirou lança aguda por entre a multidão:
errou, mas a Leuco, nobre companheiro de Odisseu,
que puxava o cadáver, atingiu na virilha;
tombou em volta do morto, que caiu de sua mão.
Odisseu muito se zangou por causa do assassinado,
cruzou a linha de frente, armado com fúlgido bronze,
postou-se bem perto e atirou a lança brilhante,
esquadrinhando em volta; os troianos recuaram
diante do varão que mirava. Não arremessou em vão
mas atingiu Democôon, filho bastardo de Príamo,
que viera de Ábido, onde mantinha suas éguas velozes.

Odisseu, furioso pelo companheiro, atingiu-o com a lança
na cabeça, e a ponta da lança perfurou a têmpora
oposta. Negror encobriu os olhos de Democôon,
que com estrondo caiu, e suas armas retiniram.
Os na linha de frente e o insigne Heitor recuaram;
os argivos berraram alto, puxaram seus mortos
e avançaram bem mais. Apolo indignou-se,
olhando do alto do Pérgamo, e gritou aos troianos:
"Mexei-vos, troianos doma-cavalo, não recueis da luta
contra os argivos: sua pele não é de pedra ou ferro
para aguentar o bronze corta-carne quando atacados.
Deveras, nem Aquiles, o filho de Tétis belas-tranças,
combate, mas digere raiva aflitiva junto às naus".
Falou, desde a urbe, o terrível deus, e aos aqueus
instigou a filha de Zeus, Tritoguêneia traz-butim,
indo pela multidão para onde visse defecções.
Daí a moira prendeu Diores, filho de Amarinceu:
foi atingido na canela por uma pedra pontuda,
na panturrilha direita; lançara-a o líder dos trácios,
Piroo, filho de Ímbraso, que viera de Eno.
A pedra insolente aos dois tendões e ao osso
esmagou de todo; de costas, na poeira ele tombou
e estendeu os dois braços aos caros companheiros,
exalando sua vida. Quem o atingiu, Piroo, correu até ele,
e trespassou-o com a lança no umbigo. Todas
as tripas caíram no chão, e negror encobriu seus olhos.
Quando voltava, o etólio Toas o atingiu com a lança
no peito, acima do mamilo, e o bronze entrou no pulmão.
Toas achegou-se dele, arrancou-lhe a ponderosa lança
do peito e puxou sua espada cortante:

golpeou-o no meio do ventre e privou-o da vida.
Não despiu as armas; em volta puseram-se os companheiros
trácios coque-alto, com longas lanças nas mãos,
e, embora Toas fosse grande, altivo e ilustre,
repeliram-no; ele recuou, abalado.
Assim os dois, no pó, estendiam-se, um junto ao outro,
o líder dos trácios e o dos epeus couraça-brônzea;
também muitos outros jaziam em volta, mortos.
Então um varão não poderia mais ter depreciado a ação ao chegar,
quem, ainda não atingido e ferido por bronze afiado,
circulasse pelo meio, e a ele guiasse Palas Atena,
após o pegar pela mão, e dele afastasse o ímpeto dos projéteis:
muitos troianos e aqueus, naquele dia,
de bruços no pó, estendiam-se uns junto aos outros.

5

Então Palas Atena a Diomedes, filho de Tideu,
conferiu ímpeto e audácia para que sobressaísse
entre todos os argivos e adquirisse distinta fama.
Acendeu-lhe fogo incansável no elmo e no escudo
como o astro no fim do verão, o que sobremodo
reluz, fúlgido, ao banhar-se no Oceano:
tal era o fogo que fez vir de sua cabeça e ombros,
e o impeliu para o meio, onde a maioria se alvoroçava.
Entre os troianos havia um Dares, rico e impecável,
sacerdote de Hefesto, e ele tinha dois filhos,
Fegeu e Ideu, versados em todo tipo de combate.
Separados do resto, arremeteram contra Diomedes:
aqueles atacaram com o carro, este, a pé no chão.
Quando estavam próximos em ataque mútuo,
Fegeu arremessou primeiro a lança sombra-longa:
sobre o ombro esquerdo do Tidida passou a ponta
da lança, e não o atingiu. Com o bronze arremeteu
o Tidida: em vão seu projétil não escapou da mão,
atingiu-o no peito entre os mamilos e apeou-o do carro.
Ideu pulou, deixando o belíssimo carro,

e não ousou postar-se diante do irmão abatido;
não, ele não teria escapado da negra morte,
mas Hefesto o protegeu, encobrindo-o com a noite,
para que o ancião não se atormentasse de todo.
Os cavalos, o filho do animoso Tideu puxou para fora
e os deu a companheiros para serem levados às naus.
Quando os animosos troianos viram os filhos de Dares,
um que escapou, o outro, abatido junto ao carro,
o ânimo de todos se agitou. Atena olhos-de-coruja
pegou o impetuoso Ares pela mão e disse:
"Ares, Ares destrói-gente, sujo de sangue, contra-muralha,
e se deixássemos os troianos e os aqueus
combater para ver a qual dos dois Zeus daria glória?
Que nós recuemos e evitemos a cólera de Zeus".
Falou e afastou do combate o impetuoso Ares.
Fê-lo sentar nas margens do Escamandro.
Os dânaos vergaram os troianos, e cada comandante
pegou um varão. Primeiro o senhor de varões, Agamêmnon,
derrubou do carro o grande Naestrada, líder dos halizonas.
Quando este se virou, o Atrida lhe meteu uma lança nas costas,
entre os ombros, e impeliu-a através do peito.
Com estrondo caiu, e suas armas retiniram.
Idomeneu matou Festo, o filho do meônio
Boro, ele que viera de Tarne grandes-glebas.
Idomeneu, famoso na grande lança, a ele,
quando subia no carro, feriu no ombro direito;
Festo tombou do carro e o odioso negror o pegou.
Eis que os assistentes de Idomeneu o pilharam.
O filho de Estrófio, Escamândrio bom-de-caça,
o Atrida Menelau pegou com a lança afiada,

a ele, o distinto caçador, a quem a própria Ártemis ensinara
atirar em todo animal que o bosque nutre na montanha.
Dessa vez, porém, não o ajudou Ártemis verte-setas
nem a pontaria na qual se destacara no passado.
Não, nele o Atrida Menelau, famoso na lança,
nas costas cravou a lança quando ele tentava fugir,
entre os ombros, e impeliu-a através do peito.
Caiu de frente, e as armas retiniram em volta dele.
Meríones abateu Féreclo, filho de Carpinteiro,
filho de Encaixador; ele sabia, com as mãos, artefatos
de todo tipo fazer, pois era caro demais a Palas Atena:
para Alexandre, construíra as naus simétricas,
origem-do-mal, malefício para todos os troianos
e ao próprio, ignorante dos decretos dos deuses.
Perseguindo-o, Meríones o alcançou
e acertou sua nádega direita: a ponta
trespassou toda a bexiga e saiu embaixo do osso.
Caiu de joelhos com um gemido, e a morte o encobriu.
Meges matou Pedeu, um filho de Antenor,
bastardo, a quem a nobre Teanó criara com atenção
como a seus caros filhos, agradando ao marido.
Achegando-se, o Filida, famoso na lança,
atingiu-o na cabeça com a afiada lança, na nuca.
O bronze cruzou os dentes, cortando sob a língua;
Pedeu tombou no pó e abocanhou o bronze frio.
Eurípilo, o Euemônida, ao nobre Hipsenor,
filho do autoconfiante Dolopíon, que do Escamandro
era sacerdote e, como um deus, honrado na região:
Eurípilo, o radiante filho de Euêmon, a ele,
em fuga, golpeou no ombro, correndo atrás,

investindo com a espada, e decepou seu braço pesado.
Sangrando, o braço caiu no chão; de seus olhos
se apossou a morte sangrenta, a poderosa moira.
Assim eles pugnavam na batalha brutal;
mas não saberias entre quem estava o Tidida,
se ele se juntava aos troianos ou aos aqueus.
Tempestuava pela planície como rio cheio,
enxurrada invernal, que jorra veloz e rompe diques:
eis que nem os diques compactos o seguram
nem os muros dos jardins viçosos o contêm,
vindo de chofre quando a chuva de Zeus cai potente;
muitas lavouras belas dos jovens se vão sob sua força.
Assim Diomedes desbaratava as falanges cerradas
de troianos, e não o continham, embora numerosas.
Quando o radiante filho de Licáon o percebeu
tempestuando na planície e desbaratando as falanges,
de pronto esticou o arco recurvo contra o Tidida,
atirou contra ele e acertou-lhe a espádua direita
na placa da couraça; a flecha afiada voou
e certeira a cruzou, e a couraça salpicou-se de sangue.
Contra ele, gritou alto o radiante filho de Licáon:
"Mexei-vos, animosos troianos, aguilhoadores de cavalos;
o melhor dos aqueus está ferido, e afirmo que ele não
aguentará o projétil brutal muito tempo, se em verdade
o senhor filho de Zeus me impeliu quando da Lícia saí".
Assim proclamou, mas o projétil veloz não subjugou Diomedes,
que, recuando para a frente dos cavalos e carros,
postou-se e disse a Estênelo, filho de Capaneu:
"Mexe-te, bom filho de Capaneu, desce do carro
para retirar a flecha afiada de meu ombro".

Falou, e Estênelo saltou do carro ao chão
e, de pé ao lado, retirou-lhe o projétil veloz do ombro;
sangue disparou através da túnica trançada.
Então fez uma prece Diomedes bom-no-grito:
"Ouve-me, rebento de Zeus porta-égide, Atritone.
Se um dia também te puseste, benévola, junto a meu pai
na guerra hostil, então agora me queiras bem, Atena.
Que a pressão de minha lança pegue o varão
que me surpreendeu com seu tiro e se vangloria
que não por muito tempo verei a fúlgida luz do sol".
Falou, rezando, e Palas Atena o ouviu.
Tornou lestos seus membros, os pés e as mãos,
e, postada perto, dirigiu-lhe palavras plumadas:
"Com coragem agora, Diomedes, combate troianos.
Em teu peito pus o ímpeto de teu pai, tão intrépido
como o que tinha o cavaleiro Tideu brande-escudo.
Tirei a neblina de teus olhos, a que antes estava aí,
para distinguires bem entre um deus e um varão.
Assim, se um deus vier aqui e te testar,
que não pelejes de frente com os imortais,
salvo com a filha de Zeus, Afrodite:
se vier à batalha, atinja-a com bronze agudo".
Após falar assim, partiu Atena olhos-de-coruja,
e o Tidida de volta juntou-se aos da vanguarda.
Também antes ansiava combater troianos,
mas agora com três vezes mais ímpeto, tal leão
que pastor no campo, junto a ovelhas lanosas,
fere mas não abate quando salta o muro do pátio:
anima o vigor do leão e depois não ajuda o rebanho,
mas imerge no paradouro e evita lugares vazios;

as ovelhas caem umas sobre as outras, empilhadas,
e o leão, ávido, salta do fundo do pátio –
assim o forte Diomedes, ávido, juntou-se aos troianos.
Daí agarrou Astínoo e Hipíron, pastor de tropa:
em um cravou a lança ponta-de-bronze acima do mamilo,
e ao outro, com a grande espada, golpeou na clavícula
junto ao ombro, e separou o ombro do pescoço e das costas.
Lá os deixou e voltou-se contra Abas e Poliído,
filhos de Euridamas, ancião intérprete de sonhos:
quando partiram, o ancião não analisou seus sonhos,
e matou-os o vigoroso Diomedes.
Foi atrás de Xanto e Tôon, os filhos de Fênops,
dois muito amados, e o pai, afligido por funesta velhice,
não iria gerar outro filho ao qual deixar seus bens.
Diomedes abateu os dois, da vida privou
a ambos e ao pai deixou lamento e agruras funestas,
pois não os recebeu, vivos, retornando da peleja;
parentes distantes dividirão seu patrimônio.
Daí pegou dois filhos do Dardânida Príamo,
ambos em um único carro, Equémon e Crômio.
Tal o leão que salta entre bois, quebra o pescoço
de uma vaca ou bezerro que pastam no bosque,
assim o filho de Tideu a ambos arremessou do carro,
duro, contra a vontade deles, e pilhou suas armas;
deu os cavalos a companheiros para os levarem às naus.
Eneias o viu aniquilando as fileiras de varões
e, passando pela batalha e o tumulto de lanceiros,
foi em busca do excelso Pândaro, esperando achá-lo.
Encontrou o impecável e forte filho de Licáon,
pôs-se diante dele e dirigiu-lhe direto a palavra:

“Onde estão, Pândaro, teu arco e flechas plumadas,
tua fama? Nisso nenhum varão, aqui, se mede contigo,
nem na Lícia alguém proclama ser-te superior.
Eia, ergue os braços a Zeus e dispara uma flecha àquele varão,
a ele que aqui domina e já fez muito mal
aos troianos, soltando os joelhos de muitos bons;
isso se não for um deus com rancor aos troianos,
com raiva por sacrifícios: a cólera de um deus é dura”.
O filho radiante de Licáon retrucou:
“Eneias, comandante de troianos couraça-brônzea,
eu, em tudo, assemelho-o ao aguerrido Tidida,
reconhecendo-o pelo escudo e pelo elmo com aberturas
e examinando os cavalos; certeza não tenho se é um deus.
Se é o varão que imagino, o aguerrido filho de Tideu,
longe de um deus não endoida assim; perto está
um dos imortais, ombros cobertos por nuvem,
que dele afastou a flecha veloz e certeira.
Sim, pois lhe dirigi um projétil e o atingi no ombro
direito, trespassando uma placa da couraça;
pensei que o havia enviado ao Hades,
todavia, não o subjuguei: algum deus é rancoroso.
Não estão aqui os cavalos e o carro no qual eu montaria;
no palácio de Licáon, porém, há uns onze carros
belos, recém-feitos, novos, e em volta panos
se espalham; junto a cada um, está postada
uma parelha de cavalos que comem cevada branca e espelta.
Deveras insistiu o ancião, o lanceiro Licáon,
quando parti da sólida casa, em lá me instruir
e pedir que, montado no carro com cavalos,
capitaneasse troianos em batalhas brutais.

Teria sido muito mais vantajoso, mas não obedeci,
querendo poupar os cavalos: temia faltar-lhes ração
com os varões sitiados, eles acostumados à fartura.
Assim os deixei, e vim a pé para Troia,
confiante no arco, que acabaria por não me valer.
Pois já alvejei dois excelentes,
o Tidida e o Atrida, e de ambos
fiz sangue correr de verdade – e os agucei ainda mais.
Por isso, com má sorte tirei o arco recurvo
do gancho no dia em que até a encantadora Ílion
comandei troianos, um favor ao nobre Heitor.
Se retornar e vir com meus olhos
minha pátria, a esposa e a enorme e alta casa,
logo depois um estranho pode me cortar a cabeça
caso eu não jogue esse arco no fogo luzente
após parti-lo com as mãos; a companhia dele é inútil".
A ele, por sua vez, disse direto Eneias, líder de troianos:
"Não fales assim; isso não será diferente
até nós dois, com cavalos e carro, contra esse varão
avançarmos, opondo força, e nos testarmos com armas.
Vamos, monta em meu carro e vejas
quão bons são os cavalos de Trôs, destros, na planície,
em perseguir e recuar, ligeiros, para todo lado.
Também nos salvarão rumo à cidade, se de novo
Zeus conceder glória ao Tidida Diomedes.
Vamos, pega o chicote e as rédeas lustrosas,
e descerei do carro para combater;
ou pega tu o homem, e me ocuparei dos cavalos".
O filho radiante de Licáon retrucou:
"Eneias, com as rédeas conduze teus cavalos;

com o auriga habitual, o curvo carro melhor
puxarão, se precisarmos fugir do filho de Tideu.
Que, temerosos, não travem e percam a vontade
de nos retirar do combate, saudosos de tua voz,
e assim arremeta contra nós o filho do animoso Tideu,
nos mate aos dois e leve os cavalos monocasco.
Mas tu mesmo dirige teu carro e cavalos,
e eu, com lança aguda, o receberei quando avançar".
Assim os dois falaram, subiram no carro ornado
e, sôfregos, guiaram os cavalos velozes contra o Tidida.
Quando os viu Estênelo, radiante filho de Capaneu,
presto palavras plumadas falou ao Tidida:
"Tidida Diomedes, alegria de meu ânimo,
vejo varões fortes, sôfregos por pelejar contigo,
cheios de vigor imenso; um, perito no arco,
é Pândaro, e proclama ser o filho de Licáon;
Eneias como filho do enérgico Anquises
proclama ter nascido, e sua mãe é Afrodite.
Vamos, recuemos sobre o carro, não me tempestue
assim na linha de frente para não perderes teu coração".
Olhando de baixo, disse-lhe o forte Diomedes:
"Não fales de recuo pois não creio que me persuadirás;
não é da minha estirpe escapar do combate
nem me encolher; meu ímpeto ainda é firme.
Repugna-me subir no carro; como estou
irei contra eles: Palas Atena não me deixa ter medo.
A esses dois os cavalos velozes de volta não levarão,
a ambos, para longe de nós, ainda que fuja um.
Outra coisa te direi, e em teu juízo a lança:
se Atena muito-plano me conceder glória

e eu matar os dois, amarra esses dois cavalos velozes
aqui, atando as rédeas no parapeito do carro.
Mentalizando, investe contra os cavalos de Eneias
e afasta-os dos troianos rumo aos aqueus de belas grevas.
São da raça que Zeus ampla-visão deu
a Trôs, compensação pelo filho Ganimedes,
os melhores cavalos que há sob a aurora e o sol.
Dessa raça roubou Anquises, senhor de varões,
acasalando fêmeas sem Laomédon saber.
Dessas nasceram-lhe seis em sua casa;
com quatro ele mesmo ficou e criou no cocho;
dois deu a Eneias, mestres em rotas de fuga.
Se pegássemos os dois, granjearíamos distinta fama".
Assim falavam dessas coisas entre si,
e presto os outros chegaram com os cavalos velozes.
Primeiro falou a Diomedes o radiante filho de Licáon:
"Destemido, aguerrido filho do ilustre Tideu,
sim, o projétil veloz, a flecha aguda, não te subjugou;
agora te testarei com a lança, esperando te acertar".
Falou e arremessou a lança sombra-longa após brandi-la,
e atingiu o Tidida no escudo: a ponta brônzea
o cruzou, voando, e se achegou da couraça.
Contra ele gritou alto o radiante filho de Licáon:
"Foste ferido no flanco de ponta a ponta; não creio
que aguentarás muito: tu me encheste de triunfo!".
Impávido, disse-lhe o forte Diomedes:
"Erraste e não acertaste; não creio que vós, os dois,
ireis parar antes que um, pelo menos, tombe
e Ares porta-escudo, o guerreiro, se sacie de sangue".
Falou e lançou o projétil; Palas Atena guiou-o

ao nariz junto do olho, e perfurou os dentes brancos.
O duro bronze cortou sua língua junto à raiz,
e a ponta saiu pela parte mais baixa do queixo.
Pândaro caiu do carro, as armas retiniram em volta dele,
ultracintiliantes, e os cavalos se esquivaram,
os velocípedes: lá sua alma e ímpeto se soltaram.
Eneias saltou com o escudo e a grande lança,
temeroso que os aqueus lhe tomassem o cadáver.
Movia-se em volta tal leão que confia na bravura,
segurando a lança e o escudo simétrico,
sôfrego por matar quem quer que o encarasse,
com rugido horrífico. Com a mão, o Tidida pegou uma
pedra – grande feito, pois não a levariam dois varões
como os mortais de hoje: mesmo sozinho, brandiu-a fácil.
Acertou-a no quadril de Eneias, onde o osso da coxa
gira no quadril, região que chamam de "caneca".
Amassou sua caneca e rompeu seus dois tendões;
e a pedra áspera arrancou a pele. Eis que o herói,
ereto e apoiado nos joelhos, pôs a mão encorpada
no solo; a noite negra encobriu seus olhos.
Lá Eneias, o senhor de varões, teria morrido
se não tivesse pensado rápido a filha de Zeus, Afrodite,
sua mãe, que o pariu de Anquises, pastor de gado.
Em volta de seu caro filho, lançou os alvos braços
e o encobriu com as dobras do peplo brilhante,
bastião contra projéteis: que nenhum dânao potro-veloz
lançasse bronze em seu peito e tirasse sua vida.
Escamoteou seu caro filho para longe da batalha;
e o filho de Capaneu não esqueceu do acordo
que lhe impusera Diomedes bom-no-grito:

conteve os próprios cavalos monocasco
longe do fragor da luta, amarrou as rédeas no parapeito,
lançou-se atrás dos cavalos de bela pelagem de Eneias,
levou-os dos troianos aos aqueus de belas grevas
e deu-os ao caro companheiro Deípilo (a ninguém
honrava mais entre seus coetâneos, pois pensavam igual)
a fim de que os levasse às cavas naus. Ele próprio
subiu em seu carro, pegou as rédeas lustrosas
e presto dirigiu os cavalos casco-forte rumo ao Tidida,
sôfrego. Esse perseguia Cípris com o bronze impiedoso,
reconhecendo que era uma deusa imbele, não uma
das deusas que dominam a guerra entre os varões,
nem Atena nem Enió arrasa-urbe.
Ao alcançá-la, acossando-a na imensa multidão,
o filho do animoso Tideu se esticou contra ela,
saltou e a feriu, com a lança afiada, na borda da mão
delicada: de imediato a lança furou sua pele
através do peplo imortal, que as Graças lhe fizeram –
na palma junto ao pulso. Corria sangue imortal da deusa,
icor, o tipo que flui dos deuses ditosos:
não comem pão nem bebem vinho fulgente,
por isso não têm sangue e são chamados imortais.
Afrodite gritou alto e deixou seu filho cair;
a ele protegeu numa nuvem escura, com os braços,
Febo Apolo, para nenhum dânao potro-veloz
lançar bronze em seu peito e tirar sua vida.
Contra ela bradou alto Diomedes bom-no-grito:
“Filha de Zeus, afasta-te da batalha, da refrega;
não te basta iludir as mulheres imbeles?
Se frequentares a guerra, por certo creio

que a temerás, mesmo que só ouvires falar dela, e de longe".
Falou, e ela, fora de si, partiu com dores horríveis.
Íris pés-de-vento a pegou e retirou da multidão,
atormentada pelo suplício, a bela pele escurecida.
Topou, no lado esquerdo da batalha, o impetuoso Ares,
sentado, a lança e os velozes cavalos escorados na névoa.
Ereta e apoiada nos joelhos, ao caro irmão com ardor
suplicou, pedindo seus cavalos testeira-dourada:
"Caro irmão, leva-me, dá-me teus cavalos
para eu chegar ao Olimpo, a sede dos deuses.
A ferida dói demais, a que varão mortal produziu,
o Tidida, que agora pelejaria também com Zeus pai".
Falou, e Ares deu-lhe os cavalos testeira-dourada.
Subiu no carro, atormentada no caro coração,
e Íris subiu ao lado e as rédeas pegou com as mãos;
chicoteou os cavalos, e eles de bom grado voaram.
Ligeiro chegaram à sede dos deuses, o escarpado Olimpo,
onde a pés-de-vento, a veloz Íris, parou os cavalos,
soltou-os do carro e lançou-lhes ração divina.
Afrodite caiu nos joelhos de sua mãe,
Dione, que acolheu a filha em seu colo,
com a mão a acariciou, dirigiu-se-lhe e nomeou-a:
"Que Celeste leviano fez isso contigo, minha filha,
como se às claras tivesses feito algo danoso?".
Então respondeu-lhe Afrodite ama-sorriso:
"O filho de Tideu, o autoconfiante Diomedes, me feriu
porque tentei retirar meu caro filho da batalha,
Eneias, que me é, de longe, o mais caro de todos.
O prélio terrível não é mais entre troianos e aqueus,
mas os dânaos já estão pelejando com imortais".

Então respondeu-lhe Dione, divina deusa:
"Suporta, minha filha, e aguenta, embora aflita;
já suportamos, muitos de nós que temos casas olímpias,
dano dos varões, ao nos infligirmos sofrimento uns aos outros.
Ares suportou-o quando Oto e o brutal Efialtes,
filhos de Aloeu, o prenderam em laço forte;
ficou amarrado em barril de bronze por treze meses.
Lá teria perecido Ares, insaciável de combate,
se a belíssima Eriboia, a madrasta deles,
não tivesse avisado Hermes, que surrupiou Ares,
já torturado, pois o duro laço o subjugara.
Hera suportou-o quando o filho brutal de Anfitríon
atingiu-a no seio direito com flecha de três pontas;
também ela passou por sofrimento implacável.
Entre esses, Hades, o portentoso, suportou a flecha
quando o mesmo varão, filho de Zeus porta-égide,
atingiu-o em Pilos entre os mortos e entregou-o a dores.
Rumou ao grande Olimpo, à morada de Zeus,
aflito no coração, trespassado por dores, pois a flecha
penetrara no ombro robusto e abatia seu ânimo.
Peã aplicou-lhe poções analgésicas
e o curou; sua constituição não era a de um mortal.
Fero e violento, Héracles não hesitava em prejudicar
e, com o arco, afligia os deuses que ocupam o Olimpo.
Contra ti, quem incitou aquele foi Palas Atena;
tolo, não sabe disto, no juízo, o filho de Tideu:
não vive muito quem peleja com imortais;
não volta da guerra e da refrega terrível
para os filhos chamarem-no pai em seus joelhos.
Assim agora, ainda que seja bem forte, que o Tidida

cuide que alguém superior a ti não peleje com ele.
Que Egaleia, a bem-ajuizada filha de Adrasto, não
desperte a casa toda com gemidos por longo tempo,
saudosa do jovem marido, o melhor dos aqueus –
a altiva esposa de Diomedes doma-cavalo".
Falou e limpou o icor da mão com ambas as palmas;
a mão sarou, e as dores profundas mitigaram-se.
Atena e Hera, por sua vez, vendo isso,
com palavras assanhadas provocaram Zeus Cronida;
entre eles começou a falar a deusa, Atena olhos-de-coruja:
"Zeus pai, ficarás furioso pelo que vou dizer?
Creio que Cípris, incitando uma mulher aqueia
a seguir os troianos, que agora ama demais,
acariciando uma aqueia belo-peplo,
arranhou a mão fina em fivela de ouro".
Falou, e sorriu o pai de varões e deuses;
chamou a dourada Afrodite e lhe disse:
"Não te foram dados feitos bélicos, minha filha;
tu, porém, vai atrás dos adoráveis feitos nupciais,
pois o veloz Ares e Atena daqueles se ocupam".
Assim falavam dessas coisas entre si,
e Diomedes bom-no-grito arremeteu contra Eneias,
embora percebendo que Apolo lhe estendia a mão.
Mas nem ao grande deus foi deferente e continuou
querendo matar Eneias e tirar suas armas gloriosas.
Três vezes investiu com gana de matá-lo,
três vezes Apolo o repeliu com o escudo brilhante.
Quando na quarta arremeteu, feito divindade,
berrando terrivelmente, disse-lhe Apolo age-de-longe:
"Atenção, Tidida, sê deferente e como um deus

não queiras raciocinar, pois não são da mesma raça
os deuses imortais e os homens que andam no chão".
Falou, e o Tidida foi deferente e recuou um pouco,
evitando a cólera de Apolo alveja-de-longe.
Apolo depositou Eneias distante da multidão
no sacro Pérgamo, onde lhe fizeram um templo;
a Eneias, por sua vez, Leto e Ártemis verte-setas
curaram e glorificaram no grande santuário interno.
Eis que Apolo arco-de-prata fez um espectro
parecido com Eneias, incluindo armas iguais.
Em torno do espectro, troianos e divinos aqueus
rompiam, mutuamente, seus escudos de couro,
os com belos aros e os mais leves, oblongos.
Então Febo Apolo dirigiu-se ao impetuoso Ares:
"Ares, Ares destrói-gente, sujo de sangue, contra-muralha,
e se fosses até esse homem e o afastasses do combate,
o Tidida, que agora pelejaria também com Zeus pai?
Primeiro feriu Cípris perto da mão, no pulso,
e depois contra mim arremeteu, feito divindade".
Tendo falado, sentou-se no topo do Pérgamo,
e o destrutivo Ares foi às fileiras troianas e as instigou,
assemelhado ao veloz Acamas, líder dos trácios.
Impeliu os filhos de Príamo, os criados por Zeus:
"Filhos de Príamo, rei criado-por-Zeus,
até quando permitireis que os aqueus matem a tropa?
Até que pelejem em volta dos portões bem-construídos?
Jaz morto o varão que honrávamos como ao divino Heitor,
Eneias, o filho do enérgico Anquises.
Pois salvemos o nobre companheiro do fragor da luta".
Isso disse e instigou o ímpeto e o ânimo de cada um.

Então Sarpédon ralhou feio com o divino Heitor:
"Heitor, para onde foi o ímpeto que antes possuías?
Dizias que, sem exército e aliados, defenderias a urbe
sozinho, com teus cunhados e teus irmãos;
nenhum deles, agora, sou capaz de ver nem perceber,
mas estão encolhidos, tal cães em volta de um leão;
nós pelejamos, os que estamos aqui como aliados.
Também eu, como aliado, vim de muito longe,
pois longe é a Lícia junto ao voraginoso Xanto.
Lá deixei a cara esposa, o filho pequeno
e muitas posses, que almeja quem não as tem.
Assim mesmo instigo os lícios e tenho gana
de pelejar com um varão, e nada tenho aqui comigo
que eles poderiam carregar ou levar, os aqueus;
tu estás parado e nem mandas às outras
tropas resistir e lutar para defender as esposas.
Que vós, como quem cai na malha de rede que tudo pega,
não vos torneis presa e butim de varões inimigos;
ligeiro aniquilarão vossa cidade boa de morar.
Tudo isto deveria te ocupar, de noite e de dia,
suplicar aos líderes dos aliados fama-ao-longe
que resistam sem cessar: afastarias a dura crítica".
Falou Sarpédon, e o discurso mordeu o juízo de Heitor.
De pronto saltou do carro com as armas,
e, brandindo as lanças agudas, percorreu o exército,
incitando os homens a pelejar, e despertou o prélio terrível.
Eles se viraram e encararam os aqueus;
os argivos ficaram firmes, compactos, e não fugiram.
Como o vento leva o joio pela eira sagrada
dos varões a joeirar, quando a loira Deméter

separa o cereal do joio sob ventos impulsores,
e o debulho embranquece no solo, assim os aqueus
embrancavam da poeira que assentava, que as patas
dos cavalos levantavam rumo ao brônzeo céu
ao de novo se chocarem; os aurigas volviam os carros.
Avançavam o ardor dos braços, e o impetuoso Ares
ocultou a luta e protegeu os troianos com a noite,
indo para todo lado, e realizou as ordens
de Febo Apolo espada-de-ouro, que lhe impusera
animar o ânimo dos troianos quando viu Palas Atena
partir, pois era a protetora dos dânaos.
Apolo retirou Eneias do riquíssimo santuário
e lançou ímpeto no peito do pastor de tropa.
Eneias se juntou aos companheiros; alegraram-se
quando o viram vivo, caminhando ileso
com seu nobre ímpeto, e nada indagaram.
Não o permitia a outra pugna, animada por Arco-de-Prata,
Ares destrói-gente e Briga, a sôfrega incansável.
Os dois Ájax, Odisseu e Diomedes, instigavam
os dânaos a combater; também eles mesmos
não temeram a força e a investida dos troianos,
mas resistiram como as nuvens que durante a calmaria
o Cronida finca sobre os cumes dos montes,
imóveis, ao dormir o ímpeto de Bóreas e o dos outros
ventos tempestuosos, que dispersam nuvens umbrosas
quando eles sopram suas lufadas sibilantes –
assim os dânaos, firmes, resistiam aos troianos sem fugir.
O Atrida zanzava pela multidão, exortando-os direto:
"Amigos, sede varões, escolhei um bravo coração
e tende vergonha uns dos outros nas batalhas brutais.

Ao se envergonharem, há mais varões salvos que mortos;
ao fugirem, nem fama nem bravura alteiam".
Falou, rápido lançou a lança e atingiu um varão na vanguarda,
o companheiro do animoso Eneias, Deicôon,
o Pergasida, que os troianos honravam como aos filhos
de Príamo, pois era veloz ao combater na vanguarda.
O poderoso Agamêmnon atingiu seu escudo com a lança;
Deicôon não afastou a lança, o bronze o varou
e foi impelido contra o baixo-ventre através do cinto.
Com estrondo caiu, e retiniu sua armadura.
Então Eneias pegou os melhores varões dos dânaos,
Créton e Orsíloco, filhos de Díocles,
que morava na bem-construída Feras,
rico em recursos, com um rio como ascendente,
Alfeu, que, largo, flui pela terra dos pílios:
esse gerou Orsíloco como senhor de muitos varões,
Orsíloco gerou o animoso Díocles,
e de Díocles nasceram os filhos gêmeos,
Créton e Orsíloco, versados em todo tipo de combate.
No ápice da juventude, os dois, sobre negras naus,
seguiram os argivos até Ílion belos-potros,
tentando garantir a honra do Atrida Agamêmnon
e a de Menelau: lá cobriu aos dois o fim que é a morte.
Feito dois leões que nos picos dos montes
foram criados pela mãe na parte mais densa do bosque:
os dois capturam bois e robustas ovelhas,
devastando paradouros de homens, até eles próprios
serem mortos por afiado bronze nas mãos de varões –
assim os dois foram subjgados pelas mãos de Eneias
e tombaram feito abetos altaneiros.

Dos dois, ao caírem, se apiedou Menelau caro-a-Ares
e cruzou a linha de frente, armado com fúlgido bronze,
brandindo a lança: o ímpeto de Ares a ele instigava,
pensando que as mãos de Eneias o subjugariam.
Quando Antíloco o viu, o filho do animoso Nestor,
cruzou a linha de frente, temendo que ao pastor de tropa
algo ocorresse que os tirasse de todo da pugna.
Os dois já tinham mãos e lanças afiadas
na direção um do outro, sôfregos por pelejar,
e Antíloco se pôs bem perto do pastor de tropa.
Mesmo sendo guerreiro veloz, Eneias não resistiu
ao ver os dois heróis, firmes, um ao lado do outro.
Daí os dois levaram os mortos ao meio da tropa aqueia,
lançaram esses miseráveis nas mãos dos companheiros
e voltaram para combater na linha de frente.
Então pegaram Pilémenes, que era feito Ares,
líder dos paflagônios, combatentes animosos.
Estava parado, e o Atrida, Menelau famoso-na-lança,
furou-o com a lança após atingi-lo na clavícula.
Antíloco acertou Mídon, seu auriga e assistente,
o nobre filho de Atímnio, que volvia seus cavalos,
e a pedra acertou seu cotovelo em cheio: das mãos
as brancas rédeas com marfim ao solo tombaram no pó.
Antíloco avançou e meteu a espada em sua testa,
e ele, resfolegando, caiu de ponta-cabeça
do carro bem-feito, a fronte e os ombros na poeira.
Muito tempo assim ficou, pois acertou um areal fundo,
até os cavalos o acertarem e lançarem-no ao chão no pó;
Antíloco chicoteava os animais, guiando-os à tropa aqueia.
Heitor, olhar agudo, viu-os nas fileiras e arremeteu

com um grito; seguiram-no as falanges de troianos,
vigorosas, lideradas por Ares e a senhora Enió:
ela trazia Algazarra, insolente na refrega,
e Ares movia, na palma da mão, a lança portentosa
e perambulava ora na frente, ora atrás de Heitor.
Ao vê-los, tremeu Diomedes bom-no-grito.
Tal o varão que vai por vasta planície e, perplexo,
para diante de um rio flui-veloz que segue ao mar,
vendo como jorra com espuma, e volta para trás,
assim o Tidida recuou e disse a sua tropa:
"Amigos, como admirávamos o divino Heitor
por ser um lanceiro e audacioso guerreiro;
com ele há sempre ao menos um deus que afasta o flagelo,
e agora lá está ele, Ares, na forma de um varão mortal.
Vamos, recuai, encarando os troianos,
e que não tenhamos gana de combater deuses na força".
Falou, e os troianos chegaram bem perto deles.
Então Heitor matou dois homens peritos em guerra,
ambos em um único carro, Menestes e Anquíalo.
Dos dois, ao caírem, se apiedou o grande Ájax Telamônio,
postou-se bem perto, atirou a lança brilhante
e atingiu Anfio, filho de Sélago, que em Peso morava,
rico em bens, rico em campos tritícolas; a moira, porém,
levou-o para ser aliado de Príamo e seus filhos.
Eis que Ájax Telamônio atingiu-o no cinto:
no baixo-ventre ficou cravada a lança sombra-longa,
e com estrondo ele caiu. O ilustre Ájax correu
para pilhar suas armas, e os troianos fizeram chover lanças
agudas, ultracintilantes; o escudo pegou muitas.
Usando o pé, puxou a lança brônzea do cadáver

mas não foi mais capaz de lhe tirar dos ombros
as belas armas, pressionado que era pelos projéteis.
Temia a defesa vigorosa dos honrados troianos,
que, muitos e valorosos, confrontaram-no com lanças
e, embora fosse grande, altivo e ilustre,
afastaram-no de si; ele recuou, abalado.
Assim eles pugnavam na batalha brutal.
A Tlepólemo, o Heráclida, bravo e grande,
a poderosa moira instigou contra o excelso Sarpédon.
Quando estavam próximos, indo um contra o outro,
o filho e o neto de Zeus junta-nuvens,
primeiro Tlepólemo a Sarpédon o discurso enunciou:
"Sarpédon, conselheiro dos lícios, o que te faz
te encolher aqui, macho inexperto no combate?
Engana-se quem diz seres rebento de Zeus porta-égide,
pois ficas muito atrás daqueles varões, os que
nasceram de Zeus no tempo dos homens de antanho.
Mas que homem dizem ter sido a força de Héracles,
meu pai espírito-ousado, ânimo-leonino,
que um dia veio aqui pelos cavalos de Laomédon
com apenas seis naus e tropa menor
e aniquilou a cidade de Troia e enviuvou suas ruas.
Teu ânimo, porém, é covarde, e tuas tropas perecerão.
De forma alguma penso que defenderás os troianos,
vindo da Lícia, mesmo se és muito forte;
subjugado por mim, cruzarás os portões de Hades".
Sarpédon, o líder dos lícios, disse direto a ele:
"Tlepólemo, sim, aquele destruiu a sacra Ílion
por causa da insensatez de um varão, o ilustre Laomédon,
que atacou quem lhe fez bem com um discurso vil

e não lhe deu os cavalos pelos quais viera de longe.
Afirmo que aqui o negro finamento da morte para ti
será preparado por mim e, subjugado por minha lança,
darás triunfo a mim, e a alma, a Hades potros-famosos".
Falou Sarpédon, e Tlepólemo ergueu
a lança de freixo. As grandes lanças de ambos
voaram de suas mãos: Sarpédon acertou-o no meio
do pescoço, a ponta o atravessou, pungente,
e a noite tenebrosa desceu e encobriu seus olhos.
Tlepólemo, na coxa esquerda, com a grande lança
o atingira, e a ponta, sôfrega, transpassou-a,
roçando o osso, e o pai ainda o protegeu do flagelo.
Os divinos companheiros tiraram do combate
o excelso Sarpédon, e a grande lança o oprimia
ao ser arrastado: isto ninguém pensou nem vislumbrou,
tirar a grande lança da coxa para ele caminhar;
apressados, esfalfavam-se, cuidando dele.
Para o outro lado, os aqueus de belas grevas a Tlepólemo
retiraram do combate; percebeu-o o divino Odisseu,
com ânimo audacioso, e seu caro coração ofegava.
Então cogitou no juízo e no ânimo
se perseguiria o filho do ressoante Zeus
ou tiraria a vida de um número maior de lícios.
Não estava destinado ao enérgico Odisseu
matar o filho altivo de Zeus com bronze aguçado,
e Palas Atena volteou seu ânimo à multidão de lícios.
Então ele pegou Chefe, Odioso e Trovejador,
Valente, Marinho, Ponderado e Líder.
O divino Odisseu teria ainda matado mais lícios
se o grande Heitor elmo-fulgente não pensasse rápido.

Cruzou a linha de frente, armado com fúlgido bronze,
e levou terror aos dânaos: com sua vinda, alegrou-se
Sarpédon, o filho de Zeus, e disse palavra lamentosa:
"Priamida, não me deixes jazer como presa aos dânaos:
defende-me; depois, que minha seiva se vá
na vossa cidade, pois não creio que deverei
retornar a casa, à cara terra pátria,
e alegrar a cara esposa e o filho pequeno".
Isso disse; Heitor elmo-fulgente não se dirigiu a ele,
mas disparou, ávido, para o mais rápido possível
empurrar os argivos e arrancar o ânimo de muitos.
Os divinos companheiros puseram o excelso Sarpédon
sob o belíssimo carvalho de Zeus porta-égide;
de sua coxa retirou a lança de freixo
o altivo Pélagon, seu amigo e companheiro.
A consciência o deixou e pelos olhos verteu-se escuridão;
e retornou o alento, e em volta o sopro de Bóreas
o reviveu, mesmo com o ânimo extenuado.
Os argivos, sob a ação de Ares e Heitor elmo-brônzeo,
nem se voltavam, em fuga, rumo às negras naus,
nem resistiam lutando, mas para trás recuavam
ao perceberem Ares entre os troianos.
Então a quem primeiro, a quem por último mataram
Heitor, filho de Príamo, e o brônzeo Ares?
Ao excelso Teutras e depois a Orestes açoita-cavalo,
ao lanceiro Treco, etólio, e a Oinomau,
a Heleno, filho de Óinops, e a Orésbio cinturão-luzente,
que, muito focado na riqueza, morava em Hile,
às margens do lago Cefísio; junto dele, outros
beócios moravam e possuíam região muito fértil.

Quando a deusa, Hera alvos-braços, percebeu
os argivos morrendo na refrega brutal,
de pronto a Atena dirigiu palavras plumadas:
“Incrível, rebento de Zeus porta-égide, Atritone,
deveras em vão fizemos a jura a Menelau
de que retornaria após assolar a fortificada Ílion
se permitirmos que o destrutivo Ares endoide assim.
Vamos, também nos ocupe a impetuosa bravura”.
Falou, e não a ignorou a deusa, Atena olhos-de-coruja.
Hera pôs-se a preparar os cavalos testeira-dourada,
a deusa mais honrada, filha do grande Crono.
Juventude presto prendeu no carro as curvas rodas
de bronze com oito raios, em volta do eixo de ferro:
sua coroa, de ouro, é imperecível, e sobre elas,
de bronze, os aros estão ajustados, assombro à visão;
os cubos são de prata, e revolvem nos dois lados.
O carro tem correias de ouro e prata
estendidas, e dois parapeitos correm em volta.
A ele se liga o varal de prata, e em sua ponta
ela atrelou o belo jugo dourado, no qual prendeu
os belos tirantes de ouro. Sob o jugo, Hera puxou
os cavalos velocípedes, sôfrega por briga e alarido.
Atena, a filha de Zeus porta-égide,
na soleira do pai deixou cair o peplo macio,
variegado, que ela mesma aprontara com as mãos;
vestiu a túnica de Zeus junta-nuvens
e equipou-se com as armas para a guerra lacrimosa.
Em volta dos ombros lançou a égide com franjas,
horrenda, circundada por Pânico,
bem como Briga, Bravura, a gelada Investida,

e a cabeça de monstro horrendo, a Górgona,
medonha, terrível, um prodígio de Zeus porta-égide.
Na cabeça pôs o elmo duas-placas e quatro-botões,
de ouro, enfeitado com soldados de cem cidades.
Subiu no carro flamejante, empunhando a lança
pesada, grande, robusta, com que subjuga filas de varões
heróis contra quem tem rancor, a de pai ponderoso.
Hera ligeiro fez o chicote tocar nos cavalos:
rangeram os autoimpelidos portões do céu, que as Estações
mantêm, às quais se delegou o grande céu e o Olimpo,
ora afastando densa nuvem, ora aproximando;
cruzou os portões, guiando os cavalos vergastados.
Toparam o Cronida ampla-visão sentado sem os outros
no mais alto pico do Olimpo muita-lomba;
lá freou os cavalos a deusa, Hera alvos-braços,
e, inquirindo Zeus, o Cronida supremo, disse:
"Zeus pai, não te indignam as infernais ações de Ares,
o tamanho e a qualidade da tropa aqueia que liquidou
à toa, não de forma adequada, para minha aflição?
Calmos, deleitam-se Cípris e Apolo arco-de-prata,
que atiçaram o insano que desconhece as normas.
Zeus pai, acaso terás raiva de mim se eu a Ares
escorraçar do combate a duros golpes?".
Respondendo, disse-lhe Zeus junta-nuvens:
"Vai, contra ele instiga Atena traz-butim,
a que mais costuma lhe infligir dores malignas".
Falou, não o ignorou a deusa, Hera alvos-braços,
que chicoteou os cavalos, e ambos de bom grado voaram
no espaço entre a terra e o céu estrelado.
Tão longe quanto um varão vê no horizonte enevoado

sentado na atalaia, olhando sobre o mar vinoso,
assim saltaram os cavalos zurro-brioso dos deuses.
Quando atingiram Troia e os dois rios fluentes,
para onde confluem as correntes do Simoeis e do Escamandro,
lá parou os cavalos a deusa, Hera alvos-braços,
soltou-os do carro e em volta fez verter muita neblina,
e o Simoeis lhes produziu ambrosia para pastarem.
As duas se locomoveram como pombas tímidas
ansiosas por defenderem os varões argivos.
Quando chegaram aonde a maioria e os melhores
estavam, em torno da força de Diomedes doma-cavalo
agrupados, assemelhados a leões devora-cru
ou javalis selvagens, de vigor nada fraco,
aí se pôs a deusa e gritou, Hera alvos-braços,
assemelhada ao enérgico Estentor voz-de-bronze,
que tão alto gritava como cinquenta outros:
"Vergonha, argivos! Infâmias vis, admirados pela beleza!
Enquanto o divino Aquiles participava do combate,
nunca os troianos avançavam além dos Portões Dardânios,
pois temiam sua lança ponderosa;
agora, longe da urbe, pelejam junto às cavas naus".
Isso disse e instigou o ímpeto e o ânimo de cada um.
Até Diomedes se lançou a deusa, Atena olhos-de-coruja;
encontrou o senhor junto aos cavalos e aos carros
refrescando a ferida causada pela flecha de Pândaro.
Suor molestava-o sob o largo cinturão do escudo
de belos aros; esse o incomodava e cansava o braço:
erguendo o cinturão, limpava o sangue enegrecido.
A deusa tocou no jugo dos cavalos e disse:
"Deveras pouco parece com Tideu o filho que gerou.

Tideu era pequeno de corpo, mas um guerreiro:
também quando não deixei que arremetesse
e combatesse ao rumar, separado dos aqueus,
a Tebas levando mensagem a muitos cadmeus –
ordenei-lhe que se banqueteasse tranquilo nos salões,
e, dono de ânimo brutal, assim como no passado,
desafiou os rapazes cadmeus e fácil venceu todas as provas;
tinha em mim uma auxiliar de qualidade.
Quanto a mim, estou a teu lado, vigilante,
e a sério te exorto a pelejar com troianos.
Fadiga encapelada, porém, entrou em teus membros
ou o medo abúlico te retém; então não és
o rebento de Tideu, o aguerrido filho de Oineu".
Respondendo, disse-lhe o forte Diomedes:
"Reconheço-te, deusa, filha de Zeus porta-égide;
por isso falarei a sério e nada esconderei.
Nem medo abúlico me retém nem hesitação,
mas ainda mentalizo as ordens que me deste:
não me deixaste pelejar de frente com os imortais,
com exceção da filha de Zeus, Afrodite:
viesse à batalha, que a atingisse com bronze agudo.
Por isso agora recuo e também aos outros
argivos impus que todos se agrupassem aqui,
pois reconheço que Ares domina a peleja".
Respondeu-lhe a deusa, Atena olhos-de-coruja:
"Tidida Diomedes, agradável a meu ânimo,
por causa disso não temas Ares nem outro
imortal; tens em mim uma auxiliar de qualidade.
Eia, contra Ares dirija logo os cavalos monocasco,
golpeie-o e não sejas deferente com o impetuoso Ares,

esse louco, essa completa desgraça, inconstante,
que não faz muito veio a mim e a Hera como que a dizer
que pelejaria troianos e acudiria argivos,
e agora reúne-se aos troianos e dos outros se esqueceu".
Falou e atirou Estênelo do carro rumo ao chão,
empurrando-o com a mão; aquele saltou sem demora.
Subiu no carro ao lado do divino Diomedes,
a deusa ávida, e alto rilhou o eixo de carvalho
com o peso, pois levava a deusa terrível e o melhor varão.
Palas Atena pegou o chicote e as rédeas;
de pronto dirigiu os cavalos monocasco contra Ares.
Esse tirava as armas do portentoso Perifas,
de longe o melhor dos etólios, o radiante filho de Oquésio:
Ares sujo-de-sangue o despia, e Atena
pôs o elmo de Hades para o ponderoso Ares não a ver.
Quando Ares destrói-gente viu o divino Diomedes,
deixou o portentoso Perifas lá mesmo
deitado onde o matara, privando-o de sua vida,
e foi direto contra Diomedes doma-cavalo.
Quando estavam próximos, indo um contra o outro,
Ares arremeteu primeiro, sobre o jugo e as rédeas,
com a lança brônzea, sôfrego por tirar-lhe a vida.
À lança pegou a deusa, Atena olhos-de-coruja,
e afastou-a para longe do carro, um disparo em vão.
Na sequência, Diomedes bom-no-grito atacou
com a lança de bronze, e Palas Atena pressionou-a
embaixo no flanco, por onde passava o cinturão.
Aí o acertou e feriu, rasgando sua bela pele,
e ela puxou a lança de volta. O brônzeo Ares berrou
tanto como nove ou dez mil varões vociferam

na batalha ao perfazer a briga de Ares.
Tremor tomou conta destes, aqueus e troianos,
temerosos: tão alto berrou Ares, insaciável de combate.
Tal bruma tenebrosa que se mostra através das nuvens
quando vento tempestuoso se anima no mormaço,
assim, para o Tidida Diomedes, o brônzeo Ares
se mostrou ao dirigir-se, com nuvens, ao amplo céu.
Presto foi ao assento dos deuses, o escarpado Olimpo,
e junto a Zeus Cronida sentou-se, angustiado no ânimo;
mostrou o sangue imortal escorrendo do ferimento
e, lamentando-se, dirigiu-lhe palavras plumadas:
"Zeus pai, não te indignas ao ver essas ações infernais?
Nós, deuses, aguentamos sempre o que há de mais frio,
uns por causa dos outros, ao favorecermos os homens.
Todos te combatemos pois geraste uma filha insana,
a nefasta, que sempre se ocupa de feitos perversos.
Todos os outros, tantos deuses quantos há no Olimpo,
a ti obedecem e cada um de nós se submete.
Àquela não confrontas nem com palavra nem com ação,
mas a liberas, pois geraste sozinho a filha infernal.
Agora atiçou o filho de Tideu, o autoconfiante Diomedes,
a enlouquecer contra os deuses imortais.
Primeiro feriu Cípris perto da mão, no pulso,
e depois contra mim arremeteu, feito divindade;
os pés velozes, porém, me safaram. Muito tempo
lá mesmo teria sofrido em meio ao horror dos cadáveres
ou viveria sem ímpeto por causa dos golpes do bronze".
Olhando de baixo, disse-lhe Zeus junta-nuvens:
"Não queiras, inconstante, sentar aqui e soluçar.
És-me o mais odioso dos deuses que ocupam o Olimpo:

briga, guerras e combates sempre te são caros.
Tens o ímpeto da mãe, incontido, insujeitável,
o de Hera; esforço-me para dominá-la com palavras.
Assim creio que sofres isso por ela te incitar.
Todavia, não deixarei que sofras por mais tempo:
és de nascença meu, e a mãe te gerou para mim.
Tivesses nascido, assim infernal, de outro deus,
estarias em lugar mais ínfero que os filhos de Céu".
Assim falou e ordenou a Peã que o curasse.
Peã aplicou-lhe poções analgésicas e o fez
sarar, pois não era feito como um mortal.
Quando sumo de figo presto deixa o leite compacto –
é líquido mas logo coalha nas bordas ao ser mexido –,
assim rápido curou o impetuoso Ares.
Juventude lavou-o e vestiu-lhe roupas graciosas;
junto ao Cronida sentou-se, gozando sua glória.
As outras voltaram à morada do grande Zeus,
a argiva Hera e Atena Alalcomeneia,
após deterem a carnificina de Ares destrói-gente.

6

O prélio terrível de troianos e aqueus ficou entregue a si.
O combate se expandia bastante na planície,
e atacavam-se mutuamente com as lanças ponta-brônzea
no meio, entre as correntes do Simoeis e do Xanto.
Ájax Telamônio, bastião dos aqueus, por primeiro
rompeu uma falange troiana e trouxe luz aos companheiros,
atingindo o varão que era o melhor dos trácios,
o filho de Eussoro, Acamas, bravo e grande.
Atingiu-o primeiro na placa do elmo rabo-de-cavalo,
perfurou sua testa, a ponta de bronze penetrou
seu osso, e negror encobriu seus olhos.
Diomedes bom-no-grito matou Axilo,
filho de Teutras, que morava na bem-construída Arisbe,
rico em recursos, e era caro aos homens.
A todos recebia bem, pois sua casa era junto da estrada.
Desses, porém, nenhum afastou dele o funesto fim
antepondo-se ao inimigo, mas os dois perderam a vida,
ele mesmo e o assistente Calésio, que de seus cavalos
era o auriga: os dois mergulharam na terra.
Eurífalo matou Dreso e Ofélcio

e foi contra Esepo e Pédaso, os quais uma ninfa
da fonte, Abarbárea, gerou para o impecável Pastoreio.
Pastoreio era filho do ilustre Laomédon,
o mais velho, e a mãe o pariu em segredo;
apascentando ovelhas, uniu-se em enlace amoroso à ninfa,
que após engravidar gerou dois meninos gêmeos.
Eis que o filho de Mecisteu soltou seu ímpeto
e os membros insignes, e de seus ombros tirou as armas.
Polipoites, firme guerreiro, matou Astíalo;
Odisseu tirou a vida do percósio Pidites
com lança brônzea, e Teucro, a do divino Aretáon.
Ablero foi abatido pela lança brilhante de Antíloco,
o Nestorida, e Élato, pelo senhor de varões, Agamêmnon,
ele que morava às margens do Satnioeis de bela corrente
na escarpada Pédaso. O herói Léito pegou Fílaco
em fuga, e Eurípilo matou Melântio.
Menelau bom-no-grito a Adrasto, vivo,
pegou: seus cavalos se terrorizaram na planície
e, bloqueados por um galho de tamarisco, quebraram
a ponta do varal do carro recurvo e debandaram
à cidade, para onde os restantes, em pavor, fugiram;
Adrasto rolou para fora do carro, ao lado da roda,
de bruços com a boca na poeira. Pôs-se junto dele
o Atrida Menelau com sua lança sombra-longa.
Adrasto então lhe tocou os joelhos e suplicou:
"Leva-me vivo, filho de Atreu, e aceita digno resgate:
muitos bens repousam na casa de meu rico pai,
bronze, ouro e ferro muito trabalhado;
o pai te agradaria com um resgate sem-fim
se ouvisse que estou vivo junto às naus dos aqueus".

Falou e convenceu o ânimo de Menelau;
ele logo o daria a seu assistente para ser levado
às naus velozes dos aqueus. Agamêmnon, porém,
veio até ele correndo e, berrando, lhe disse:
"Meu caro Menelau! Por que te afliges assim
com esses varões? Em casa foi ótimo o que houve contigo
graças aos troianos? Nenhum deles escape do abrupto fim
e de nossas mãos, nem o que estiver no ventre da mãe,
seu menino, nem esse escape: que todos juntos
sejam varridos de Troia sem ritos, sem lápide".
Falou o herói e inverteu o juízo do irmão
ao sugerir o que era devido: Menelau empurrou
o herói Adrasto, e o poderoso Agamêmnon
atingiu-o no flanco; caído de costas, o Atrida
pisou-o no peito e retirou a lança de freixo.
Nestor exortou os argivos com alto brado:
"Meus caros heróis dânaos, assistentes de Ares,
que ninguém agora se lance sobre o butim e fique
para trás com o fito de levar o máximo às naus.
Matemos varões! Depois, com calma, retirem
o butim dos cadáveres, eles já mortos, no plaino".
Sua fala instigou o ímpeto e o ânimo de cada um.
Então os troianos, devido aos aqueus caros a Ares,
teriam se dirigido a Ílion, subjugados pelo desbrio,
se, de pé junto a Eneias e Heitor, não tivesse falado
Heleno, filho de Príamo, de longe o melhor dos áugures:
"Eneias e Heitor, já que em vós se apoia a pugna,
como em nenhum troiano e lício, pois os melhores
sois em toda operação, no combate e na reflexão,
parai aqui mesmo e contende a tropa diante do portão,

buliçosos, antes que de novo, nos braços das mulheres,
caiam em fuga, promovendo júbilo entre o inimigo.
Quando tiverem instigado todas as falanges,
nós, ficando aqui, combateremos os dânaos,
mesmo muito acossados, pois a necessidade compele.
Heitor, encaminha-te à cidade e então instrua
a mãe, tua e minha: que ela conduza anciãs
ao templo de Atena olhos-de-coruja na acrópole
e com o ferrolho abra as portas da sacra casa.
O peplo que lhe parecer o mais gracioso e maior
no palácio e que for aquele de que mais gosta,
a esse ponha sobre os joelhos de Atena bela-juba
e prometa-lhe que no templo sacrificará doze vacas
novas, não domadas, esperando que a deusa se apiede
da urbe, das esposas dos troianos e das crianças pequenas
e afaste o filho de Tideu da sacra Ílion,
selvagem lanceiro, brutal mestre instigador de pânico,
que afirmo ter-se mostrado o mais forte dos aqueus.
Nem Aquiles tememos assim um dia, o líder de varões,
que afirmam ter nascido de uma deusa; esse demais
endoidece, e ninguém é capaz de igualar seu ímpeto".
Falou, e Heitor não ignorou o irmão.
De pronto saltou do carro com as armas:
brandindo as lanças agudas, percorreu o exército,
incitou-os a pelejar e despertou o prélio terrível.
Eles se viraram e encararam os aqueus,
e os argivos recuaram e pararam de matar.
Pensavam que um imortal descera do céu estrelado
para defender os troianos, tal foi a reviravolta.
Heitor exortou os troianos com alto brado:

"Autoconfiantes troianos e aliados de longínqua fama,
sede varões, amigos, e mentalizai a bravura impetuosa
enquanto eu for até Ílion e aos anciãos
conselheiros e a nossas esposas falar
que rezem às divindades e prometam hecatombes".
Após falar assim, partiu Heitor elmo-fulgente,
e nas canelas e no pescoço batia o couro negro,
a borda externa que percorria o escudo umbigado.
Glauco, filho de Hipóloco, e o filho de Tideu
no meio da refrega se toparam, sôfregos por pelejar.
Quando estavam próximos, indo um contra o outro,
àquele primeiro dirigiu-se Diomedes bom-no-grito:
"Quem és tu, distinto, entre os homens mortais?
De fato, no início nunca te vi na peleja engrandecedora,
mas agora vens bem na frente de todos
com audácia, pois minha lança sombra-longa aguentaste.
Filhos de infelizes se deparam com meu ímpeto.
Mas se desceste do páramo como um dos imortais,
eu não gostaria de pelejar contra deuses celestes.
Pois nem mesmo o filho de Drias, o forte Licurgo,
viveu muito tempo após brigar com deuses celestes:
um dia afugentou sacro monte Nisa abaixo
as amas do extasiado Dioniso; todas, em conjunto,
deixaram cair os adereços no chão, pelo homicida Licurgo
golpeadas com aguilhão bovino. Dioniso, de medo,
mergulhou na onda do mar, e Tétis o acolheu no colo,
temeroso: forte tremor o tomou com o grito do varão.
Então odiaram-no os deuses de vida tranquila,
e o Cronida deixou-o cego; não mais muito tempo
viveu, pois detestaram-no todos os deuses imortais.

Eu não gostaria de pelejar contra deuses ditosos.
Se és um mortal dos que comem o fruto do solo,
te achega para mais rápido atingires o limite da ruína".
A ele dirigiu-se o ilustre filho de Hipóloco:
"Animoso Tidida, por que perguntas minha geração?
Como a geração das folhas é também a de varões.
Folhas: a umas o vento joga no chão, a outras forma
o bosque em flor, e vem a estação da primavera:
tal é a geração de varões, uma se forma, a outra fenece.
Se queres aprender também isto para bem saberes
de minha geração, muitos varões a conhecem:
há uma cidade, Éfira, no interior de Argos nutre-potro,
onde vivia Sísifo, que foi o mais arguto dos varões,
o filho de Éolo, Sísifo. Ele gerou Glauco como filho,
e Glauco gerou o impecável Belerofonte.
Os deuses lhe ofertaram beleza e virilidade encantadora,
e Proito, no ânimo, armou-lhe males,
e por ser ele muito superior expulsou-o da região
dos argivos: Zeus subordinara Belerofonte a seu cetro.
Por ele a esposa de Proito, divina Anteia, ficou louca,
buscando união em amor secreto; de modo algum, porém,
persuadiu o bem-intencionado, aguerrido Belerofonte.
E ela disse uma mentira ao rei Proito:
'Morras, Proito, ou mate Belerofonte,
que comigo quis se unir em amor, eu não querendo'.
Falou, e quando a ouviu, o senhor enfureceu-se.
Evitou matá-lo, pois lhe impedia o pudor no ânimo,
e enviou-o à Lícia, entregando-lhe sinais funestos
que riscara em uma tábua, muitos, tira-vida;
pediu que a mostrasse a seu sogro e assim fosse morto.

Foi à Licia sob a condução impecável dos deuses.
Quando alcançou a Lícia e o Xanto corrente,
o rei da ampla Lícia, solícito, honrou-o;
hospedou-o por nove dias e nove bois sacrificou.
Quando, no décimo, surgiu Aurora dedos-róseos,
então indagou-lhe e pediu para ver o sinal
do genro Proito que consigo lhe trouxera.
Depois que recebeu o maligno sinal do genro,
por primeiro ordenou-lhe que à indômita Quimera
matasse: era de linhagem divina e não dos homens,
na frente, leão, atrás, serpente, no meio, cabra,
e soprava o fero ímpeto do fogo chamejante.
Ele a matou, confiante nos prodígios dos deuses.
Por segundo, combateu os majestosos solimos:
o mais duro combate com varões, dizia, no qual entrou.
Por terceiro, matou as masculinizadas Amazonas.
Ao voltar, o rei teceu contra ele outro truque cerrado:
escolheu os melhores homens da ampla Lícia
e montou tocaia. Não retornaram de novo a casa:
a todos matou o impecável Belerofonte.
Ao reconhecer que era o nobre rebento de um deus,
o rei lá mesmo o reteve, ofertou-lhe sua filha
e deu-lhe o privilégio da metade do reino.
E os lícios separaram-lhe um domínio superior,
belo, com pomar e lavoura, para que dele dispusesse.
A esposa gerou três filhos para o aguerrido Belerofonte,
Isandro, Hipóloco e Laodameia.
Junto à Laodameia deitou-se o astuto Zeus,
e ela gerou o excelso Sarpédon elmo-brônzeo.
Quando também Belerofonte foi odiado por todos os deuses,

então vagou pela planície de Aleia, sozinho,
comendo seu ânimo, evitando a senda dos homens;
a Isandro, seu filho, Ares, insaciável de combate,
matou quando combatia os majestosos solimos;
à filha matou a encolerizada Ártemis rédea-dourada.
Hipóloco me gerou, e dele afirmo originar-me.
Enviou-me a Troia e, com insistência, me ordenou
ser sempre excelente, sobressair entre os outros
e não vexar a linhagem dos antepassados, que foram,
de longe, os melhores em Éfira e na ampla Lícia.
Proclamo ser dessa geração e desse sangue".
Falou Glauco e jubilou Diomedes bom-no-grito;
fincou a lança no solo nutre-muitos
e dirigiu-se com amabilidades ao pastor de tropa:
"Deveras és meu amigo-hóspede ancestral, antigo:
o divino Oineu, um dia, ao impecável Belerofonte
hospedou em seu palácio e o reteve vinte dias.
Eles trocaram entre si belas xênias:
Oineu deu-lhe um cinto brilhante de púrpura,
e Belerofonte, um cálice de ouro, dupla-alça,
que eu deixei em minha casa ao vir para cá.
Não mentalizo Tideu, pois, ainda pequeno,
me deixou, quando a tropa aqueia pereceu em Tebas.
Assim, sou teu caro amigo-hóspede no meio de Argos,
e tu, na Lícia, para quando eu alcançar tua região.
Evitemos as lanças um do outro no meio da multidão:
há muitos troianos e aliados afamados para eu
matar, o que o deus me der e eu alcançar com os pés,
e muitos aqueus, os que conseguires, para abateres.
Troquemos as armas entre nós, para também esses aí

saberem que proclamamos ser amigos-hóspedes ancestrais".
Assim falaram os dois, dos carros saltaram,
deram-se as mãos e se comprometeram.
Então Zeus Cronida tirou o juízo de Glauco,
ele que com o Tidida Diomedes trocou armas
de ouro por de bronze, cem bois por nove.
Quando Heitor alcançou os Portões Esqueios e o carvalho,
em volta dele as mulheres e filhas dos troianos acorriam
para inquirir dos filhos, irmãos, camaradas
e maridos. Depois, que rezassem aos deuses, requereu
de cada uma em separado: o luto já rondava muitas.
Quando chegou à belíssima morada de Príamo,
construída com pórticos polidos – dentro dela,
havia cinquenta aposentos de pedra polida,
erguidos lado a lado: nela os filhos
de Príamo dormiam ao lado das lídimas esposas;
as filhas, no outro lado, dentro do pátio,
tinham doze aposentos de pedra polida, cobertos,
erguidos lado a lado, nos quais os genros
de Príamo dormiam ao lado das respeitáveis esposas –,
lá a Heitor veio encontrar sua dadivosa mãe,
que conduzia Laódice, a mais bela das filhas;
deu-lhe forte aperto de mão, dirigiu-se-lhe e nomeou-o:
"Filho, por que vieste e deixaste a batalha tenaz?
Por certo os inomináveis filhos de aqueus nos acossam,
guerreando em volta da urbe, e o ânimo cá te impeliu
a fim de que da acrópole erguesses os braços a Zeus.
Pois aguarda até eu te trazer vinho doce como mel
para libares a Zeus pai e aos outros imortais
por primeiro, e depois te sentirás melhor, caso beberes.

O vinho muito aumenta o ímpeto do varão extenuado,
exausto que estás protegendo teus concidadãos".
Então respondeu-lhe o grande Heitor elmo-fulgente:
"Senhora mãe, não me passes vinho adoça-juízo;
não deixe o ímpeto meu corpo nem eu esqueça da bravura.
Libar a Zeus com vinho fulgente sem lavar as mãos,
isso receio: não se pode ao Cronida nuvem-negra
fazer preces, salpicado de sangue e sujeira.
Pois tu ao templo de Atena traz-butim
vá com oferendas após reunires anciãs.
O peplo que te parecer o mais gracioso e maior
no palácio e o mais querido para ti mesma,
ponha-o sobre os joelhos de Atena bela-juba
e prometa-lhe que no templo sacrificarás doze vacas
novas, não domadas, esperando ela apiedar-se
da urbe, das esposas dos troianos e das crianças pequenas
e afastar o filho de Tideu da sacra Ílion,
o selvagem lanceiro, brutal mestre instigador de pânico.
Pois tu ao templo de Atena traz-butim
vá; eu irei atrás de Páris para chamá-lo,
no caso de querer me escutar: que a terra se lhe abra,
pois o Olímpio nutriu-o como grande desgraça
aos troianos, ao enérgico Príamo e seus filhos.
Se pudesse vê-lo descendo à casa de Hades,
diria que meu juízo esqueceu da miséria sem deleite".
Assim falou, e ela foi ao palácio chamar
as servas, e essas reuniram anciãs pela cidade.
Ela mesma desceu ao aposento perfumado,
onde havia peplos ornadíssimos, obras das mulheres
sidônias, que o próprio divinal Alexandre

trouxera da Sidônia ao navegar sobre o amplo mar,
a rota pela qual transportou Helena de nobre pai.
Hécuba pegou um único e, dom a Atena, o levou,
o que era o maior e mais belo, com ornamentos,
e como astro refulgia; estava embaixo de todos.
Pôs-se em marcha e muitas anciãs foram com ela.
Ao alcançarem o templo de Atena na acrópole,
Teanó bela-face abriu-lhes as portas,
a filha de Cisseu, esposa de Antenor doma-cavalo,
pois os troianos fizeram-na sacerdotisa de Atena.
Todas elas ulularam e ergueram os braços a Atena;
Teanó bela-face pegou o peplo,
botou-o sobre os joelhos de Atena bela-juba,
e, invocando-a, rezou à filha do grande Zeus:
"Senhora Atena, guarda-cidade, deusa divina,
quebra a lança de Diomedes e faz o próprio
tombar de bruços na frente dos Portões Esqueios
para de pronto te sacrificarmos doze vacas no templo,
novas, não domadas, esperando que te apiedes
da urbe, das esposas troianas e das crianças pequenas".
Assim falaram em prece, e Palas Atena negou.
Elas rezavam assim à filha do grande Zeus;
e Heitor marchou à morada de Alexandre,
bela, que Alexandre fizera com os melhores varões
da época em Troia grandes-glebas, carpinteiros,
que lhe fizeram o tálamo, um aposento e o pátio
perto das casas de Príamo e Heitor na acrópole.
Lá Heitor, caro a Zeus, entrou, e na mão
tinha a lança de onze côvados; no bico da lança luzia
a ponta brônzea, envolta por um anel dourado.

Achou Páris no quarto, manejando as bem belas armas,
o escudo e a couraça, e testando o curvo arco;
a argiva Helena, entre as servas mulheres
sentada, às criadas ordenava trabalhos esplêndidos.
Vendo-o, Heitor ralhou com palavras injuriosas:
“Espantoso! Que feio como pões essa raiva no ânimo:
a tropa se esvai, em torno da cidade e do íngreme muro
combatendo; por tua causa, o alarido da batalha
pegou fogo nessa urbe. Também brigarias
com quem visses safando-se do combate hediondo.
De pé! Que fogo inimigo não aqueça logo a urbe”.
A ele dirigiu-se o divinal Alexandre:
“Heitor, foi correto como ralhaste comigo,
e por isso vou falar; me escuta e compreende.
Não é tanto com raiva dos troianos ou indignação
que me sentei no quarto; quis me entregar à mágoa.
Há pouco, convenceu-me a esposa com palavras macias
e me instigou à batalha; assim pareceu também a mim
ser melhor: a vitória troca de lado entre os varões.
Espera, porém, eu vestir as armas de Ares;
ou vai e te seguirei: creio que vou te alcançar”.
Isso disse, e Heitor elmo-fulgente não se dirigiu a ele.
A Heitor falou Helena com palavras amáveis:
“Cunhado desta medonha cadela artífice de males!
Como deveria, tão logo a mãe me gerou,
vil rajada de vento ou onda do mar ressoante
ter-me levado embora para um morro:
a onda me afogaria antes de se darem esses feitos.
Já que os deuses assim decretaram esses males,
que então eu fosse esposa de um varão melhor,

conhecedor da indignação e do desprezo dos homens.
Desse aí, nem agora o juízo é firme nem no futuro
será; assim, acredito que colherá os frutos.
Vamos, agora entra e senta nessa cadeira,
cunhado, pois extremo esforço envolveu teu juízo
por causa de mim, cadela, e do desatino de Alexandre,
aos quais Zeus impôs um mau quinhão, para no futuro
nos tornarmos dignos de canto aos homens vindouros".
Então respondeu-lhe o grande Heitor elmo-fulgente:
"Não peças, gentil que és, que eu sente; não me induzirás.
Meu ânimo já me apressa a socorrer os troianos,
muito saudosos de mim, eu estando longe.
Vamos, instiga esse aí, e que ele próprio se mexa
para me alcançar enquanto estiver dentro da cidade.
Também irei para casa, a fim de ver
os servos, a cara esposa e o filho pequeno.
Não sei se de novo retornarei até eles
ou se deuses já me subjugam pelas mãos dos aqueus".
Após falar assim, partiu Heitor elmo-fulgente;
ligeiro alcançou a casa boa para morar
e não encontrou Andrômaca alvos-braços nos salões,
pois ela, com o filho e uma criada belo-peplo,
estava em cima da torre, lamentando-se aos prantos.
Heitor, não encontrando a impecável esposa,
postou-se no umbral e disse entre as servas:
"Vamos, servas, dizei-me sem subterfúgios:
para onde foi Andrômaca alvos-braços ao sair de casa?
Foi até as irmãs do marido, às concunhadas belo-peplo,
ou ao templo de Atena, onde as outras
troianas belos-cachos propiciam a deusa terrível?".

A ele a alvoroçada governanta dirigiu o discurso:
"Heitor, como exiges que enuncie a verdade,
nem foi às irmãs do marido, nem às concunhadas belo-peplo,
nem ao templo de Atena, onde as outras
troianas belos-cachos propiciam a deusa terrível,
mas foi à grande torre de Ílion, porque ouviu
que os troianos eram acossados, a supremacia sendo aqueia.
Sôfrega, estava a caminho em direção à muralha
como uma louca; junto, a ama levava a criança".
Falou a governanta, e Heitor disparou casa afora
pelo mesmo caminho, descendo as ruas bem-feitas.
Quando, percorrendo a grande urbe, chegou aos Portões
Esqueios, por onde iria passar ao voltar à planície,
então veio-lhe ao encontro a esposa muita-dádiva,
Andrômaca, a filha do enérgico Eécion,
Eécion que morava sob o matoso Placo
na Tebas sob-o-Placo, regendo varões cilícios;
fora sua filha que Heitor elmo-brônzeo desposara.
Ela topou com ele, e junto seguia uma criada
levando o filho alegre no colo, ainda tão pequeno,
o amado filho de Heitor, feito bela estrela,
que Heitor chamava de Escamândrio, e os outros,
Astíanax, pois somente Heitor protegia Ílion.
Quanto a ele, sorriu em silêncio ao ver o filho;
Andrômaca postou-se ao lado, vertendo lágrimas,
deu-lhe forte aperto de mão, dirigiu-se-lhe e nomeou-o:
"Insano, teu ímpeto te destruirá, e não te apiedas
de teu filho pequeno e de mim, infeliz, que logo viúva
tua serei: logo te matarão os aqueus
todos no ataque. Para mim seria vantagem,

após te perder, afundar na terra; nenhum
consolo haverá após alcançares teu destino,
só aflição: já se foram meu pai e a senhora mãe.
Pois a meu pai o divino Aquiles matou
e arrasou a cidade dos cilícios, cidade boa de morar,
Tebas altos-portões, e matou Eécion;
não o pilhou, pois lhe impedia o pudor no ânimo:
ao contrário, cremou-o com suas armas adornadas
e erigiu-lhe um sepulcro; em volta, as ninfas das montanhas,
filhas de Zeus porta-égide, plantaram olmos.
Meus sete irmãos viviam no palácio,
e todos desceram à casa de Hades em um único dia,
pois a todos matou o divino Aquiles defesa-nos-pés
sobre os trôpegos bois e as brancas ovelhas.
Minha mãe, rainha sob o matoso Placo,
essa ele trouxe para cá junto com outros bens,
libertou-a em troca de um resgate sem-fim,
e Ártemis verte-setas atingiu-a na casa do pai.
Heitor, tu és meu pai, a senhora minha mãe
e meu irmão, tu és meu vicejante consorte.
Vamos, apieda-te e fica aqui mesmo na torre,
não tornes teu filho um órfão, tua esposa, uma viúva.
Posiciona a tropa junto à figueira, onde é mais fácil
de escalar a cidade e avançar contra a muralha;
três vezes aí já chegaram e tentaram os melhores
em torno dos dois Ájax, do esplêndido Idomeneu,
dos Atridas e do bravo filho de Tideu,
quer tenha alguém, perito em oráculos, lhes contado,
quer tenha o próprio ânimo o imposto, incitado-lhes".
A ela falou o grande Heitor elmo-fulgente:

“Sim, tudo isso também me ocupa; mas sentiria terrível
vergonha diante de troianos e troianas peplo-arrastado
se, feito alguém vil, me afastasse do combate.
O ânimo não o ordena, pois aprendi a ser nobre
sempre e a combater entre os troianos na linha de frente,
tentando garantir a grande fama de meu pai e a minha.
De fato, isto eu bem sei no juízo e no ânimo:
chegará o dia em que a sacra Ílion perecerá,
e Príamo e o povo de Príamo boa-lança.
A dor dos troianos não me ocupará tanto no futuro,
nem a dor de Hécuba ou a do senhor Príamo,
nem a dos irmãos, que, muitos e nobres,
cairão na poeira sob a ação de varões inimigos,
como a tua dor, quando um aqueu couraça-brônzea
te levar aos prantos, após te tirar o dia da liberdade,
e, em Argos, tramarás urdidura para outra mulher
e levarás água da fonte Messeida ou da Hipereia,
muito contra tua vontade, a brutal necessidade sobre ti.
Um dia dirá alguém, mirando-te verter lágrimas:
‘Essa é a esposa de Heitor, que excelia na peleja
entre os troianos doma-cavalo, ao lutarem por Troia’.
Assim dirão um dia, e nova dor te afligirá,
privada de homem tal que afastasse o dia da escravidão.
Todavia a mim, morto, um monte de terra encobrirá
antes de eu ouvir teu grito ao seres arrastada”.
Falou o insigne Heitor e foi pegar o filho;
a criança, porém, no colo da ama acinturada
retraiu-se, berrando, apavorada com a visão do caro pai,
com medo do bronze e da crina de cavalo,
ao percebê-la, terrível, agitando-se na ponta do elmo:

caíram na risada o caro pai e a senhora mãe.
De pronto o insigne Heitor tirou o elmo da cabeça,
colocou-o, ultracintilante, sobre o solo
e, após beijar o caro filho e embalá-lo com as mãos,
fez uma prece a Zeus e aos outros deuses:
"Zeus e outros deuses, concedei que também esse meu
filho se torne como eu, proeminente entre os troianos
e bravo igual na força e, poderoso, reja Ílion.
Diga-se um dia 'esse é muito melhor que o pai',
vindo ele de uma batalha; traga armas sangrentas,
após matar um varão hostil, e se alegre a mãe".
Falou e colocou nos braços da cara esposa
seu filho; ela o recebeu no colo perfumado,
sorrindo lágrimas. O marido percebeu e se apiedou,
com a mão acariciou-a, dirigiu-se-lhe e nomeou-a:
"Insana, demais não te aflijas por mim em teu ânimo;
contra meu quinhão, varão algum me enviará ao Hades,
e afirmo que nunca um varão escapou de sua moira
depois que nasceu, seja desvalido seja nobre.
Não, vai para casa e cuida de teus afazeres,
do tear e da roca, e ordena às criadas
que executem o trabalho; a batalha ocupará todos
os varões que nasceram em Ílion, mormente a mim".
Após falar assim, o insigne Heitor pôs o elmo
com a crina de cavalo; sua esposa foi para casa,
olhando para trás e vertendo copiosas lágrimas.
Ligeiro ela alcançou a casa boa para morar
do homicida Heitor e, dentro, topou muitas
servas, nas quais induziu o lamento, em todas.
Embora ainda vivo, lamentavam Heitor em sua casa;

pensavam que não retornaria mais da batalha,
escapando do ímpeto e dos braços dos aqueus.
E Páris não se tardou em sua alta casa:
após vestir as gloriosas armas adornadas com bronze,
apressou-se pela cidade, confiante nos pés ligeiros.
Tal cavalo estabulado, farto de cevada na manjedoura,
que rompe as amarras e corre na planície, pateando,
acostumado a banhar-se em fluente rio,
majestoso: cabeça erguida, em volta as crinas
esvoaçam nas espáduas; confiante em sua radiância,
seus joelhos rápido o levam a pastos habituais de cavalos –
assim o filho de Príamo, Páris, desceu do alto do Pérgamo,
brilhando em suas armas como o próprio astro luzente,
exultante, e seus pés velozes o levavam. De pronto
encontrou seu irmão, o divino Heitor, quando esse
se afastava do lugar onde conversara com sua mulher.
Primeiro a ele dirigiu-se o divinal Alexandre:
"Irmão, deveras a ti, embora apressado, retive,
tardando-me, sem chegar na hora justa como pediste".
Respondendo, disse-lhe Heitor elmo-fulgente:
"Insano, nenhum varão que fosse justo poderia
aviltar teus feitos no combate, pois és um bravo.
Relaxas de propósito, porém, e não o queres; meu coração
se aflige no íntimo quando ouço injúrias contra ti
vindas dos troianos, que por tua causa pugnam demais.
Vamos; depois nos conciliaremos, esperando que Zeus
nos conceda fincar uma cratera da liberdade
aos deuses celestes, os sempiternos, no palácio,
após expulsar de Troia os aqueus de belas grevas".

7

Falou o insigne Heitor e irrompeu portão afora;
com ele ia seu irmão Alexandre. Em seus ânimos,
ambos tinham gana de combater e pelejar.
Tal como aos nautas ansiosos o deus concede
brisa após se extenuarem, com remos polidos
golpeando o mar, os membros moles de cansaço,
assim os dois apareceram aos troianos ansiosos.
Pegaram, um, ao filho do senhor Areítoo,
Menéstio, morador de Arne, ao qual o brande-clava
Areítoo e Filomedusa de olhos bovinos geraram;
Heitor atingiu Eioneu com a lança afiada
no pescoço, abaixo da coroa brônzea, e dele soltou os membros.
Glauco, filho de Hipóloco, líder dos varões lícios,
acertou com a lança, na refrega brutal, o ombro de Ifínoo,
filho de Déxio, quando esse saltou no carro veloz:
tombou do carro ao chão, e os membros se soltaram.
Quando a deusa, Atena olhos-de-coruja, percebeu-os
matando argivos na refrega brutal,
partiu, lançando-se dos cumes do Olimpo
rumo à sacra Ílion. Apolo foi se contrapor a ela:

vigiando do Pérgamo, queria a vitória dos troianos.
Os dois se encontraram junto ao carvalho.
Primeiro dirigiu-se a ela o filho de Zeus, senhor Apolo:
"Por que tu, filha do grande Zeus, sôfrega,
vieste do Olimpo, e teu ânimo potente te impeliu?
Para dar, no combate, vitória decisiva aos dânaos?
De forma alguma te apiedas dos troianos que morrem.
Se te convencesse, isso seria mais vantajoso:
agora interrompamos a refrega do combate
por hoje; depois pelejarão de novo, até encontrarem
o fim de Ílion, já que é tão caro ao vosso
ânimo de imortais arrasar essa cidade".
A ele dirigiu-se a deusa, Atena olhos-de-coruja:
"Assim será, Age-de-Longe; também pensei nisso
ao vir do Olimpo para junto de troianos e aqueus.
Vamos, como queres interromper a luta dos varões?".
De novo a ela dirigiu-se o filho de Zeus, senhor Apolo:
"Açulemos o fero ímpeto de Heitor doma-cavalo
a ver se desafia um dânao, um contra um,
a lutar mano a mano em refrega terrível.
Os aqueus grevas-de-bronze, irritados, incitarão
alguém a lutar sozinho contra o divino Heitor".
Falou, e não o ignorou a deusa, Atena olhos-de-coruja.
Heleno, caro filho de Príamo, entendeu no ânimo
o plano dos dois, que agradou aos deuses astuciosos;
pôs-se ao lado de Heitor e disse-lhe o discurso:
"Heitor, filho de Príamo, que és feito Zeus na astúcia,
irias obedecer a mim? Sou teu irmão.
Faz sentarem os troianos restantes e todos os aqueus
e tu mesmo desafia um dânao, o que for o melhor,

a lutar mano a mano em terrível refrega.
Ainda não é tua moira morrer e alcançar o destino:
desse modo ouvi a voz dos deuses sempiternos".
Falou, e Heitor alegrou-se demais ao ouvir o discurso,
foi ao meio e fez as falanges de troianos recuar,
pegando sua lança pelo meio; todos pararam.
Agamêmnon fez os aqueus belas-grevas se acomodar.
Eis que Atena e Apolo arco-de-prata
sentaram-se assemelhados a abutres
no alto carvalho do pai Zeus porta-égide,
deleitados com os varões sentados em fileiras cerradas,
eriçados com escudos, elmos e lanças.
Como o mar se encrespa quando Zéfiro
começa a soprar, e todo o mar escurece,
assim estavam todas as fileiras de aqueus e troianos
na planície. Heitor, entre ambas, falou:
"Ouvi-me, troianos e aqueus de belas grevas,
enquanto digo o que o ânimo no peito me ordena.
O Cronida senta-no-alto não completou o pacto,
mas, visando males, decreta-os para ambos
até tomardes Troia de belas torres
ou fordes dominados junto às naus cruza-mar.
Entre vós estão os melhores de todos os aqueus;
desses, aquele com ânimo desejoso de pelejar comigo,
vem cá como campeão notável contra o divino Heitor.
Assim anuncio, e Zeus seja nossa testemunha:
se aquele me pegar com o bronze aguçado,
pilhe as armas e as leve às cavas naus,
mas devolva meu corpo para casa, a fim de ao fogo
os troianos e suas esposas entregarem o cadáver.

Se eu o pegar, e Apolo me conferir o triunfo,
pilharei as armas, as levarei até a sacra Ílion
e as pendurarei no templo de Apolo de-longe,
mas o cadáver devolverei às naus bom-convés
para os aqueus cabelo-comprido lhe darem um funeral
e erigirem um sepulcro no largo Helesponto.
Um dia dirá alguém das gerações futuras,
navegando em nau muito-calço sobre o mar vinoso:
'Esse é o sepulcro de um varão que morreu no passado:
no dia em que exceleu, matou-o o insigne Heitor'.
Assim dirão um dia, e minha fama jamais perecerá".
Assim falou, e todos, atentos, se calaram:
tinham vergonha de recusar e temiam aceitar.
Só bem depois Menelau levantou-se e falou,
insultando-os, e gemeu demais no íntimo:
"Ai de mim, fanfarrões, aqueias e não aqueus!
Por certo isso será um vexame terrível
se um dânao não se contrapuser agora a Heitor.
Que vós todos vos torneis água e terra,
cada um sentado aqui, abúlico, sem fama alguma.
Eu mesmo me armarei para aquele lá; no alto
os limites da vitória são dominados pelos deuses imortais".
Assim falou e vestiu as belas armas.
Então, Menelau, para ti a vida teria se consumado
pelas mãos de Heitor, pois ele era muito mais forte,
se os reis dos aqueus não tivessem pulado e te segurado.
O próprio Atrida, Agamêmnon de extenso poder,
pegou-o pela mão direita, nomeou-o e disse:
"Estás louco, Menelau criado-por-Zeus; não precisas
de tal loucura: contém-te, embora preocupado, e não

queiras, por rivalidade, lutar com varão superior a ti,
o Priamida Heitor, que a outros também apavora.
Também Aquiles, na peleja engrandecedora, temia
enfrentá-lo, ele que é muito superior a ti.
Agora vai e senta com teu grupo de companheiros,
e os aqueus vão escolher outro campeão contra ele.
Ainda que seja impávido e não se farte de guerrear,
afirmo que com prazer dobrará o joelho se escapar
da batalha hostil e do prélio terrível".
Falou o herói e inverteu o juízo do irmão
ao sugerir o que era devido. Menelau obedeceu, e, em júbilo,
os assistentes retiraram suas armas dos ombros;
Nestor, entre os argivos, levantou-se e falou:
"Incrível, que grande aflição atinge a terra aqueia.
Sim, alto gemeria o velho cavaleiro Peleu,
nobre conselheiro e orador dos mirmidões,
que um dia em sua casa demais se alegrou, ao me inquirir
a linhagem e o nascimento de todos os aqueus.
Se ouvir como agora todos se acovardam diante de Heitor,
não cessará de erguer as mãos aos deuses, pedindo
que o ânimo saia de seus membros e desça à casa de Hades.
Oxalá, por Zeus pai, Atena e Apolo,
fosse eu jovem como ao combaterem no Celádon flui-veloz,
reunidos, pílios e árcades, famosos na lança,
junto aos muros de Feia nas correntes do Iardano.
Entre eles ergueu-se o campeão Ereutálion, herói feito deus,
com as armas do senhor Areítoo nos ombros,
as do divino Areítoo, de apelido 'brande-clava',
como o chamavam os varões e as mulheres bela-cinta,
pois não lutava com o arco e a grande lança,

mas rompia falanges com a clava de ferro.
A ele Licurgo matou com um truque, não à força,
numa estrada estreita, onde não o protegeu do fim
a clava de ferro, pois Licurgo se antecipou, sua lança
trespassou-o no meio, e ele tombou, de costas, ao chão.
Tirou-lhe as armas que lhe dera o brônzeo Ares
e ele mesmo passou a levá-las ao tumulto de Ares.
Depois que Licurgo envelheceu em sua casa,
deu-as a seu caro assistente Ereutálion.
Usando essas armas, desafiava todos os melhores.
Muito tremiam e se atemorizavam, e não o encaravam;
meu ânimo resistente, porém, instou-me a combater
em minha audácia, de nascimento o mais novo de todos.
Pelejei com ele, e Atena deu-me o triunfo.
Foi o maior e mais forte varão que matei;
jazia estatelado, enorme em largura e comprimento.
Tomara eu fosse jovem, e minha força, segura,
assim Heitor elmo-fulgente encontraria seu oponente.
Vós, porém, os melhores entre todos os aqueus,
não ansiais, a sério, enfrentar Heitor".
Assim ralhou o ancião, e nove deles se ergueram.
O primeiríssimo foi Agamêmnon, senhor de varões,
depois dele, levantou-se o Tidida, o forte Diomedes,
e então os dois Ájax, vestidos de bravura impetuosa,
e depois deles Idomeneu e o assistente de Idomeneu,
Meríones, semelhante ao sanguinário Eniálio,
depois deles, Eurípilo, o radiante filho de Evêmon,
Toas, filho de Andrêmon, e o divino Odisseu:
todos queriam pelejar com o divino Heitor.
Então entre eles falou o gerênio, o cavaleiro Nestor:

"Agora sacudi as sortes, em ordem, a ver quem é sorteado,
pois esse será útil aos varões de belas grevas
e a seu próprio ânimo no caso de escapar
da batalha hostil e do prélio terrível".
Falou, e cada um deles marcou sua sorte
e a lançou no elmo do Atrida Agamêmnon.
As tropas ergueram os braços aos deuses e oraram,
e alguns falavam assim, mirando o amplo páramo:
"Zeus pai, que se sorteie Ájax ou o filho de Tideu
ou então o próprio rei de Micenas muito-ouro".
Falavam, e o gerênio, o cavaleiro Nestor, sacudiu o elmo
e dele pulou a sorte que eles mesmos quiseram,
a de Ájax. O arauto, levando-a por toda a multidão,
mostrou-a, da esquerda à direita, a todos os melhores aqueus;
cada um a recusava, por não a reconhecer.
Levando-a por toda a multidão, ao chegar a ele, porém,
o ilustre Ájax, que a rabiscara antes de a lançar no elmo,
esticou a mão e nessa o arauto, achegando-se, jogou-a;
reconheceu o sinal na pedra e se alegrou no ânimo.
Lançou-a no chão, ao lado de seu pé, e disse:
"Amigos, a sorte por certo é minha, e rejubilo
no ânimo, pois creio que vencerei o divino Heitor.
Vamos, enquanto eu vestir minhas armas guerreiras,
em silêncio rezai a Zeus, o senhor Cronida,
com vós mesmos, para que os troianos não ouçam,
ou às claras, pois, seja como for, a ninguém tememos.
Sem eu querer, ninguém, querendo, me afastará à força
nem com técnica, pois não creio, tão sem destreza,
ter sido gerado e criado em Salamina".
Falou, e rezaram a Zeus, o senhor Cronida;

alguns falavam assim, mirando o amplo páramo:
“Zeus pai, regente do Ida, majestosíssimo, supremo,
concede que Ájax obtenha vitória e triunfo radiante;
caso também Heitor te for caro e dele cuidares,
fornece força e glória iguais para ambos”.
Assim falavam, e Ájax armou-se com bronze lampejante.
Depois de vestir em seu corpo todas as armas,
apressou-se feito marchasse o portentoso Ares,
que percorre batalhas em meio a varões a quem o Cronida
juntou em combate com o ímpeto da briga tira-vida –
assim portentoso Ájax se lançou, o bastião dos aqueus,
sorrindo com semblante selvagem, e embaixo, nos pés,
ia a passos largos, brandindo a lança sombra-longa.
Ao vê-lo, os argivos muito rejubilaram,
e terrível tremor tomou os membros de cada troiano,
e o coração do próprio Heitor palpitou em seu peito.
Contudo, não podia mais recuar nem entrar de volta
na multidão, pois sua vontade de lutar gerara o desafio.
Ájax se achegou, levando o escudo feito torre,
sete couros com bronze externo, que Tíquio lhe lavorara,
de longe o melhor artesão de couro, morador de Hile:
fizera-lhe um luzente escudo de sete camadas de couro
de touros bem-nutridos; em cima, uma oitava de bronze.
A esse levava, diante do peito, Ájax Telamônio
quando se achegou de Heitor e o ameaçou:
“Heitor, agora saberás às claras, um contra um,
como são os melhores que também há entre os dânaos
depois de Aquiles rompe-batalhão, de ânimo leonino.
Todavia, está nas naus recurvas que cruzam o mar,
deitado, encolerizado com Agamêmnon, pastor de tropa;

nós, porém, somos tais que podemos te encarar,
e muitos. Inicia, pois, o combate belicoso".
A ele falou o grande Heitor elmo-fulgente:
"Ájax oriundo-de-Zeus, Telamônio, chefe de tropas,
não queira me testar como a um rapaz fracote
ou uma mulher, que desconhece feitos marciais.
Sei muito bem de combates e carnificinas;
sei mover o escudo para a direita, sei para a esquerda,
o de couro seco: a isso chamo guerreiro porta-escudo.
Sei arremeter contra o tumulto de carros velozes,
sei, no corpo a corpo, dançar para o infenso Ares.
Não quero, porém, te atingir se espiares
de soslaio, mas espero te acertar abertamente".
Falou, brandiu a lança sombra-longa e a arremessou,
e atingiu o assombroso escudo sete-couros de Ájax
no bronze externo, sua oitava camada.
A dura lança, rasgando, atravessou outras seis
e na sétima pele foi contida. Na sua vez,
Ájax oriundo-de-Zeus arremessou a lança sombra-longa
e atingiu o Priamida no escudo simétrico:
a ponderosa lança entrou no reluzente escudo,
trespassou a artificiosa couraça
e diretamente ao longo do flanco penetrou na túnica;
ele porém se inclinou e escapou da negra morte.
Ambos arrancaram as longas lanças com as mãos
e caíram um em cima do outro feito leões devora-cru
ou javalis selvagens, de vigor nada fraco.
O Priamida enfiou a lança no meio do escudo,
e o bronze não o rompeu: sua ponta se entortou.
Ájax saltou e perfurou o escudo de Heitor, e a lança

penetrou direto e abalou seu frenesi:
tangenciou o pescoço, e escuro sangue jorrou.
Heitor elmo-fulgente nem assim desistiu do combate;
recuou e, com a mão encorpada, pegou uma pedra
que jazia no chão, escura, áspera e grande.
Lançou-a contra o terrível escudo sete-couros de Ájax,
bem no umbigo central, e o bronze ressoou.
Por sua vez, Ájax ergueu uma rocha muito maior
e, com força incomensurável, a girou e lançou:
com a pedra tal mó, amassou e partiu o escudo
e lesou os joelhos de Heitor, que se espatifou de costas,
embaixo de seu escudo; Apolo, porém, rápido o ergueu.
Agora teriam se golpeado, de perto, com as espadas,
se os arautos, mensageiros de Zeus e dos homens, não
viessem, o dos troianos e o dos aqueus couraça-brônzea,
Taltíbio e Ideu, ambos inteligentes.
No meio de ambos seguraram os cetros, e discursou
o arauto Ideu, versado em planos inteligentes:
"Parai de combater e pelejar, caros meninos;
ambos sois caros a Zeus junta-nuvens,
ambos, lanceiros: agora todos nós sabemos disso.
A noite já vem, e também é bom a ela obedecer".
Em resposta, disse-lhe Ájax Telamônio:
"Ideu, manda Heitor pronunciar isso.
Foi ele que desafiou ao combate todos os melhores:
que inicie; obedecerei ao que ele quiser".
Falou-lhe o grande Heitor elmo-fulgente:
"Ájax, como o deus te concedeu tamanho, força
e sensatez, e superas os aqueus na lança,
por hoje interrompamos a refrega da batalha;

depois pelejaremos de novo, até um deus
nos distinguir e conceder a vitória a um dos dois.
A noite já vem, e também é bom a ela obedecer.
Que tu alegres todos os aqueus junto às naus,
sobretudo teus camaradas e companheiros;
quanto a mim, na grande urbe do senhor Príamo,
alegrarei troianos e troianas peplo-arrastado,
que, a mim rezando, entrarão na arena divina.
Pois que troquemos presentes gloriosíssimos
a fim de que aqueus e troianos falem assim:
'Eles pelejaram em briga tira-vida
e se separaram em amizade e harmonia'".
Isso disse e lhe deu a espada pinos-de-prata,
junto entregando a bainha e o cinturão bem-cortado;
Ájax deu-lhe o cinto brilhante de púrpura.
Os dois se separaram; um juntou-se à tropa de aqueus,
o outro, à zoada de troianos. Estes se alegraram
quando o viram vivo, caminhando ileso,
após escapar do ímpeto e das mãos intocáveis de Ájax;
à cidade levaram aquele que se salvou sem que o esperassem.
Os aqueus de belas grevas para o outro lado levaram
Ájax, feliz com a vitória, até o divino Agamêmnon.
Quando estavam nas cabanas do Atrida,
para eles o senhor de varões, Agamêmnon, abateu um boi,
macho de cinco anos, dedicado ao impetuoso Cronida.
Esfolaram e o desmembraram por inteiro,
cortaram com destreza, em espetos transpassaram,
assaram com todo o cuidado e tudo retiraram do fogo.
Após concluírem a tarefa e terem pronto o banquete,
banquetearam-se, e porção justa não faltou ao ânimo.

A Ájax honrou com nacos extensos de lombo
o herói Atrida, Agamêmnon de extenso poder.
Após apaziguarem o desejo por bebida e comida,
o primeiríssimo entre eles a tecer um truque foi
Nestor; seu plano, também no passado, era o melhor.
Refletindo bem, tomou a palavra e disse:
"Atrida e os outros melhores entre todos os aqueus,
muitos aqueus cabelo-comprido estão mortos;
seu sangue escuro, nas margens do fluente Escamandro,
o afiado Ares respingou, e as almas desceram ao Hades.
É preciso, com a aurora, parar o combate dos aqueus,
e nós mesmos, reunidos, para cá transportaremos os mortos
com bois e mulas; então queimaremos os corpos
[afastados das naus para que cada um leve os ossos
aos filhos, em casa, ao retornarmos à terra pátria].
Em torno da pira, erijamos um só túmulo
indiscriminado no plaino; junto a ele, ergamos ligeiro
muralha com altas torres, defesa para as naus e nós mesmos,
e nelas façamos portões bem-ajustados
para através deles haver um caminho para os carros.
Por fora, cavaremos, perto, fosso profundo,
que conterá carros e tropa em volta dele,
e o combate dos honrados troianos nunca se imporá".
Assim falou, e todos os reis aprovaram.
A assembleia de troianos ocorria na acrópole de Ílion,
terrível e confusa, nas portas de Príamo.
Entre eles o inteligente Antenor começou a falar:
"Escutai-me, troianos, dardânios e aliados:
que eu diga o que o ânimo no peito me ordena.
Vamos! A argiva Helena e, com ela, os bens,

que os Atridas os levem; lutamos porque fraudamos
o pacto por sacrifício: não espero vantagem
se nos ocorra se não agirmos assim".
Disse isso e sentou-se, e entre eles ergueu-se
o divino Alexandre, marido de Helena bela-juba,
que, em resposta, dirigiu-lhe palavras plumadas:
"Antenor, não me é caro o que dizes;
sabes pensar um discurso melhor.
Se de fato falas isso com seriedade,
então os próprios deuses destruíram teu juízo.
Pois eu falarei entre os troianos doma-cavalo
e serei objetivo: não devolverei a mulher,
mas os bens, todos que trouxe de Argos a nossa casa,
a esses e a outros da propriedade quero entregar".
Após falar assim, sentou-se, e entre eles ergueu-se
o Dardânida Príamo, mentor feito os deuses,
que, refletindo bem, tomou a palavra e disse:
"Escutai-me, troianos, dardânios e aliados:
que eu diga o que o ânimo no peito me ordena.
Por ora, jantai na cidade como no passado,
e cada um se concentre em velar e vigiar.
Na aurora, que Ideu vá às cavas naus
anunciar aos Atridas, Agamêmnon e Menelau,
o discurso de Alexandre, a causa dessa disputa.
Também diga esta fala cerrada: se quiserem,
interrompa-se o hórrido combate até queimarmos
os mortos; depois lutaremos de novo, até um deus
nos distinguir e dar a vitória a um dos lados".
Falou, ouviram-no direito e obedeceram;
então jantaram na cidade como no passado.

Na aurora, Ideu foi às cavas naus.
Topou os dânaos, assistentes de Ares, em assembleia,
junto à popa da nau de Agamêmnon; no meio,
o arauto altíssono se postou e disse:
"Atrida e os outros melhores entre todos os aqueus,
Príamo e outros ilustres troianos ordenaram-me
enunciar, esperando que isto vos seja caro e agradável,
o discurso de Alexandre, a causa dessa disputa.
Os bens, todos que Alexandre, em cavas naus,
trouxe a Troia – que antes tivesse morrido –,
a esses e a outros da propriedade quer entregar;
a esposa legítima do glorioso Menelau, porém,
afirma que, malgrado os troianos, ele não a entregará.
Também me mandaram dizer isto: se quiserem,
interrompa-se o hórrido combate até queimarmos
os mortos; depois lutaremos de novo, até um deus
nos distinguir e dar a vitória a um dos lados".
Assim falou, e todos, atentos, se calaram.
Demorou até que falasse Diomedes bom-no-grito:
"Ninguém receba agora os bens de Alexandre
nem Helena; é óbvio, mesmo para alguém bem tolo,
que o nó da morte já está amarrado aos troianos".
Falou, e todos os filhos de aqueus gritaram,
pasmos com o discurso de Diomedes doma-cavalo.
Então o poderoso Agamêmnon falou a Ideu:
"Ideu, tu mesmo escutas o discurso dos aqueus,
como interpretam; agradou-me assim.
Aos cadáveres, não me oponho que se os queimem,
pois não se deve ser avaro com os corpos defuntos
e, já que mortos, ligeiro edulcorá-los com fogo.

Zeus saiba do pacto, o ressoante marido de Hera".
Falou e ergueu o cetro a todos os deuses,
e Ideu foi de volta à sacra Ílion.
Troianos e dardânios, sentados na assembleia,
todos juntos reunidos, aguardavam a chegada
de Ideu; este chegou e falou a mensagem
de pé no meio. Prepararam-se bem rápido,
uns, para buscar os corpos, outros, a madeira.
Os argivos, do outro lado, das naus bom-convés
irromperam para buscar os corpos; outros, madeira.
Então o sol começou a alcançar as glebas,
vindo do corre-macio, de Oceano funda-corrente,
rumo ao céu; e eles toparam-se mutuamente.
Lá era difícil distinguir cada varão:
lavavam com água o sangue ressequido,
vertendo quentes lágrimas, e carregavam os carros.
O alto Príamo não os deixava chorar; em silêncio,
empilhavam os corpos na pira, angustiados no coração,
e, após queimá-los no fogo, rumaram à sacra Ílion.
Da mesma forma, no outro lado, aqueus de belas grevas
empilhavam os corpos na pira, angustiados no coração,
e, após queimá-los no fogo, rumaram às cavas naus.
No lusco-fusco da noite, ainda não sendo dia,
seleta tropa de aqueus reuniu-se em volta da pira:
em torno dela, edificaram um só túmulo
indiscriminado no plaino, e ao lado ergueram muralha
e altas torres, defesa para as naus e eles mesmos.
Nela fizeram portões bem-ajustados,
para através deles haver um caminho para os carros;
por fora, ao lado cavaram um fosso profundo,

largo e grande, e nele fincaram estacas.
Assim se esfalfavam os aqueus cabelo-comprido;
os deuses, sentados junto a Zeus relampejador,
contemplavam o grande feito dos aqueus couraça-brônzea.
Entre eles tomou a palavra Posêidon treme-terra:
"Zeus pai, há um mortal sobre a terra sem-fim
que ainda contará aos imortais sua ideia e plano?
Não vês que de novo os aqueus cabelo-comprido
edificaram uma muralha para as naus e, em volta,
um fosso, sem dar aos deuses hecatombes esplêndidas?
A fama da muralha irá até onde se espraia a aurora;
mas a que eu e Febo Apolo construímos,
labutando para o herói Laomédon, dessa esquecerão".
Muito perturbado, a ele dirigiu-se Zeus junta-nuvens:
"Incrível, Treme-Solo amplo-poder, como falaste!
Outro deus poderia temer esse pensamento,
um bem mais fraco no ímpeto e nos braços,
mas tu terás fama até onde se espraia a aurora.
Vai! Quando os aqueus cabelo-comprido
rumarem com as naus à cara terra pátria,
demole a muralha, joga-a inteira no mar
e de novo cobre com areia a grande costa,
e assim se aniquilará a grande muralha dos aqueus".
Assim falavam dessas coisas entre si.
Sol se pôs, e o feito dos aqueus foi completado;
mataram bois nas cabanas e jantaram.
Naus de Lemnos atracaram, trazendo vinho,
muitas, que lhes enviara Euneu, filho de Jasão,
que Hipsípile gerara para Jasão, pastor de tropas.
Separado para os Atridas, Agamêmnon e Menelau,

deu-lhes o filho de Jasão mil medidas de vinho doce.
Das naus pegaram vinho os aqueus cabelo-comprido,
uns em troca de bronze, outros, de ferro faiscante,
outros, de peles, outros, de bois eles mesmos,
outros, de escravos. E fizeram um lauto banquete.
Durante a noite inteira, os aqueus cabelo-comprido
se banquetearam, e troianos e aliados, na cidade;
a noite inteira, armou-lhes males Zeus astucioso
com ressoo horrífico. Medo amarelo os atingiu,
no chão verteram vinho das taças, e ninguém ousou
beber sem fazer a libação ao impetuoso Cronida.
Então repousaram e aceitaram o dom do sono.

8

Aurora peplo-açafrão espalhou-se por toda a terra,
e Zeus prazer-no-raio convocou a assembleia de deuses
no mais alto pico do Olimpo muita-lomba;
ele mesmo lhes falou, e todos os deuses ouviram:
"Ouvi-me, todos os deuses e todas as deusas,
enquanto digo o que o ânimo no peito me ordena.
Que nenhum deus, nem macho nem fêmea,
tente frustrar minha palavra, mas todos juntos
aprovai estes feitos para eu rápido completá-los.
Quem eu notar querendo se afastar dos deuses
para socorrer troianos ou dânaos, a esse
golpearei, e voltará ao Olimpo de forma imprópria.
Ou vou pegá-lo e lançar no brumoso Tártaro
bem longe, no mais fundo recesso sob a terra,
onde há portões de ferro e umbral de bronze,
tão abaixo do Hades quanto o céu dista da terra,
e reconhecereis quão mais forte sou que todos os deuses.
Vamos, deuses, experimentai vós todos e aprendei:
prendei um cabo de ouro no céu
e ligai-vos a ele, todos os deuses e todas as deusas.

Não conseguiríeis puxar, do céu até a planície,
Zeus, supremo mentor, por mais que vos extenuásseis.
Mas quando também eu quiser puxar a sério,
puxar-vos-ia em conjunto com a terra e o mar;
então em volta do cume do Olimpo ao cabo
prenderia, e tudo isso estaria nas alturas.
Tanto eu supero os deuses e supero os homens".
Assim falou, e todos, atentos, se calaram,
pasmos com o discurso; falara com muito poder.
Bem depois disse a deusa, Atena olhos-de-coruja:
"Nosso pai Cronida, supremo entre poderosos,
também nós bem sabemos que tua força é indômita;
mesmo assim, lamentamos os lanceiros dânaos,
que perecerão completando um destino funesto.
Da batalha, porém, sairemos como pedes,
e aos argivos aconselharemos um plano que os ajude
a que nem todos pereçam devido a teu ódio".
Sorrindo-lhe, disse Zeus junta-nuvens:
"Coragem, cara filha Tritoguêneia, não é com ânimo
sério que discurso, e quero ser gentil contigo".
Falou e ao jugo prendeu os cavalos pé-de-bronze,
velozes no voo, com abundante crina de ouro,
e ele próprio vestiu-se com ouro, pegou o chicote,
de ouro e bem-feito, montou em seu carro, chicoteou
os cavalos para puxarem, e eles de bom grado voaram
no espaço entre a terra e o céu estrelado.
No Ida de muitas fontes, mãe de feras, alcançaram
o Gárgaro, onde havia um santuário e um altar fumoso.
Lá parou os cavalos o pai de varões e deuses,
soltou-os do carro e fez verter muita neblina.

Sentou-se nos picos, gozando sua glória
e observando a urbe troiana e as naus dos aqueus.
Os aqueus cabelo-comprido ligeiro fizeram
a refeição, nas cabanas, e logo depois se armaram.
Os troianos, no outro lado, se armavam na urbe
em número menor, também com gana de combater,
premidos pela necessidade, pelas crianças e mulheres.
O portão se abriu de todo, e para fora a tropa se lançou,
infantaria e combatentes com carro; grande alarido se fez.
Quando se entrechocaram em um único espaço,
entrebateram-se os escudos, as lanças e os ímpetos
dos varões couraça-brônzea; os escudos umbigados
achegaram-se uns dos outros, e grande alarido se fez.
Grito de dor e brado de triunfo partia dos varões
que matavam e morriam, e sangue corria na terra.
Ao longo da manhã, enquanto o sacro dia se alargava,
projéteis dos dois lados acertavam o alvo, e a tropa caía.
Quando o sol estava no meio do firmamento,
então o pai montou a balança de pratos de ouro;
nela pôs os dois destinos de morte dolorosa,
o dos troianos doma-cavalo e o dos aqueus túnica-brônzea,
e suspendeu-a pelo meio: pendeu o dia fatal dos aqueus.
A morte dos aqueus rumo ao solo nutre-muitos
desceu, e a dos troianos subiu ao amplo céu.
Ele próprio ribombou forte do Ida, e chamejante
clarão lançou no meio da tropa de aqueus; viram-no
e se espantaram, e medo amarelo a todos atingiu.
Lá nem Idomeneu nem Agamêmnon ousaram resistir,
nem os dois Ájax, assistentes de Ares, resistiram;
Nestor foi o único, o gerênio guardião dos aqueus,

de mau grado: um cavalo esgotou-se, atingido por flecha
do divino Alexandre, o marido de Helena belas-tranças,
no alto da cabeça, nos pelos posteriores da crina
que cresce no crânio, sua parte mais vulnerável.
Pulou de dor, pois o projétil entrou nos miolos,
e abalou os cavalos, sacudindo a flecha brônzea.
Enquanto o ancião cortava os tirantes do cavalo extra,
golpeando com a espada, os velozes cavalos de Heitor
vieram pelo campo de batalha com ousado auriga,
Heitor. Lá o ancião teria perdido a vida
se Diomedes bom-no-grito não tivesse pensado rápido.
Deu um berro aterrorizante, incitando Odisseu:
"Laércida oriundo-de-Zeus, Odisseu muito-truque,
para onde foges, dando as costas, como um vil na multidão?
Que na fuga ninguém te enfie lança nas costas.
Fica; que afastemos o varão selvagem do ancião".
Falou, e o muita-tenência, divino Odisseu não ouviu
e disparou rumo às cavas naus dos aqueus.
O Tidida, mesmo só, juntou-se aos da vanguarda,
postou-se à frente dos cavalos do ancião Neleida
e, falando, dirigiu-lhe palavras plumadas:
"Deveras te cansam os combatentes mais jovens, ancião,
tua força sucumbe, a dura velhice te oprime,
é fraco teu assistente, e lentos os cavalos.
Vamos, monta em meu carro para que vejas
quão bons são os cavalos de Trôs, destros na planície,
em perseguir e recuar, ligeiros, para todo lado:
há dias os tirei de Eneias, mestres em rota de fuga.
Que os assistentes cuidem daqueles; estes aqui dirijamos
contra os troianos doma-cavalo, para também Heitor

saber se minha lança enlouquece na palma".
Falou e não o ignorou o gerênio, o cavaleiro Nestor.
Os assistentes cuidaram dos cavalos de Nestor,
o altivo Estênelo e o acolhedor Eurimédon,
e os dois subiram no carro de Diomedes.
Nestor pegou nas mãos as rédeas lustrosas
e chicoteou os cavalos; presto se achegaram de Heitor.
Contra esse, que vinha para cima, atirou o filho de Tideu
e errou, mas no peito, junto ao mamilo, atingiu
o assistente auriga, que tinha as rédeas,
Eniopeu, filho do autoconfiante Tebaio.
Tombou do carro, e os cavalos recuaram,
velocípedes: ali mesmo sua alma e ímpeto se soltaram.
Atroz sofrimento pelo auriga se apossou do juízo de Heitor;
embora angustiado pelo companheiro, deixou-o lá
deitado, e foi atrás de outro ousado auriga. Muito tempo
os cavalos não ficaram sem guia, pois logo encontrou
o ousado Arqueptólemo, filho de Ífito, que fez subir
no carro veloz e lhe pôs as rédeas nas mãos.
Teria ocorrido um flagelo de ações irreparáveis,
os troianos cercados em Troia como ovelhas,
se não tivesse pensado rápido o pai de varões e deuses:
trovejou, terrível, e lançou um raio dardejante
que fez cair no chão diante dos cavalos de Diomedes.
Subiu horrenda chama de enxofre chamejante,
e os cavalos, temerosos, se encolheram sob o carro.
As rédeas lustrosas fugiram das mãos de Nestor;
ele temeu em seu íntimo e disse a Diomedes:
"Vamos, Tidida, dirige os cavalos monocasco para a fuga.
Não reconheces que de Zeus não te virá defesa?

Agora Zeus Cronida oferta glória para aquele lá,
por hoje; mais tarde, se quiser, também para nós
dará. Um varão não poderia deter a ideia de Zeus,
nem um muito altivo, pois é bem mais poderoso".
Respondeu-lhe Diomedes bom-no-grito:
"Por certo isso tudo, velho, falaste com adequação.
Este atroz sofrimento, porém, me atinge o coração e o ânimo:
um dia Heitor afirmará, falando entre troianos:
'Com medo de mim, o Tidida alcançou as naus'.
Assim se jactará; e para mim se abra a ampla terra".
Respondeu-lhe o gerênio, o cavaleiro Nestor:
"Ai de mim, filho do aguerrido Tideu, o que falaste!
Mesmo que Heitor afirme seres covarde e sem bravura,
os troianos e dardânios não vão se convencer,
nem as esposas dos animosos combatentes troianos,
que tiveram consortes vicejantes lançados na poeira por ti".
Falou e dirigiu os cavalos monocasco para a fuga
pelos diques da batalha. Os troianos e Heitor, com ruído
prodigioso, os cobriram de projéteis desoladores.
Contra ele gritou alto o grande Heitor elmo-fulgente:
"Tidida, honram-te como a ninguém os aqueus de potros velozes,
com um assento, carne e cálices cheios;
agora te desonrarão: percebo que és uma mulher.
Vai, boneco covarde, pois não cederei
para colocares os pés em nossa muralha e às mulheres
levares nas naus; antes te darei teu destino".
Assim falou, e o Tidida meditou, dividido,
se faria os cavalos voltar para oferecer combate.
Três vezes meditou no juízo e no ânimo,
três vezes o astuto Zeus ressoou do monte Ida,

dando um sinal aos troianos, a vitória decisiva na luta.
Heitor exortou os troianos com alto brado:
"Troianos, lícios e dardânios, guerreiros mano a mano:
sede varões, amigos, e mentalizai bravura impetuosa.
Reconheço que o Cronida, benevolente, me assinala
vitória e grande glória; para os dânaos, desgraça.
Tolos, eles que maquinaram essa muralha
delicada, malograda: não conterá nosso ímpeto:
os cavalos fácil pularão sobre o fosso cavado.
Mas quando eu estiver nas côncavas naus,
que então se mentalize o fogo abrasivo
para que eu queime as naus e mate os argivos
junto a elas, aterrorizados pela fumaça".
Isso disse e, falando, deu ordem aos cavalos:
"Rosilho e tu, Pé-veloz, e Ígneo e o divino Luzente:
agora me compensai pelo alimento farto
que Andrômaca, a filha do enérgico Eécion,
dispunha antes para vós (trigo adoça-juízo,
misturado a vinho quando o ânimo lhe pedia)
que para mim, e eu proclamo ser seu vicejante esposo.
Vamos, apressai-vos na perseguição; que peguemos
o escudo de Nestor, cuja fama hoje alcança o céu –
todo de ouro, ele próprio e suas barras cruzadas –
bem como, dos ombros de Diomedes doma-cavalo,
sua couraça artificiosa, que Hefesto lavorou com zelo.
Se os pegarmos, tenho esperança de que faremos
os aqueus subirem nas naus velozes ainda esta noite".
Assim proclamou, e a soberana Hera se enfureceu;
remexendo-se em sua poltrona, fez vibrar o grande Olimpo
e disse direto ao grande deus Posêidon:

"Incrível, Treme-Solo amplo-poder, nem mesmo
teu ânimo no peito lamenta as mortes dos dânaos?
Para Hélice e Egas levam-te dádivas,
inúmeras e prazerosas; tu querias sua vitória!
Se todos nós que ajudamos os dânaos quisermos
afastar os troianos e conter Zeus ampla-visão,
lá mesmo, sentado sozinho no Ida, ele se afligiria".
Muito perturbado, disse-lhe o poderoso Treme-Terra:
"Insolente Hera, que discurso falaste!
Não quero que pelejemos com Zeus Cronida,
nós, os outros deuses, pois é ele muito mais poderoso".
Assim falavam dessas coisas entre si,
e o espaço a partir das naus, entre o fosso e a muralha,
estava cheio por igual de carros e varões armígeros,
aglomerados: feito o ligeiro Ares, encurralava-os
o Priamida Heitor, quando Zeus deu-lhe glória.
Teria queimado as naus simétricas com fogo chamejante
se a soberana não tivesse posto no juízo de Agamêmnon –
ele próprio açodado – rápido instigar os aqueus.
Rumou às cabanas e naus dos aqueus
com o grande manto púrpura na mão encorpada
e postou-se na negra nau grande-ventre de Odisseu,
que ficava no meio, boa de se gritar para os dois lados,
até as cabanas de Ájax, filho de Télamon, e até as de Aquiles,
os dois que suas naus simétricas até as pontas
puxaram, confiantes na virilidade e na força dos braços.
Com berro de longo alcance, gritou aos dânaos:
"Vergonha, argivos! Infâmias vis, admirados pela beleza!
Onde está a bazófia de quando dissemos sermos os melhores,
a jactância vazia de vossas falas em Lemnos,

comendo muita carne de bois chifre-reto,
bebendo das crateras cheias de vinho:
cada um a cem ou duzentos troianos enfrentaria
no combate; agora não somos dignos nem de um só,
Heitor, que logo queimará as naus com fogo chamejante.
Zeus pai, já prejudicaste um dos reis impetuosos
com esse prejuízo e o privaste de grande glória?
Afirmo que nunca ao largo de um belíssimo altar teu
passei em nau muito-calço ao viajar para cá,
mas sobre todos queimei gordura e coxas de bois,
almejando aniquilar a fortificada Troia.
Vamos, Zeus, realiza-me pelo menos esta vontade:
concedei-nos evadir e escapar,
e que os aqueus não sejam subjugados pelos troianos".
Falou, vertendo lágrimas, e o pai o lamentou
e indicou que a tropa ficaria a salvo sem ser destruída.
De pronto enviou uma águia, a ave mais infalível,
com uma corça nas garras, rebento de cervo veloz;
junto ao belíssimo altar de Zeus, deixou cair a corça
onde os aqueus sacrificavam a Zeus todo-oráculo.
Quando viram que a ave viera de Zeus,
atacaram mais os troianos e mentalizaram a vontade de lutar.
Então nenhum dos dânaos, embora numerosos, proclamou,
antes do Tidida, ter conduzido seus cavalos velozes
para além do fosso e oferecido combate –
ele foi o primeiríssimo a pegar um troiano combatente,
Agelau Fradmonida, que para a fuga guiou os cavalos:
ao se virar, Diomedes enfiou-lhe uma lança nas costas,
entre os ombros, e impeliu-a através do peito;
o troiano tombou do carro, e as armas retiniram em volta dele.

Depois dele, os Atridas, Agamêmnon e Menelau,
e então os dois Ájax, vestidos de bravura impetuosa,
e depois deles Idomeneu e o assistente de Idomeneu,
Meríones, semelhante ao sanguinário Eniálio,
e depois deles Eurípilo, o radiante filho de Evêmon.
O nono foi Teucro, estirando o arco estica-e-volta;
ele parou embaixo do escudo de Ájax Telamônio.
Ájax movia o escudo um pouco para o lado, e Teucro
esquadrinhava antes de flechar um varão na turba
e o acertar: esse tombava após perder a vida,
e Teucro se abrigava, como criança embaixo da mãe,
atrás de Ájax, que o cobria com o escudo luzente.
Então a que troiano primeiro pegou o impecável Teucro?
Orsíloco foi o primeiro, e Órmeno, Ofelestes,
Detor, Crômio, o excelso Licofonte,
Amopáon, filho de Poliêmon, e Melanipo:
a todos, em sucessão, achegou à terra nutre-muitos.
Ao vê-lo, jubilou o senhor de varões, Agamêmnon,
pois matava falanges de troianos com o arco brutal;
postou-se ao lado dele e disse-lhe o discurso:
"Teucro, meu caro, Telamônio chefe de tropas:
continua assim para te tornares uma luz para os dânaos
e para Télamon, teu pai, que te criou quando pequeno
e, embora bastardo, te colocou dentro da casa.
Embora esteja longe, torne-o famoso.
Pois eu te falarei, e isto se cumprirá:
se Zeus porta-égide e Atena me concederem
aniquilar Ílion, a cidade bem-construída,
a ti por primeiro, depois de mim, darei uma mercê,
ou uma trípode, ou dois cavalos junto com o carro

ou uma mulher, que contigo subirá no leito comum".
Em resposta, disse-lhe o impecável Teucro:
"Majestosíssimo Atrida, por que me instiga se eu mesmo
me apresso? Enquanto tiver força, de forma alguma
paro. Desde que começamos a impeli-los para Troia,
passei a esperar varões com o arco para os matar.
Já mandei oito flechas com longas farpas,
e todas se cravaram no corpo de jovens velozes na luta.
Aquele lá sou incapaz de atingir, o cachorro louco".
Falou, e disparou outra flecha da corda
direto contra Heitor; seu ânimo almejava atingi-lo.
Nele não acertou, mas ao impecável Gorgítion,
nobre filho de Príamo, a flecha atingiu no peito:
ele fora parido por uma mãe de Esime,
a bela Castianeira, como uma deusa de corpo.
Sua cabeça pendeu tal papoula que, no jardim,
sente o peso do fruto e das chuvas primaveris –
assim vergou-se sua cabeça, pressionada pelo elmo.
E Teucro disparou outra flecha da corda
direto contra Heitor; seu ânimo almejava atingi-lo.
Também agora errou, pois Apolo a desviou:
no peito, junto ao mamilo, atingiu
Arqueptólemos, o ousado auriga de Heitor, sôfrego por combate.
Ele tombou do carro, e os cavalos recuaram,
velocípedes; ali mesmo sua alma e ímpeto se soltaram.
Atroz sofrimento pelo auriga se apossou do juízo de Heitor:
deixou-o lá, embora angustiado pelo companheiro,
e mandou Cebríones, o irmão que estava perto,
pegar as rédeas dos cavalos; ele ouviu e obedeceu.
Heitor pulou no chão do carro ultracintilante

com rugido horrífico, e pegou uma pedra:
avançou contra Teucro, e o ânimo pedia que o atingisse.
O outro tomou da aljava uma flecha pontiaguda
e a ajeitou na corda; ao puxá-la, Heitor elmo-fulgente
o atingiu no ombro, onde a clavícula separa
pescoço e peito, a parte mais vulnerável:
aí a pedra pontuda o atingiu, ao atacar Heitor.
Sua corda rompeu, e a mão paralisou-se no pulso;
reto e apoiado nos joelhos, o arco tombou da mão.
Ájax não descuidou da queda do irmão,
mas acorreu e envolveu-o com o escudo.
Então dois companheiros fiéis se agacharam,
Mecisteu, filho de Équio, e o divino Alastor,
e o levaram, ele gemendo fundo, às cavas naus.
De novo o Olímpio açodou o ímpeto dos troianos:
direto ao fosso profundo impeliram os aqueus,
e Heitor ia entre os primeiros, exultante com sua força.
Como quando um cão tenta atacar por trás
um javali ou leão, no encalço com pés velozes,
atrás das coxas e nádegas sem perdê-lo de mira,
assim Heitor perseguia os aqueus cabelo-comprido,
sempre matando o retardatário, e eles fugiam.
Mas depois de passar pelas estacas e o fosso
em fuga, muitos subjugados pelas mãos dos troianos,
contiveram-se junto às naus e aguardavam,
exortando-se mutuamente e a todos os deuses
gritando preces com as mãos erguidas.
Heitor dirigia os cavalos lindo-pelo para todo lado,
com os olhos da Górgona e de Ares destrói-gente.
Vendo-os, apiedou-se a deusa, Hera alvos-braços,

e de pronto a Atena dirigiu palavras plumadas:
"Incrível, rebento de Zeus porta-égide, não mais devemos
nos ocupar, ainda que tarde, dos dânaos que morrem?
Perecerão, completando um destino funesto,
sob o ataque de um só varão; é insuportável o frenesi
de Heitor Priamida, e muito dano já causou".
A ela dirigiu-se a deusa, Atena olhos-de-coruja:
"Esse aí, é óbvio, deveria perder o ímpeto e o ânimo,
morrendo sob as mãos dos argivos na terra pátria;
meu próprio pai está louco e não busca o bem,
tinhoso, malfeitor, e anula minhas intenções:
a isto não mais mentaliza, como amiúde salvei
seu filho, acossado pelas provas de Euristeu.
Vê, Héracles chorava para o céu, e Zeus
me enviava do páramo para protegê-lo.
Se eu tivesse sabido disso com juízo astuto
quando Euristeu o mandou ao porteiro de Hades
para trazer o cão do execrável Hades do Érebo,
ele não teria escapado da abrupta corrente das águas da Estige.
Agora execra a mim e realiza os desígnios de Tétis,
que beijou seus joelhos e pegou em seu queixo,
suplicando que honrasse Aquiles arrasa-urbe.
Virá o dia em que de novo dirá 'cara olhos-de-coruja'.
Eia, atrela os cavalos monocasco para nós duas,
e eu, nos recessos da casa de Zeus porta-égide,
vou me equipar com as armas para a guerra: verei
se o filho de Príamo, Heitor elmo-fulgente,
jubilará ao aparecermos nos diques da batalha,
ou se os troianos saciarão cães e aves
de gordura e carne ao caírem junto às naus dos aqueus".

Falou, e não a ignorou a deusa, Hera alvos-braços.
Pôs-se a preparar os cavalos testeira-dourada,
Hera, a deusa mais honrada, filha do grande Crono;
Atena, a filha de Zeus porta-égide,
na soleira do pai deixou cair o peplo macio,
variegado, que ela mesma aprontara com as mãos.
Vestiu a túnica de Zeus junta-nuvens
e equipou-se com as armas para a guerra lacrimosa.
Subiu no carro flamejante, empunhando a lança
pesada, grande, robusta, com que subjuga filas de varões
heróis contra quem tem rancor, ela de pai ponderoso.
Hera ligeiro fez o chicote tocar nos cavalos:
rangeram os autoimpelidos portões do céu, que as Estações
mantêm, às quais se delegaram o grande céu e o Olimpo,
ora afastando uma densa nuvem, ora aproximando.
Cruzou os portões, guiando os cavalos vergastados.
Quando Zeus pai olhou do Ida, irou-se, terrível,
e enviou Íris asas-de-ouro como mensageira:
"Parte, Íris veloz, faze-as voltar e não deixe que a mim
se oponham: não será bonito nos chocarmos na guerra.
Pois assim eu falarei, e isto se cumprirá:
vou aleijar seus cavalos velozes presos ao carro,
jogá-las para fora do carro e a este destruir;
nem durante o ciclo de dez anos completos
irão sarar as feridas que o raio infligirá;
que Olhos-de-Coruja aprenda ao lutar com seu pai.
Contra Hera não tenho tanta indignação nem raiva,
pois desde sempre sói contrariar o que digo".
Falou, e Íris pés-de-vento se lançou com o recado,
partindo do monte Ida ao grande Olimpo.

Topou-as na frente dos portões do Olimpo de muitos vales,
conteve-as e expôs o discurso de Zeus:
"Para onde a pressa? Por que endoida vosso coração?
O Cronida não permite que socorreis os argivos.
Como o filho de Crono ameaçou, assim executará:
vai aleijar vossos cavalos velozes presos ao carro,
jogá-las para fora do carro e a este destruir;
nem durante o ciclo de dez anos completos
irão sarar as feridas que o raio infligirá;
que aprendas, Olhos-de-Coruja, ao lutar com teu pai.
Contra Hera não tem tanta indignação nem raiva,
pois desde sempre sói contrariar o que diz;
mas és terribilíssima, cadela petulante, se de fato
ousares erguer a lança contra o portentoso Zeus".
Tendo dito isso, Íris, veloz nos pés, partiu,
e Hera se manifestou assim a Atena:
"Incrível, rebento de Zeus porta-égide; não mais
deixarei que pelos mortais nós duas lutemos com Zeus.
Que alguns pereçam, e que outros vivam,
seja quem forem; que Zeus, refletindo no ânimo,
arbitre entre troianos e dânaos o que é adequado".
Falou e retornou os cavalos monocasco.
Para elas as Estações soltaram os cavalos belo-pelo,
prenderam-nos junto a manjedouras imortais
e apoiaram os carros nas paredes resplandecentes;
elas mesmas sentaram-se em poltronas de ouro
junto aos outros deuses, acabrunhadas no coração.
Zeus pai dirigiu o carro boas-rodas e os cavalos
do Ida ao Olimpo e alcançou os assentos dos deuses.
Para ele o glorioso Treme-Solo soltou os cavalos,

pôs o carro em sua base e o cobriu com um tecido.
Zeus ampla-visão sobre poltrona de ouro
sentou-se, e, sob seus pés, o grande Olimpo tremeu.
Separadas de Zeus, sozinhas, Atena e Hera
estavam sentadas e nada lhe falaram nem perguntaram;
mas ele o percebeu em seu juízo e disse:
"Por que estais tão acabrunhadas, Atena e Hera?
Por certo não vos extenuastes na peleja engrandecedora
arruinando troianos, contra quem tendes terrível rancor.
Vide meu ímpeto e braços intocáveis: de modo algum
me desviariam tantos deuses quantos há no Olimpo;
antes um tremor pegaria os ilustres membros das duas,
antes de virdes a batalha e seus feitos devastadores.
Pois assim eu falarei, e isto se cumprirá:
atingidas por meu raio, sobre o vosso carro
não teríeis alcançado o Olimpo, a sede dos imortais".
Assim falou, e Atena e Hera murmuraram contra ele,
sentadas próximas, e armaram males aos troianos.
Quanto a Atena, estava calada e nada disse,
descontente com o pai Zeus, e raiva selvagem a tomava;
o peito de Hera, porém, não conteve a raiva e disse:
"Terribilíssimo Cronida, que discurso falaste!
Também nós bem sabemos que tua força é indômita;
mesmo assim, lamentamos os lanceiros dânaos,
que perecerão completando um destino funesto.
Mas é certo que deixaremos a batalha como pedes,
e aos argivos aconselharemos um plano que os ajude
a que nem todos pereçam devido a teu ódio".
Respondendo, disse-lhe Zeus junta-nuvens:
"Amanhã cedo, soberana Hera de olhos bovinos,

se quiseres, verás o Cronida ainda mais impetuoso,
destruindo o numeroso exército de lanceiros argivos.
O ponderoso Heitor não deixará o combate
antes que se erga junto às naus o Pelida pé-ligeiro,
no dia em que lutarem junto às popas
em aperto terribilíssimo em volta de Pátroclo, morto.
Assim é o decreto divino. Não me preocupo
com tua ira, nem se chegares aos limites ínferos
da terra e do mar, onde Jápeto e Crono
estão sentados sem se deleitar com os raios
de Sol Hipérion nem com os ventos no fundo Tártaro –
nem se, vagando, lá chegares, contigo me preocupo,
descontente, pois ninguém é mais canalha que tu".
Falou, e Hera alvos-braços não se dirigiu a ele.
No Oceano tombou a fúlgida luz do sol,
puxando a negra noite pelo solo dá-trigo.
Contra a vontade dos troianos imergiu a luz; aos aqueus
deixou contentes a noite tenebrosa, três vezes invocada.
O insigne Heitor armou a assembleia de troianos,
afastando-os das naus, junto ao rio voraginoso,
espaço limpo, no qual se via o solo entre os cadáveres.
Após descerem do carro sobre a terra, ouviram o discurso
que Heitor, caro a Zeus, enunciou. Em sua mão,
trazia lança de onze côvados; no bico da lança, luzia
a ponta brônzea, envolta por anel dourado.
Sobre ela apoiado, palavras aladas enunciou:
"Escutai-me, troianos, dardânios e aliados;
pensei que só após aniquilarmos as naus e todos os aqueus
de novo retornaríamos à ventosa Troia;
as trevas vieram antes, o que, sobremodo, salvou

os argivos e as naus na rebentação do mar.
Pois agora por certo obedeçamos à negra noite
e preparemos o jantar; soltai dos carros
os cavalos de bela pelagem e lhes lançai alimento.
Da cidade trazei bois e robustas ovelhas,
ligeiro, pegai vinho adoça-juízo
e pão das casas e juntai a isso muita lenha
para que a noite toda até a aurora nasce-cedo
queimemos muita lenha e o fulgor alcance o céu:
que durante a noite os aqueus cabelo-comprido
não se lancem em fuga pelas largas costas do mar.
Que não embarquem sem esforço nas naus, tranquilos,
mas que alguns digiram a dor de um projétil mesmo em casa,
atingidos por flecha ou lança pontuda
ao pularem na nau, para também outros se apavorarem
de trazer Ares muito-choro até os troianos doma-cavalo.
Os arautos caros a Zeus anunciem pela cidade
que os meninos púberes e os velhos com cãs nas têmporas
devem acampar em volta da urbe na muralha feita por deuses;
em casa cada uma das mulheres femininas
queime um grande fogo: haverá vigília segura,
e um bando em tocaia não entrará na urbe, a tropa ausente.
Que seja assim, enérgicos troianos, como proclamo,
e o discurso, por ora saudável, tenha sido dito;
outro, na aurora, dirigirei aos troianos doma-cavalo.
Rezo a Zeus e aos outros deuses, esperando
que expulse daqui os cães trazidos pela morte,
que os demônios da morte trouxeram nas naus.
Vamos, que à noite vigiemos por nós mesmos
e cedo de manhã nos equipemos com as armas

e junto às cavas naus despertemos o afiado Ares.
Aprenderei se a mim o Tidida, o forte Diomedes,
afastará das naus em direção à muralha ou se eu
o abaterei com o bronze e trarei suas armas sanguíneas.
Amanhã demonstrará sua excelência, a ver se conterá
minha lança agressiva; creio, porém, que na vanguarda
irá jazer, abatido com muitos companheiros em volta
quando o sol subir amanhã. Oxalá eu fosse
tão imortal e sem velhice por todos os dias
e honrado como honrados são Atena e Apolo,
como agora é certo que este dia traz um mal aos argivos".
Falou Heitor, e os troianos o aclamaram.
Soltaram do jugo os cavalos suados,
e com as rédeas cada um os prendeu em seu carro;
da cidade trouxeram bois e robustas ovelhas
ligeiro, pegaram vinho adoça-juízo
e pão das casas e juntaram a isso muita lenha.
Fizeram hecatombes completas para os imortais,
e os ventos levaram o olor do chão ao céu,
prazeroso; mas os deuses ditosos não o dividiram
e não o quiseram, pois muito odiavam a sacra Ílion,
bem como a Príamo e ao povo de Príamo boa-lança.
Esses, sobranceiros, nos diques da batalha ficaram
sentados toda a noite, e muitas fogueiras queimavam.
Tal como estrelas no céu, em volta da lua brilhante,
brilham com destaque quando não há ventos no ar,
e surgem todos os cumes, o topo dos promontórios
e os vales, no páramo rompe-se o ar inefável,
todos os astros são vistos, e no juízo se alegra o pastor,
tantas eram, entre as naus e as correntes do Xanto,

as fogueiras que os troianos queimavam diante de Ílion.
Milhares de fogueiras queimavam no plaino, e junto
a cada uma cinquenta homens sob o fulgor do fogo chamejante.
Os cavalos, comendo cevada branca e espelta,
esperavam, de pé junto aos carros, por Aurora belo-trono.

9

Os troianos, então, tinham sentinelas; aos aqueus
dominava prodigioso pânico, parceiro da fuga gelada,
e aflição insuportável atingira todos os melhores.
Assim como dois ventos agitam o mar piscoso,
Bóreas e Zéfiro, que sopram da Trácia,
vindos de chofre: concomitante, onda escura
se agiganta e verte muita alga ao longo da costa –
assim o ânimo rasgou-se no peito dos aqueus.
O Atrida, golpeado no coração por dor enorme,
perambulava, ordenando aos arautos de clara voz
que pelo nome chamassem cada varão à assembleia
sem gritar; ele mesmo se empenhava entre os primeiros.
Sentaram-se na assembleia, agastados; Agamêmnon
ergueu-se, vertendo lágrimas feito fonte água-preta
que verte água escura rocha íngreme abaixo.
Assim, gemendo fundo, palavras dirigiu aos argivos:
“Amigos, líderes e dirigentes dos argivos:
Zeus Cronida me atou com vigor a pesado desatino,
o terrível, ele que antes me prometeu e sinalizou
que eu retornaria após assolar a fortificada Ílion,

e agora intencionou um engodo vil e me impele
a voltar, infame, a Argos, após perder muitos homens.
Creio ser claro que isso agrada ao impetuoso Zeus,
que de muitíssimas cidades já aniquilou as frontes
e ainda aniquilará, pois seu poder é supremo.
Vamos, ao que eu falar, obedeçamos todos:
recuemos com as naus rumo à cara terra pátria,
pois não mais tomaremos Troia amplas-ruas".
Assim falou, e todos, atentos, se calaram.
Tempo silenciaram, agastados, os filhos de aqueus;
demorou até que falasse Diomedes bom-no-grito:
"Atrida, por tua insensatez, primeiro lutarei contigo –
é a norma, senhor, na assembleia; não te enraiveças.
Primeiro criticaste minha bravura entre os dânaos,
tendo dito que sou imbele e covarde; isso tudo
sabem, entre os argivos, os jovens e os velhos.
De dois dons, só um deu-te o filho de Crono curva-astúcia:
em adição ao cetro, deu-te ser honrado por todos,
mas não te deu a bravura, que tem poder supremo.
Insano! De fato esperas que os filhos de aqueus
sejam tão imbeles e covardes como afirmas?
Se teu ânimo está tão excitado para retornar,
vai: a rota está disponível, e, perto do oceano,
as naus que te seguiram de Micenas, numerosas.
Mas os outros ficarão, os aqueus cabelo-comprido,
até aniquilarmos Troia. Se também eles... –
que recuem com as naus à cara terra pátria;
nós dois, eu e Estênelo, pelejaremos até toparmos
o fim de Ílion, pois viemos com o deus".
Falou, e todos os filhos de aqueus gritaram,

pasmos com o discurso de Diomedes doma-cavalo.
Entre eles ergueu-se e falou o cavaleiro Nestor:
"Tidida, és o mais forte, com destaque, na batalha,
e no conselho és o melhor entre todos teus coetâneos.
Nenhum aqueu irá criticar teu discurso
nem o impugnar; mas não chegaste ao alvo dos discursos.
De fato, és jovem e também poderias ser meu filho
mais novo; mas disseste o que é inteligente
aos reis argivos, pois falaste com adequação.
Então agora eu, que proclamo ser mais velho,
irei me manifestar e tudo percorrer; ninguém desonrará
meu discurso, nem o poderoso Agamêmnon.
Sem fratria, sem norma, sem casa é aquele
que deseja a atemorizante guerra intestina.
Agora, porém, obedeçamos à negra noite
e preparemos o jantar; cada um dos vigias
acampe junto ao fosso cavado fora da muralha.
Aos moços é isso que peço; e então,
Atrida, toma a dianteira: tu és mais régio.
Dá um banquete aos anciãos, gentileza que te compete.
Abunda vinho em tuas cabanas, que as naus aqueias
sobre o amplo mar trazem todo dia da Trácia;
recebes todos os bens pois reges muitos varões.
Muitos estando reunidos, te persuadirá quem planejar
o plano melhor; todos os aqueus necessitam
de um bom e arguto, porque o inimigo, perto das naus,
queima muita lenha: quem se alegraria com isso?
Esta noite irá despedaçar ou salvar o exército".
Falou, e eles o ouviram direito e obedeceram.
Os vigias apressaram-se com as armas

em torno do Nestorida Trasimedes, pastor de tropa,
em torno de Ascálafo e Iálmeno, filhos de Ares,
em torno de Meríones, Afareu e Deípiro,
e em torno do divino Licomedes, filho de Creonte.
Sete eram os líderes dos vigias, e, com cada um, cem
rapazes marchavam com longas lanças nas mãos.
Foram e sentaram-se entre o fosso e a muralha;
lá acenderam fogueiras, e cada um fez seu jantar.
O Atrida conduziu o grupo dos anciãos aqueus
a sua cabana e junto deles punha banquete delicioso;
e esticavam as mãos sobre os alimentos servidos.
Após apaziguarem o desejo por bebida e comida,
o primeiríssimo, entre eles, a tecer um truque foi
Nestor; seu plano, também no passado, era o melhor.
Refletindo bem, tomou a palavra e disse:
"Majestosíssimo Atrida, senhor de varões, Agamêmnon,
por ti cessarei, por ti começarei, porque de muitas
tropas és o senhor, e Zeus pôs em tua mão
o cetro e as normas para as aconselhares.
Por isso precisas, mais que os outros, falar e ouvir
e também realizar para outro com ânimo que o ordene
a falar para o bem; de ti dependerá o que o outro iniciar.
Portanto eu falarei como me parece ser o melhor.
Ninguém mais pensará ideia melhor que esta,
com a qualidade do que pensei antes e ainda agora,
desde que tu, oriundo-de-Zeus, à moça Briseida
foste tirar da cabana do irado Aquiles
contra nosso pensamento. Eu por demais
te desaconselhei, mas tu, ao ânimo enérgico
cedeste e ao melhor varão, que até imortais honraram,

desonraste: tomaste dele a mercê e a tens. Ainda assim,
vamos planejar como iremos apaziguá-lo e convencer
com dádivas gentis e palavras amáveis".
A ele dirigiu-se o senhor de varões, Agamêmnon:
"Ancião, não mentiste ao contares meus desatinos;
fiquei desatinado e não o desminto. Tem o valor
de muitos varões quem Zeus ama de coração;
assim agora honrou aquele e subjugou a tropa aqueia.
Como fiquei desatinado, confiando no juízo débil,
quero remediar o feito e dar compensação sem-fim.
Diante de todos, nomearei dádivas majestosíssimas:
sete trípodes virgens de fogo, dez medidas de ouro,
vinte bacias brilhantes, doze cavalos potentes,
premiados, que granjearam prêmios com os pés –
não seria sem butim nem carente de ouro precioso
o varão que tivesse tantos prêmios quanto
os que me trouxeram os cavalos monocasco.
Darei sete mulheres versadas em obras impecáveis,
lésbias, que, quando Aquiles tomou Lesbos bem-construída,
peguei (venciam, em beleza, a raça das mulheres):
essas lhe darei, e, entre elas, estará a que lhe tirei,
a moça Briseida. Ainda jurarei grande juramento
de que nunca subi em sua cama e a ela me uni,
como é a norma dos homens, varões e mulheres.
Tudo isso de pronto lhe será entregue; se, por sua vez,
os deuses concederem saquear a grande urbe de Príamo,
que entre na cidade, quando dividirmos o butim,
carregue uma nau com ouro e bronze suficiente
e que ele mesmo escolha vinte mulheres troianas,
as mais bonitas depois da argiva Helena.

Se alcançarmos a Argos aqueia, úbere do campo,
que seja meu genro; eu o honrarei como a Orestes,
meu temporão criado em meio a muita abundância.
São três minhas filhas no palácio bem-erigido,
Crisótemis, Laódice e Ifianassa;
a que quiser, que a leve como sua querida,
sem nada em troca, à casa de Peleu, com outros agrados,
em profusão, como nunca ninguém ofertou com sua filha.
Sete cidades boas de morar lhe darei,
Cardâmile, Énope e a herbosa Hira,
a numinosa Feras e Anteia com densos campos,
a bela Epeia e Pédaso, rica em vinhedos.
Todas ficam perto do mar, fronteira da arenosa Pilos;
nelas habitam varões ricos em gado ovino e bovino,
que, com dádivas, como a um deus irão honrá-lo
e, sob seu cetro, completarão fartas contribuições.
Isso para ele completarei se puser fim à raiva.
Que se amanse – Hades sim é obstinado e indomável;
por isso, aos mortais, o mais odioso de todos os deuses –
e se submeta a mim porque sou o mais régio
e, de nascimento, proclamo ser o mais velho".
Respondeu-lhe o gerênio, o cavaleiro Nestor:
"Majestosíssimo Atrida, senhor de varões, Agamêmnon,
não são censuráveis os dons que ofereces ao senhor Aquiles.
Selecionemos homens e os ponhamos bem rápido
a caminho da cabana do Pelida Aquiles;
eu mesmo os escolherei, e que esses obedeçam.
Fênix caro-a-Zeus, o primeiríssimo, vá na frente
e depois o grande Ájax e o divino Odisseu;
dos arautos, sigam Naestrada e Passolargo.

Trazei água para as mãos e pedi palavras boas
para rezarmos a Zeus Cronida, esperando que se apiede!".
Falou, e seu discurso agradou a todos.
De pronto os arautos vertiam água nas mãos,
e rapazes preencheram as crateras com bebida
e a distribuíam a todos, tendo posto primícias nas taças.
Mas depois de libar e beber tudo que quis o ânimo,
retiraram-se da cabana do Atrida Agamêmnon.
Deu-lhes ordens enfáticas o gerênio, o cavaleiro Nestor,
sinalizando a todos, sobretudo a Odisseu,
que tentassem ver como persuadir o impecável Pelida.
Marcharam, quietos, ao longo da praia do mar ressoante,
pedindo com fervor a Treme-Solo sustém-terra
que fácil persuadissem o imponente juízo do Eácida.
Alcançaram as cabanas e naus dos mirmidões
e toparam-no deleitando o juízo com a soante lira,
bela e adornada, na qual havia uma barra de prata;
pegara-a do butim ao destruir a cidade de Eécion:
com ela deleitava o ânimo, cantando gestas dos varões.
Pátroclo, sozinho, sentado diante dele em silêncio,
esperava o momento que o Eácida parasse de cantar.
Aqueles se achegaram, o divino Odisseu na frente,
e pararam diante de Aquiles, que, admirado, ergueu-se
com a lira, deixando o assento onde sentara.
Igualmente ergueu-se Pátroclo ao ver os homens.
Cumprimentando-os, disse-lhes Aquiles, veloz nos pés:
"Bem-vindos! Viestes como varões caros (a necessidade é grande!),
vós que sois, para mim, descontente, os mais caros aqueus".
Falou o divino Aquiles e levou-os para dentro,
sentou-os em cadeiras com coberta púrpura

e prontamente disse a Pátroclo, que estava perto:
“Põe uma cratera maior de pé, filho de Menécio,
faz uma mistura forte e apronta uma taça para cada um;
os mais caros varões encontram-se sob meu teto”.
Falou, e Pátroclo obedeceu ao caro companheiro.
Aquiles pôs grande prancha de carne no lume do fogo
e nela dispôs o dorso de uma ovelha e o de gorda cabra,
bem como o lombo de porco cevado rico em gordura.
Automédon segurou-os, e o divino Aquiles os desmembrou.
Trinchou bem os pedaços e em espetos transpassou-os,
e o Menecida aumentou o fogo, herói feito deus.
Mas após o fogo esmaecer e a chama abrandar,
espalhou os tições, em cima estendeu os espetos
e polvilhou-os com sal divino, erguendo-os nos suportes.
Depois de assar a carne e a dispor em travessas,
Pátroclo pegou o pão e o distribuiu na mesa
em belas cestas; a carne distribuiu Aquiles.
Ele mesmo sentou-se em face do divino Odisseu,
na parede oposta, e pediu a Pátroclo, seu companheiro,
que sacrificasse aos deuses, e este lançou oferendas ao fogo;
e esticavam as mãos sobre os alimentos servidos.
Após apaziguarem o desejo por bebida e comida,
Ájax acenou a Fênix; o divino Odisseu notou,
encheu a taça de vinho e brindou Aquiles:
“Salve, Aquiles; não temos falta de porção justa,
nem na cabana do Atrida Agamêmnon
nem agora aqui; farta e deliciosa é a refeição.
Não nos ocupa, porém, o banquete adorável,
mas, criado-por-Zeus, vendo desgraça grande demais,
temos medo. Há dúvida se serão salvas ou destruídas

as naus bom-convés, caso não vestires tua bravura.
Perto das naus e da muralha acamparam
os autoconfiantes troianos e os aliados de longínqua fama,
queimam muita lenha no bivaque, e dizem que não mais
serão contidos, mas cairão nas negras naus.
Zeus Cronida, mostrando-lhes sinais à destra,
relampeia; Heitor, exultante demais com sua força,
endoida terrivelmente, confiante em Zeus, e não honra
varões nem deuses: brutal loucura entrou nele.
Reza para muito rápido surgir a divina Aurora;
manifesta que decepará a extremidade das popas,
às próprias naus queimará com fogo voraz e abaterá
os aqueus, impelidos pela fumaça, junto às naus.
O medo disto, terrível, toma meu juízo: que os deuses
realizem suas ameaças, e nos esteja predestinado
perecer em Troia, longe de Argos nutre-cavalo.
Põe-te de pé, se, mesmo tarde, anseias proteger
os filhos de aqueus, acossados pela pugna dos troianos.
Para ti haverá sofrimento no futuro, pois não há meio
de encontrar cura contra o mal ocorrido; bem antes
reflete como defenderás os dânaos do dia danoso.
Meu caro, vê que teu pai Peleu te pediu isto
no dia em que te enviou de Ftia a Agamêmnon:
'Filho meu, Atena e Hera darão
força, se quiserem, mas contém em teu peito
o enérgico ânimo: amizade é melhor.
Deixa de lado a briga artífice-de-males, para que
te honrem ainda mais os argivos, jovens e velhos'.
Assim te impôs o ancião, e esqueceste. Também agora
para e deixa a raiva aflitiva: a ti Agamêmnon

oferece presentes dignos se puseres fim à raiva.
Caso me escutares, eu te contarei
quantos dons Agamêmnon prometeu-te na cabana:
sete trípodes virgens de fogo, dez medidas de ouro,
vinte bacias brilhantes, doze cavalos potentes,
premiados, que granjearam prêmios com os pés –
não seria sem butim nem carente de ouro precioso
o varão que tivesse tantos prêmios quanto
os que trouxeram os cavalos de Agamêmnon.
Dará sete mulheres versadas em obras impecáveis,
lésbias, que, quando tomaste Lesbos bem-construída,
pegou (venciam, em beleza, a raça das mulheres);
essas te dará, e, entre elas, estará a que tirou,
a moça Briseida. Ainda jurará grande juramento
de que nunca subiu em sua cama e a ela se uniu,
como é a norma, senhor, de varões e mulheres.
Tudo isso de pronto será entregue. Se, por sua vez,
os deuses concederem saquear a grande urbe de Príamo,
entra na cidade, quando dividirmos o butim,
e carrega uma nau com ouro e bronze suficiente;
que escolhas vinte mulheres troianas,
as mais bonitas depois da argiva Helena.
Se alcançarmos a Argos aqueia, úbere do campo,
que sejas seu genro; te honrará como a Orestes,
seu temporão criado em meio a muita abundância.
São três suas filhas no palácio bem-erigido,
Crisótemis, Laódice e Ifianassa;
a que quiser, que a leves como tua querida,
sem nada em troca, à casa de Peleu, com outros agrados,
em profusão, como nunca ninguém ofertou com sua filha.

Sete cidades boas de morar te dará,
Cardâmile, Énope e a herbosa Hira,
a numinosa Feras e Anteia com densos campos,
a bela Epeia e Pédaso, rica em vinhedos.
Todas são perto do mar, na fronteira da arenosa Pilos;
nelas habitam varões ricos em gado ovino e bovino
que, com dádivas, como a um deus irão te honrar
e, sob teu cetro, completarão fartas contribuições.
Isso para ti Agamêmnon completará se puseres fim à raiva.
Se ao Atrida odeias demais no coração,
a ele e a seus presentes, de todos os outros aqueus,
acossados no bivaque, te apieda, eles que te honrarão
feito a um deus: grande glória granjearias entre eles.
Agora pegarias Heitor, pois chegará muito perto de ti
em sua loucura destrutiva; diz que nenhum dânao,
dos que as naus para cá trouxeram, é páreo para ele".
Respondendo, disse-lhe Aquiles, veloz nos pés:
"Laércida oriundo-de-Zeus, Odisseu muito-truque,
é necessário expressar francamente o discurso
assim como penso e também como se cumprirá
para não coaxardes sentados comigo, um aqui, outro aí.
É-me odioso igual aos portões de Hades aquele
que oculta no juízo uma coisa e fala outra.
A meu turno, falarei como me parece ser o melhor.
A mim não creio que persuadirão o Atrida Agamêmnon
e os outros dânaos, pois não houve gratidão alguma
por quem sempre combate varões inimigos sem cessar.
A porção é a mesma ao que fica e ao que muito luta;
o covarde e o valoroso recebem a mesma honra.
Morrem igual quem nada faz e o varão que faz muito.

Nada me coube a mais por sofrer aflições no ânimo,
sempre arriscando a vida na peleja.
Como a mãe-pássaro leva aos filhotes sem asas
um bocado, quando o obtém, e ela própria passa mal,
assim também atravessei muitas noites insones
e completava dias sanguíneos combatendo,
lutando com varões por causa de esposas alheias.
Doze cidades de homens já saqueei com as naus
e, a pé, afirmo que onze, perto de Troia grandes-glebas.
De todas essas, bens em profusão e distintos
peguei, e tudo conduzi e entreguei a Agamêmnon
Atrida; ele, postado atrás junto às naus velozes,
recebia-os e pouco distribuía, ficando com muito.
Outros deu, como mercê, aos melhores e aos reis:
o que é deles está seguro, e fui o único aqueu de quem
pegou e mantém a esposa perfeita; que, deitando com ela,
se deleite. Por que é preciso que argivos combatam
troianos? Por que juntou o exército e para cá o guiou
o Atrida? Acaso não foi por Hẹlena belas-tranças?
Entre os homens mortais, somente os Atridas
amam as esposas ? Cada homem valoroso e prudente
ama a sua e dela cuida, e assim também eu,
de coração, amo a essa, embora adquirida pela lança.
Agora, já que pegou de minhas mãos a mercê e me enganou,
que não tente comigo, pois aprendi: não me persuadirá.
Vamos, Odisseu, que contigo e com os outros reis
ele reflita como afastar das naus o fogo inimigo.
Sim, em minha ausência já muito se esfalfou
e construiu uma muralha e, junto a ela, cavou um fosso
largo e grande, e nele fincou estacas.

Mas nem assim é capaz de deter a força do homicida Heitor.
Enquanto eu pelejava junto aos aqueus,
Heitor não queria afastar o combate da muralha,
mas só avançava até os Portões Esqueios e o carvalho;
lá só uma vez me encarou, e por pouco não fugiu do ataque.
Agora, como não quero pelejar com o divino Heitor,
amanhã, após sacrificar a Zeus e a todos os deuses
e carregar os navios à larga e os empurrar até o oceano,
verás, se quiseres e se isso te interessar,
bem cedo sobre o piscoso Helesponto, minhas naus
navegar, e, nelas, varões remando, sôfregos.
Se o glorioso Treme-Solo conceder boa viagem,
no terceiro dia chegaria a Ftia grandes-glebas.
Tenho muita coisa que lá deixei ao viajar para cá;
além disso, daqui levarei ouro, bronze avermelhado,
mulheres acinturadas e ferro cinzento,
tudo que me foi atribuído; minha mercê, quem a deu,
de volta a pegou, insultando-me – o poderoso Agamêmnon
Atrida. Diz a ele tudo como estabeleci,
às claras, para também os outros aqueus se descontentarem,
no caso de ele ainda esperar ludibriar algum aqueu,
sempre recoberto de impudência; a mim, pelo menos,
ele, embora canalha, não ousaria olhar de frente.
De modo algum elaborarei planos com ele, nem ações;
a mim ludibriou e lesou: agora, nunca mais
me enganará com palavras. Chega! Em paz, porém,
se arruíne, pois o astuto Zeus tirou-lhe o bom juízo.
Seus dons a mim são odiosos, e o estimo como a um fio de cabelo.
Nem se me desse dez ou vinte vezes mais
do que tem agora e somasse mais de outras fontes,

nem tanto quanto entra em Orcômenos, nem quanto em Tebas
no Egito, onde é máxima a quantia de bens nas casas –
ela é cem-portões, e sob cada um duzentos
varões passam com seus cavalos e carros;
nem se me desse tanta riqueza quanto há de areia e pó,
nem assim Agamêmnon persuadiria meu ânimo
antes de pagar pela ofensa aflitiva inteira.
Não quero desposar a filha do Atrida Agamêmnon,
nem se rivalizasse com a dourada Afrodite em beleza
e se igualasse a Atena olhos-de-coruja nas obras,
nem assim a desposarei; que escolha outro aqueu,
que lhe seja adequado e mais régio.
Se os deuses me conservarem e eu chegar em casa,
por certo Peleu ele mesmo me trará uma esposa.
Muitas aqueias há pela Hélade e por Ftia,
filhas dos melhores protetores de cidades;
dessas, farei minha cônjuge amada a que eu quiser.
Lá meu ânimo macho demais ansiava que eu
desposasse uma lídima esposa, cônjuge adequada,
e me deleitasse com os bens que o ancião Peleu adquiriu.
Para mim, nada equivale à vida, nem os bens que dizem
ter Ílion adquirido, a cidade boa de morar
antes em paz, antes da chegada dos filhos de aqueus,
nem os que o umbral de pedra do flecheiro encerra,
o de Febo Apolo na rochosa Pito.
Bois e robustas ovelhas são passíveis de pilhagem,
trípodes e cabeças castanhas de cavalos, de aquisição:
a alma de um varão não volta e não se pode pilhar
nem adquiri-la assim que deixa a cerca de dentes.
A mãe, a deusa Tétis pés-de-prata, afirma que

um duplo destino me leva ao fim que é a morte:
se ficar aqui e lutar pela cidade dos troianos,
perderei meu retorno, mas a fama será imperecível;
se me dirigir para casa, à cara terra pátria,
perderei minha nobre fama, por longo tempo minha seiva
terei, e o termo, a morte, rápido não me alcançará.
Também aos outros gostaria de aconselhar
que navegassem para casa: não mais encontrarão o fim
da escarpada Troia, pois Zeus ampla-visão, firme,
sobre ela mantém sua mão, e o exército é audacioso.
Quanto a vós, ide e aos melhores entre os aqueus
anunciai a mensagem, esta, a mercê dos anciãos:
que ponderem, no juízo, outro plano – e melhor –
para salvar suas naus e o exército de aqueus
junto às cavas naus, pois o que agora ponderaram
não é realizável, já que estou encolerizado.
Que Fênix fique aqui junto a nós e repouse
a fim de nas naus seguir comigo à cara pátria
amanhã, se quiser; não o levarei obrigado".
Assim falou, e todos, atentos, se calaram,
pasmos com o discurso; falara com muito poder.
Bem depois falou o ancião, o cavaleiro Fênix,
após intenso choro; temia demais pelas naus dos aqueus:
"Insigne Aquiles, se lanças o retorno em teu juízo
e de forma alguma queres defender as naus velozes
do fogo infernal, pois raiva caiu em teu ânimo,
como ficaria eu aqui, minha criança, longe de ti
e sozinho? Enviou-me para ti o ancião, o cavaleiro Peleu,
no dia em que te enviou de Ftia a Agamêmnon –
eras tolo, ainda não conhecias a guerra niveladora

nem assembleias onde varões se tornam proeminentes.
Por isso me enviou: que te ensinasse tudo,
a ser orador de discursos e executor de ações.
Portanto sem ti, minha criança, não gostaria
de ficar, nem se o próprio deus me prometesse
desbastar a velhice e me tornar um jovem no auge
como no dia em que deixei a Hélade de belas mulheres,
fugindo da briga com o pai, Amintor, filho de Órmeno,
com raiva de mim por causa de uma bela concubina
que ele próprio amava, e desonrava sua esposa,
minha mãe; ela suplicava, tocando meus joelhos,
que me unisse à concubina antes do velho e esta o odiasse.
Convencido, agi; meu pai, de pronto desconfiado,
maldisse-me com veemência e invocou as odiosas Erínias:
que nunca sobre seus joelhos sentasse um caro filho
nascido de mim. Os deuses realizaram as maldições,
Zeus subterrâneo e a atroz Perséfone.
A ele eu quis matar com bronze afiado;
um imortal, porém, fez cessar a ira e em meu ânimo
pôs a voz do povo e as muitas críticas dos homens,
para eu não ser chamado de patricida pelos aqueus.
De forma alguma meu ânimo no peito se conformou
em perambular pela casa, meu pai com raiva.
De fato, camaradas e primos ao redor demais
suplicaram lá mesmo, tentando me deter no palácio:
muitas ovelhas robustas e lunadas vacas trôpegas
sacrificaram; queimaram as cerdas de muitos porcos
ricos em gordura e os estenderam sobre o fogo de Hefesto;
muito vinho se bebeu das ânforas do ancião.
Por nove dias, passaram a noite a meu lado;

alternavam-se na vigília, e nunca o fogo apagava,
um sob o pórtico do pátio bem-murado,
o outro no vestíbulo, diante das portas do quarto.
Quando veio, porém, a décima noite tenebrosa,
quebrei as sólidas portas, justas, do quarto,
saí e pulei fácil sobre o muro do pátio,
escapando dos vigias e das servas mulheres.
Então fugi para longe pela Hélade espaçosa
e cheguei a Ftia grandes-glebas, mãe de ovelhas e cabras,
e fui até o senhor Peleu; solícito, a mim recebeu
e amou como um pai ama o filho
único, temporão, junto a muitos bens.
Tornou-me rico e passou-me numeroso povo;
habitava o extremo de Ftia, regendo os dólopes.
Fiz-te assim valoroso, Aquiles semelhante a deuses,
amando de coração, pois com outro não querias
ir a banquete ou comer em teus salões
antes que eu, te sentando em meus joelhos,
te satisfizesse com carne, que cortava, e estendesse vinho.
Amiúde molhaste minha túnica no peito,
vomitando vinho durante a infância pungente.
Por tua causa sofri muito, demais, e muito aguentei,
refletindo que os deuses não me dariam descendência
própria; porém, Aquiles semelhante a deuses, meu filho
te tornei para um dia me defenderes de ultrajante flagelo.
Vamos, Aquiles, subjuga teu ânimo grandioso; para que
um coração impiedoso? Maleáveis são até os deuses –
e sua excelência, honra e força são ainda maiores;
também a eles, por meio de incenso, preces gentis,
libações e o olor de sacrifícios, os homens dissuadem,

suplicantes, se alguém comete transgressão ou falta.
Pois também há as Súplicas, filhas do grande Zeus,
mancas, enrugadas e estrábicas dos dois olhos,
que se preocupam em ir atrás de Prejuízo.
Prejuízo é poderosa e tem o pé perfeito; assim, corre
bem na frente das outras e, em toda a terra, se antecipa
em lesar os homens; as outras, depois, os curam.
Quem respeita as filhas de Zeus ao se achegarem,
a este elas são úteis e escutam sua prece;
quanto ao que as rejeita e até as renega com dureza,
elas vão até Zeus Cronida e lhe suplicam
que Prejuízo o siga, para que, lesado, pague sua pena.
Vamos, Aquiles, concede também que às filhas de Zeus
siga a honra, a qual verga a mente de outros que são nobres.
Se o Atrida não trouxesse presentes e nomeasse mais para depois,
mas com vigor endurecesse sem cessar,
eu não te pediria que eliminasses a cólera
para defenderes os argivos, mesmo que muito precisassem;
agora, ele de pronto dá muito e promete mais para depois,
e enviou os melhores varões para fazerem súplicas,
os quais escolheu no exército aqueu, os que te são
os mais caros dos argivos: não humilhe o discurso deles
nem seus pés; antes, não cabia indignação por tua raiva.
Assim também ouvimos gestas dos varões de antanho,
heróis, de quando algum alcançava raiva veemente:
eram abertos a presentes e persuasíveis por palavras.
Há muito tenho em mente este feito – não é novo –,
de como foi; contarei para todos vós, que sois amigos.
Lutavam os curetes e os etólios firme-na-luta
em torno da cidade de Cálidon e se matavam;

os etólios defendiam-se pela adorável Cálidon,
e os curetes ansiavam por destruí-la com Ares.
Pois Ártemis trono-dourado lançara um mal aos etólios,
com raiva porque Eneu não lhe dera primícias da seara
na encosta: os outros deuses compartilharam hecatombes,
e apenas a ela, a grande filha de Zeus, não sacrificou;
ou esqueceu ou não pensou, e foi um grande desatino.
Enraivecida, a verte-setas instigou, de linhagem
divina, um javali, porco selvagem de dentes brancos,
que causava muitos danos ao pomar de Eneu:
muita árvore grande derrubava no chão,
macieiras com suas raízes, flores e tudo.
Matou-o o filho de Eneu, Meleagro,
após reunir caçadores e cães de muitas cidades,
pois o javali não seria subjugado por poucos mortais:
tão grande era, e dirigira muitos à pira pungente.
Ártemis impôs forte disputa e alarido em torno dele –
em torno da cabeça e do pelo hirsuto do javali –
entre os curetes e os enérgicos etólios.
Eis que enquanto Meleagro caro-a-Ares pelejava,
os curetes estavam mal e não eram capazes
de resistir fora da muralha, mesmo sendo muitos.
Mas quando em Meleagro entrou a raiva, que também
infla o espírito cerrado de outros, mesmo muito prudentes,
então, irado no coração com sua cara mãe Altaia,
descansava ao lado de sua lídima esposa, Cleópatra,
filha de Marpessa, a filha linda-canela de Eveno,
e de Idas, o mais poderoso dos varões mortais
de então e que até pegou o arco contra o senhor
Febo Apolo pela noiva linda-canela.

A Cleópatra, o pai e a senhora mãe, no palácio,
chamavam pela alcunha de Alcíone, pois sua própria
mãe, tendo a sorte da agoniada alcíone,
chorava quando o age-de-longe, Febo Apolo, a raptou.
Junto dela deitava-se Meleagro, digerindo aflitiva raiva,
enraivecido com as maldições da mãe, que pelos deuses
muito o maldissera, angustiada com o assassínio do irmão,
e com vigor também batera na terra nutre-muitos,
invocando Hades e a atroz Perséfone
de joelhos, os seios molhados de lágrimas,
e pedia a morte do filho: do Érebo ouviu-a
Erínia vem-na-névoa, a que tem implacável coração.
Logo, nos portões, subiu a assoada e o ressoo dos curetes,
as torres sendo atingidas; a Meleagro suplicaram os anciãos
etólios – enviaram os melhores sacerdotes dos deuses –
que saísse e os defendesse, prometendo grande presente:
onde a adorável planície de Cálidon fosse mais fértil,
lá, pediram, escolhesse um domínio belíssimo
de cinquenta medidas, metade dele com vinhedos
e a outra com campo nu, recortado da planície.
Muito lhe suplicou o ancião, o cavaleiro Eneu,
pondo-se na soleira do quarto grandioso,
sacudindo as portas bem-ajustadas, rogando ao filho.
Muito as irmãs e a senhora mãe a ele imploraram;
negava-se ainda mais. Muito os companheiros,
os que lhe eram, de todos, os mais zelosos e caros:
nem assim, porém, persuadiram seu ânimo no peito
antes de o quarto ter sido amiúde atingido, e os curetes
terem subido nas torres, prontos para queimar a cidade.
Então a esposa acinturada suplicou

a Meleagro, lamentosa, e contou-lhe todos
os pesares dos homens que têm a urbe conquistada:
matam os varões, o fogo reduz a cidade a pó
e estranhos levam crianças e mulheres cintura-marcada.
O ânimo dele se agitou ao ouvir os feitos vis
e ele partiu, após vestir as armas ultracintilantes no corpo.
Assim protegeu os etólios do dia danoso,
cedendo a seu ânimo. Não mais efetivaram as dádivas,
muitas e aprazíveis: assim mesmo afastou o mal.
Quanto a ti, não penses assim no juízo; que um deus
não te direcione para lá, meu caro: seria pior
defender naus em fogo. Não, rumo às dádivas
te põe, pois os aqueus te honrarão como a um deus.
Se imergires na batalha aniquiladora sem as dádivas,
não terás honra igual, mesmo afastando a batalha".
Respondendo, disse-lhe Aquiles, veloz nos pés:
"Fênix, velho amado, criado-por-Zeus, dessa honra
não preciso; penso ser honrado pelo quinhão de Zeus,
que será meu junto às naus recurvas enquanto fôlego
houver no peito e meus caros joelhos se moverem.
Outra coisa te direi, e em teu juízo a lança:
não confunda mais meu ânimo, chorando, angustiado,
favorecendo o herói Atrida; não deves prezá-lo,
do contrário serás odiado por mim, que te prezo.
É belo afligires quem me aflige;
sê rei tanto quanto eu e partilha de metade da honra.
Esses aí darão a mensagem; tu, fica aqui e deita
na cama macia. Quando a aurora despontar,
refletiremos se retornamos aos nossos ou se ficamos".
Falou e, em silêncio, com as celhas indicou a Pátroclo

que preparasse denso leito para Fênix, a fim de logo
se ocuparem os outros do retorno da cabana. Eis que Ájax,
o excelso Telamônio, entre eles enunciou o discurso:
"Laércida oriundo-de-Zeus, Odisseu muito-truque,
vamos; não me parece que o alvo do discurso
se realizará nesta jornada. Deve-se bem rápido
anunciar o discurso aos dânaos, embora não seja bom,
eles que agora aguardam sentados. Pois Aquiles
tornou selvagem seu ânimo enérgico no peito,
tinhoso, e não cuida do apreço dos companheiros,
com o qual, junto às naus, o honramos mais que a todos,
o impiedoso. Até pelo assassinato de um irmão
ou por um filho morto aceita-se compensação:
após pagar bastante, fica-se no próprio povoado,
e o coração e o ânimo macho de quem recebe
a compensação se contêm. Em ti, inexorável e vil
é o ânimo que os deuses puseram no peito pela jovem,
uma só: agora te ofertamos sete, de longe as melhores,
e muita outra coisa além delas. Torne teu ânimo propício
e respeita a morada: debaixo de teu teto estamos, nós
da multidão de dânaos, sôfregos, à parte dos outros,
por sermos os aqueus mais chegados e queridos a ti".
Respondendo, disse-lhe Aquiles, veloz nos pés:
"Ájax oriundo-de-Zeus, Telamônio, chefe de tropas,
parece que falaste quase tudo de acordo com meu ânimo;
meu coração, porém, infla de raiva sempre que aos fatos
mentalizo, quão ofensivo foi comigo, entre os argivos,
o Atrida, como se eu fosse um refugiado sem honra.
Pois ide e anunciai a mensagem:
não me preocuparei com a guerra sangrenta

antes de o filho do aguerrido Príamo, o divino Heitor,
alcançar as cabanas e naus dos mirmidões,
matando argivos, e incendiar as naus.
Em torno de minha cabana e negra nau, creio
que Heitor, mesmo ansioso, deixará de combater".
Falou, e cada um pegou sua taça dupla-alça,
libaram e, ao longo das naus, voltaram; Odisseu liderava.
Pátroclo ordenou aos companheiros e às servas
que bem ligeiro preparassem denso leito para Fênix.
Obedeceram e prepararam o leito como ordenara:
velos, manta e uma macia coberta trançada.
Lá o velho se deitou e aguardou a divina Aurora.
Aquiles dormiu no interior da cabana bem-erigida;
junto dele, deitou uma mulher que trouxera de Lesbos,
a filha de Forbas, Diomeda bela-face.
Pátroclo deitou-se no outro lado; junto dele,
a acinturada Ífis, que lhe fora dada pelo divino Aquiles
ao tomar a escarpada Esquiro, a urbe de Enieu.
Os outros, ao se encontrarem nas cabanas do Atrida,
a eles os filhos de aqueus com taças de ouro,
após se erguerem, um de cada lado, brindaram e inquiriram.
O primeiro a inquirir foi o rei de varões, Agamêmnon:
"Diga-me, Odisseu muita-história, grande glória dos aqueus,
se ele quer afastar das naus o fogo inimigo
ou se nega, e a raiva ainda domina o ânimo enérgico".
A ele dirigiu-se o muita-tenência, divino Odisseu:
"Majestosíssimo Atrida, senhor de varões, Agamêmnon,
ele não quer extinguir sua raiva, mas ainda mais
se enche de ímpeto e rejeita a ti e a teus presentes.
Pediu que refletisses entre os argivos

como salvar as naus e o exército de aqueus;
ele mesmo ameaçou, no despontar da aurora,
puxar ao mar as naus bom-convés, ambicurvas.
Também disse que gostaria de aos outros aconselhar
que navegassem para casa: não mais encontrareis o fim
da escarpada Troia, pois Zeus ampla-visão, firme,
sobre ela mantém sua mão, e o exército é audacioso.
Falou, e esses aí, que me seguiram, podem confirmá-lo,
Ájax e os dois arautos, ambos inteligentes.
Fênix, o ancião, lá se deitou, pois assim Aquiles pediu,
e que o seguisse nas naus rumo à cara pátria
amanhã, se quisesse; não o levará obrigado".
Assim falou, e todos, atentos, se calaram,
pasmos com o discurso; falara com muita energia.
Tempo silenciaram, agastados, os filhos de aqueus;
demorou até que falasse Diomedes bom-no-grito:
"Majestosíssimo Atrida, senhor de varões, Agamêmnon,
não deverias ter suplicado ao impecável Pelida
dando-lhe dons sem-fim; ele já é macho,
e agora o levaste a um grau bem maior de macheza.
Pois a ele deixemos de lado; ou partirá
ou ficará; um dia vai lutar de novo, quando
o ânimo no peito lhe ordenar e um deus o instigar.
Vamos, ao que eu falar, obedeçamos todos:
agora deitai-vos, tendo deleitado o caro coração
com pão e vinho, pois isso é ímpeto e bravura.
Depois que surgir a bela Aurora dedos-róseos,
ligeiro dirige tropa e cavalos para diante das naus,
incitando-os, e tu mesmo combate na linha de frente".
Assim falou, e todos os reis aprovaram,

pasmos com o discurso de Diomedes doma-cavalo.
Então, após libarem, cada um rumou a sua cabana,
onde se deitaram e aceitaram o dom do sono.

10

Os outros, os melhores aqueus, junto às naus
dormiram a noite toda, dominados por sono macio;
não ao Atrida Agamêmnon, pastor de tropa,
o doce sono tomou, muito inquieto no juízo.
Tal o marido de Hera bela-juba quando relampeia,
preparando muita chuva, ilimitada, granizo
ou neve, quando os flocos cobrem as plantações,
ou, em algum lugar, grande boca de batalha afiada,
assim era o denso lamento de Agamêmnon no peito,
do fundo do coração, e, dentro, tremia seu juízo.
Quando observava a planície troiana,
admirava-se das muitas fogueiras diante de Troia,
da assuada de aulos e siringes e da zoada dos homens;
quando fitava as naus e o exército de aqueus,
da cabeça puxava muitas madeixas com as raízes
para Zeus do-alto, e forte gemia no glorioso coração.
Em seu ânimo, mostrou-se este o melhor desígnio:
por primeiro encontrar Nestor, filho de Neleu,
a ver se com ele construía um plano impecável
que se tornasse afasta-males para todos os dânaos.

Ereto, mergulhou na túnica em volta do peito
e, sob os pés reluzentes, atou belas sandálias;
depois, envolveu-se em rubra pele de leão,
brilhante, esplêndida, até os pés, e pegou a lança.
Da mesma forma tremia Menelau, pois para ele
o sono não sentava nas pálpebras: que não sofressem
os argivos, que, por ele, sobre águas extensas
foram até Troia, incitando guerra tenaz.
Primeiro cobriu as largas costas com pele de pantera
variegada, ergueu o elmo de bronze, na cabeça
o colocou e com a mão encorpada tomou da lança.
Foi encontrar o irmão que, superior, sobre todos
os argivos regia e como um deus era honrado pelo povo.
Topou com ele quando punha as belas armas nos ombros
junto à popa da nau, e sua chegada alegrou o outro.
Por primeiro falou Menelau bom-no-grito:
"Por que te armas assim, irmão? Acaso um companheiro
mandarás aos troianos como espia? Sinto um medo
bem terrível de que ninguém te prometerá esse feito,
espiar varões inimigos, caminhando sozinho
pela noite imortal; terá de ser bem coração-valente".
Respondendo, disse-lhe o poderoso Agamêmnon:
"Menelau criado-por-Zeus, precisamos de um plano
ladino, um que possa proteger e salvar
argivos e naus, pois o juízo de Zeus virou.
Aos sacrifícios de Heitor dirigiu seu juízo;
de fato, nunca vi ou ouvi alguém dizer
que um só varão tanta devastação efetuou em um dia
como Heitor caro-a-Zeus fez aos filhos de aqueus
sozinho, não sendo caro filho de uma deusa ou deus.

Feitos executou que, afirmo, ocuparão os argivos
por longo tempo: tantos males armou aos aqueus.
Pois agora te mexe: chama Ájax e Idomeneu,
correndo veloz junto às naus. Eu irei até o divino Nestor
e o farei levantar-se, a ver se quer
se dirigir ao sacro posto dos vigias e instruir-lhes.
Darão toda a atenção a ele, pois seu filho
chefia os vigias, bem como o assistente de Idomeneu,
Meríones, pois foi neles que mais confiamos".
Respondeu-lhe Menelau bom-no-grito:
"Sim, mas o que mesmo me instruis e ordenas?
Ficar lá, esperando com eles até que venhas,
ou correr de volta atrás de ti, após instruí-los bem?".
A ele dirigiu-se o senhor de varões, Agamêmnon:
"Ficar lá, para que não nos desencontremos,
pois muitos são os caminhos ao longo do bivaque.
Aonde chegares, fala claro e manda ficarem despertos,
nomeando cada um e a linhagem paterna,
reverenciando todos, e não mostre altivez no ânimo.
Até nós devemos labutar; nesse nível, parece,
Zeus nos enviou pesada desgraça ao nascermos".
Dito isso, dispensou o irmão após tê-lo bem instruído;
ele mesmo foi até Nestor, pastor de tropa.
Encontrou-o junto à cabana e à negra nau
em leito macio; ao lado, as armas adornadas,
o escudo, duas lanças e o elmo brilhante,
e junto jazia o cinto multicolor, com que o ancião
se cintava ao se armar para batalha aniquiladora,
guiando tropas, pois não se entregara à funesta velhice.
Apoiado nos cotovelos, ergueu a cabeça,

dirigiu-se ao Atrida e perguntou-lhe com o discurso:
"Quem é esse que, junto às naus no bivaque, vai sozinho
pela noite negra, quando dormem os outros mortais?
Estás à procura de mula ou de companheiro?
Fala claro; não vem a mim em silêncio; do que precisas?".
Respondeu-lhe o senhor de varões, Agamêmnon:
"Nestor, filho de Neleu, grande glória dos aqueus,
reconhecerás o Atrida Agamêmnon, que mais que a todos
Zeus envolve em pugnas sem cessar enquanto fôlego
houver no peito e meus caros joelhos se moverem.
Eu vago, pois em meus olhos doce sono não se assentou,
e a guerra e as aflições dos aqueus me ocupam.
Temo ao extremo pelos aqueus, e meu coração
não está firme, mas me perturbo, e para fora do peito
ele quer saltar, e embaixo tremem os membros ilustres.
Se queres fazer algo, pois nem a ti o sono alcançou,
de pé! Desçamos até os vigias para nos certificarmos
de que não dormem extenuados por sono e fadiga
e se esqueceram de todo da vigilância.
Varões inimigos estão perto, e não sabemos
se não intentam pelejar também à noite".
Respondeu-lhe o gerênio, o cavaleiro Nestor:
"Majestosíssimo Atrida, senhor de varões, Agamêmnon,
duvido que o astuto Zeus completará todas as ideias
de Heitor, essas suas expectativas; creio que ele
padecerá ainda mais aflições no caso de Aquiles
redirecionar seu coração para longe da raiva nociva.
Claro que irei contigo; além disso, despertemos outros,
o Tidida famoso-na-lança, Odisseu,
o veloz Ájax e o bravo filho de Fileu.

E alguém deveria chamar
ao excelso Ájax e ao senhor Idomeneu:
suas naus são as mais distantes, nada próximas.
Com Menelau, porém, embora caro e respeitável,
vou ralhar, mesmo que te indignes, e não o esconderei:
eis que dorme, e entregou a labuta só para ti.
Deveria estar se esforçando entre todos os melhores,
suplicando-lhes, pois necessidade insuportável chegou".
A ele dirigiu-se o senhor de varões, Agamêmnon:
"Ancião, outra vez posso te pedir que o responsabilize;
amiúde deixa estar e não quer se esforçar,
nem cedendo à hesitação nem à estupidez nas ideias,
mas olhando para mim e aguardando meu impulso.
Agora despertou bem antes e se pôs junto a mim,
e o enviei para chamar aqueles por quem indagas.
Vamos, àqueles alcançaremos diante dos portões
entre os vigias, pois dei a ordem que lá se reunissem".
Respondeu-lhe o gerênio, o cavaleiro Nestor:
"Assim ninguém irá se indignar com ele ou a ele desobedecer
quando incitar um argivo ou der ordens a ele".
Falou e mergulhou na túnica em volta do peito
e, sob os pés reluzentes, atou belas sandálias;
em volta de si, com uma fivela prendeu rubra capa,
uma dupla, extensa, e sobre ela tufos esparsos de lã.
Tomou a brava lança, afiada com ponta de bronze,
e se pôs rumo às naus dos aqueus couraça-brônzea.
O primeiro foi Odisseu, como Zeus na astúcia,
que o gerênio, o cavaleiro Nestor, despertou do sono
com clara voz, e a cadência logo envolveu o juízo do outro;
saiu da cabana e dirigiu um discurso a eles:

"Por que, junto às naus no bivaque, vagais sozinhos
pela noite imortal? Que grande necessidade vos atingiu?".
Respondeu-lhe o gerênio, o cavaleiro Nestor:
"Laércida oriundo-de-Zeus, Odisseu muito-truque,
não te indignes; grande comoção chegou aos aqueus.
Pois vem, que despertemos outro: convém
que esse planeje se devemos fugir ou pelejar".
Falou, e Odisseu muita-astúcia entrou na cabana,
pôs o escudo ornado em volta dos ombros e voltou.
Dirigiram-se ao Tidida Diomedes, que alcançaram
fora da cabana com suas armas. Em volta, companheiros
dormiam, escudo embaixo das cabeças, as lanças
de pé, seu cabo enfiado no solo, e de longe a ponta
brilhava como o raio de Zeus pai. O herói
dormia; embaixo, estendida, pele de boi campestre;
sob a cabeça, jazia coberta reluzente.
Achegando-se, despertou-o o gerênio, o cavaleiro Nestor,
chutando-o com o pé; instigou-o e provocou de frente:
"Acorda, filho de Tideu; por que resfolegar a noite toda?
Não percebes que os troianos, na elevação do plaino,
estão perto das naus, e pequeno espaço os detém?".
Disse, e muito rápido ergueu-se do sono
e, falando, dirigiu-lhe palavras plumadas:
"És tinhoso, ancião; nunca deixas de lado a pugna.
Não há também outros, mais jovens filhos de aqueus,
que poderiam despertar cada um dos reis
correndo por aí? És impossível, velho".
Respondeu-lhe o gerênio, o cavaleiro Nestor:
"Por certo isso tudo, meu caro, falaste com adequação.
Tenho filhos impecáveis e uma tropa

numerosa, da qual alguém poderia fazer o chamado;
bem grande necessidade, porém, chegou aos aqueus.
As coisas estão no fio da faca para todos:
ou funesto fim para os aqueus ou viver.
Vamos, agora ao veloz Ájax e ao filho de Fileu
desperta – tu és mais jovem –, caso de mim te apiedes".
Falou, e em volta dos ombros vestiu pele de leão
reluzente, esplêndida, até os pés, e pegou a lança.
Partiu, lá despertou esses heróis e os conduziu.
Ao se juntarem aos vigias reunidos em assembleia,
toparam com os chefes dos vigias acordados,
e todos estavam sentados, despertos, com suas armas.
Como cães, em dura guarda em volta de ovelhas no pátio,
ouvem fera decidida, que, descendo o bosque,
vem pela montanha; grande alarido sobre ela
parte de varões e cães, e para eles o sono findou –
assim, sobre suas pálpebras, o sono prazeroso findara,
vigilantes na noite sinistra: sempre à planície
se voltavam, esperando ouvir os troianos chegando.
O ancião os viu, alegrou-se e os encorajou com o discurso:
[falando, dirigiu-lhes palavras plumadas:]
"Assim agora, caros meninos, vigiai; que a ninguém
o sono pegue, de sorte a não alegrarmos os inimigos".
Falou e cruzou o fosso; os outros o seguiam,
os reis dos argivos, todos chamados a deliberar.
Iam junto Meríones e o caro filho de Nestor,
chamados pelos outros a fim de juntos planejarem.
Após cruzarem o fosso cavado, sentaram
em espaço limpo, no qual se via o solo entre os cadáveres
caídos, de onde retornara o ponderoso Heitor,

após matar argivos, quando a noite os encobriu;
lá sentaram e trocaram palavras entre si.
Entre eles começou a falar o gerênio, o cavaleiro Nestor:
"Amigos, um varão, confiante em seu próprio ânimo
audacioso, poderia ir ter com os troianos enérgicos,
a ver se pegava algum inimigo mais afastado
ou talvez também ouvisse uma fala entre os troianos,
o que planejam entre eles: ou anseiam
ficar aqui mesmo junto às naus, distantes, ou à cidade
recuarão, após subjugar os aqueus.
Após se informar disso tudo, voltaria até nós,
ileso; grande seria sua fama sob o páramo
entre todos os homens, e para ele haveria dom valioso:
de tantos nobres quantos têm poder sobre as naus,
cada um deles lhe daria uma ovelha negra,
fêmea, com um cordeiro, uma posse sem igual;
e sempre estará presente nos banquetes e festejos".
Assim falou, e todos, atentos, se calaram.
Entre eles falou Diomedes bom-no-grito:
"Nestor, impelem-me o coração e o ânimo macho
a penetrar o bivaque dos varões inimigos, próximos,
troianos. Todavia, oxalá outro varão seguisse comigo:
haveria mais confiança e coragem.
Vão dois juntos, um pensa antes do outro
ao haver uma vantagem; sozinho, mesmo que pense,
o pensamento é mais curto, a astúcia, mais tênue".
Falou, e muitos quiseram seguir Diomedes;
quiseram os dois Ájax, assistentes de Ares,
quis Meríones, quis muito o filho de Nestor,
quis o Atrida, Menelau famoso-na-lança,

quis o audacioso Odisseu mergulhar na multidão
de troianos, pois seu ânimo no peito sempre ousava.
Entre eles falou Agamêmnon, senhor de varões:
"Tidida Diomedes, agradável a meu ânimo,
escolherás teu companheiro, quem quiseres,
o melhor entre os voluntários, pois muitos anseiam.
Que, envergonhado no íntimo, não deixes
o melhor para trás e leves o pior, mesmo que seja
mais régio, cedendo ao pudor e mirando a linhagem".
Assim falou, e temeu pelo loiro Menelau.
De novo falou entre eles Diomedes bom-no-grito:
"Se ordenais que eu mesmo escolha o companheiro,
como deixaria passar, nesse caso, o divino Odisseu,
que sobressai com seu coração solícito e ânimo macho
em todas as pugnas, e o ama Palas Atena?
Se ele seguir, mesmo de fogo chamejante
nós dois voltaríamos, pois é exímio no pensar".
A ele dirigiu-se o muita-tenência, divino Odisseu:
"Tidida, não me elogies nem me censures demais;
entre os argivos, dizes isso para quem sabe.
Vamos; logo findará a noite, e próxima está a aurora,
os astros estão adiantados, a maior parte da noite se foi –
duas partes –, e só a terceira ainda sobra".
Falou assim, e vestiram as armas terríveis.
Trasimedes, firme guerreiro, deu ao Tidida
uma espada duas-lâminas (deixara a sua junto à nau)
e o escudo; em sua cabeça, pôs um elmo
taurino, sem placas e sem crina, que boina-de-couro
é chamado e protege a cabeça dos jovens viçosos.
A Odisseu Meríones deu arco, aljava

e espada. Em sua cabeça vestiu um elmo
feito de couro: dentro, com muitas faixas,
estava bem estirado; por fora, dentes luzidios
de um porco dentes-brancos, fartos, foram postos
com destreza; dentro havia feltro ajustado.
Autólico roubara o elmo, um dia, em Eleunte,
ao arrombar a segura casa de Amintor, filho de Órmeno,
e dera-o a Anfidamas de Citera, que o levou a Escandeia.
Anfidamas deu-o a Molo como xênia,
e esse legou-o a Meríones, o filho, para que usasse.
Então, em volta da cabeça de Odisseu, cobria-a bem.
Após os dois vestirem as armas terríveis,
partiram e deixaram lá mesmo todos os melhores.
Perto do caminho, à destra, enviou-lhes uma garça
Palas Atena; não a viram com os olhos
na noite negra, mas ouviram seu guincho.
Odisseu se alegrou com a ave e rezou a Atena:
"Ouve-me, rebento de Zeus porta-égide, que sempre
estás comigo em todas as pugnas e não me ignoras
quando ajo: de novo me queiras muito bem, Atena.
Dá que, gloriosos, retornemos de volta às naus
após efetuar feito grandioso, que aos troianos ocupará".
O segundo a rezar foi Diomedes bom-no-grito:
"Ouve-me, rebento de Zeus porta-égide, Atritone:
vem comigo como quando foste a Tebas
com meu pai Tideu, mensageiro que chegou antes dos aqueus.
Abandonara no Esopo os aqueus couraça-brônzea
e levava um discurso amável aos cadmeus.
Ao voltar, porém, armou feitos muito devastadores
contigo, senhora deusa, e, solícita, o acompanhaste.

Assim agora, querendo, me acompanha e protege;
para ti sacrificarei novilha larga-fronte,
indomada, que nunca varão sob o jugo guiou:
essa te sacrificarei, após envolver os chifres com ouro".
Assim falaram em prece, e os ouviu Palas Atena.
Depois de terem rezado à filha do grande Zeus,
continuaram feito dois leões em noite escura
em meio a matança, cadáveres e armas com sangue escuro.
Não, nem aos machos troianos Heitor permitiu
dormir; chamou, em conjunto, todos os melhores,
tantos líderes e capitães troianos quantos havia.
Após congregá-los, forjou um plano cerrado:
"Quem, sob promessa, cumpriria este feito para mim
por um grandioso dom? A paga será suficiente:
darei dois carros e cavalos pescoço-notável,
os melhores junto às naus velozes dos aqueus,
a quem ousar – para si mesmo granjearia glória –
achegar-se das naus fende-rápido e se informar
se as naus velozes são vigiadas como no passado,
ou se já, subjugados por nossos braços,
planejam a fuga entre eles e não querem
vigiar à noite, extenuados por fadiga terrível".
Assim falou, e todos, atentos, se calaram.
Havia, entre os troianos, um Dólon, filho de Eumedes,
o arauto divino, rico em ouro, rico em bronze.
Vê, ele era feio quanto à aparência, mas pé-ligeiro;
era um varão único entre cinco irmãs.
Então aos troianos e a Heitor disse o discurso:
"Heitor, impele-me o coração e o ânimo macho
a achegar-me das naus fende-rápido e me informar.

Vamos, ergue esse cetro para mim e jura
que os cavalos e o carro ornado com bronze
me darás, os que levam o impecável Pelida.
Serei um espião útil e atenderei às expectativas;
cruzarei o bivaque de ponta a ponta até alcançar
a nau de Agamêmnon, onde é provável que os melhores
estejam planejando fugir ou pelejar".
Falou, e Heitor pegou o cetro e jurou-lhe:
"Saiba agora Zeus, o ressoante marido de Hera,
que a esses cavalos não conduzirá outro varão
troiano: afirmo que te regozijarás para sempre".
Falou, e foi jura ineficaz, mas ao outro excitou.
De pronto sobre os ombros lançou o arco recurvo;
vestiu, sobre o resto, a pele de um lobo cinza;
na cabeça, um elmo de furão, e pegou a lança afiada.
Saindo do bivaque, dirigiu-se às naus. Pois não iria
retornar das naus e trazer um discurso a Heitor.
Após abandonar a multidão de carros e varões,
ia, ávido, pelo caminho. Percebeu-o, avançando,
Odisseu oriundo-de-Zeus, que disse a Diomedes:
"Diomedes, lá marcha um varão que vem do bivaque,
não sei se como espia de nossas naus
ou para roubar um dos corpos defuntos.
Deixemos que primeiro nos passe um pouco
no plaino; depois o atacaremos para o pegar
ligeiro. Se com os pés nos escapar,
nós o forçaremos para longe do bivaque rumo às naus,
investindo com a lança para não fugir à urbe".
Assim falaram e, ao lado do caminho, entre os corpos,
se deitaram; o outro, insensato, passou correndo.

Quando estava tão longe quanto a distância padrão
de mulas no arado – elas são melhores que bois
para puxar o arado articulado no fundo pousio –,
os dois correram atrás, e ele parou ao ouvir o ruído:
esperava, no ânimo, que viessem companheiros troianos
para deixá-lo voltar – ordem de Heitor que retornasse.
Quando estavam à distância que faz uma lança ou menos,
reconheceu-os como inimigos e acelerou os joelhos
para fugir; eles dispararam em sua perseguição.
Como dois cães de dentes afiados, peritos em caça,
pressionam, sem descanso, um enho ou uma lebre
por um terreno matoso, e esse corre na frente, guinchando,
assim a ele o Tidida e Odisseu destrói-cidade
perseguiam sem descanso, cortando-o de sua tropa.
Mas quando quase iria juntar-se aos vigias,
fugindo para as naus, então Atena lançou ímpeto
no Tidida a fim de que nenhum aqueu couraça-brônzea
proclamasse tê-lo atingido antes, e ele tivesse chegado em segundo.
Investindo com a lança, disse o poderoso Diomedes:
"Parado, ou te atingirei com a lança, e afirmo que não
demorará o abrupto fim que vem de meu braço".
Falou e arremessou o projétil, querendo não acertar;
a ponta da lança bem-polida foi sobre o ombro direito
e cravou-se na terra. Ele ficou com medo e parou,
gaguejando – pela boca, ouviam-se os dentes estalejando –,
lívido de medo. Os dois, arfando, o alcançaram
e o pegaram pelos braços. Ele, chorando, falou:
"Levai-me vivo, e eu mesmo me resgatarei, pois em casa
há bronze, ouro e ferro muito trabalhado:
meu pai vos agradaria com um resgate sem-fim

se ouvisse eu estar vivo junto às naus dos aqueus".
Respondendo, disse-lhe Odisseu muita-astúcia:
"Coragem, que a morte não inquiete teu ânimo.
Vamos, diz-me isto e conta com precisão:
por que assim, do bivaque às naus, vais sozinho
pela noite negra, quando dormem os outros mortais?
Para roubar algum dos corpos defuntos?
Heitor te enviou para espionares, meticuloso,
junto às cavas naus? Ou teu próprio ânimo te mandou?".
Dólon respondeu-lhe, tremendo nas pernas:
"Heitor desviou minha mente com grande desatino,
ao indicar que me daria os cavalos monocasco
e o carro ornado com bronze do ilustre Pelida.
Ordenou-me que fosse pela veloz noite escura
para perto dos varões inimigos e me informasse
se as naus velozes são vigiadas como no passado,
ou se já, subjugados por nossos braços,
planejais a fuga entre vós e não quereis
vigiar à noite, extenuados por fadiga terrível".
Sorrindo, disse-lhe Odisseu muita-astúcia:
"Sim, teu ânimo se esforça por grandiosos dons,
os cavalos do aguerrido Eácida; é difícil
para varões mortais os dominar e guiar,
salvo para Aquiles, a quem gerou mãe imortal.
Vamos, diz-me isto e conta com precisão:
ao vires para cá, onde deixaste Heitor, pastor de tropa?
Onde estão suas armas de guerra? E os cavalos?
Como estão as guardas dos outros troianos? Onde dormem?
O que entre eles planejam: anseiam ficar
aqui mesmo junto às naus, distantes, ou à cidade

recuarão de volta, após subjugar os aqueus?".
A ele dirigiu-se Dólon, filho de Eumedes:
"Portanto a ti, com muito precisão, isso contarei.
Heitor encontra-se com os que são conselheiros
e planos planeja junto ao sepulcro do divino Ilo,
longe do fragor da luta. As guardas que indagas, herói,
nenhuma, separada, protege ou guarda o bivaque.
Tantos fogos-lares dos troianos quantos são necessários,
junto a esses estão despertos e na guarda incentivam-se
mutuamente. Os aliados, convocados de muitos lugares,
estão dormindo; deixam a vigilância para os troianos:
suas crianças e mulheres não estão perto".
Respondendo-lhe, disse Odisseu muita-astúcia:
"Como assim? Eles dormem separados ou misturados
com os troianos doma-cavalo? Fala, preciso saber".
A ele dirigiu-se Dólon, filho de Eumedes:
"Portanto a ti, com muita precisão, isso contarei:
em direção ao mar, cários, peônios de arcos recurvos,
léleges, caúcones e os divinos pelasgos;
em direção a Timbra, sortearam lícios, honrados mísios,
frígios hipoguerreiros e meônios elmo-equino.
Mas por que me interrogas acerca disso em detalhe?
Se ansiais, os dois, mergulhar na multidão troiana,
lá, longe dos outros, estão os trácios, recém-chegados,
e, entre eles, o rei Reso, filho de Eioneu.
Vi os cavalos dele, os mais bonitos e maiores:
mais brancos que a neve, correm como os ventos;
seu carro é bem-trabalhado com ouro e prata.
Com armas de ouro, notáveis, assombro à visão,
ele veio: não convém que varões mortais

as usem; deuses imortais, sim.
Pois agora me conduzi às naus fende-rápido
ou me prendei com laço impiedoso e me deixai aqui
até terdes ido, os dois, e tirado a prova
se o que eu disse foi adequado ou não".
Olhando de baixo, disse-lhe o forte Diomedes:
"Vê bem, Dólon: não ponhas fuga em teu ânimo,
mesmo após as boas-novas, pois caíste em minhas mãos.
Se aceitássemos resgate ou te liberássemos,
no futuro virias às naus velozes dos aqueus,
ou para espionar ou para pelejar no mano a mano.
Se perderes a vida, subjugado por meus braços,
então nunca mais afligirás os argivos".
Falou, e Dólon, com a mão encorpada, tocaria seu queixo
em súplica, mas Diomedes varou seu pescoço no meio,
investindo com a espada, e cortou os dois tendões;
balbuciando, sua cabeça uniu-se à poeira.
Tiraram seu elmo de furão da cabeça,
a pele de lobo, o arco estica-e-volta e a grande lança,
e a isso o divino Odisseu, para Atena dá-despojos,
ergueu ao alto com as mãos e, rezando, disse:
"Alegra-te com isso, deusa; a ti, por primeiro no Olimpo,
entre todos os deuses, clamaremos por ajuda.
Também nos leva aos cavalos e leitos dos trácios".
Falou e, acima de si, tudo ergueu
e pôs num tamarisco; junto, um sinal claro,
um feixe de juncos e galhos viçosos do tamarisco,
que não ignorariam ao voltar pela veloz noite escura.
Avançaram em meio a armas com sangue escuro
e presto alcançaram o alvo, os varões trácios.

Extenuados por fadiga, dormiam, e suas armas
belas estavam a seu lado no chão, na ordem correta,
em três fileiras; junto a cada um, uma parelha de cavalos.
Reso dormia no meio, e, com ele, os cavalos velozes,
amarrados com correias na ponta do parapeito do carro.
Odisseu viu-o antes e apontou-o a Diomedes:
"Esse é o varão, Diomedes, e esses são os cavalos
que Dólon, morto por nós, indicou.
Vamos, mostra o ímpeto potente; não precisas
ficar parado em vão com as armas; solta os cavalos.
Ou mata os varões e dos cavalos me ocuparei eu".
Falou, e nele ímpeto insuflou Atena olhos-de-coruja:
matava ao redor e deles partia gemido ultrajante,
golpeados por espada; a terra se avermelhava de sangue.
Como o leão que ataca rebanhos sem pastor,
de cabras ou ovelhas, e, visando males, os abalroa,
assim o filho de Tideu atacou os trácios
até ter matado doze. Odisseu muita-astúcia
se achegava de quem o Tidida golpeava com a espada
e, na sequência, pegava-o pelo pé e o removia,
refletindo isto no ânimo: que os cavalos lindo-pelo
atravessassem fácil e não sentissem medo
ao pisotearem os corpos, ainda desabituados a isso.
Quando o filho de Tideu chegou até o rei,
arrebatou sua vida melíflua, agora já a décima terceira,
enquanto ele ofegava, pois sonho ruim estava sobre sua cabeça –
o filho do Oinida – nessa noite graças à astúcia de Atena.
Entrementes o audacioso Odisseu soltava os cavalos monocasco,
juntava-os com as correias e afastava-os da multidão,
batendo com o arco, pois não pensara em pegar

o brilhante chicote do carro adornado.
Eis que assobiou, comunicando-se com o divino Diomedes.
Esse, imóvel, meditava o que faria de mais pernicioso:
se pegar o carro, onde estavam as armas adornadas,
puxando pelo varal, ou se, após erguê-lo, carregá-lo,
ou ainda tirar a vida de mais desses trácios.
Enquanto revolvia isso no juízo e no ânimo,
Atena postou-se perto e disse ao divino Diomedes:
"Mentaliza o retorno, filho do enérgio Tideu,
rumo às cavas naus para não voltares fugindo;
que outro deus não desperte os troianos".
Isso disse, e entendeu a voz da deusa que falara;
ligeiro subiu na parelha. Odisseu golpeou-os
com o arco, e voaram às naus velozes dos aqueus.
Apolo arco-de-prata não mantinha cega vigia
quando viu Atena ir atrás do filho de Tideu.
Cheio de rancor pela deusa, ele imergiu na grande multidão troiana
e instigou Hipocoonte, conselheiro dos trácios,
valoroso primo de Reso. Hipocoonte pulou do sono,
e quando viu o lugar vazio onde estiveram os cavalos velozes
e os varões ofegantes na chacina cruel,
então bramou e chamou seu caro companheiro.
Fez-se assuada e algazarra indizível de troianos
correndo em conjunto, e viram os feitos devastadores
realizados por varões que rumaram às cavas naus.
Quando os dois chegaram aonde mataram o espia de Heitor,
lá Odisseu caro-a-Zeus conteve os cavalos velozes,
e Diomedes pulou na terra, os despojos sanguíneos
pôs nas mãos de Odisseu e voltou a subir nos cavalos.
Chicoteou-os, e ambos de bom grado voaram

rumo às côncavas naus, pois era-lhes caro no ânimo.
Nestor foi o primeiro a ouvir o ruído e falou:
"Amigos, líderes e dirigentes dos argivos:
engano-me ou digo a verdade? Pede-me o ânimo.
Ruído de cavalos casco-veloz atinge meus ouvidos:
oxalá sejam Odisseu e o poderoso Diomedes
a puxarem cavalos monocasco dos troianos para cá.
Porém tenho medo terrível no juízo: que os melhores
argivos nada tenham sofrido na pugna dos troianos".
Não havia terminado a fala quando chegaram.
Desceram do carro no chão e, satisfeitos,
saudaram-nos com a direita e palavras amáveis.
O primeiro a inquiri-los foi o gerênio, o cavaleiro Nestor:
"Diga-me, Odisseu muita-história, grande glória dos aqueus,
como pegastes esses cavalos: mergulhando na multidão
de troianos? Ou um deus vos parou e agraciou?
É assombroso como se parecem com raios do sol.
Sempre me misturo aos troianos e afirmo que jamais
aguardo junto às naus, mesmo sendo um guerreiro velho.
Agora, nunca vi ou observei cavalos como esses.
Não, creio que um deus topou convosco e os deu,
pois ambos são caros a Zeus junta-nuvens
e à filha de Zeus porta-égide, Atena olhos-de-coruja".
Em resposta, disse-lhe Odisseu muita-astúcia:
"Nestor, filho de Neleu, grande glória dos aqueus,
querendo, o deus fácil poderia dar cavalos melhores
que esses; deuses são muito mais poderosos.
Esses cavalos que te ocupam, ancião, são recém-chegados,
trácios; o valoroso Diomedes matou seu senhor
e, junto dele, doze companheiros, todos excelentes.

Como décimo terceiro, pegamos um espia perto das naus,
que, para espionar nosso bivaque, foi enviado
por Heitor e por outros ilustres troianos".
Isso disse e puxou os cavalos monocasco pelo fosso,
exultante; com ele iam os outros aqueus, satisfeitos.
Quando alcançaram a cabana bem-feita do Tidida,
prenderam os animais com correias bem-cortadas
na manjedoura equina, onde os cavalos pé-ligeiro
de Diomedes estavam, comendo trigo doce como mel,
e na popa da nau Odisseu deixou os despojos ensanguentados
de Dólon até aprontarem o sacrifício para Atena.
Eles próprios entraram no mar e lavaram o abundante
suor das pernas, do pescoço e em volta das coxas.
Após a onda do mar ter lavado o abundante suor
do corpo, e o caro coração ter se refrescado,
entraram nas bem-polidas banheiras e banharam-se.
Após os dois se banharem e ungirem à larga com óleo,
sentaram-se para comer e, para Atena, da cratera
cheia, tiraram vinho doce como mel e libaram.

11

Aurora, de junto do ilustre Títono, do leito
ergueu-se para levar luz aos imortais e mortais.
Zeus enviou Briga às naus velozes dos aqueus,
a cruel, que levava o sinal do combate nas mãos.
Postou-se na negra nau grande-ventre de Odisseu,
que ficava no meio, boa de se gritar para os dois lados:
até as cabanas de Ájax, filho de Télamon,
e até as de Aquiles, eles que as naus simétricas puxaram
até as pontas, confiantes na virilidade e na força dos braços.
Lá se pôs a deusa e gritou, potente, terrível,
penetrante, e, no coração de cada aqueu, grande força
lançou para guerrearem e pelearem sem cansar.
Presto se lhes tornou a batalha mais doce que retornar
sobre as cavas naus rumo à cara terra pátria.
O Atrida gritou e ordenou que os argivos
se cintassem; ele mesmo vestiu lampejante bronze.
Primeiro pôs as grevas em torno das panturrilhas,
belas, guarnecidas com argênteos protetores de ossos;
depois vestiu a couraça em volta do peito,
que um dia Ciniras lhe deu como xênia.

Sim, a Chipre chegara o notável relato que os aqueus
iriam navegar em suas naus até Troia;
por isso deu-lhe a couraça, comprazendo ao rei.
Essa tinha dez tiras de lápis-lazúli escuro,
doze de ouro e vinte de estanho;
serpentes de lápis-lazúli esticavam-se até o pescoço,
três de cado lado, tal arco-íris que o Cronida
fixa na nuvem como sinal aos homens mortais.
Em torno dos ombros lançou a espada; nela, cravos
de ouro resplandeciam, e, em sua volta, a bainha
era de prata, ajustada a um boldrié de ouro.
Ergueu o artificioso escudo cobre-varão, impetuoso,
belo; em volta dele, havia dez círculos de bronze,
e, sobre ele, vinte bossas de estanho,
brancas, e a do meio era de lápis-lazúli escuro.
Em cima, feito coroa, Górgona semblante-selvagem
lançava um olhar terrível; em volta, Terror e Pânico.
Preso nele havia um boldrié, sobre o qual
enroscava-se serpente de lápis-lazúli, com três cabeças,
cada uma voltada para um lado, nascidas de um só pescoço.
Na cabeça pôs o elmo duas-placas e quatro-botões,
com crina, e a terrível crista movia-se para baixo.
Tomou duas bravas lanças, guarnecidas com bronze,
pontudas; o bronze delas para longe, até o céu,
brilhava. Em adição, trovejaram Atena e Hera,
honrando o rei de Micenas, rica em ouro.
Então cada um instruiu seu auriga que contivesse
os cavalos, de forma bem-ordenada, junto ao fosso,
e eles mesmos, a pé, equipados com suas armas,
afluíam; grito indizível fez-se cedo na aurora.

Organizaram-se no fosso bem antes que os carros,
e os aurigas vieram logo atrás. Lá o Cronida
instigou nociva confusão, e do alto lançou orvalho
pingando sangue, do céu, porque iria
remessar muitas cabeças vigorosas para Hades.
Os troianos estavam do outro lado, na elevação do plaino,
em volta do grande Heitor, do impecável Polidamas,
de Eneias, que como um deus era honrado na região,
e dos três filhos de Antenor: Políbo, o divino Agenor
e o solteiro Acamas, semelhante aos imortais.
Heitor, na linha de frente, levava o escudo simétrico.
Como surge um astro ameaçador de entre as nuvens,
luzente, e de novo mergulha em nuvens umbrosas,
assim Heitor aparecia ora na linha de frente,
ora no fim, exortando-os; e ele todo, com o bronze,
brilhava como o raio de Zeus pai, o porta-égide.
Eles, como ceifeiros que, em lados opostos,
puxam a ceifa ao longo do campo de um ditoso varão,
de trigo ou cevada; braçadas caem amiúde e fartas –
assim troianos e aqueus, pulando uns contra os outros,
matavam, e nenhum mentalizava a fuga ruinosa.
A batalha segurava suas cabeças em linha, e como lobos
tempestuavam. Briga muito-gemido, mirando, se alegrava:
dos deuses, era a única presente junto aos combatentes;
todos os outros ausentavam-se e, tranquilos,
estavam sentados em seus palácios, onde, para cada um,
construíram-se belas moradas nas fendas do Olimpo.
Todos se queixavam do Cronida nuvem-negra
por ter decidido estender glória aos troianos.
Pois o pai os ignorava; longe, afastado

dos outros estava sentado, gozando sua glória
e observando a cidade dos troianos e as naus dos aqueus,
o raio vindo do bronze, os mortos e os matadores.
Durante a manhã, enquanto o sacro dia se alargava,
projéteis dos dois lados acertavam o alvo, e a tropa caía:
quando o varão lenhador prepara seu almoço
em um vale da montanha, pois fartou-se, nos braços,
de cortar grandes árvores, saturação atinge seu ânimo
e desejo por doce alimento enlaça seu juízo –
nessa hora os dânaos, excelentes, romperam falanges,
exortando companheiros nas fileiras. Agamêmnon,
primo a atacar, ao varão Bienor pegou, pastor de tropa,
a ele e depois ao companheiro, Oileu açoita-cavalo.
Este saltara do carro e se colocara na frente;
mesmo veloz e impetuoso, teve cravada a lança aguda
na testa, e seu elmo pesado de bronze não a conteve,
e ela varou elmo e osso, de sorte que os miolos todos
esguicharam dentro; mesmo impetuoso, Agamêmnon o subjugou.
Aos dois aí mesmo deixou Agamêmnon, senhor de varões,
com o peito luzente após despir suas túnicas.
Então foi até Iso e Ântifo para os matar,
dois filhos de Príamo, um bastardo, um legítimo, ambos
em um único carro: o bastardo tinha as rédeas,
e Antifo bem-famoso ia ao lado. Um dia Aquiles,
nas encostas do Ida, os prendera com galhos de salgueiro;
pegara-os pastoreando ovelhas e os soltou por um resgate.
Agora o Atrida, Agamêmnon extenso-poder,
em Iso cravou a lança no peito sobre o mamilo,
e a Ântifo feriu com a espada no ouvido e o derrubou do carro.
Rapidamente de ambos pilhou as belas armas,

ao reconhecê-los: já antes, junto às naus velozes,
os viu quando do Ida os trouxe Aquiles, ligeiro nos pés.
Feito leão que aos rebentos infantes de corça ligeira
agarra e fácil estraçalha com dentes poderosos
ao dirigir-se ao leito, privando-os do macio coração;
a corça, mesmo que estivesse bem perto, não conseguiria
protegê-los, pois embaixo tremor terrível a atinge:
célere, lança-se pelo capão cerrado e pelo mato,
apressada, suando, sob o ataque da forte fera –
assim nenhum troiano foi capaz de protegê-los
do extermínio, mas eles mesmos fugiam dos argivos.
Agamêmnon a Pisandro e Hipóloco, firmes na luta,
filhos do aguerrido Antímaco, que, mais que todos,
aguardava o ouro de Alexandre, dons radiantes,
e não deixava Helena ser dada ao loiro Menelau –
o poderoso Agamêmnon pegou seus dois filhos,
que tentavam sobre um carro frear os cavalos velozes:
de suas mãos escaparam as rédeas lustrosas,
e os cavalos atordoaram-se. Tal leão, lançou-se adiante
o Atrida, e os dois, ainda no carro, e se ajoelharam:
"Leva-nos vivos, Atrida, e aceita digno resgate;
muita riqueza repousa na casa de Antímaco,
bronze, ouro e ferro ricamente trabalhado:
o pai te agradaria com um resgate sem-fim
se ouvisse estarmos vivos junto às naus dos aqueus".
Assim os dois, pranteando, dirigiram-se ao rei
com palavras amáveis; ouviram voz inamável:
"Se de fato sois filhos do aguerrido Antímaco,
que um dia, na assembleia troiana, pediu que Menelau –
que com o excelso Odisseu levava uma mensagem –

fosse morto lá mesmo para não voltar aos aqueus,
agora pagareis pela injúria ultrajante de vosso pai".
Falou e, para fora do carro, empurrou Pisandro ao solo,
ferindo-o com a lança no peito: ele tombou, de costas, no chão.
Hipóloco deu um salto, mas foi morto no solo,
braços amputados com a espada, pescoço decepado:
como tronco, o Atrida fê-lo rolar pela multidão.
Deixou-os, e onde mais falanges se aglomeravam,
lá saltou, e, com ele, outros aqueus de belas grevas.
Guerreiros a pé destruíam os a pé, em fuga, coagidos,
e os nos carros, a outros nos carros, e embaixo poeira
foi atiçada da planície pelos pés ressoantes dos cavalos –
abatiam-se com bronze. O poderoso Agamêmnon,
sempre matando, seguia, impelindo os argivos.
Como quando fogo infernal tomba no mato lenhoso:
vento revolto o leva por tudo, e os arbustos
com as raízes tombam, talados pelo ímpeto do fogo –
assim, sob o Atrida Agamêmnon, caíam cabeças
de troianos em fuga, e muito cavalo pescoço-notável
chocalhava carro vazio pelos diques da batalha,
saudoso do auriga impecável; sobre a terra,
jaziam, muito mais caros aos abutres que às esposas.
Zeus mantinha Heitor afastado dos projéteis, da fumaça,
da carnificina, do sangue e da refrega;
o Atrida seguia, ardoroso, exortando os dânaos.
Os troianos, do sepulcro de Ilo, o Dardânida de antanho,
correram pelo meio do plaino, junto à figueira selvagem,
almejando a cidade. Aos gritos, o Atrida seguia incansável,
após sujar de sangue as mãos intocáveis.
Ao alcançarem os Portões Esqueios e o carvalho,

lá se postaram e aguardavam-se mutuamente.
Outros ainda fugiam pelo meio do plaino, feito vacas
que um leão põe em fuga ao chegar no apogeu da noite,
a todas; para uma única revela-se um fim abrupto:
pega-a e lhe quebra o pescoço com os fortes dentes
primeiro e sorve depois o sangue e as tripas todas –
assim àqueles seguia o vigoroso Agamêmnon,
sempre matando o retardatário, e eles fugiam.
Muitos caíam dos carros, de frente ou de costas,
pelas mãos do Atrida; para todo lado ele corria com a lança.
Mas quando iria quase à cidade e ao íngreme muro
chegar, então o pai dos varões e dos deuses
sentou-se nos picos do Ida rico em fontes
após descer do céu; tinha um relâmpago nas mãos.
Expediu Íris asas-de-ouro como mensageira:
"Parte, Íris veloz, e transmite este discurso a Heitor:
enquanto ele vir que Agamêmnon, pastor de tropa,
tempestua na vanguarda, abatendo fileiras de varões,
que ele recue e ordene ao restante da tropa
que peleje com os inimigos na batalha brutal.
Quando lança golpear Agamêmnon ou flecha o ferir
e saltar em seu carro, estenderei a Heitor poder
de extermínio até chegar às naus bom-convés
e o sol se pôr e a sacra escuridão se instalar".
Falou, e não o ignorou a veloz Íris pés-de-vento:
descendo do monte Ida, pôs-se rumo à sacra Ílion.
Topou o filho do aguerrido Príamo, o divino Heitor,
de pé sobre o carro bem-ajustado com seus cavalos.
Parada próximo, falou Íris, veloz nos pés:
"Heitor, filho de Príamo, tal Zeus na astúcia;

Zeus pai me enviou para isto te anunciar:
enquanto vires que Agamêmnon, pastor de tropa,
tempestua na vanguarda, abatendo fileiras de varões,
deixa a batalha e ordena ao restante da tropa
que peleje com os inimigos na batalha audaz.
Quando lança golpear Agamêmnon ou flecha o ferir
e saltar em seu carro, estenderá a ti poder
de extermínio até chegares às naus bom-convés
e o sol se pôr e a sacra escuridão se instalar".
Tendo falado assim, partiu Íris, veloz nos pés,
e Heitor saltou do carro com as armas
e, brandindo as lanças agudas, percorria o exército,
incitando-os a pelejar, e despertava o prélio terrível:
eles se viraram e encararam os aqueus.
Os argivos, do outro lado, revigoraram suas falanges.
Preparada a peleja, foram para o encaro: Agamêmnon,
primo a lançar-se, quis pelejar bem na frente de todos.
Narrai-me agora, Musas, que têm casas olímpias,
quem foi o primeiro a encarar Agamêmnon,
ou dos próprios troianos ou dos aliados afamados.
Foi o Antenorida Ifidamas, belo e grande,
criado na Trácia grandes-glebas, mãe de ovelhas e cabras.
Bebê, foi criado em sua própria casa por Cisseu,
o avô materno, pai de Teanó bela-face.
Quando Ifidamas alcançou a majestosa juventude,
o avô tentou retê-lo lá mesmo e ofereceu-lhe sua filha;
Ifidamas casou e partiu do tálamo atrás da fama dos aqueus
com doze naus recurvas, que o seguiam.
As naus simétricas, depois, deixou em Percote,
e ele, estando a pé, marchou para Ílion;

então encarou o Atrida Agamêmnon.
Quando estavam próximos, indo um contra o outro,
o Atrida errou, e sua lança desviou-se para o lado.
Ifidamas atingiu-o perto do cinto, abaixo da couraça,
e pressionou a lança confiante no braço pesado;
não furou o cinto multicolor, mas bem antes
encontrou a prata e, como chumbo, vergou-se a ponta.
Com a mão, pegou-a Agamêmnon extenso-poder,
puxou-a para si, sôfrego tal leão, e arrancou-a da mão de Ifidamas;
golpeou-lhe o pescoço com a espada, e ele soltou os membros.
Assim lá mesmo caiu e dormiu o brônzeo sono,
deplorável, longe da esposa legítima, acudindo citadinos;
viu graça alguma da lídima, por quem dera muitos dons:
primeiro, deu cem bois, depois prometeu mil cabras
e ovelhas por igual, que, incontáveis, lhe eram pastoreadas.
Naquele dia o Atrida Agamêmnon pilhou-o e foi
por entre a multidão de aqueus levando as belas armas.
Quando percebeu-o Cóon, insigne entre os varões,
o primogênito de Antenor, aflição terrível
encobriu seus olhos, pois o irmão havia tombado.
De pé, sem o divino Agamêmnon notar, de lado,
cravou a lança em seu antebraço, abaixo do cotovelo,
e a ponta da lança luzidia, certeira, atravessou-o.
Eis que então tremeu Agamêmnon, rei de varões;
nem assim, porém, desistiu da batalha e do combate,
mas arremeteu contra Cóon com lança nutrida-pelo-vento.
Puxar pelo pé o irmão Ifidamas, filho do mesmo pai,
era o que Cóon queria, sôfrego, e chamava todos os melhores.
Quando arrastava o cadáver pela multidão, sob o escudo umbigado,
Agamêmnon furou-o com o bronze, e Cóon soltou os membros:

parado ao lado, ele decepou sua cabeça sobre Ifidamas.
Lá os filhos de Antenor, sob o rei Atrida,
preencheram seu destino e mergulharam na casa de Hades;
Agamêmnon circulava pelas fileiras de outros varões
com a lança, a espada e grandes pedras
enquanto o sangue ainda brotava quente do ferimento.
Mas quando secou o corte, e o sangue estancou,
agudas dores agulharam o ímpeto do Atrida.
Tal a mulher atingida no parto por projétil
agudo, lancinante, enviado pelas Ilitias trabalho-de-parto,
filhas de Hera que trazem dores pungentes,
tão agudas dores agulharam o ímpeto do Atrida.
Pulou para dentro do carro e ordenou ao auriga
que o levasse, abalado no coração, às cavas naus.
Com berro penetrante, gritou aos dânaos:
"Amigos, líderes e dirigentes dos argivos:
agora é convosco proteger as naus fende-mar
do prélio aflitivo, pois Zeus astucioso
não me permite pelejar com troianos o dia inteiro".
Falou, o auriga chicoteou os cavalos belo-pelo
rumo às cavas naus, e ambos de bom grado voaram;
com saliva no peito, borrifados com poeira do chão,
levaram o rei molestado para fora do combate.
Heitor, ao notar que Agamêmnon se afastava,
exortou troianos e lícios com alto brado:
"Troianos, lícios e dardânios mano a mano:
sede varões, amigos, e mentalizai a bravura impetuosa.
Partiu o melhor varão, e deu-me grande triunfo
Zeus Cronida. Vamos, guiai os cavalos monocasco
contra os altivos dânaos para granjeardes vosso triunfo".

Sua fala instigou o ímpeto e o ânimo de cada um.
Feito caçador que a seus cães dentes-brancos
atiça atrás de selvagem javali ou de leão,
assim, contra os argivos, atiçava os enérgicos troianos
o Priamida Heitor, semelhante a Ares destrói-gente.
Sobranceiro marchava entre os da linha de frente
e caiu na batalha tal rajada que sopra do alto
e, pulando para baixo, revolve o mar violeta.
Então quem primeiro, quem por último,
o Priamida Heitor matou, quando Zeus deu-lhe o triunfo?
Primeiro a Aseu, Autônoo e Opites,
e Dólops, filho de Clício, Ofélcio e Agelau,
Esimno, Oro e Hipônoo firme-na-luta.
Pegou esses líderes dos dânaos e depois
a multidão, como Zéfiro golpeia as nuvens
de Noto clareador com pancadas de sério temporal:
ondas bem inchadas rolam, e espuma para o alto
é espalhada sob a carga de vento errante –
tão copiosas cabeças da tropa dominou Heitor.
Teria ocorrido um flagelo de ações irreparáveis,
e os aqueus em fuga teriam caído nas naus
se Odisseu não tivesse exortado o Tidida Diomedes:
"Tidida, que dor nos fez esquecer da bravura impiedosa?
Vem cá, meu caro, põe-te do meu lado, pois infâmia
haverá caso Heitor elmo-fulgente pegue as naus".
Respondendo, disse-lhe o forte Diomedes:
"Quanto a mim, vou ficar e resistir; breve, porém,
será nosso alento, pois Zeus junta-nuvens
prefere dar força aos troianos e não a nós".
Falou e jogou Timbreu para fora do carro,

acertando a lança sob o mamilo direito, e Odisseu,
a Molíon, o excelso assistente daquele senhor.
Então os deixaram, após fazê-los parar de pelejar;
os dois agitavam a multidão, feito dois javalis
sobranceiros ao caírem em cima de cães de caça.
Assim matavam troianos, avançando de novo; os aqueus,
fugindo do divino Heitor, respiravam satisfeitos.
Os dois pegaram um carro e seus dois varões excelentes,
os dois filhos do percósio Mérops, que, mais que todos,
conhecia a arte mântica, e não permitiu aos filhos
rumar à guerra aniquiladora; eles, de forma alguma,
obedeceram, e o finamento da negra morte os levou.
O Tidida, Diomedes famoso-na-lança,
privou-os do sopro da vida e roubou suas armas gloriosas,
e Odisseu matou Hipódamo e Hipíroco.
Então o Cronida puxou seu combate para o empate,
observando do Ida; matavam-se mutuamente.
O filho de Tideu, com a lança, furou Agástrofo
no quadril, o herói filho de Péon; seus cavalos não
estavam perto para fugir e foi um grande erro:
o assistente mantinha-os afastados, e ele a pé
tempestuou na vanguarda até perder a vida.
Heitor, olhar agudo, viu-os nas fileiras e arremeteu
com um grito; seguiram-no falanges de troianos.
Ao vê-lo, tremeu Diomedes bom-no-grito
e logo disse a Odisseu, que estava próximo:
"O ponderoso Heitor rola essa desgraça contra nós;
pois permaneçamos firmes e nos defendamos!".
Falou e, após brandi-la, a lança sombra-longa
arremessou e não errou, mirando a cabeça,

contra a ponta do elmo: bronze ricocheteou em bronze
e não alcançou a bela pele; conteve-o o elmo
três-camadas com aberturas, que lhe dera Febo Apolo.
Veloz, Heitor correu sem se virar, juntou-se à multidão
e, reto e apoiado nos joelhos, pôs a mão encorpada
no solo: a noite negra encobriu seus olhos.
Enquanto o Tidida foi atrás do voo da lança,
cruzando longe a linha de frente até onde caiu,
Heitor voltou a respirar, lançou-se ao carro,
dirigiu-o à multidão e escapou da negra morte.
Investindo com as lanças, disse o forte Diomedes:
"De novo evadiste a morte, cão; ainda assim perto de ti
chegou o dano: desta vez te protegeu Febo Apolo,
a quem deves rezar ao te dirigires ao ressoo dos dardos.
Eu te abaterei ao te encontrar, mesmo mais tarde,
se acaso algum deus também vier em meu auxílio.
Agora irei contra todos os outros que alcançar".
Falou e pôs-se a pilhar o filho de Péon, famoso-na-lança.
Eis que Alexandre, o marido de Helena belas-tranças,
esticou o arco contra o Tidida, pastor de tropa,
apoiado na estela, sobre o túmulo feito por homens,
do Dardânida Ilo, ancião conselheiro do passado.
Do ilustre Agástrofo Diomedes removia a couraça
multicolor do peito, o escudo dos ombros
e o elmo sólido. Alexandre puxou o braço do arco
e o atingiu – em vão seu projétil não escapou da mão –
na superfície do pé direito, perfurando-o por inteiro
e fixando-se no chão. Ele riu com muito gosto,
saltou do esconderijo e, proclamando, disse:
"Foste atingido; em vão o projétil não escapou. Deveria

ter acertado embaixo no flanco e tirado tua vida;
assim os troianos teriam um alívio da desgraça,
os que fazes tremer como o leão a cabras que balem".
Impávido, disse-lhe o forte Diomedes:
"Seu arqueiro, gabola, janota, namorador:
se te pusesses à prova com armas, opondo força,
não te protegeriam o arco e as setas em massa.
Agora riscaste a planta de meu pé e te jactas assim.
Ignoro-o feito me atingisse mulher ou criança insensata;
embotado é o projétil de desprezível varão covarde.
Diferente se vem de mim: embora toque de leve,
afiado é o projétil, e de pronto deixa o inimigo sem vida.
A face de sua mulher é lanhada nos dois lados,
os filhos ficam órfãos, ele avermelha a terra de sangue
e apodrece, e há mais aves em volta que mulheres".
Falou, e de Diomedes se achegou Odisseu famoso-na-lança,
pôs-se na frente, e o outro sentou atrás e à flecha afiada
puxou do pé: dor excruciante atravessou seu corpo.
Pulou para dentro do carro e ordenou ao auriga
que o levasse, abalado no coração, às cavas naus.
Odisseu famoso-na-lança ficou só, e argivo algum
quedou-se com ele, pois pânico se apoderou de todos;
perturbado, disse a seu ânimo enérgico:
"Ai de mim, o que devo sofrer? Grande o mal se fugir
da multidão com medo; mais arrepiante se for pego
sozinho: o Cronida pôs outros dânaos em fuga.
Mas por que meu caro ânimo examina isso?
Sei que os vis se afastam do combate;
quem excele na peleja, desse mais se exige
que resista com firmeza: ou ser atingido ou atingir".

Enquanto revolvia isso no juízo e no ânimo,
aproximaram-se fileiras de troianos armígeros
e o cercaram, impondo desgraça a si mesmos.
Como cães e jovens viçosos em volta de um javali
se apressam; ele vem do fundo do bosque
afiando os dentes brancos nos curvos maxilares:
em volta arremetem, e de baixo vem o ruído
dos dentes; ficam firmes, mesmo sendo ele terrível –
assim os troianos se apressaram em volta
de Odisseu caro-a-Zeus. Primeiro ao impecável Deiopites
ele furou no alto do ombro, saltando com a lança afiada,
e depois matou Tôon e Êunomo.
Então a Quersidamas, que se lançava do carro,
rasgou com a lança, sob o escudo umbigado,
no baixo-ventre: caiu na poeira e gadanhou a terra.
Deixou-os aí e furou, com a lança, o Hipasida Cárops,
irmão de sangue de Soco boa-linhagem.
Para protegê-lo veio Soco, herói feito deus,
postou-se bem perto e a Odisseu disse o discurso:
"Odisseu muita-história, insaciável de ardis e labutas,
no mesmo dia te jactarás sobre dois filhos de Hípaso,
após matar dois bravos varões e roubar suas armas,
ou, subjugado pela minha lança, perderás a vida".
Falou e cravou-a no escudo simétrico:
a lança trespassou o escudo brilhante
e forçou passagem pela couraça muito adornada,
lascou fundo a carne das costelas, mas Palas Atena
não permitiu que se juntasse às entranhas do herói.
Odisseu notou que a lança não pegou um ponto sensível
e, recuando, dirigiu-se a Soco com o discurso:

"Infeliz, por certo o abrupto fim vai te alcançar.
Sim, me impediste de pelejar com os troianos,
e te afirmo que aqui o negro finamento da morte
virá neste dia e, subjugado por minha lança,
darás triunfo a mim, e a alma, a Hades potros-famosos".
Falou, e Soco deu meia-volta e se pôs a fugir,
mas Odisseu, ao se virar, cravou-lhe a lança nas costas,
entre os ombros, e impeliu-a através do peito.
Com estrondo caiu, e o divino Odisseu proclamou:
"Soco, filho do aguerrido Hípaso doma-cavalo,
a ti o termo, a morte, alcançou antes, e não a eludiste.
Infeliz, não para ti o pai e a senhora mãe
cerrarão os olhos ao morreres, mas as aves
devora-cru te rasgarão, asas batendo, intensas, ao redor.
Após eu morrer, os divinos aqueus me enterrarão".
Falou, e a ponderosa lança do aguerrido Soco
tirou de seu corpo e do escudo umbigado;
ao puxá-la, sangue jorrou e desolou o ânimo.
Os enérgicos troianos, vendo o sangue de Odisseu,
exortaram-se no grupo e foram todos contra ele.
Odisseu recuou e gritou pelos companheiros.
Três vezes gritou, tanto como pode a cabeça de um varão,
e três vezes o ouviu berrando Menelau caro-a-Ares.
Logo disse a Ájax, que estava próximo:
"Ájax oriundo-de-Zeus, Telamônio, chefe de tropas:
envolveu-me o grito de Odisseu juízo-paciente
como se a ele, que está sozinho, dominassem
os troianos, isolando-o na refrega brutal.
Vamos avançar na multidão, pois defender é melhor.
Temo que sofra algo, deixado sozinho entre os troianos,

mesmo valoroso, e grande falta causaria aos dânaos".
Falou e liderava, e o outro o seguiu, herói feito deus.
Encontraram Odisseu caro-a-Zeus; em torno dele,
troianos moviam-se como rubros chacais nas montanhas
em volta de chifrudo cervo ferido, que um varão atingiu
com flecha saída da corda: dele escapou, as pernas em ação
enquanto o sangue esteve quente e seus joelhos se moviam;
depois que a flecha ligeira o subjugou,
chacais devora-cru o abocanham nas montanhas
em bosque umbroso; até lá o deus guia um leão
rapinante: os chacais debandam, e ele o dilacera.
Assim, em volta do aguerrido Odisseu variegada-astúcia,
moviam-se troianos, muitos e bravos, e o herói,
investindo com a lança, afastava o dia impiedoso.
Ájax se achegou, levando o escudo feito torre,
e pôs-se ao lado; os troianos debandaram.
O belicoso Menelau tirou Odisseu da multidão,
levando-o pela mão, até o assistente trazer os cavalos.
Ájax, saltando contra os troianos, pegou Dóriclo,
filho bastardo de Príamo, e então furou Pândoco
e furou Lisandro, Píraso e Pilartes.
Como o rio, na cheia invernal, desce para a planície,
vindo da montanha, oprimido pela chuva de Zeus,
e leva muitos carvalhos secos e muitos pinheiros
junto e enorme quantidade de detritos lança ao mar,
assim os punha em fuga na planície o ilustre Ájax,
abatendo cavalos e varões. Heitor ainda não tinha
notado, pois pelejava no lado esquerdo da batalha,
junto às margens do rio Escamandro, onde mais
caíam cabeças de varões, e grito inextinguível subiu

em volta do grande Nestor e do belicoso Idomeneu.
A eles Heitor fez companhia, efetuando devastação
com a lança e a equitação, e aniquilava falanges de jovens.
Os divinos aqueus não teriam recuado em seu curso
se Alexandre, o marido de Helena belas-tranças,
não tivesse cessado o feito de Macáon, pastor de tropa,
atingindo-o com flecha de três pontas no ombro direito.
Assim os aqueus, com ímpeto nas ventas, temeram
que o capturassem, o combate mudando de direção.
De pronto Idomeneu falou ao divino Nestor:
"Nestor, filho de Neleu, grande glória dos aqueus,
vai, sobe em teu carro, e que suba, a teu lado,
Macáon. Guia bem ligeiro os cavalos monocasco às naus.
Um varão médico tem o valor de muitos outros
ao extrair flechas e borrifar drogas salutares em cima".
Falou, e não o ignorou o gerênio, o cavaleiro Nestor.
De pronto subiu em seu carro, e, a seu lado, subiu
Macáon, o filho de Asclépio, médico impecável.
Chicoteou os cavalos, e ambos de bom grado voaram
rumo às côncavas naus, pois era-lhes caro no ânimo.
Cebríones percebeu os troianos em debandada
e, de pé ao lado de Heitor, lhe disse o discurso:
"Heitor, fazemos companhia aos dânaos aqui
na borda do hórrido combate, mas outros troianos lá,
em debandada, se confundem com os cavalos.
Ájax Telamônio os desorganiza; reconheci-o bem:
nos ombros leva o grande escudo. Também nós
para lá guiemos os cavalos e o carro, para onde mais
levam briga danosa os que combatem a pé e com carro
e se destroem mutuamente, e grito inextinguível se ergue".

Falou e chicoteou os cavalos belo-pelo
com o relho soante; sentindo os golpes,
levaram rápido o carro veloz até os troianos e aqueus,
pisoteando cadáveres e escudos. De sangue o eixo inteiro,
embaixo, foi salpicado, e os peitoris, nos dois lados,
atingidos por gotas de sangue dos cascos dos cavalos
e dos aros das rodas. Heitor queria entrar na multidão
de varões, arrojando-se para rompê-la; lá confusão
danosa enviou aos dânaos, e quase não deixou a lança.
Circulou pelas fileiras dos outros varões
com a lança, a espada e grandes pedras,
evitando a peleja do Telamonida Ájax.
[Zeus se indignava com ele se pelejasse com homem melhor.]
Zeus pai, o senta-no-alto, instigou pânico em Ájax:
parado, pasmo, lançou para trás o escudo sete-couros
e, esquadrinhando, recuou para a multidão tal fera,
virando-se, um joelho antes do outro, aos poucos.
Como a um leão bravio para fora do pátio
os cães e os varões rurais afugentam,
eles que não o permitem pegar o mais gordo dos bois,
despertos a noite toda; com desejo de carne,
avança, mas nada realiza: dardos em profusão,
vindos de mãos corajosas, adejam contra ele,
e gravetos em chamas o inibem, mesmo ávido;
na aurora parte para longe, agastado no ânimo –
assim Ájax deixou os troianos, agastado no ânimo,
muito a contragosto: temia demais pelas naus dos aqueus.
Tal o burro que vai pela seara e sofre violência de meninos,
obstinado, e em seu lombo muito cajado já se quebrou,
entra na funda plantação e a tosa; os meninos

o surram com cajados, e sua violência é tola:
com esforço o afastam, após se fartar de pasto –
assim, naquele dia, ao grande Ájax, filho de Télamon,
os autoconfiantes troianos e aliados de longínqua fama
sem cessar atacaram com lanças no meio do escudo.
Ájax ora mentalizava a bravura impetuosa
e, de novo se voltando, continha as falanges
de troianos doma-cavalo, ora volvia-se para fugir.
A todos impedia de seguir caminho às naus velozes
e, parado entre troianos e aqueus, tempestuava.
Das lanças que partiam de mãos corajosas,
umas cravavam-se com força no grande escudo,
e muitas a meio caminho, antes de tocar a pele branca,
fincavam o solo, com gana de se fartarem de carne.
Ao ser percebido pelo radiante filho de Evémon,
Eurípilo, sofrendo a violência de projéteis em profusão,
esse colocou-se ao lado dele, atirou a lança brilhante,
e acertou o Fausida Apisáon, pastor de tropa,
no fígado sob o diafragma, e de pronto ele soltou os joelhos.
Eurípilo avançou e pôs-se a tirar-lhe as armas dos ombros.
Quando o divinal Alexandre o percebeu
tirando as armas de Apisáon, de imediato esticou
o arco contra Eurípilo e acertou a flecha na coxa
direita: o fuste quebrou, o que fez sua coxa pesar.
Recuou até os camaradas para evitar a morte
e, com berro penetrante, gritou aos dânaos:
"Amigos, líderes e dirigentes dos argivos:
dai meia-volta, postai-vos e afastai o dia impiedoso
de Ájax, que sofre a violência de projéteis e, afirmo,
não escapará do hórrido combate. Postai-vos

no encaro em volta do grande Ájax, filho de Télamon".
Falou o ferido Eurípilo; eles, junto dele,
postaram-se perto, escudos apoiados nos ombros,
lanças eretas. Ájax veio a seu encontro,
virou-se e parou, ao alcançar o grupo de companheiros.
Assim combatiam como fogo chamejante;
e as éguas de Neleu trouxeram Nestor da batalha,
suadas, e conduziam Macáon, pastor de tropa.
Vendo-o, entendeu o divino Aquiles defesa-nos-pés,
pois estava de pé na popa da nau grande-ventre,
observando a dura pugna e a investida lacrimosa.
Presto dirigiu-se a seu companheiro Pátroclo,
e falou claro a partir da nau; o outro ouviu da cabana
e saiu feito Ares: para ele foi o começo da desgraça.
Primeiro disse-lhe o bravo filho de Menécio:
"Por que me chamas, Aquiles? O que precisas de mim?".
Respondendo, disse-lhe Aquiles, veloz nos pés:
"Divino Menecida, tu que agradas meu ânimo,
creio que agora os aqueus se porão em volta de meus joelhos,
suplicantes, pois a necessidade insuportável chegou.
Mexe-te agora, Pátroclo caro-a-Zeus, e inquire Nestor
quem é esse lá, ferido, que traz da batalha.
De trás assemelha-se em tudo a Macáon
Asclepíada, mas não vi os olhos do homem:
os cavalos dispararam por mim com gana de seguir".
Falou, e Pátroclo obedeceu ao caro companheiro
e rumou às cabanas e naus dos aqueus.
Quando aqueles alcançaram a cabana do Neleida,
desceram sobre a terra nutre-muitos,
e Eurimédon, seu assistente, soltou do carro

os cavalos do ancião. Os dois secaram o suor das túnicas,
pondo-se contra o vento na praia. Então
se dirigiram à cabana e sentaram nas cadeiras.
Uma bebida preparou-lhes Hecameda belos-cachos;
o ancião ganhou a serva quando Aquiles pilhou Tênedos,
a filha do enérgico Arsínoo, que os aqueus para Nestor
selecionaram pois em planos era o melhor de todos.
Primeiro ela lhes estendeu uma bela mesa
com pés de lápis-lazuli, bem-polida, na qual pôs
tigela de bronze com cebola, tempero da bebida,
e mel amarelo, farinha de sacra cevada ao lado
e uma taça belíssima, que o ancião trouxe de casa,
cravada de tachas douradas: suas alças eram
quatro; em cada uma delas, duas pombas,
de ouro, bicavam; embaixo, dois suportes.
Qualquer um a levantava da mesa a duras penas
quando cheia; Nestor, porém, a erguia sem esforço.
Nela a mulher, tal uma deusa, fazia-lhes a mistura
com vinho de Pramnos; em cima ralou queijo de cabra
com ralador de bronze e aspergiu branca cevada:
ao finalizar a mistura, exortou-os a beber.
Após os dois beberem e se livrarem da sede abrasiva,
deleitavam-se com histórias que um narrava ao outro.
Pátroclo se pôs na porta, herói feito deus.
Ao vê-lo, o ancião pulou da poltrona brilhante,
pegou-o pela mão, guiou-o e pediu que sentasse.
Pátroclo, por sua vez, recusou e disse o discurso:
"Sem assento, ancião criado-por-Zeus; não me convencerás.
Digno de respeito e temor é quem me enviou para eu saber
quem é esse lá que trazes ferido; eu mesmo, porém,

ao vê-lo, reconheço Macáon, pastor de tropa.
Agora, posto a par, voltarei com a mensagem para Aquiles.
Sabes bem, ancião criado-por-Zeus, que tipo é aquele,
um varão terrível: ligeiro culparia um inocente".
Respondeu-lhe o gerênio, o cavaleiro Nestor:
"Por que Aquiles lamenta os filhos de aqueus,
todos os atingidos por petardos? Nada sabe
da aflição enorme que atinge o exército: os melhores
jazem nas naus, atingidos e feridos por projéteis.
Atingido foi o Tidida, o forte Diomedes,
feridos foram Odisseu famoso-na-lança e Agamêmnon,
e uma flecha também atingiu Eurípilo na coxa.
A esse outro aí há pouco trouxe da batalha,
atingido por flecha saída da corda. Aquiles,
mesmo valoroso, dos dânaos não se ocupa nem se apieda.
Aguarda até que as naus velozes perto do mar,
malgrado os aqueus, sejam queimadas por fogo inimigo
e nós mesmos pereçamos em sequência? Minha força
não existe nos membros recurvos como no passado.
Tomara eu fosse jovem e minha força segura,
como quando, para os eleios e nós, contenda ocorreu
acerca do roubo de bovinos, quando matei Itimoneu,
nobre filho de Hipíroco, que na Élide habitava;
eu tangi o que nos deviam. Ele protegia suas vacas
quando lança de meu braço o atingiu na vanguarda;
caiu, e em volta debandaram os campesinos.
Juntamos butim da planície em abundância:
cinquenta rebanhos bovinos, tantos, de ovelhas,
tantos, de porcos machos, tantos, dispersos, de cabras,
cento e cinquenta éguas rosilhas,

todas fêmeas, e potros havia embaixo de muitas.
Isso tangemos Pilos adentro, a urbe de Neleu,
ao voltarmos à noite. Neleu jubilou no juízo
pois muito me coube, eu que, jovem, fui à batalha.
No despontar da aurora, os arautos gritaram
que viessem aqueles a quem se devia na divina Élide.
Os varões líderes dos pílios se reuniram
e fizeram a partilha: os epeios deviam a muitos,
pois éramos poucos em Pilos, enfraquecidos.
A força de Héracles viera e nos enfraquecera
anos antes: morreram todos os melhores.
Havíamos sido doze, os filhos do impecável Neleu;
deles, fui o único que restou: os outros todos finaram.
Arrogantes por causa disso, os epeios couraça-brônzea,
desmedidos conosco, engenharam ações iníquas.
Um rebanho bovino e grande tropa ovina Neleu
escolheu para si, separando trezentos, bem como pastores.
Também a ele muito se devia na divina Élide:
quatro cavalos campeões com o carro respectivo,
que foram atrás de prêmios; por uma trípode deviam
ter corrido. Mas Augeu, senhor de varões,
segurou-os para si, e liberou o auriga, aflito pelos cavalos.
O ancião, com raiva por causa das palavras e das ações,
escolheu muita coisa sem conta; o resto deu ao povo
para a partilha, de sorte que a ninguém faltasse sua parte.
Nós tratamos disso tudo e, em volta da cidade,
sacrificamos aos deuses. No terceiro dia, os epeios
vieram todos juntos com seus cavalos monocasco, multidão,
a toda pressa. Com eles armaram-se os dois Molíones,
jovens, ainda não peritos na bravura impetuosa.

Há uma cidade, Trioessa, uma colina escarpada,
longe junto ao Alfeu, na fronteira da arenosa Pilos:
cercaram-na, sôfregos por dilacerá-la.
Quando haviam cruzado toda a planície, até nós veio
Atena como mensageira, correndo do Olimpo à noite,
para nos armarmos, e reuniu resoluta tropa pília
com gana de pelejar. Neleu não permitiu que eu
me armasse e escondeu meus cavalos:
afirmou que eu nada sabia de feitos bélicos.
Mesmo assim sobressaí entre nossos guerreiros nos carros,
um soldado a pé, pois Atena assim conduziu a disputa.
Há um rio Minieu, que deságua no mar,
perto de Arena, onde aguardamos a divina Aurora,
os guerreiros pílios com carros; grupos a pé afluíam.
De lá a toda pressa, equipados com as armas,
ao meio-dia alcançamos a sacra corrente do Alfeu.
Lá fizemos belos sacrifícios ao impetuoso Zeus,
um touro para Alfeu, um touro para Posêidon,
e para Atena olhos-de-coruja um boi do rebanho,
e jantamos no bivaque, todos em suas unidades,
e nos deitamos, cada um vestindo suas armas,
junto às margens do rio. Os enérgicos epeios
já circundavam a cidade, sôfregos por dilacerá-la.
Antes, porém, apareceu-lhes grande tarefa de Ares:
quando o sol resplandecente subiu da terra,
começamos a pelejar, rezando a Zeus e a Atena.
Ao iniciar a disputa entre pílios e epeios, o primeiro
a pegar um varão fui eu e obtive seus cavalos monocasco –
o lanceiro Múlion: era um genro de Augeu
e tinha a sua filha mais velha, a loira Agameda,

que tantas drogas conhecia quantas nutria a ampla terra.
Com lança brônzea o atingi quando se aproximava,
e ele tombou no pó. Pulei em seu carro
e postei-me na linha de frente. Os enérgicos epeios
debandaram ao verem caído o varão
líder dos guerreiros nos carros, que excelia na peleja.
Arremeti feito temporal escuro
e peguei cinquenta carros, e em cada um dois
homens morderam o chão, dominados por minha lança.
Teria matado os dois filhos de Actor, os Molíones,
se o pai, Treme-Terra amplo-poder, não os tivesse
salvado da batalha, ocultando-os em densa névoa.
Então Zeus estendeu grande poder aos pílios,
pois os seguimos pela larga planície,
matando-os e coletando suas belas armas,
até levarmos os carros a Buprásion, rico em trigo,
à pedra Olênia e à colina chamada Alésion,
de onde Atena fez a tropa dar meia-volta.
Aí matei o último varão que lá deixei; os aqueus,
de volta de Buprásion, guiavam os cavalos velozes a Pilos,
rezando, dos deuses, a Zeus, dos varões, a Nestor.
Assim eu era, se um dia fui, entre os varões. Já Aquiles
goza sozinho de sua excelência. Creio, porém,
que mais tarde, após a tropa finar-se, muito lamentará.
Meu caro, vê que Menécio te instruiu assim
no dia em que te enviou de Ftia a Agamêmnon.
Nós dois, eu e o divino Odisseu, estávamos no palácio,
e todas suas muitas instruções lá dentro ouvimos.
Alcançáramos a casa boa de morar de Peleu,
reunindo o exército pela Acaia nutre-muitos.

Lá dentro, então, encontramos o herói Menécio,
tu e, junto, Aquiles. O velho cavaleiro Peleu
queimava gordas coxas de boi a Zeus prazer-no-raio
no cercado do pátio e tinha uma taça dourada,
libando vinho fulgente sobre o chamejante sacrifício.
Tu e ele vos ocupáveis da carne do boi, e então nós dois
paramos no pórtico: admirado, ergueu-se Aquiles,
pegou-nos pela mão, guiou-nos, pediu que sentássemos
e ofereceu-nos xênias, a norma entre amigos-hóspedes.
Após nos deleitarmos com bebida e comida,
comecei o discurso, exortando-vos a seguir conosco;
queríeis muito, e vossos pais deram muitas instruções.
Peleu, o ancião, instruiu seu filho Aquiles
a ser sempre excelente e sobressair entre os outros;
a ti assim instruiu Menécio, o filho de Actor:
'Filho meu, mais elevado por nascimento é Aquiles,
e tu és mais velho; na força, ele é muito melhor.
Vamos, a ele dirijas boas falas cerradas, aconselha-o
e lhe dê ordens; ele a ti obedecerá para o próprio bem'.
Assim te instruiu o ancião, e esqueceste. Também agora
deverias falar isso ao aguerrido Aquiles; talvez obedecesse.
Quem sabe se, com a divindade, não agitarias seu ânimo,
persuadindo-o? Boa é a persuasão de um amigo.
Se evita uma profecia que tem em seu juízo,
uma que, da parte de Zeus, lhe apontou a senhora mãe,
envie ao menos a ti e, junto, mande o resto da tropa
de mirmidões para te tornares a luz dos dânaos.
Que te dê as belas armas para levares à batalha,
a ver se, tomando-te por ele, os troianos se afastem
da batalha, e respirem os belicosos filhos de aqueus,

acossados; curto é o respiro da batalha.
Descansados, fácil iríeis impelir varões exaustos da luta
rumo à cidade, para longe das naus e cabanas".
Falou e agitou o ânimo de Pátroclo em seu peito,
e esse rumou, ao longo das naus, ao Eácida Aquiles.
Quando alcançou as naus do divino Odisseu,
correndo, onde a assembleia e o tribunal deles
ficavam e altares aos deuses foram por eles construídos,
então com ele se deparou o Evemonida Eurípilo
oriundo-de-Zeus, ferido com uma flecha na coxa,
mancando da batalha: suor fluía em suas costas,
dos ombros e da cabeça, da ferida aflitiva
negro sangue escorria, mas sua mente estava firme.
Ao vê-lo, o bravo filho de Menécio apiedou-se
e, lamentando-se, dirigiu-lhe palavras plumadas:
"Infelizes, líderes e dirigentes dos dânaos,
assim deveis, longe dos vossos e do solo pátrio,
saciar de gordura branca os cães velozes em Troia!
Vamos, diz-me isto, herói Eurípilo criado-por-Zeus:
os aqueus ainda conterão o portentoso Heitor
ou já perecerão, subjugados por sua lança?".
Por seu turno, disse direto a ele o ferido Eurípilo:
"Não mais, Pátroclo oriundo-de-Zeus, haverá defesa
para os aqueus, mas cairão nas negras naus.
Pois já todos esses que eram antes os melhores
jazem nas naus, atingidos e feridos por projéteis
das mãos dos troianos, de força sempre revivida.
Vamos, socorre-me, levando-me à negra nau:
extrai a flecha da coxa, dela lava o sangue escuro
com água quente e aplica drogas salutares em cima,

benignas, que, afirmam, aprendeste de Aquiles,
a quem Quíron ensinou, o mais civilizado dos centauros.
Pois os médicos Podalírio e Macáon,
um, penso eu, ferido, está nas cabanas
e também precisa de um médico impecável,
e o outro encara o afiado Ares no plaino troiano".
A ele dirigiu-se o bravo filho de Menécio:
"O que vai ser desses feitos? O que faremos, herói Eurípilo?
Estou indo relatar ao aguerrido Aquiles o discurso
que me instruiu o gerênio Nestor, guardião dos aqueus.
Mesmo assim, a ti, agoniado, não deixarei".
Falou, pegou-o por baixo do peito e levou o pastor de tropa
à cabana; ao vê-lo, o assistente jogou peles bovinas.
Aí o estendeu, extraiu da coxa, com uma faca,
a flecha afiada, bem pontuda, dela lavou o sangue escuro
com água quente e em cima lançou amarga raiz
mata-dor, que esmagou com as mãos, ela que conteve
todas suas dores. Secou o corte, e o sangue estancou.

12

Assim o bravo filho de Menécio tratava
o ferido Eurípilo na cabana, e os outros lutavam,
argivos e troianos, um denso grupo. Não iria
mais contê-los o fosso dos dânaos e a muralha em cima,
larga, que sem dar hecatombes esplêndidas aos deuses
edificaram para os navios com o fosso em torno,
para que ela protegesse suas naus velozes e o numeroso butim.
Foi feita malgrado os deuses imortais;
por isso não ficou muito tempo firme.
Enquanto Heitor estava vivo, Aquiles, encolerizado,
e a cidade do senhor Príamo era inexpugnável,
também a grande muralha dos aqueus ficou firme.
Mas após perecerem todos os melhores troianos
e muitos argivos – uns, subjugados, outros restaram –,
após a cidade de Príamo ter sido pilhada no décimo ano,
e os argivos rumado nas naus à cara pátria,
então Poseidon e Apolo conceberam
aniquilar a muralha volvendo o ímpeto dos rios.
Tantos quantos das encostas do Ida fluem ao mar,
Reso, Heptáporo, Careso, Ródio,

Grênico, Esepo, o divino Escamandro
e Simoeis, onde muitas adargas e elmos
caíram no pó, bem como a linhagem de varões semidivinos:
Febo Apolo volveu a boca de todos ao mesmo lugar.
Nove dias contra o muro lançou a corrente; Zeus chovia
sem parar, para mais rápido pôr a muralha à deriva no oceano.
O próprio Treme-Solo, com o tridente nas mãos,
ia na frente, e às ondas enviou o fundamento
de troncos e pedras, que aqueus montaram com esforço,
e aplainou a terra ao lado do caudaloso Helesponto.
De novo cobriu com areia a grande costa,
a muralha tendo aniquilado; redirecionou os rios
a seu curso, por onde antes corria a água belo-fluxo.
Assim Posêidon e Apolo fariam no futuro;
então, peleja e assuada irrompiam nos dois lados
da muralha bem-feita, e ressoavam, atingidos, os troncos
das torres. Os argivos, dominados pelo látego de Zeus,
continham-se, agrupados, junto às cavas naus,
temerosos de Heitor, brutal mestre instigador de pânico –
como no passado, pelejava tal pé de vento.
Como quando, entre cães e varões caçadores,
javali ou leão se voltam, exultantes com sua força,
aqueles se articulam feito torre,
posicionando-se contra estes, e disparam lanças
sem-fim das mãos; destes, o glorioso coração nunca
teme ou entra em pânico, e a macheza os mata:
voltam-se sem folga para atacar as fileiras de varões;
para onde se arremetem, lá as fileiras de varões recuam –
assim Heitor rogava aos companheiros pelo exército,
incitando-os a cruzar o fosso. Nem seus cavalos

pé-ligeiro ousavam e relinchavam muito, no extremo
da beirada postados, pois amedrontava-os o fosso
largo: não era fácil saltá-lo de uma vez nem cruzá-lo;
suas bordas, em toda a extensão, eram íngremes
para os dois lados, e em cima era guarnecido
com estacas afiadas, que os filhos de aqueus fixaram,
abundantes e grandes, defesa contra varões inimigos.
Lá um cavalo, puxando carro bem-polido, não entraria
fácil, e os guerreiros a pé pensavam se o consumariam.
Então Polidamas, de pé ao lado, disse ao tenaz Heitor:
"Heitor e outros líderes de troianos e de aliados,
é insensato impelir os cavalos velozes pelo fosso;
ele é muito difícil de cruzar, pois nele há estacas
agudas fincadas, e, logo atrás, a muralha dos aqueus.
É impossível, para os guerreiros nos carros, descer aí
e pelejar, pois é estreito e creio que traria a derrota.
Se Zeus troveja-no-alto, pensando desgraças, de todo
quer aniquilar aqueus e almeja socorrer troianos –
sim, eu gostaria que de pronto isto ocorresse,
os aqueus morrerem anônimos aqui, longe de Argos;
mas se eles se reorganizarem em contra-ataque
a partir das naus, nos chocaremos com o cavado fosso
e então, creio, nem mesmo um mensageiro retornaria
de volta à cidade sob a recarga dos aqueus.
Vamos, ao que eu falar, obedeçamos todos:
que os assistentes segurem os cavalos junto ao fosso,
e nós mesmos, a pé, equipados com as armas,
seguiremos todos Heitor, juntos; os aqueus
não resistirão se o nó da morte já estiver amarrado a eles".
Falou Polidamas, e a fala segura agradou Heitor,

que de pronto saltou do carro com as armas.
Os demais troianos não ficaram reunidos sobre os carros,
e todos desceram depois de ver o divino Heitor.
Então cada um instruiu seu auriga que contivesse
os cavalos, de forma bem ordenada, junto ao fosso;
separaram-se, articulando-se a si mesmos,
e, organizados em cinco grupos, seguiram os generais.
Uns foram com Heitor e o impecável Polidamas,
a maioria e os melhores, com toda a vontade
de romper a muralha e pelejar junto às cavas naus.
Como terceiro seguia-os Cebríones; junto ao carro,
Heitor deixou alguém inferior a Cebríones.
Páris, Alcátoo e Agenor lideravam o segundo grupo,
e o terceiro, Heleno e o divinal Deífobo,
dois filhos de Príamo, e mais o herói Ásio,
o Hirtacida Ásio, trazido de Arisbe por cavalos
reluzentes, esplêndidos, desde o rio Seleis.
Ao quarto liderava o nobre filho de Anquises,
Eneias; com ele, os dois filhos de Antenor,
Arquéloco e Acamas, versados em todas as lutas.
Sarpédon comandava os esplêndidos aliados
e escolhera Glauco e o belicoso Asteropeu para si,
pois pareciam-lhe ser, com folga, os melhores
dos outros depois dele, que dentre todos se destacava.
Após se encaixarem mutuamente com escudos bem-feitos,
foram, sequiosos, direto aos dânaos e pensavam que não
mais seriam contidos, mas cairiam nas negras naus.
Então os demais troianos e aliados de longínqua fama
seguiram o plano do impecável Polidamas.
O Hirtacida Ásio, porém, chefe de varões, não quis

lá deixar seus cavalos e o assistente auriga;
não, com eles se aproximou das naus velozes,
o tolo: não iria escapar do nefasto finamento,
exultante com seus carros e cavalos diante das naus,
e de novo retornar à ventosa Troia;
antes a moira vil de se nomear o encobriu
sob a lança de Idomeneu, o ilustre Deucalida.
Atacou à esquerda das naus, para onde os aqueus
afluíam, vindos da planície com cavalos e carros;
por ali fez passar os cavalos e o carro. Não topou
as folhas e o grande ferrolho fechando os portões;
os varões mantinham-nos abertos, esperando salvar
companheiros que fugiam da batalha para as naus.
Focando esse ponto, guiava os cavalos, e outros seguiam-no
aos soantes berros: pensavam que os aqueus não mais
resistiriam, mas cairiam nas negras naus.
Tolos: toparam nos portões dois varões excelentes,
os filhos autoconfiantes dos lanceiros lapitas,
um, o filho de Pirítoo, o forte Polipetes,
o outro, Leonteu, semelhante a Ares destrói-gente.
Na frente dos altos portões, os dois estavam
parados como carvalhos fronte-alta nas montanhas,
que todos os dias resistem ao vento e à chuva,
encaixados com enormes raízes contínuas –
assim os dois, confiantes nos braços e na força,
resistiam ao avanço do grande Ásio e não fugiam.
Estes foram direto contra a muralha bem-construída,
erguendo os escudos de couro seco com grande alarido
em volta do senhor Ásio: Iámeno, Orestes,
Adamas, filho de Ásio, Tôon e Oinomau.

Por um tempo, os lapitas aos aqueus de belas grevas
instigaram a defender os navios na parte de dentro;
ao perceberem que contra a muralha arremetiam
os troianos, e que dos dânaos vinha grito e pânico,
os dois irromperam e pelejavam na frente dos portões
feito javalis selvagens, que nas montanhas
aguardam o avanço de um bando de varões e cães
e, investindo de lado, destroem o mato em volta,
extraindo-o com raiz e tudo, e de baixo vem ruído de dentes
até que alguém acerta um deles e tira sua vida –
tal ruído vinha do bronze brilhante no peito deles,
atingidos de frente, ao pelejarem com virulência,
confiantes nas tropas sobre a muralha e em sua força.
Essas jogavam pedras das torres bem-feitas,
defendendo a si mesmas, cabanas e naus fende-rápido.
Como flocos de neve caem no chão,
os que vento bravio, agitando nuvens umbrosas,
derrama em abundância no solo nutre-muitos,
assim fluíam petardos de suas mãos, tanto de aqueus
como de troianos; ruído seco vinha de elmos
e escudos umbigados nos dois lados, como que atingidos por mós.
Entrão bramou e bateu em suas duas coxas
Ásio, filho de Hírtaco, e, agastado, falou:
“Zeus pai, mesmo tu te mostraste ama-embuste
por completo: não pensei que os heróis aqueus
conteriam nosso ímpeto e os braços intocáveis.
Como vespas com ventres moventes e abelhas
fazem suas casas em caminhos escarpados
e não abandonam a cava morada, mas, ficando,
protegem-na de varões caçadores para suas crias,

assim, embora sendo dois, não querem retirar-se
dos portões antes de matarem ou serem dominados".
Isso disse e não convenceu o juízo de Zeus;
seu ânimo preferia estender glória a Heitor.
Cada contingente combatia em portões distintos.
É-me difícil falar disso tudo como um deus:
fogo inefável animou-se por toda a muralha
de pedra, e os argivos, mesmo angustiados, tinham
de defender as naus; os deuses sofriam no ânimo,
todos os que auxiliavam os dânaos no combate.
Os lapitas, juntos, se lançaram na refrega da batalha.
Então o filho de Pirítoo, o forte Polipetes,
com a lança feriu Dâmaso através do elmo face-de-bronze;
o elmo brônzeo não a conteve, e a ponta de bronze
trespassou o osso e o rompeu, e os miolos todos
esguicharam dentro: Polipetes subjugou-o, apesar de impetuoso;
depois abateu Pílon e Órmeno.
Leonteu, servo de Ares, ao filho de Antímaco,
Hipômaco, atingiu com a lança, acertando o cinto.
Daí puxou a espada afiada da bainha,
arremeteu pela multidão e primeiro golpeou de perto
a Antífates, que tombou, de costas, no chão;
então a Mênon, Iámeno e Orestes,
a todos, em sucessão, achegou à terra nutre-muitos.
Enquanto pilhavam suas cintilantes armas,
os moços que seguiam Polidamas e Heitor,
que eram a maioria e os melhores, ansiavam demais
romper a muralha e atear fogo às naus,
mas ainda refletiam, parados junto ao fosso.
Pois veio-lhes uma ave quando ansiavam atravessar,

águia voa-alto, contornando a tropa à esquerda,
levando rubra serpente nas garras, portentosa
criatura em convulsão, ainda com vontade de lutar:
no peito da ave ela picou, junto ao pescoço,
após se curvar para trás. A águia deixou-a cair,
com espasmos de dor, lançando-a no meio da multidão,
guinchou e voou com lufadas de vento.
Os troianos tremeram vendo o ofídio movente
jazer no meio, um prodígio de Zeus porta-égide.
Polidamas, de pé ao lado, disse ao tenaz Heitor:
"Heitor, sempre me repreendes nas assembleias
quando penso o que é bom, pois não convém de todo
que um popular se pronuncie contra ti, nem na deliberação
nem na batalha; não, que teu poder sempre aumente.
Agora, porém, direi o que me parece ser o melhor.
Não combatamos os dânaos junto às naus.
Penso que se completará desta forma, caso de fato
veio a ave aos troianos ao ansiarem atravessar,
águia voa-alto, contornando a tropa à esquerda,
levando rubra serpente nas garras, portentosa
criatura: presto a largou, antes de chegar a sua morada,
e não conseguiu levá-la e entregar a seus rebentos –
assim nós, se aos portões e à muralha dos aqueus
rompermos com grande força, e os aqueus recuarem,
nosso trajeto de volta das naus não será organizado.
Deixaremos muitos troianos para trás, que os aqueus
vão abater com o bronze, defendendo suas naus.
Assim responderia o profeta que no ânimo entendesse
de portentos com clareza, e a quem tropas obedecessem".
Olhando de baixo, disse-lhe Heitor elmo-fulgente:

"Polidamas, não mais me é caro o que falas;
sabes como pensar um discurso melhor que esse.
Se de fato falas com seriedade,
então os próprios deuses destruíram teu juízo,
ao pedires que, do ressoante Zeus, eu ignore
os desígnios que ele próprio me prometeu e sinalizou.
Tu pedes que às aves asa-comprida
se obedeça; disso não trato nem me ocupo,
se vão para a direita rumo à aurora e ao sol,
se vão para a esquerda rumo à treva brumosa.
Obedeceremos ao desígnio do grande Zeus,
que rege todos os mortais e imortais.
Uma só ave é excelente: o defender-se pela pátria.
Por que receias a refrega da batalha?
Mesmo se todos formos mortos, nós, os restantes,
junto às naus argivas, não há por que temeres morrer:
teu coração não é aguenta-inimigo nem combativo.
Se te apartares da refrega ou afastares
outro da batalha, induzindo-o com palavras,
de pronto, golpeado por minha lança, perderás a vida".
Após falar assim, foi na frente, e o seguiam
com som prodigioso. Com isso Zeus prazer-no-raio
instigou, dos montes do Ida, rajada de vento
que, direto às naus, levou poeira; enfeitiçou a mente
dos aqueus e ofertou glória aos troianos e Heitor.
Confiantes em seus prodígios e na própria força,
tentaram romper a grande muralha dos aqueus.
Ensaiaram arrancar seu esteio, derrubar ameias
e deslocar pilares salientes, que os aqueus
por primeiro no solo puseram como apoios da muralha;

ensaiaram arrancá-los esperando romper a muralha
dos aqueus. Os dânaos ainda não lhes deram passagem,
mas, cercando as ameias com os escudos de couro,
de lá atiravam no inimigo que avançava sob a muralha.
Os dois Ájax, circulando por toda a muralha,
exortavam os aqueus, incitando seu ânimo,
a uns com palavras amáveis, com duras a outros
censuravam, a todo que vissem abandonando a peleja:
"Amigos, aos argivos, aos notáveis, aos medianos
e aos piores, pois de forma alguma os varões são
iguais na batalha – agora para todos há um feito;
vós mesmos reconheceis isso. Que ninguém atrás
se volte para as naus, após ouvir a admoestação;
não, avançai com gana e exortai-vos mutuamente,
esperando Zeus nos conceder, Olímpio relampejador,
afastarmos a disputa e perseguirmos o inimigo à urbe".
Assim os dois, gritando, incitavam os aqueus ao combate.
Deles – como flocos de neve caem, abundantes,
em um dia de inverno, quando Zeus astucioso faz
nevar, revelando aos homens essas suas setas:
após amainar os ventos, derrama-a sem parar até cobrir
os picos dos altos montes, o topo dos promontórios,
as planícies de lótus e os férteis campos dos varões;
também cai nas angras e praias do mar acinzentado,
e só a onda batendo a mantém à distância; todo o resto
é coberto de cima quando cai, potente, a intempérie de Zeus –
assim deles, dos dois lados, voavam pedras abundantes,
umas contra troianos, outras de troianos contra aqueus.
Sobre toda a muralha ergueu-se a assuada.
Então os troianos e o insigne Heitor nunca teriam

rompido os portões da muralha e seu grande ferrolho,
se Zeus astucioso não tivesse instigado seu filho
Sarpédon contra os argivos, tal leão contra bois lunados.
De pronto empunhou o escudo simétrico para a frente,
belo, de bronze, bem-martelado, que um ferreiro
golpeou e dentro costurou diversos couros de boi
com costuras de ouro que correm em volta.
Empunhando-o na frente e meneando duas lanças,
avançou como leão da montanha, carente
de carne há tempo; ordena-lhe o ânimo macho
que, para atacar as ovelhas, vá a uma casa protetora:
se encontrar, junto a elas, varões pastores,
guardando as ovelhas com cães e lanças,
não almeja ser enxotado do paradouro sem tentar,
mas ou dá um pulo e rouba, ou a lança
de mão veloz o abate na linha de frente –
assim o ânimo do excelso Sarpédon o atiçou
a arremeter contra a muralha e romper as ameias.
De pronto dirigiu-se a Glauco, filho de Hipóloco:
"Glauco, por que então somos os dois sobremodo honrados
com um assento, carnes e cálices cheios
na Lícia, e todos nos veem como deuses?
Gozamos de grande terreno nas margens do Xanto,
belo, com pomar e lavoura carregada de trigo.
Assim agora devemos, entre os lícios da vanguarda,
fincar o pé e encarar o combate abrasador,
para que lícios com sólida armadura falem assim:
'De fato, não sem glória chefiam na Lícia
nossos reis e consomem gordas ovelhas
e seleto vinho meloso; mas vê, também a força

é digna, pois pelejam entre os lícios da vanguarda'.
Meu caro, se nós dois, após escapar desta guerra,
fôssemos para sempre sem velhice e imortais,
eu mesmo não pelejaria na linha de frente
nem te enviaria à peleja engrandecedora.
Agora, como os demônios da morte estão sobre nós,
milhares, dos quais um mortal não foge nem escapa,
vamos: ou estenderemos triunfo a alguém, ou ele a nós".
Falou, e Glauco não lhe deu as costas nem desobedeceu;
os dois foram direto, guiando o grande contingente lício.
Vendo-os, Menesteu, filho de Peteu, sentiu calafrios,
pois iam contra sua torre, levando desgraça.
Esquadrinhou o muro dos aqueus, esperando ver um
capitão que afastasse o dano dos companheiros.
Notou os dois Ájax, que nunca se fartam de guerrear,
firmes, e Teucro, há pouco chegando da cabana,
próximos; mas não conseguiu gritar para ser ouvido.
Tão alto era o ruído – e ao céu chegou o alarido –
dos petardos contra escudos, elmos mecha-equina
e portões: todos fechados, os troianos, diante deles
postando-se, tentavam rompê-los à força e entrar.
Presto enviou o arauto Ligeiro aos dois Ájax:
"Vai correndo, divino Ligeiro, e chama os Ájax;
é preferível serem os dois: seria o melhor de tudo;
do contrário, rápido se terá aqui um abrupto fim.
Intensa é a pressão dos líderes lícios, que no passado
se mostraram formidáveis em batalhas brutais.
Se também lá crescem a pugna e a disputa para eles,
que venha pelo menos o Telamônio, bravo Ájax,
seguido por Teucro, perito no arco".

Falou, e o arauto ouviu e não desobedeceu.
Correu junto à muralha dos aqueus couraça-brônzea,
pôs-se ao lado dos dois Ájax e de pronto lhes disse:
"Ájax, líderes dos argivos couraça-brônzea,
o caro filho de Peteu criado-por-Zeus vos solicita ir
para lá e encarar a pugna, mesmo por pouco tempo.
É preferível serem os dois: seria o melhor de tudo;
do contrário, rápido se terá lá um abrupto fim.
Intensa é a pressão dos chefes lícios, que no passado
se mostraram formidáveis em batalhas brutais.
Se também aqui crescem a pugna e a disputa,
que vá pelo menos o Telamônio, bravo Ájax,
seguido por Teucro, perito no arco".
Falou, e o grande Telamônio Ájax não o ignorou.
De pronto ao filho de Oileu dirigiu palavras plumadas:
"Ájax, tu e o forte Licomedes, aqui mesmo
ficai e incitai os dânaos a pelejar com vigor;
quanto a mim, irei para lá encarar a batalha.
Logo virei de volta, após lhes prestar socorro".
Após falar assim, partiu Ájax Telamônio,
e acompanhava-o Teucro, irmão de mesmo pai;
com eles, Pandíon levava o arco recurvo de Teucro.
Ao chegarem à torre do animoso Menesteu,
indo por dentro da muralha, alcançaram os pressionados,
e subiam nas ameias, feito temporal sombrio,
os altivos líderes e capitães dos lícios:
chocaram-se em combate mano a mano, e alarido subiu.
Ájax Telamônio foi o primeiro a matar um varão,
um companheiro de Sarpédon, o animoso Épicles,
com lanço de rocha aguda, que, dentro da muralha,

jazia, enorme, em cima junto a uma ameia; a ela, fácil
não seguraria, com as duas mãos, nem um jovem varão
do jaez dos mortais de hoje: ele a ergueu e lançou.
Esmagou o elmo quatro-placas e despedaçou os ossos
todos da cabeça. Ele, como um mergulhador,
caiu da torre elevada, e o ânimo deixou os ossos.
Da alta muralha Teucro atingiu com flecha
Glauco, o forte filho de Hipóloco, que arremetia,
lá onde viu o braço indefeso, e interrompeu sua luta.
Sem ser visto, Glauco pulou da muralha; que aqueu
nenhum o mirasse, ferido, e se jactasse com palavras.
Sarpédon se condoeu do afastamento de Glauco
tão logo o percebeu, mas não deixou de querer lutar.
Ele acertou Alcmáon, filho de Testor, cravando
a lança, e a retirou; o corpo a acompanhou e caiu
de frente, e em volta rilharam as armas ornadas de bronze.
Sarpédon, após agarrar a ameia com as mãos robustas,
puxou-a, e essa cedeu por completo, inteira, e em cima
a muralha ficou indefesa, abrindo-se caminho para muitos.
A ele Ájax e Teucro, ao mesmo tempo, um com flecha
atingiu, em volta do peito, no cinturão brilhante
do escudo cobre-varão, mas Zeus afastou a morte
de seu filho, para não ser subjugado nas últimas naus.
Ájax saltou e perfurou o escudo: a lança
não o trespassou, mas abalou seu frenesi.
Afastou-se um pouco das ameias, mas não recuava
de todo, pois seu ânimo esperava granjear glória.
Voltado para os excelsos lícios, exortava-os:
"Lícios, por que abandonais a bravura impetuosa?
É difícil para mim, mesmo sendo altivo,

romper sozinho e fazer-me um caminho às naus.
Vamos, arremetei-vos; o feito de muitos é o melhor".
Falou, e eles, com medo do berro do senhor,
se comprimiram em torno do senhor toma-decisão;
os argivos, do outro lado, revigoraram suas falanges
dentro da muralha. A tarefa parecia-lhes enorme:
nem os altivos lícios foram capazes de romper
a muralha dos aqueus e abrir um caminho às naus,
nem os lanceiros dânaos eram capazes de afastar
os lícios da muralha desde que se achegaram.
Como dois varões que brigam em volta de pedras limítrofes
de um campo comum com varas de medição nas mãos,
e disputam, num espaço pequeno, o mesmo pedaço,
assim as ameias os separavam: sobre elas
rompiam, mutuamente, seus escudos de couro,
os com belos aros e os mais leves, oblongos.
Muitos tiveram a carne furada pelo bronze impiedoso,
ou quem se virava, deixando as costas indefesas
ao pelear, ou, muitos, direto atráves do próprio escudo.
Por toda parte, torres e ameias estavam borrifadas
de sangue dos heróis dos dois lados, troianos e aqueus.
Nem assim, porém, puseram os aqueus em pânico,
tão seguros como honesta fiandeira segura os pratos da balança,
que, com o peso num lado e a lã no outro, equilibra-os
a fim de obter ultrajante paga para os filhos –
assim encontrava-se empatada sua batalha guerreira
antes de Zeus conceder glória superior a Heitor
Priamida, que primeiro saltou na muralha dos aqueus.
Com berro penetrante, gritou aos troianos:
"Mexei-vos, troianos doma-cavalo, rompei a muralha

dos argivos e lançai fogo inefável nas naus".
Falou, incitando-os, e todos o escutaram
e juntos dirigiram-se à muralha. Eles então
puseram-se a subir no esteio com as lanças agudas:
Heitor pegou e levou uma pedra, que estava
diante dos portões, embaixo robusta e em cima
pontuda: nem dois varões, os melhores do povo,
solevariam-na do solo até o carro com facilidade,
mortais como os de hoje; mesmo só, brandiu-a fácil.
Tornou-a leve o filho de Crono curva-astúcia.
Tal o pastor que, fácil, carrega o velo do carneiro
com uma só mão, e o peso pouco o pressiona,
assim Heitor ergueu a pedra e a levou direto às folhas
sólidas, fechando os portões encaixados com solidez,
elevados, com duas folhas; no interior, dois ferrolhos
cruzados os seguravam, e um pino neles se encaixava.
Postou-se bem perto e, firmando-se, lançou-a no meio,
com pernas bem afastadas para um potente arremesso.
Quebrou as duas dobradiças, a pedra tombou dentro
com o peso, e alto os portões rangeram; nem os ferrolhos
as seguraram, e as folhas se fragmentaram para todo lado
sob o lanço da pedra. O insigne Heitor saltou para dentro
feito noite veloz no semblante, e brilhava com o bronze
horrífico, que vestira sobre o corpo, e tinha nas mãos
duas lanças: ninguém, enfrentando-o, o conteria
ao saltar contra os portões, salvo deuses; os olhos flamejavam.
Após se virar à multidão, convocou os troianos
a escalar a muralha, e obedeceram a sua exortação:
de pronto uns subiram na muralha, e outros afluíam
pelos portões bem-feitos; os dânaos fugiam
ao longo das cavas naus, e zoada inescapável ocorreu.

13

Zeus, após aproximar das naus os troianos e Heitor,
deixou-os penar e se agoniar junto a elas
sem ter fim, e volvia os olhos brilhantes para longe,
mirando a terra dos trácios criadores-de-cavalos,
a dos combativos mísios, a dos ilustres hipemolgos,
bebedores-de-leite, e a dos ábios, os homens mais justos.
De forma alguma volvia os olhos brilhantes para Troia:
em seu ânimo, não esperava que algum imortal
fosse socorrer troianos ou dânaos.
Mas o poderoso Treme-Terra não mantinha vigia cega:
também ele, sentado em cima do mais alto pico
da matosa Samotrácia, admirava a peleja da guerra,
pois de lá se podia vislumbrar todo o Ida,
a cidade de Príamo e as naus dos aqueus.
Lá sentado, após sair do mar, apiedava-se dos aqueus,
dominados pelos troianos, e demais se indignou com Zeus.
De pronto desceu da montanha escarpada,
célere nos pés: os altos montes e o bosque tremeram
sob o avanço dos pés imortais de Posêidon.
Três vezes deu impulsão, e na quarta chegou ao destino,

Egas: lá, no fundo da baía, gloriosa morada de ouro,
cintilante, lhe fora construída, imperecível para sempre.
Ao chegar, prendeu ao carro os cavalos pés-de-bronze,
velozes no voo e com abundante crina de ouro,
e ele próprio vestiu-se com ouro, pegou o chicote,
de ouro e bem-feito, e subiu em seu carro.
Impeliu os cavalos sobre as ondas, e golfinhos piruetavam embaixo,
vindos de todos os lados, e reconheceram seu senhor.
Em júbilo o mar dividiu-se; voavam bem rápido,
e o eixo de bronze não se molhava embaixo.
Os cavalos belos-saltos levaram-no às naus dos aqueus.
Há uma ampla caverna no âmago da baía profunda
entre Têneedos e a escarpada Imbros.
Lá Posêidon treme-terra parou os cavalos,
soltou-os do carro e lançou-lhes ração divina
para comerem; em volta dos pés, lançou grilhões de ouro,
inquebráveis, inafrouxáveis, para aí ficarem imóveis
até o senhor retornar, e foi ao bivaque dos aqueus.
Os troianos em grupo, tal labareda ou rajada,
seguiam Heitor Priamida com sofreguidão incansável,
gritando aos brados: esperavam tomar as naus
dos aqueus e, junto a elas, matar todos os melhores.
Posêidon, contudo, Treme-Solo sustém-terra,
instigava os argivos, após sair do fundo do mar,
assumindo o corpo de Calcas e sua voz incansável.
Primeiro falou aos dois Ájax, eles próprios ansiosos:
"Ájax, salvareis a tropa de aqueus,
mentalizando bravura e não pânico gelado:
alhures não temo as mãos intocáveis dos troianos
que, em grupo, transpuseram a grande muralha,

pois os aqueus de belas grevas a todos segurarão.
Meu mais terrível temor é que aqui soframos algo,
onde o enlouquecido lidera feito labareda,
Heitor, que proclama ser filho do possante Zeus.
Que um deus ponha isto em vosso juízo,
os dois resistir com firmeza e exortar os outros;
então, ainda que Heitor arremeta, das naus fende-rápido
o afastareis, mesmo que o próprio Olímpio o atice".
Falou e, com o cetro, Treme-Solo sustém-terra
os golpeou e encheu de poderoso ímpeto
e tornou seus membros lestos, os pés e as mãos acima.
Ele, tal falcão asa-ligeira que se lança em voo
ao ascender de íngreme rochedo muito elevado
e avançar pela planície, perseguindo outra ave,
assim Posêidon treme-terra se afastou dos dois.
O primeiro a reconhecê-lo foi o veloz Ájax Oileu
e logo disse a Ájax, filho de Télamon:
"Ájax, já que um dos deuses que ocupam o Olimpo,
na forma do adivinho, mandou-nos pelejar junto às naus –
ele não era Calcas, o profeta áugure,
pois de trás fácil reconheci os movimentos dos pés e panturrilhas
ao se afastar: deuses são bem cognoscíveis.
O ânimo em meu caro peito a mim mesmo
instiga a combater e pelejar ainda mais;
as mãos em cima e os pés embaixo estão ansiosos".
Em resposta, disse-lhe o Telamônio Ájax:
"Em volta da lança, também minhas mãos intocáveis
anseiam, meu ímpeto subiu, e, embaixo, com os pés,
os dois, acelero; mesmo sozinho, intenciono
pelejar com Heitor Priamida, sôfrego incansável".

Assim falavam dessas coisas entre si, jubilosos
pela vontade de lutar que o deus lançou nos ânimos.
Entrementes, Sustém-Terra instigou os aqueus atrás,
que, junto às naus velozes, refrescavam o caro coração.
Fadiga cruel fez seus caros membros amolecer
e em seus ânimos se afligiam ao observarem
os troianos, que, em grupo, transpuseram a grande muralha.
Aqueles, ao vê-los, vertiam lágrimas sob as celhas;
pensavam que não escapariam do mal. Treme-Terra, porém,
fácil instigava as potentes falanges ao percorrê-las.
Primeiro, dando ordens, alcançou Teucro e Léito,
o herói Peneleu, Toas e Deípiro,
e Meríones e Antíloco, mestres do alarido;
exortando-os, dirigiu-lhes palavras plumadas:
"Vergonha, argivos, jovens rapazes; eu confiei
que vós, em combate, salvaríeis nossas naus.
Se abandonardes a batalha deplorável,
agora se mostrará o dia dos troianos vos subjugar.
Incrível, grande assombro o que vejo com os olhos,
fero, o que nunca pensei que se completaria,
os troianos atacando nossos navios: antes
pareciam corças em pânico, que no mato
se tornam alimento de chacais, panteras e lobos,
a vaguear à toa, covardes, sem vontade de lutar –
assim os troianos antes não queriam encarar
o ímpeto e os braços dos aqueus, nem mesmo pouco.
Agora, longe da urbe, pelejam junto às cavas naus
graças à indignidade do líder e à inércia dos homens,
que, brigados com aquele, não querem defender
as naus fende-rápido e são mortos no meio delas.

Se, porém, de verdade e de todo for o responsável
o herói Atrida, Agamêmnon extenso-poder,
pois desonrou demais o Pelida pé-ligeiro,
não cabe a nós abandonar o combate.
Sanemos isso rápido; o juízo dos nobres é sanável.
Não é decoroso abandonardes a bravura impetuosa,
vós todos sendo os melhores no exército; eu
não pelejaria com um varão que deixa a batalha,
um débil: indigno-me convosco em meu coração.
Meus caros, ligeiro produzireis um mal maior
com essa inércia; vamos, que cada um ponha no juízo
vergonha e indignação; então grande briga se animará.
Heitor bom-no-grito junto às naus peleja,
vigoroso, e rompeu os portões e o grande ferrolho".
Exortando-os, Sustém-Terra instigou os aqueus.
Em volta dos dois Ájax postaram-se as falanges
vigorosas, as quais nem Ares, chegando, depreciaria,
nem Atena move-tropa. Pois os melhores,
seletos, resistiam aos troianos e ao divino Heitor,
uma cerca de lança com lança, escudo sobre escudo;
broquel pressionava broquel, elmo, elmo, varão, varão;
elmos mecha-equina tocavam nas fúlgidas placas
ao se inclinarem, tão próximos uns dos outros.
Lanças eram enfileiradas, por mãos corajosas,
brandidas; focavam o avanço, sôfregos pelo combate.
Os troianos, aglomerados, avançaram, e Heitor liderava,
sôfrego e incisivo, como fraga rolando de um rochedo,
sua coroa despregada pela enxurrada invernal,
chuva incontável rompendo o amparo da rocha insolente:
pulando para o alto ela voa, e embaixo ressoa

o bosque; corre, firme e constante, até alcançar
o plaino; então não rola mais, embora ávida –
assim, por um tempo, Heitor ameaçava avançar
fácil até o mar pelas cabanas e naus dos aqueus,
matando; mas quando topou as cerradas falanges,
parou, já bem perto. Os filhos de aqueus, em face,
querendo furá-lo com espadas e lanças duas-curvas,
afastaram-no de si; ele recuou, abalado.
Com berro de longo alcance, gritou aos troianos:
"Troianos, lícios e dardânios, guerreiros mano a mano:
ficai junto a mim; aqueus não me conterão muito tempo,
mesmo articulando-se a si mesmos feito torre;
creio que a lança os fará recuar, se de fato a mim
o melhor dos deuses instigou, o ressoante marido de Hera".
Sua fala instigou o ímpeto e o ânimo de cada um.
Deífobo se movia entre eles, sobranceiro,
o Priamida, e na frente levava o escudo simétrico
com passos leves, pé ante pé atrás do escudo.
Meríones mirou-o com a lança brilhante
e acertou e não errou o escudo simétrico
de couro táureo; não o furou, mas, muito antes,
a longa lança quebrou em seu encaixe. Deífobo
afastou o escudo táureo de si e temeu no ânimo
a lança do aguerrido Meríones. O herói, porém,
recuou de volta até os camaradas, irado terrível
e duplamente, pela vitória e pela lança, que quebrara.
Pôs-se em marcha às cabanas e naus dos aqueus
para buscar grande lança que deixara em sua cabana.
Os outros pelejavam, e grito inextinguível subiu.
Teucro Telamônio foi o primeiro a matar um varão,

o lanceiro Ímbrio, filho de Mentor muito-cavalo:
habitava Pedeu antes da chegada dos filhos de aqueus
e sua esposa era uma filha bastarda de Príamo, Medesicasta;
porém, ao chegarem as naus ambicurvas dos dânaos,
voltou a Troia; destacava-se entre os troianos
e morava com Príamo, que o honrava como a um filho.
Nele o filho de Télamon, sob o ouvido, a grande lança
cravou e a retirou; Ímbrio tombou tal freixo
que no pico de uma montanha conspícua ao longe
é cortado pelo bronze e achega às tenras folhas do chão –
assim caiu, e rilharam suas armas ornadas de bronze.
Teucro lançou-se, ávido por despir-lhe as armas;
ao se lançar, Heitor nele atirou a lança brilhante.
Mas Teucro, encarando-o, evitou a brônzea lança
por pouco, e em Anfímaco, filho do Actorida Ctéato,
que voltara ao combate, a lança no peito acertou.
Com um estrondo caiu, e retiniu sua armadura.
Heitor lançou-se para, da cabeça do enérgico Anfímaco,
arrancar o elmo ajustado nas têmporas;
ao se lançar, Ájax arremeteu com a lança brilhante
contra Heitor, mas pele alguma aparecia, toda por bronze
horrífico encoberta. Atingiu o umbigo do escudo
e empurrou-o com força enorme. Heitor recuou para trás
dos dois corpos, e os aqueus os retiraram.
Estíquio e o divino Menesteu, capitães dos atenienses,
levaram Anfímaco para o meio da tropa de aqueus;
os dois Ájax, movidos por bravura impetuosa, Ímbrio levaram.
Como dois leões arrancam de cães dente-afiado
uma cabra e a levam por entre arbustos cerrados,
alto acima da terra segurando-a nas mandíbulas,

assim alto seguravam-no os guerreiros, os dois Ájax,
e pilhavam suas armas: do pescoço macio sua cabeça
decepou o filho de Oileu, enraivecido por Anfímaco;
virou-se e a lançou pela multidão feito bola;
diante dos pés de Heitor, tombou na poeira.
Nessa hora Posêidon ficou irado no coração
por causa do neto caído na refrega terrível;
dirigiu-se às cabanas e naus dos aqueus,
exortando os dânaos e forjando aflições aos troianos.
Idomeneu famoso-na-lança deparou-se com ele,
após deixar o companheiro que havia pouco da batalha
chegara, atingido no verso do joelho por bronze afiado.
Companheiros levaram-no, e Idomeneu, após instruir os médicos,
rumava a sua cabana, pois tencionava ainda encarar
o combate. A ele dirigiu-se o poderoso Treme-Terra,
assemelhado, na voz, a Toas, filho de Andrêmon,
que em toda Plêuron e na escarpada Cálidon
regia os etólios e como um deus era honrado na região:
"Idomeneu, comandante dos cretenses, para onde foram
as ameaças que os filhos de aqueus lançaram aos troianos?".
Por seu turno, disse-lhe Idomeneu, o líder dos cretenses:
"Toas, nenhum varão, agora, é responsável,
pelo que vejo, pois todos sabemos combater.
Ninguém por medo abúlico é retido nem à hesitação
sucumbe e emerge do combate vil. Contudo, creio
que assim deve ser caro ao impetuoso Cronida,
os aqueus morrerem anônimos aqui, longe de Argos.
Mas Toas, no passado foste aguenta-inimigo
e exortas os outros, quando vês alguém desistindo:
por isso agora não desistas e impele cada guerreiro".

Então respondeu-lhe Posêidon treme-terra:
"Idomeneu, este varão não mais retornará
de Troia, mas aqui será diversão de cães,
todo que, neste dia, querendo, desistir de lutar.
Pega as armas e vai para lá; é preciso juntos
nos animarmos para sermos úteis, mesmo sendo dois.
Excelência vem da união, ainda que de varões débeis;
nós dois, mesmo contra os bons, sabemos pelejar".
Falou, e o deus foi de novo à pugna de varões.
Quando Idomeneu alcançou a cabana bem-feita,
vestiu as belas armas no corpo e pegou as lanças.
Partiu feito relâmpago que o Cronida
pega com a mão e arremessa do Olimpo fulgurante,
mostrando um sinal aos mortais: seus raios são ultraluzentes –
assim o bronze brilhava em volta do peito quando ele corria.
Eis que Meríones, seu nobre assistente, com ele topou
perto da cabana; fora pegar uma lança de bronze.
A ele dirigiu-se a força de Idomeneu:
"Meríones, filho de Molo, veloz nos pés, companheiro mais caro,
por que vieste após deixar a refrega da batalha?
Foste atingido, e a ponta de um projétil te molesta,
ou vieste como mensageiro até mim? Eu mesmo
não almejo ficar sentado na cabana, mas pelejar".
Por seu turno, disse-lhe o inteligente Meríones:
"Idomeneu, comandante dos cretenses couraça-brônzea,
venho na expectativa de que te sobrou uma lança
na cabana para eu a levar; quebrou a que eu tinha,
ao alvejar o escudo do arrogante Deífobo".
Então lhe disse Idomeneu, o líder dos cretenses:
"Lanças, se quiseres, apoiadas na cabana

contra as paredes resplandecentes, uma ou vinte acharás,
troianas, que tirei de quem matei. Não creio
que pelejo postado longe dos varões inimigos;
por isso tenho lanças, escudos umbigados,
elmos e couraças arrebatadores em brilho".
Por seu turno, disse-lhe o inteligente Meríones:
"Sim, também tenho junto à cabana e à negra nau
muito despojo troiano; mas não está perto à mão.
Afirmo que também nunca esqueço da bravura;
não, na peleja engrandecedora, entre os primeiros
me posto sempre que cresce a disputa da batalha.
Outro aqueu couraça-brônzea deve me ignorar
quando luto, mas não tu, que, creio, sabes por ti mesmo".
Então lhe disse Idomeneu, o líder dos cretenses:
"Conheço tua excelência; por que precisas falar disso?
Se agora, junto às naus, todos os melhores nos reuníssemos
para uma tocaia, onde mais se mostra a excelência dos varões,
onde o varão coitado e o bravo se revelam –
a compleição do covarde se altera de todo,
e o ânimo no peito não o deixa sentar-se imóvel,
mas, inquieto, se apoia em pés alternados,
e, em seu íntimo, o coração palpita forte
ao antever a morte, e se põe a estalejar os dentes;
quanto ao valoroso, não se altera a compleição nem teme
demais, quando está sentado na tocaia de varões,
e reza para bem rápido unir-se ao prélio funesto –,
nem lá se depreciaria teu ímpeto e braços.
Se na pugna fosses alvejado ou golpeado,
o projétil não pegaria por trás, no pescoço ou nas costas,
mas encontraria teu peito ou ventre,

se assim queres avançar até o galanteio na linha de frente.
Vamos, não falemos mais disso como infantes,
parados, para alguém não se indignar em excesso;
tu, vai à cabana e pega uma lança ponderosa".
Falou, e Meríones, tal o ligeiro Ares,
pegou, apressado, uma lança de bronze da cabana
e, muito focado na batalha, foi atrás de Idomeneu.
Como Ares destrói-gente entra na batalha,
e Pânico, caro filho, forte e intrépido, com ele
segue, o que põe em pânico até o guerreiro pertinaz:
armam-se na Trácia e vão até os éfiros
ou os enérgicos fleges, pois os dois não escutam
a duas tropas, e só dão glória a uma delas –
assim Meríones e Idomeneu, líderes de varões,
foram à batalha, armados com fúlgido bronze.
A ele Meríones, por primeiro, o discurso enunciou:
"Deucalida, aonde tens gana de mergulhar na multidão?
À direita de todo o exército, no meio
ou à esquerda? Creio que em lugar algum tão deficientes
no combate estão os aqueus cabelo-comprido".
Então lhe disse Idomeneu, líder dos cretenses:
"No meio das naus, há outros para defendê-las,
os dois Ájax e Teucro, o melhor dos aqueus
na arte do arco e valoroso também na luta corpo a corpo;
eles farão que se sacie do combate, mesmo ávido,
Heitor Priamida, ainda que seja bem forte.
Será escarpado para ele, embora sôfrego por pelejar,
vencer o ímpeto e as mãos intocáveis deles
e incendiar as naus, exceto se o próprio Cronida
lançar um tição ardente nas naus velozes.

A um varão não cederá o grande Ájax Telamônio,
um que fosse mortal e comesse o grão de Deméter,
passível de ser ferido por bronze e grandes pedras.
Nem mesmo daria lugar a Aquiles rompe-batalhão
no combate parado; nos pés, impossível rivalizar com ele.
Guie-nos assim à esquerda, para ligeiro sabermos
se estenderemos o triunfo para alguém ou ele para nós".
Falou, e Meríones, tal o ligeiro Ares,
foi na frente até chegarem ao ponto que lhe ordenara.
Troianos, vendo Idomeneu feito chama em bravura,
ele e o assistente com armas adornadas,
exortaram-se no grupo e foram todos contra ele.
A disputa se pôs para os dois lados nas últimas naus.
Como quando ventos soantes sopram rajadas
no dia em que o pó é máximo em volta dos caminhos,
e, chocando-se, fazem subir densa nuvem de poeira,
assim seu combate se adensou, sôfregos no ânimo
para se matar mutuamente com bronze agudo na multidão.
Eriçou-se o combate destrói-mortal com as lanças
longas, corta-carne, que seguravam; aos olhos cegou
o raio brônzeo que vinha de elmos reluzentes,
couraças recém-polidas e escudos brilhantes
das tropas entrechocando-se. Seria bem audacioso-coração
quem jubilasse ao ver a pugna e não se afligisse.
Os dois poderosos filhos de Crono, com ideias diversas,
preparavam funestos sofrimentos aos varões heróis.
Zeus queria a vitória dos troianos e de Heitor,
glorificando Aquiles, veloz nos pés; de modo algum
queria destruir a tropa aqueia diante de Ílion,
mas dar glória a Tétis e ao destemido filho.

Posêidon, no meio dos argivos, os instigava,
após emergir às ocultas do mar cinzento: afligia-lhe
o domínio dos troianos, e demais se indignou com Zeus.
Sim, eram ambos da mesma linhagem paterna,
mas Zeus nascera antes e sabia mais.
Por isso Posêidon evitava defendê-los às claras
e na forma de um varão animava o exército às ocultas.
Os deuses ao cabo da briga brutal e da batalha niveladora
puxavam, e o cabo alternava-se, para os dois lados,
inquebrável, inafrouxável, e soltou os joelhos de muitos.
Então, embora semigrisalho, Idomeneu incitou os dânaos,
pulou no meio dos troianos e neles instigou pânico.
Matou Otrioneu, que ali estava após vir de Cabeso;
havia pouco chegara atrás da fama da guerra
e pediu a mais bela das filhas de Príamo,
Cassandra, sem dar nada, pois prometeu grande feito:
expulsar de Troia, à força, os filhos de aqueus.
Para ele o velho Príamo prometeu e sinalizou
que a daria; ele pelejava confiante nas promessas.
Idomeneu mirou-o com a lança brilhante, arremessou
e o acertou em seu passo altivo; não o protegeu a couraça
de bronze que usava, e furou-o no meio do ventre.
Com um baque, caiu, e Idomeneu proclamou:
"Otrioneu, louvo-te mais que a todos os mortais,
se de fato cumprirás tudo que prometeste
ao Dardânida Príamo, que te prometeu a filha.
Também nós iríamos o mesmo te prometer e cumprir,
e daríamos a mais bela das filhas do Atrida,
fazendo-a vir de Argos como tua esposa, se conosco
assolasses Troia, cidade boa de morar.

Pois vem, vamos combinar as bodas nas naus cruza-mar,
pois para ti não somos casamenteiros ruins".
Falou e pelo pé o puxou na batalha audaz
o herói Idomeneu. E Ásio veio salvar Otrioneu
a pé, diante dos cavalos, que, bafejando sobre seus ombros,
o assistente e auriga conduzia. Ásio almejava, no ânimo,
atingir Idomeneu, que primeiro o atingiu com a lança
na goela sob o queixo, e o bronze o transpassou.
Tombou como tomba carvalho, choupo-branco
ou alto pinheiro, que nos morros varões carpinteiros
decepam, para um navio, com machados recém-afiados:
assim ele, diante dos cavalos e carro, jazia, esticado,
bramando e agarrando a sangrenta poeira.
O auriga perdeu o juízo que antes tinha
e não foi audacioso para escapar das mãos dos inimigos
volvendo os cavalos. A ele Antíloco firme-na-luta
acertou, e sua lança o furou; não o protegeu a couraça
de bronze, e transpassou-o no meio do ventre.
Ele, resfolegando, caiu do carro bem-feito,
e Antíloco, o filho do animoso Nestor, guiou
os cavalos dos troianos aos aqueus de belas grevas.
Deífobo se aproximou bastante de Idomeneu,
angustiado por Ásio, e atirou a lança brilhante.
Encarando-o, porém, evitou a brônzea lança
Idomeneu: encobriu-o seu escudo simétrico
com couros de boi e bronze lampejante,
bem-acabado e ajustado com duas barras cruzadas;
embaixo encolheu-se bem, a lança brônzea voou por cima,
e o escudo fez um ruído seco quando a lança o tocou.
A pesada mão de Deífobo não a arremessou em vão,

e atingiu o pastor de tropa Hipsenor, filho de Hípaso,
no fígado sob o diafragma, e ele de pronto soltou os joelhos.
Deífobo proclamou com veemência e alto brado:
"Por certo Ásio não jaz sem vingança: afirmo que ele,
mesmo indo à casa de Hades, o poderoso porteiro,
jubilará no ânimo, pois lhe conferi um condutor".
Falou e sua proclamação afligiu os argivos,
e sobremodo excitou o ânimo do aguerrido Antíloco.
Mesmo aflito, não ignorou seu companheiro,
mas acorreu e envolveu-o com o escudo.
Embaixo, dois companheiros fiéis se agacharam,
Mecisteu, filho de Équio, e o divino Alastor,
e a ele, gemendo fundo, carregaram às cavas naus.
Idomeneu não conteve o grande ímpeto, sempre com gana
de encobrir algum troiano com a noite tenebrosa
ou cair ele mesmo, afastando o flagelo dos aqueus.
Então ao caro filho de Esietes criado-por-Zeus,
o herói Alcátoo – era genro de Anquises,
casado com a mais velha das filhas, Hipodameia,
a quem demais o pai e a senhora mãe amavam
no palácio, pois superava as de sua idade
em beleza, trabalhos e juízo: por isso a ela
desposou o melhor varão na ampla Troia –
por meio de Idomeneu, Posêidon subjugou-o
ao encantar seus olhos fúlgidos e prender os membros ilustres:
não foi capaz de fugir para trás ou se esquivar,
mas, como estela ou árvore copa-elevada,
parado imóvel, no meio de seu peito cravou a lança
o herói Idomeneu, e em volta rasgou a túnica
de bronze, que antes protegera seu corpo do fim;

mas agora a lança fez um ruído seco ao rasgá-la.
Com estrondo caiu, a lança fincada em seu coração
que, palpitando, fez vibrar a ponta da lança:
então o ponderoso Ares eliminou seu ímpeto.
Veemente, Idomeneu proclamou com alto brado:
"Deífobo, podemos considerar uma equivalência,
três mortos por um? Pois tu te jactas assim.
Insano! Posiciona-te a ti mesmo contra mim
para veres de que linhagem de Zeus eu sou:
primeiro gerou Minos como guardião de Creta,
e Minos gerou, como filho impecável, Deucalíon,
e Deucalíon gerou-me como senhor de muitos varões
na ampla Creta; agora cá me trouxeram as naus
como um mal para ti, o pai e os troianos restantes".
Falou, e Deífobo meditou, dividido,
se tomaria como companheiro um troiano animoso
após recuar de volta ou se experimentaria sozinho.
Pareceu-lhe, ao refletir, ser mais vantajoso assim:
ir até Eneias. Encontrou-o bem atrás na multidão,
parado: sempre se encolerizava com o divino Príamo,
que não o honrava, mesmo sendo bravo entre os homens.
Postado perto, dirigiu-lhe palavras plumadas:
"Eneias, comandante dos troianos, agora precisas
socorrer teu cunhado, se de fato um pesar te atinge.
Vamos, protejamos Alcátoo, que, no passado,
como cunhado, te nutriu em casa quando pequeno;
a ele Idomeneu famoso-na-lança matou".
Sua fala agitou o ânimo no peito de Eneias,
que, muito focado na batalha, foi atrás de Idomeneu.
Mas pânico não tomou Idomeneu como a um menino,

e resistiu como javali na serra, confiante na bravura,
resiste a um bando numeroso de varões que se achega
num espaço isolado, e seu dorso, em cima, se eriça;
seus olhos fulgem de fogo; afia os dentes,
sôfrego por defender-se dos cães e varões –
assim Idomeneu famoso-na-lança resistiu, e não recuou,
ao avanço de Eneias salvador. Chamou companheiros,
vendo Ascálafo, Afareu, Deípiro,
Meríones e Antíloco, mestres do alarido;
a eles, instigando, dirigiu palavras plumadas:
"Vinde cá, amigos, estou só, ajudai-me; temo demais
Eneias, que contra mim vem, veloz nos pés,
pois é muito forte na batalha para matar homens;
tem a flor da juventude, quando a força é suprema.
Oxalá tivesse sua idade em adição a meu ânimo:
ligeiro ou ele levaria a vitória, ou eu poderia levá-la".
Falou, e todos, com um só ânimo no íntimo,
postaram-se perto, escudos apoiados nos ombros.
Eneias, no outro lado, convocou seus companheiros,
vendo Deífobo, Páris e o divino Agenor,
que, com ele, eram líderes dos troianos; na sequência,
seguia a tropa, como ao carneiro seguem ovelhas,
vindas do pasto, para beber: no juízo jubila o pastor –
assim o ânimo de Eneias se alegrou no peito
quando viu o conjunto da tropa o seguindo.
Aqueles em volta de Alcátoo se lançaram ao corpo a corpo
com grandes lanças; em volta do peito, o bronze
ecoava, aterrorizante, eles mirando-se mutuamente
na multidão. Dois varões marciais, superiores aos outros,
Eneias e Idomeneu, como se fossem Ares,

dispararam para cortarem-se a carne com bronze impiedoso.
Primeiro Eneias fez um disparo contra Idomeneu,
que, porém, encarando, evitou a brônzea lança,
e a ponta da lança de Eneias, vibrando, na terra
entrou, pois em vão arrojou-se da robusta mão.
Idomeneu acertou Oinomau no meio do ventre,
rompeu a placa da couraça, e o bronze fez jorrar
as entranhas; ele caiu na poeira e agarrou a terra com a mão.
Idomeneu puxou a lança sombra-longa do morto,
mas não foi mais capaz de tirar-lhe dos ombros
as belas armas, pressionado que era pelos projéteis.
Não havia firmeza nas juntas dos pés para avançar,
nem para arremeter atrás da lança nem para escapar.
Por isso afastava o dia impiedoso no corpo a corpo;
para fugir, os pés não mais o tiravam rápido da batalha.
Nele, que recuava devagar, atirou a lança brilhante
Deífobo, pois seu rancor contra ele era permanente.
Também agora errou, e atingiu Ascálafo com a lança,
o filho de Eniálio: a ponderosa lança cruzou o ombro,
e ele caiu na poeira e agarrou a terra com a mão.
O ponderoso Ares voz-forte disto ainda não sabia,
de seu filho caído na refrega brutal,
mas era contido pelos desígnios de Zeus
no alto do Olimpo, sob nuvens de ouro sentado, onde
estavam os outros deuses imortais, isolados da batalha.
Aqueles em volta de Ascálafo se lançaram ao corpo a corpo.
Deífobo arrancou o fulgente elmo de Ascálafo,
e Meríones, feito o ligeiro Ares,
saltou e golpeou seu braço com a lança, e da mão
de Ascálafo caiu no solo o elmo com aberturas e atroou.

Meríones, de novo saltando como um abutre,
puxou a lança ponderosa do alto do braço e recuou
até o grupo de companheiros. A Deífobo Polites,
seu irmão, com os braços esticados em volta de sua cintura,
afastou-o do hórrido combate até alcançarem os cavalos
velozes, que, atrás do combate belicoso,
se encontravam com o auriga e o carro ornado;
esses levaram-no à cidade, e gemia fundo
de dor: sangue escorria de seu braço recém-ferido.
Os outros pelejavam, e grito inextinguível subiu.
Eneias, arremetendo, com lança aguda
feriu na goela a Afareu, filho de Caletor, que o atacara;
a cabeça inclinou-se para trás, depois caíram o escudo
e o elmo, e a morte quebra-ânimo o engolfou.
Antíloco percebeu quando Tôon se virou,
arremeteu, atingiu-o e cortou de todo a veia
que sobe as costas inteiras até o pescoço:
essa ele cortou de todo e, de costas, Tôon na poeira
tombou e estendeu os braços aos caros companheiros.
Antíloco avançou e tirou-lhe as armas dos ombros,
vigilante: troianos cercaram-no de todas as direções,
golpeando seu grande escudo multicolor, sem conseguir,
dentro, riscar com bronze impiedoso a pele delicada
de Antíloco, pois em volta Posêidon treme-terra
protegia o filho de Nestor, embora muitos fossem os projéteis.
Nunca ficou sem inimigos e no meio deles
perambulava; sua lança não parou e direto
volteava, ao ser brandida: em seu juízo vislumbrava
ou acertar alguém de longe ou avançar até perto dele.
Mirando na multidão, não foi ignorado pelo Asida Adamas,

que o acertou no meio do escudo com o bronze afiado,
após se aproximar; de sua ponta Posêidon juba-cobalto
tirou o ímpeto e negou-lhe a vida de Antíloco.
Parte da lança ficou lá mesmo, como estaca carbonizada,
no escudo de Antíloco, e metade jazia no solo;
Adamas recuou até o grupo de camaradas para evitar a morte.
Meríones seguiu-o na fuga e o acertou com a lança
entre as vergonhas e o umbigo, onde mais
pungente se torna Ares para os lamentáveis mortais:
aí cravou a lança. Adamas caiu, a lança dentro dele,
e convulsionou como o boi que os pastores, na serra,
prendem com cordas e conduzem à força, ele se rebelando –
golpeado, convulsionou-se assim pouco tempo, não muito,
até se achegar dele e remover a lança de seu corpo
o herói Meríones: e negror encobriu seus olhos.
Heleno de perto golpeou Deípiro na testa com espada
trácia, enorme, e estraçalhou o elmo.
Esse, arremessado, caiu no chão, e um dos aqueus
que pelejavam levou-o, rolando entre os pés;
a Deípiro, noite tenebrosa desceu e encobriu seus olhos.
Aflição se apossou do Atrida, Menelau bom-no-grito,
e foi, ameaçador, contra o herói Heleno, o senhor,
brandindo aguda lança; o outro puxava o braço do arco.
Os dois arremeteram: um, com a lança afiada,
ansiava por acertar; o outro, com flecha da corda.
O Priamida então o atingiu com uma flecha no peito,
na placa da couraça, mas a flecha afiada ricocheteou.
Como quando, da superfície da pá, em grande eira,
saltam feijões casca-escura ou ervilhas
sob o vento soante e o impulso do joeirador,

assim da couraça do majestoso Menelau
a flecha afiada voou para longe à deriva.
O Atrida, Menelau bom-no-grito, acertou na mão
com a qual segurava o arco bem-polido; pelo arco,
a lança de bronze atravessou direto sua mão.
Recuou até o grupo de camaradas para evitar a morte,
o braço pendente; arrastava a lança de freixo.
O animoso Agenor tirou-a de sua mão, a qual atou
com bem-trançada lã de ovelha de uma funda
que um assistente levava para ele, pastor de tropa.
Pisandro foi direto ao majestoso Menelau:
a moira nociva da morte guiava-o rumo ao fim
para ser subjugado por ti, Menelau, em refrega terrível.
Quando estavam próximos, indo um contra o outro,
o Atrida errou, e sua lança desviou-se para o lado;
Pisandro golpeou o escudo do majestoso Menelau,
mas não conseguiu que o bronze o furasse:
o largo escudo o deteve, e a lança quebrou no encaixe;
Pisandro gozou em seu juízo, esperando a vitória.
O Atrida puxou sua espada pinos-de-prata
e saltou contra Pisandro, que sob o escudo pegou,
pelo cabo de oliveira, bela acha de bom bronze,
grande, bem-polida; juntos entrechocaram-se.
Pisandro golpeou a placa do elmo rabo-de-cavalo
no alto, sob a crina, e Menelau, ao se achegar, sua testa
logo acima do nariz: os ossos guincharam, seus olhos,
em sangue, ao solo tombaram no pó junto aos pés,
e ele curvou-se e caiu. Menelau, pisando em seu peito,
pilhou suas armas e, proclamando, disse:
"Ao menos deixareis as naus dos dânaos de potros velozes,

soberbos troianos, nunca fartos do fero alarido,
vós a quem não faltam outras ofensas e vexames,
como a mim ofendestes, cadelas vis, e, de modo algum,
temestes, no ânimo, a dura cólera do trovejante Zeus
hospitaleiro, que um dia destruirá vossa cidade escarpada:
vós a minha esposa legítima e a muitos bens
à toa levastes após serdes bem-recebidos por ela.
Agora intentais, nas naus cruza-mar,
lançar fogo ruinoso e matar heróis aqueus.
Pois um dia vos abstereis de Ares, mesmo ávidos.
Zeus pai, afirmam que, no juízo, superas os outros,
varões e deuses, e de ti se origina tudo isto aqui:
como podes favorecer varões desmedidos,
os troianos de ímpeto sempre iníquo, incapazes
de se saciar de combate na guerra niveladora!
De tudo há saciedade, de sono, de amor,
de doce música e de dança impecável:
espera-se apaziguar o desejo muito mais dessas coisas
que da guerra; e os troianos não se fartam de combate".
Falou o impecável Menelau e roubou as armas
ensanguentadas do corpo e as deu a companheiros;
ele próprio de volta juntou-se aos da vanguarda.
Então atacou-o o filho do rei Pilémenes,
Harpálion, que, para guerrear, seguira o caro pai
até Troia, mas não retornou à terra pátria:
naquele dia enfiou a lança no meio do escudo do Atrida,
de perto, mas não conseguiu que o bronze o furasse;
recuou até o grupo de camaradas para evitar a morte,
cuidando em volta que bronze não lhe tocasse o corpo.
Ao recuar, Models Meríones disparou flecha ponta-brônzea

e acertou sua nádega direita; a flecha
trespassou toda a bexiga e saiu embaixo do osso.
Caído lá mesmo, nos braços dos caros companheiros,
exalando sua vida, como verme sobre a terra
jazia, esticado, e negro sangue fluía e molhava a terra.
Dele os enérgicos paflagônios se ocuparam,
sentaram-no no carro e o levaram à sacra Ílion,
angustiados; com eles ia o pai, vertendo lágrimas,
e nenhuma compensação se deu pelo filho morto.
Páris ficou furioso com a morte de Herpálion,
pois fora seu amigo-hóspede entre muitos paflagônios;
com raiva por ele, enviou uma flecha ponta-brônzea.
Havia um Euquenor, filho do adivinho Poliído,
que, rico e valoroso, morava em Corinto
e sabia de sua morte ruinosa ao embarcar na nau.
Amiúde lhe dissera o valoroso ancião Poliído
que pereceria sob doença aflitiva em seu palácio
ou, em meio às naus aqueias, troianos o subjugariam;
assim evitou tanto o aflitivo tributo dos aqueus
quanto a odiosa doença para não sofrer dores no ânimo.
Páris o acertou sob o maxilar e a orelha: rápido a vida
partiu de seus membros, e o odioso negror o pegou.
Assim combatiam como fogo chamejante:
Heitor caro-a-Zeus não tinha noção alguma
que no lado esquerdo das naus era abatida
a tropa pelos argivos. Logo a glória dos aqueus
ocorreria, tanto Treme-Solo sustém-terra
impelia os argivos, e com a própria força os protegia.
Heitor permanecia onde saltara para dentro dos portões
ao romper as cerradas fileiras de guerreiros dânaos,

no espaço das naus de Ájax e Protesilau,
puxadas na orla do oceano cinzento. Acima ficava
o trecho mais baixo da muralha, onde sobremodo
formidáveis eram na batalha, eles próprios e os cavalos.
Lá beócios, jônios túnica-longa,
lócrios, ftios e ilustres epeios mantinham,
com esforço, o agressor longe das naus, incapazes
de afastar de si o divino Heitor, feito labareda.
Alguns eram seletos atenienses; entre eles,
liderava o filho de Peteu, Menesteu, e seguiam-no
Fídias, Estíquio e o nobre Bias; quanto aos epeios,
Fileídes, Meges, Anfíon, Drácio;
na frente dos ftios, Médon e Podarces, firme guerreiro.
Havia um filho bastardo do divino Oileu,
Médon, irmão de Ájax, e habitava
Fílace, longe da terra do pai, após matar um varão,
irmão da madrasta Eriópis, mulher de Oileu;
Podarces era filho do Filacida Íficles.
Estavam armados diante dos animosos ftios
e, defendendo as naus, combatiam com os beócios.
Ájax, o filho veloz de Oileu, de forma alguma
se afastava de Ájax Telamônio, nem mesmo pouco,
mas como no pousio bois vinosos a um arado articulado
puxam com ânimo igual: nos dois lados,
nas raízes dos chifres, jorra muito suor;
somente o jugo bem-polido mantém os dois separados,
ansiosos por abrir o sulco até o limite do campo –
assim estavam postados, bem perto um do outro.
Quanto ao Telamonida, grande e valorosa
tropa o seguia, companheiros que pegavam seu escudo

sempre que exaustão e suor alcançassem seus joelhos;
ao enérgico Oilida não seguiam os lócrios,
pois seu caro coração não aguentava a luta corpo a corpo:
não tinham elmos ponta-brônzea, rabo-de-cavalo,
nem tinham escudos com belos aros e lanças de freixo,
pois, em arcos e fundas de bem-enrolada lã de ovelha
confiando, seguiram para Troia; com esses, então,
lançados sem folga, rompiam as falanges troianas.
Nesse momento os dois, na frente, com armas ornadas,
pelejavam com troianos e Heitor elmo-brônzeo,
e os lócrios disparavam, ocultos atrás; os troianos não mais
tinham gana de lutar, pois as flechas os perturbavam.
Daí das naus e cabanas, de forma deplorável,
os troianos teriam recuado rumo à ventosa Ílion
se Polidamas, de pé ao lado, não falasse ao tenaz Heitor:
"Heitor, és impossível: ninguém te persuade de nada.
Um deus te deu feitos bélicos além da média,
por isso queres saber planejar mais que os outros.
Todavia, de forma alguma podes, sozinho, escolher tudo:
a um o deus concede feitos bélicos,
a outro, a dança, a outro, lira e canto;
em outro, Zeus ampla-visão põe no íntimo mente
valorosa, da qual gozam muitos homens:
esse salva muitos, e sobremodo sabe disso ele mesmo.
Portanto falarei como me parece ser o melhor.
Em toda parte em volta de ti, o anel de luta pegou fogo:
os animosos troianos, após transpor a muralha,
uns estão afastados com suas armas, outros pelejam
em minoria contra muitos, dispersando-se pelas naus.
Vamos, recua e chama para cá todos os melhores;

então poderíamos analisar bem cada plano:
ou cair sobre as naus muito-calço,
se um deus quiser nos conferir força, ou então,
seguros, nos afastar das naus. De minha parte,
temo que os aqueus cobrem a dívida de ontem,
pois junto às naus aguarda um varão insaciável de combate,
que, não creio, muito mais se absterá da luta".
Falou Polidamas, e a fala segura agradou Heitor;
de pronto, com as armas, saltou do carro ao chão
e, falando, dirigiu-lhe palavras plumadas:
"Polidamas, segura aqui todos os melhores;
quanto a mim, irei para lá encarar a batalha.
Ligeiro retornarei, após lhes instruir bem".
Falou e se lançou feito pico nevoso,
gritando, e voou pelo meio de troianos e aliados.
Eles todos ao Pantoida, o acolhedor Polidamas,
acorriam após terem ouvido a voz de Heitor.
Ele, buscando Deífobo, a força do senhor Heleno,
o Asida Adamas e Ásio, filho de Hírtaco,
percorria a linha de frente, esperando achá-los.
Achou-os não mais seguros nem incólumes de todo,
mas uns nas últimas naus dos aqueus
jaziam, após perder a vida sob as mãos dos argivos,
e outros estavam na muralha, atingidos e feridos.
Logo achou no lado esquerdo da batalha lacrimosa
o divino Alexandre, marido de Helena bela-juba,
encorajando companheiros e os incitando a lutar.
Postado perto, abordou-o com palavras injuriosas:
"Mau-Páris, o mais formoso, namorador, trapaceiro,
diz onde estão Deífobo, a força do senhor Heleno,

o Asida Adamas e Ásio, filho de Hírtaco.
Onde está Otrioneu? Agora findará, de cima a baixo,
a escarpada Troia, agora é seguro o escarpado fim".
A ele dirigiu-se o divinal Alexandre:
"Heitor, como é de teu ânimo culpar um inocente:
às vezes, mais que agora, até desisti do combate,
mas a mãe não me gerou como um completo covarde!
Tendo tu despertado a luta dos companheiros junto às naus,
aqui fazemos companhia aos dânaos sem cessar;
morreram os companheiros por quem indagas.
Somente Deífobo e a força do senhor Heleno
partiram, golpeados por longas lanças,
ambos na mão, e o Cronida afastou a morte.
Agora lidera para onde teu coração e ânimo impelem;
nós, com sofreguidão, junto seguiremos, e não penso
que faltará bravura, tanta quanto a força deixar.
Nem alguém arrojado pode lutar além de sua força".
Falou o herói e inverteu o juízo do irmão.
Foram para onde peleja e luta eram mais intensas,
em torno de Cebríones, do impecável Polidamas,
de Falces, Orteu, do excelso Polifetes,
de Pálmis, Ascânio e Móris, filho de Hipótion:
vieram de Ascânia grandes-glebas como substitutos
na manhã anterior; Zeus, então, os impeliu a pelejar.
Eles foram iguais a rajada de ventos difíceis,
ela que, pelo trovão do pai Zeus, vai à superfície
e com prodigioso estrondo junta-se ao mar, onde muitas
ondas do mar ressoante estão em ebulição,
abobadadas, gorro branco, umas na frente, outras atrás –
assim os troianos, uns, na frente, unidos, outros atrás,

cintilantes pelo bronze, seguiam os líderes.
Heitor conduzia semelhante a Ares destrói-gente,
o Priamida: na frente levava o escudo simétrico,
com couros compactados, e muito bronze batido em cima;
em volta das têmporas, tremia o elmo brilhante.
Em toda parte nas falanges inimigas, tentava, pé ante pé,
fazê-las ceder, avançando encoberto pelo escudo;
não confundia, porém, o ânimo no peito dos aqueus.
Ájax foi o primeiro a desafiá-lo com passos largos:
"Insano, te achega! Por que tentas amedrontar em vão
os argivos? Não somos inexpertos no combate;
não, fomos subjugados pelo látego nocivo de Zeus.
Com certeza teu ânimo espera aniquilar as naus;
contudo também temos mãos para as defender.
Muito antes vossa cidade boa de morar
será conquistada e pilhada por nossas mãos.
Afirmo que para ti está perto o momento quando,
em pânico, rezarás a Zeus pai e aos outros imortais
que os cavalos lindo-pelo sejam mais velozes que falcões:
irão te levar à cidade, erguendo poeira no plaino".
Após ter falado, em sua direção voou à direita
uma águia voa-alto, e a tropa de aqueus rugia,
encorajada pelo sinal. O insigne Heitor respondeu:
"Ájax falastrão, exibido, o que falaste?!
Oxalá fosse tão certo que sou filho de Zeus porta-égide
por todos os dias, que me gerou a soberana Hera
e sou honrado como honrados são Atena e Apolo,
como é certo agora que este dia traz um mal aos argivos
todos; estarás morto entre eles, se ousares
enfrentar minha grande lança, que a tua pele de lírio

rasgará; saciarás os cães e as aves dos troianos
com gordura e carne ao caíres junto às naus dos aqueus".
Após falar assim, foi na frente, e eles o seguiam
com som prodigioso; atrás a tropa rugia.
Os argivos, do outro lado, rugiam e não esqueceram
a bravura e resistiam ao avanço dos melhores troianos.
O ruído de ambos alcançou o céu e os raios de Zeus.

14

Nestor não ignorou a gritaria, embora estivesse bebendo,
e ao filho de Asclépio dirigiu palavras plumadas:
"Reflete, divino Macáon, como se darão estas coisas;
junto às naus é maior o grito dos jovens viçosos.
Quanto a ti, bebe, sentado, vinho fulgente
até que um banho Hecamede belos-cachos
te aqueça e lave esse sangue ressequido.
Quanto a mim, irei ao mirante para logo saber".
Falou, pegou o bem-feito escudo de seu filho
Trasímedes doma-cavalo, que jazia na cabana,
todo luzente de bronze – ele tinha o escudo do pai –
e tomou a brava lança, afiada com ponta de bronze.
Parou fora da cabana e logo vislumbrou o feito ultrajante:
uns em debandada, e os outros desbaratando-os por trás,
os autoconfiantes troianos; caíra a muralha dos aqueus.
Como quando o grande mar se agita com mudas ondas,
antevendo os percursos impetuosos dos ventos soantes,
por ora só assim, sem avançar para um lado ou outro
antes de descer um vento decisivo de Zeus –
assim o ancião, dilacerado, revolvia no ânimo

duas opções: ir até a multidão de dânaos de potros velozes
ou até o Atrida, Agamêmnon pastor-de-tropa.
Pareceu-lhe, ao refletir, ser mais vantajoso assim:
dirigir-se ao Atrida. Aqueles matavam-se mutuamente,
lutando, e o duro bronze em volta de sua carne guinchava,
eles furando-se com espadas e lanças duas-curvas.
Com Nestor toparam os reis criados por Zeus,
vindos das naus, todos aos quais o bronze ferira,
o Tidida, Odisseu e o Atrida Agamêmnon.
Bem afastadas do combate encontravam-se suas naus
na orla do oceano cinzento, as primeiras puxadas
para a planície; fizeram a muralha junto às últimas.
Embora larga, a praia não era capaz de conter
todas as naus, e as tropas estavam apertadas:
por isso puxaram-nas em fileiras e enchiam a grande
baía da costa inteira, o espaço que os cabos englobavam.
Assim eles, para observar o alarido da batalha,
vieram juntos, apoiados nas lanças; angustiavam-se
seus ânimos no peito. Com eles topou o ancião
[Nestor, que dobrou o ânimo no peito dos aqueus.]
Falando, dirigiu-se a ele o poderoso Agamêmnon:
"Nestor Nelida, grande glória dos aqueus,
por que deixaste a batalha aniquiladora e para cá vieste?
Temo que o ponderoso Heitor levará o dito a termo,
as ameaças que fez, ao falar entre os troianos,
de que não retornaria das naus a Ílion
antes de queimá-las a fogo e nos matar.
Assim falou; isso tudo agora chega ao termo.
Incrível, por certo também outros aqueus de belas grevas
lançam raiva contra mim no ânimo, como Aquiles,

e não querem pelejar nas últimas naus".
Respondeu-lhe o gerênio, o cavaleiro Nestor:
"Sim, isso já aconteceu, e algo diferente
nem o próprio Zeus troveja-no-alto fabricaria.
Já está no chão a muralha, na qual confiamos
seria defesa inexpugnável das naus e de nós mesmos.
Eles, junto às naus velozes, realizam sem cessar
combate inescapável, e não reconhecerias, por mais que fitasses,
de que lado os aqueus, em debandada, são desbaratados,
tal a confusão nas mortes, e ao céu chega o alarido.
Quanto a nós, reflitamos como estas coisas se darão,
caso a mente fizer algo; na batalha não aconselho
que entremos, pois é impossível feridos pelejar".
A ele dirigiu-se o senhor de varões, Agamêmnon:
"Nestor, como combatem junto às últimas naus,
e nem o muro bem-feito nem o fosso foram defensivos,
por causa dos quais muitos aqueus penaram, esperando
que fossem defesa inexpugnável das naus e deles mesmos,
assim creio ser claro que isso agrada ao impetuoso Zeus,
[os aqueus morrerem anônimos aqui, longe de Argos.]
Eu sabia quando ele, solícito, defendia os dânaos
e sei agora que aos troianos, como a deuses ditosos,
glorifica, e prende nosso ímpeto e nossas mãos.
Vamos, ao que eu falar, obedeçamos todos:
as naus, todas que primeiro puxamos para perto do mar,
vamos arrastá-las e mover todas até o divino mar
e as atracar, flutuantes, com as âncoras até chegar
a noite imortal, esperando que se afastem do combate
os troianos; depois, puxaríamos todas as naus.
Não causa indignação escapar de um mal, nem à noite;

é melhor fugir e escapar do mal que ser pego".
Olhando de baixo, disse-lhe Odisseu muita-astúcia:
"Atrida, que palavra te escapou da cerca de dentes!
Maldito, deverias ter comandado outro exército,
sem brio, e não reger a nós, a quem Zeus concedeu
que, da juventude à velhice, arrematássemos
combates aflitivos até perecermos, cada um de nós.
Assim, a cidade amplas-ruas dos troianos, tens gana
de deixá-la, pela qual aguentamos tantos males?
Cala-te, que outro aqueu não ouça esse discurso
que nunca um varão deveria ter pronunciado,
um que soubesse, em seu juízo, falar com acerto
e fosse porta-cetro, a quem as tropas obedecessem,
tantas quantas tu reges entre os argivos.
Agora, como falaste, de todo deprecio teu juízo;
pedes que, o combate e o alarido ainda de pé,
se puxem ao mar as naus bom-convés, com o que
os troianos, que já têm a supremacia, mais se jactarão,
e sobre nós tombará um fim abrupto. Os aqueus
não manterão a batalha puxando-se as naus à praia,
mas irão distrair-se e desistir da vontade de lutar.
Então teu plano será danoso, líder de tropas".
Respondeu-lhe o senhor de varões, Agamêmnon:
"Odisseu, tocaste fundo meu ânimo com a crítica
dura; não ordeno que, contra a vontade,
os filhos de aqueus puxem ao mar as naus bom-convés.
Agora, que alguém elabore um plano melhor,
seja jovem ou velho; ele me daria satisfação".
Entre eles falou Diomedes bom-no-grito:
"Perto está o varão! Não percamos tempo,

se quiserdes segui-lo, e não vos irriteis com raiva
por eu ser, de nascença, o mais jovem entre vós.
Quanto à linhagem, proclamo ser de pai valoroso,
Tideu, a quem um monte de terra cobre em Tebas.
Pois três filhos impecáveis nasceram de Porteu
e habitavam em Plêuron e na íngreme Cálidon:
Ágrio, Melas e o terceiro era o cavaleiro Oineu,
o pai de meu pai; superava-os em excelência.
Ele ficou no lugar, e meu pai se fixou em Argos
após vagar: assim quiseram Zeus e outros deuses.
Desposou uma das filhas de Adrasto, tinha casa
rica em recursos e suficientes campos de trigo,
e muitos pomares com suas árvores,
e possuía muitos rebanhos; ultrapassava todo aqueu
com a lança: deveis ter ouvido isso se é verdade.
Afirmando que minha linhagem é vil e covarde,
assim não desonreis meu discurso caso eu fale bem.
Vamos à batalha, mesmo feridos, por necessidade;
então lá nos manteremos longe da refrega
e dos projéteis: que ninguém seja ferido no ferimento.
Aos outros instigaremos que entrem, os acostumados
a ceder a seu ânimo e, afastados, não pelejar".
Falou, e eles o ouviram direito e obedeceram;
partiram, e liderava-os o rei dos varões, Agamêmnon.
Cega vigia não mantinha o majestoso Treme-Solo,
mas foi atrás deles na forma de um ancião,
pegou a mão direita do Atrida Agamêmnon
e, falando, dirigiu-lhe palavras plumadas:
"Atrida, agora sim o coração ruinoso de Aquiles
jubila no peito, mirando a matança e o pânico

dos aqueus; não tem juízo, nem um pouco.
Que pereça, e um deus o cegue;
de ti os deuses ditosos ainda não se ressentem de todo,
e os líderes e capitães dos troianos ainda
encherão de pó a ampla planície, e tu mesmo verás
como fogem à cidade para longe das naus e cabanas".
Falou e berrou alto, arremetendo pelo plaino.
Tanto como nove ou dez mil varões vociferam
na batalha, perfazendo a briga de Ares,
soltou a voz do peito o poderoso Treme-Terra;
no coração de cada aqueu, lançou grande força
de sorte a guerrearem sua luta sem cansar.
Hera trono-dourado a isso dirigiu os olhos
desde o pico do Olimpo onde se postara; logo notou
que ele se alvoroçava na peleja engrandecedora,
seu irmão e cunhado, e alegrou-se no ânimo.
Viu Zeus no mais alto pico do Ida de muitas fontes
sentado, e ele lhe era odioso no ânimo.
Então a soberana Hera de olhos bovinos cogitou
como enganar a mente de Zeus porta-égide.
Em seu ânimo, mostrou-se este o melhor desígnio:
ela própria dirigir-se ao Ida após se arrumar bem,
esperando que ele desejasse deitar-se em amor
junto a seu corpo, e nele tranquilo e tépido sono
verter nas pálpebras e no juízo astuto.
Foi ao quarto, que lhe fizera seu caro filho
Hefesto: no batente prendera sólidas portas
com um ferrolho secreto; outro deus não o abria.
Ali ela entrou e trancou as portas brilhantes.
Primeiro com bálsamo imortal limpou toda impureza

de sua pele atraente, ungiu-se à farta com óleo
imortal, esponsal, perfumado, à sua disposição:
uma vez agitado pela casa chão-brônzeo de Zeus,
o aroma alcançava tanto a terra como o céu.
Após ter ungido a bela pele, suas madeixas
penteou e, com as mãos, trançou luzentes tranças,
belas, celestiais, que pendiam da cabeça imortal.
Então pôs um vestido celestial que Atena
fez com arte e o alisou, adornando-o na sequência;
prendeu-o na altura do peito com alfinetes dourados.
Cingiu-se com um cinto enfeitado por cem franjas
e nos lóbulos bem-perfurados prendeu brincos
de três olhos tal amora: intensa graça deles irradiava.
A divina deusa cobriu a cabeça com um véu,
belo, novo: era luzidio como o sol;
sob os pés reluzentes, atou belas sandálias.
Após dispor todos os adereços em seu corpo,
retirou-se do quarto, chamou Afrodite
para longe dos outros deuses e lhe disse:
"Tu a mim obedecerias, cara criança, no que eu falasse,
ou me negarias, com rancor no ânimo,
porque socorro os dânaos, e tu, os troianos?".
Respondeu-lhe Afrodite, filha de Zeus:
"Hera, deusa mais honrada, filha do grande Crono,
fala o que pensas; o ânimo ordena que eu cumpra
se posso cumprir, e se é algo que pode sê-lo".
Com mente ardilosa, dirigiu-se-lhe a soberana Hera:
"Dê-me agora amor e atração, com os quais a todos
os imortais e homens mortais subjugas.
Irei aos limites da terra nutre-muitos para ver

Oceano, origem dos deuses, e a mãe Tetys,
que, em sua morada, bem me nutriram e criaram;
receberam-me de Reia, quando Zeus ampla-visão
enviou Crono para baixo da terra e do mar ruidoso:
irei vê-los e resolverei a indefinida briga entre eles.
Há muito tempo já estão mutuamente afastados
na cama e no amor, pois raiva tombou no ânimo.
Se, com palavras persuadindo seu caro coração,
os levasse ao leito para se unirem em amor,
sempre me teriam como cara e digna de respeito".
Respondeu-lhe Afrodite ama-sorriso:
"Não é possível nem convém rejeitar tua palavra,
pois deitas nos braços do excelente Zeus".
Falou e do peito soltou a faixa decorada,
variegada, na qual todos seus feitiços foram trabalhados:
nela há amor, atração e flerte:
sedução, que logra até a mente de quem pensa com agudeza.
Depositou-a nas mãos de Hera e lhe disse:
"Pega essa faixa e a coloca em teu peito,
variegada, na qual tudo foi trabalhado; afirmo que não
voltarás sem ter feito o que tencionas em teu juízo".
Falou, e a soberana Hera de olhos bovinos sorriu
e então, sorrindo, pôs a faixa em seu peito.
A filha de Zeus, Afrodite, foi para casa,
e de chofre Hera deixou o cume do Olimpo,
deu uma passada na Piéria e na adorável Emácia
e correu os montes nevados dos trácios criadores-de-cavalos
acima dos mais altos cumes, os pés sem tocar o chão.
De Atos, locomoveu-se sobre o mar faz-onda
e chegou a Lemnos, a cidade do divino Toas.

Lá encontrou-se com Sono, irmão de Morte,
deu-lhe forte aperto de mão, dirigiu-se-lhe e nomeou-o:
"Sono, senhor de todos os deuses e todos os homens,
já ouviste minha palavra no passado, e agora também
sê persuadido: por todos os dias te serei grata.
Adorme os olhos luzentes de Zeus sob as celhas
assim que eu deitar junto dele em amor.
Um dom te darei, um belo trono, imperecível para sempre,
de ouro. Hefesto, meu filho duas-curvas,
o fará com arte; em adição, banqueta para os pés,
na qual poderás apoiar os pés luzentes ao comeres".
Respondendo, disse-lhe o doce Sono:
"Hera, deusa mais honrada, filha do grande Crono,
eu a outro dos deuses sempiternos
fácil adormeceria, até mesmo as correntes do rio
Oceano, que é a geração de todas as coisas.
De Zeus, o Cronida, dele não me aproximaria
nem o adormeceria, exceto se ele mesmo pedisse.
Não, pois também outra vez ordem tua me afligiu,
no dia em que aquele autoconfiante filho de Zeus
navegava de Ílion, após destruir a cidade dos troianos.
Entorpeci a mente de Zeus porta-égide ao envolvê-lo
com doçura, e no ânimo armaste vilezas contra aquele,
instigando rajadas de ventos difíceis sobre o mar,
e então o redirecionaste a Cós, boa de morar,
longe de todos os seus. Zeus acordou e endureceu,
arremessando os deuses pela casa, e sobretudo a mim
buscava. Teria me lançado do céu ao mar para sumir
se Noite, que subjuga deuses e varões, não me salvasse.
Em fuga, supliquei a ela, e Zeus cedeu, embora irado,

pois evitava fazer algo ofensivo à veloz Noite.
Agora exiges que eu cumpra outra coisa impossível".
Pois disse-lhe a soberana Hera de olhos bovinos:
"Sono, por que ruminas essas coisas em teu juízo?
Crês que Zeus ampla-visão assim protege os troianos,
como irou-se por causa de Héracles, seu filho?
Vamos, te darei uma das bem jovens Graças
para a desposares, e ela ser chamada de tua esposa,
[Admiradíssima, que sempre desejas todos os dias".]
Disse, e Sono alegrou-se e, em resposta, falou:
"Vai, agora jura-me pela água inviolável da Estige,
toca com a mão na terra nutre-muitos
e com a outra no mar cintilante: que, de nós dois, todos
os deuses ínferos em volta de Crono sejam testemunhas
de que me darás uma das bem jovens Graças,
Admiradíssima, que sempre anseio todos os dias".
Falou, e não o ignorou a deusa, Hera alvos-braços:
jurou como pedira e nomeou todos os deuses,
os que estão embaixo no Tártaro e são chamados Titãs.
Depois que jurou por completo essa jura,
os dois deixaram as cidades de Lemnos e Imbros,
efetuando rápido o trajeto, encobertos por neblina.
Alcançaram o Ida de muitas fontes, mãe de feras,
em Lecto, onde primeiro deixaram o mar; seguiram
no continente, e o topo da floresta tremia sob seus pés.
Aí Sono parou antes que os olhos de Zeus o vissem,
após subir em um pinheiro enorme, que então, no Ida,
era o mais altaneiro e chegava ao céu através da neblina.
Ali sentou-se, bem oculto pelos galhos do pinheiro,
semelhante a uma ave aguda, que nas montanhas

os deuses chamam cálquis, e os homens, açor.
Hera rápido subiu até o Gárgaron, pico
do elevado Ida, e Zeus junta-nuvens a viu.
Assim que a viu, desejo encobriu seu juízo cerrado
como no dia em que primeiro se uniram em amor,
correndo ao leito às ocultas dos caros pais.
Parado diante dela, nomeou-a e disse:
"Hera, aonde anseias ir que do Olimpo chegas aqui?
Não estão aí os cavalos e o carro no qual montarias".
Com mente ardilosa, dirigiu-se-lhe a soberana Hera:
"Irei aos limites da terra nutre-muitos para ver
Oceano, origem dos deuses, e a mãe Tetys,
que, em sua morada, bem me nutriram e criaram;
irei vê-los e resolverei a indefinida briga entre eles.
Há muito tempo já estão mutuamente afastados
na cama e no amor, pois raiva tombou-lhes no ânimo.
Os cavalos estão no sopé do Ida de muitas fontes,
e me levarão sobre o espaço firme e o úmido.
Agora, por tua causa, do Olimpo chego aqui,
para, mais tarde, não te enfureceres comigo se, quieta,
eu rumasse à morada de Oceano funda-corrente".
Respondendo, disse-lhe Zeus junta-nuvens:
"Hera, também depois podes te deslocar para lá;
vamos, deitados em amor, deleitemo-nos.
Nunca um desejo tal, por deusa ou mulher,
obnubilou e subjugou meu ânimo no peito,
nem quando desejei a esposa de Íxion,
que pariu Peirítoo, mentor feito os deuses;
nem quando a Dânae linda-canela, filha de Acrísio,
que gerou Perseu, insigne entre todos os varões;

nem quando à filha fama-ao-longe de Fênix,
que me pariu Minos e o excelso Radamanto;
nem quando a Sêmele nem a Alcmena em Tebas,
esta que ao decidido Héracles gerou como filho,
e aquela, Sêmele, pariu Dioniso, prazer aos mortais;
nem quando à senhora Deméter belas-tranças,
nem quando à majestosíssima Leto, nem a ti mesma –
como agora te desejo e doce atração me toma".
Com mente ardilosa, disse-lhe a soberana Hera:
"Terribilíssimo Cronida, que discurso falaste!
Se agora almejas que deitemos em amor
nos picos do Ida, onde tudo isso é bem visível,
como seria se um dos deuses sempiternos nos
visse dormindo e, dirigindo-se a todos os deuses,
lhes contasse? Eu não voltaria para tua casa
após me erguer do leito: isso causaria indignação.
Mas se quiseres e te for caro ao ânimo,
tens um quarto, que te fez teu caro filho
Hefesto, e no batente prendeu sólidas portas:
vamos dormir lá, já que o leito te apraz".
Respondendo, disse-lhe Zeus junta-nuvens:
"Hera, não temas que algum deus ou varão
nos veja: com uma nuvem nos encobrirei,
dourada; não nos veria através dela nem Sol,
que tem a luz mais aguda para enxergar".
Falou o filho de Crono e abraçou a esposa;
embaixo dele, a divina terra brotou grama viçosa,
trevo orvalhado, açafrão e jacinto,
copioso e macio, que erguia o casal da terra.
Em cima se deitaram e sobre si puxaram uma nuvem,

bela, dourada, e lucilantes gotas de orvalho caíam.
Assim o pai, sereno, dormia no pico Gárgaron,
subjugado por sono e amor, e nos braços tinha a esposa;
e doce Sono pôs-se a correr rumo às naus dos aqueus
com mensagem a Treme-Solo sustém-terra.
Postado perto, dirigiu-lhe palavras plumadas:
"Agora, solícito, defenda os aqueus, Posêidon,
e lhes dê glória, mesmo por pouco tempo, enquanto dorme
Zeus, pois eu mesmo com sono macio o encobri;
Hera seduziu-o para deitar-se com ela em amor".
Falou e rumou às gloriosas tribos de homens;
instigara Posêidon a proteger ainda mais os dânaos.
De pronto pulou na linha de frente e deu enfática ordem:
"Argivos, de novo deixaremos a vitória a Heitor
Priamida para que tome as naus e granjeie glória?
Não, ele fala e proclama assim porque Aquiles
fica junto às cavas naus, com fúria no coração;
não haverá excessiva saudade dele se os outros,
nós, nos instigarmos à defesa mútua.
Vamos, ao que eu falar, obedeçamos todos:
os melhores e maiores escudos no bivaque
empunhando, com elmos todo-luzentes as cabeças
encobrindo, com as mãos pegando as maiores lanças,
vamos! Serei o líder, e afirmo que não mais
Heitor Priamida, embora sôfrego, resistirá.
Varão firme na luta com escudo pequeno no ombro:
dê-o a um homem menor e vista o escudo maior".
Falou, e eles o ouviram direito e obedeceram.
Os próprios reis os organizaram, embora feridos,
o Tidida, Odisseu e o Atrida Agamêmnon;

achegando-se de todos, faziam-nos trocar as armas marciais.
Valoroso vestia valorosas e dava as piores aos piores.
Após vestirem o bronze lampejante sobre o corpo,
partiram, e liderava-os Posêidon treme-terra
com fera espada aguçada em sua mão encorpada
tal um raio; não é norma que alguém o enfrente
no deplorável prélio, pois medo contém os varões.
Aos troianos, no outro lado, organizava o insigne Heitor.
Nessa hora puxavam a mais terrível briga guerreira
Posêidon juba-cobalto e o insigne Heitor,
um protegendo os troianos, o outro, os argivos.
O mar agitou-se em direção às cabanas e naus
dos argivos; eles entrechocaram-se com grande alarido.
Nem a onda do mar ruge assim contra a costa,
arremetendo do mar com o sopro pungente de Bóreas,
nem é tão forte o crepitar do fogo chamejante
ao crescer em um vale para queimar o mato,
nem assim é o vento que, em torno dos carvalhos copa-alta,
soa, o que freme ao máximo quando se agiganta –
assim era o som vindo de troianos e aqueus,
os quais, com grito terrível, atacaram-se mutuamente.
Contra Ájax, por primeiro, disparou o insigne Heitor
sua lança, após Ájax se postar direto contra ele, e não errou
aí onde as duas correias se esticavam sobre o peito,
uma, a do escudo, a outra, da espada pinos-de-prata:
as duas lhe protegiam a pele delicada. Heitor enfureceu-se,
pois seu veloz projétil escapou à toa de sua mão,
e recuou até os camaradas para evitar a morte.
No recuo, acertou-lhe o grande Ájax Telamônio
uma pedra, do tipo que, em profusão, escorava as naus

e rolava entre os pés ao pelejarem: dessas, uma Ájax ergueu
e acertou-lhe o peito acima da borda do escudo, junto ao pescoço,
e como a um pião o golpe moveu Heitor, que correu rodando.
Como quando o impacto do pai Zeus arranca um carvalho,
raízes e tudo, e terrível odor de enxofre vem
dele: ousadia não se apodera de quem vê isso
de perto, pois o raio do grande Zeus é dificultoso –
assim o ímpeto de Heitor ligeiro baqueou por terra na poeira.
Deixou cair a lança da mão, tombaram sobre ele o escudo
e o elmo, e em volta rilharam as armas ornadas de bronze.
Os filhos de aqueus gritaram alto e avançaram,
esperando puxá-lo, e dispararam lanças
em profusão, incapazes de ao pastor de tropa
golpear ou atingir, pois antes os melhores o envolveram,
Polidamas, Eneias e o divino Agenor,
Sarpédon, líder dos lícios, e o impecável Glauco.
Quanto aos outros, ninguém o negligenciou, e na frente
dele mantinham escudos com belos aros. Os companheiros
o ergueram, tiraram da pugna e alcançaram os cavalos
velozes, que atrás do combate belicoso
se encontravam com o auriga e o carro ornado;
esses levaram-no à cidade, e ele gemia fundo.
Mas quando alcançaram a vau do fluente rio,
o voraginoso Xanto, que Zeus imortal gerou,
lá o tiraram do carro e puseram no chão, e nele água
verteram; seu alento retornou, olhou para cima,
ajoelhou-se e vomitou sangue enegrecido.
De novo caiu para trás no chão e a noite negra encobriu
seus olhos, pois o projétil subjugava seu ânimo.
Os argivos, ao verem Heitor se afastando,

atacaram mais os troianos e mentalizaram a vontade de lutar.
O primeiríssimo foi o veloz Ájax, filho de Oileu,
que, ao saltar com a lança afiada, atingiu Sátnio,
filho de Énops, que impecável ninfa da fonte parira
para Énops, pastor de gado junto às margens do Satniunte.
Achegando-se, o filho de Oileu, famoso na lança,
atingiu-o no flanco: caiu de costas, e em volta dele
troianos e dânaos conduziam batalha audaz.
Como seu protetor, veio Polidamas brande-lança,
o Pantoida, e no ombro direito atingiu Protoenor,
o filho de Arílico: a ponderosa lança cruzou-lhe o ombro,
e ele caiu na poeira e agarrou a terra com a mão.
Polidamas proclamou com veemência e alto brado:
"Por certo creio que, do animoso Pantoida,
a lança não saltou em vão de sua mão robusta,
mas um argivo a recebeu na carne, e creio que nela
apoiado descerá para entrar na morada de Hades".
Assim falou, e sua proclamação afligiu os argivos
e sobremodo excitou o ânimo do aguerrido Ájax,
o Telamonida, pois caíra mais perto dele;
rápido atirou a lança brilhante contra Polidamas, que recuava.
O próprio Polidamas escapou da negra morte
lançando-se para o lado, e recebeu-a o filho de Antenor,
Arquéloco, pois os deuses planejaram seu fim.
Acertou-o na juntura entre a cabeça e o pescoço,
na vértebra superior, e cortou os dois tendões.
Muito antes de cair, sua cabeça, com boca e nariz,
do chão se achegou, e só depois, panturrilhas e joelhos.
Então Ájax gritou ao impecável Polidamas:
"Atenção, Polidamas; diz-me sem evasivas:

esse homem não vale a morte de Protoenor?
Não me parece vil nem filho de vis,
mas irmão de Antenor doma-cavalo
ou filho; na cabeça, deveras a ele se assemelha".
Falou e sabia bem, e comoção tomou o ânimo dos troianos.
Daí Acamas se achegou do irmão morto e em Prômaco,
o beócio, que o puxava pelos pés, cravou sua lança.
A ele Acamas proclamou com veemência e alto brado:
"Argivos fanfarrões, que não se fartam de ameaças,
por certo não haverá pugna e agonia só para nós,
mas também vós uma hora sereis mortos assim.
Prestai atenção como Prômaco dorme, subjugado
por minha lança: a compensação por meu irmão
não ficou sem paga muito tempo. Por isso o varão reza
que um irmão fique em casa, defensor contra o mal".
Assim falou, e sua proclamação afligiu os argivos;
excitou sobretudo o ânimo do aguerrido Peneleu.
Lançou-se contra Acamas, que não resistiu ao ataque
do senhor Peneleu. Na sequência acertou Ilioneu,
filho de Forbas, rico em rebanhos, a quem Hermes
demais amava entre os troianos e bens lhe ofertou;
dele, como filho único, a mãe pariu Ilioneu.
Sob a celha, atingiu-lhe a base do olho
e expeliu o globo: a lança atravessou o olho
e cruzou a nuca, e ele sentou-se com os dois braços
estendidos. Peneleu, após puxar a espada afiada,
varou seu pescoço pelo meio, e, ao chão, decepou
a cabeça mais o elmo. A ponderosa lança ainda
ficou no olho; Peneleu, erguendo-a tal papoula,
indicou-a aos troianos e, proclamando, disse:

"Troianos, isso narrai ao caro pai e à mãe
do ilustre Ilioneu; que lamentem no palácio,
pois a esposa de Prômaco Alegenorida
não jubilará com o caro marido de volta
ao retornarmos de Troia, rapazes aqueus, com as naus".
Falou, e tremor se apossou dos membros de todos;
cada um esquadrinhava para onde fugir do abrupto fim.
Narrai-me agora, Musas, que têm casas olímpias,
quem foi o primeiro aqueu que butim sanguíneo
pegou depois de o majestoso Treme-Solo reverter a batalha.
Ájax Telamônio foi a primeiro e atingiu Hírtio
Girtida, o comandante dos destemidos mísios;
Antíloco abateu Falces e Mérmero;
Meríones matou Móris e Hipócio;
Teucro pegou Prótoon e Perifetes.
Daí o Atrida a Hiperenor, pastor de tropa,
no flanco atingiu, e o bronze fez jorrar entranhas,
rasgando-as: sua alma, pelo ferimento aberto,
lançou-se com pressa, e negror encobriu seus olhos.
A maioria quem pegou foi Ájax, o filho veloz de Oileu,
pois ninguém se equiparava a ele na perseguição
de quem corresse quando Zeus nele instigasse a fuga.

15

Os troianos, após passarem pelas estacas e o fosso
em fuga, muitos subjugados pelas mãos do dânaos,
contiveram-se junto aos carros, e aguardavam
lívidos de medo, em pânico. E Zeus despertou
nos picos do Ida junto a Hera trono-dourado.
Ergueu-se de um salto e viu troianos e aqueus –
aqueles, em debandada, estes, desbaratando-os por trás,
os argivos, e, com eles, o senhor Poseidon.
Viu Heitor deitado no plaino, e, em volta, companheiros
sentados: sofria aflitiva falta de ar, atordoado,
vomitando sangue; não foi atingido pelo mais fraco aqueu.
Vendo-o, apiedou-se o pai de varões e deuses
e, olhando de baixo, terrível, a Hera disse o discurso:
"Por certo, impossível Hera, teu ardil artimanhoso
tirou o divino Heitor da luta e pôs a tropa em pânico.
De fato não sei se da tua tramoia pungente
serás a primeira a desfrutar e te surrarei na chibata.
Não te lembras quando pendias de cima? Em teus pés
pendurei duas bigornas, em volta das mãos atei
um laço de ouro, inquebrável, e no céu, entre as nuvens

pendias. Os deuses se agastaram no alto Olimpo
e eram incapazes de te soltar; quem eu pegasse,
agarrava e lançava do umbral, e, ao alcançar a terra,
estava fraco. Nem assim de meu ânimo saiu
a dor incessante pelo divino Héracles,
a quem com Bóreas, uma vez convencidas as rajadas,
enviaste pelo mar ruidoso, maquinando males,
e então o redirecionaste a Cós, boa de morar.
A ele então protegi e de lá o conduzi de volta
a Argos nutre-potros, só que após ele muito sofrer.
Disso te farei recordar para cessares os engodos
e constatar se o amor e a cama vão te proteger, a união
comigo após teres deixado os deuses e me enganar".
Isso disse, e tremeu a soberana Hera de olhos bovinos
e, falando, dirigiu-lhe palavras plumadas:
"Agora saibam disso a terra, o largo páramo acima,
a água que flui para baixo, a Estige – esse o maior
juramento, o mais terrível entre os deuses ditosos –,
tua fronte sagrada e o leito de nós dois,
legítimo, pelo qual eu jamais juraria em vão:
não por meu desígnio Posêidon treme-terra
prejudica troianos e Heitor e auxilia os outros;
é seu ânimo que, instigando-o, isso impõe;
aos vê-los acossados junto às naus, apiedou-se.
De fato, também a ele gostaria de aconselhar
que lá fosse para onde tu, nuvem-negra, o guiares".
Assim falou, e sorriu o pai de varões e deuses
e, respondendo, dirigiu-lhe palavras plumadas:
"Se pelo menos tu, soberana Hera de olhos bovinos,
sentasses entre os deuses concordando comigo;

assim Posêidon, mesmo querendo muito outra coisa,
logo redirecionaria a mente rumo a meu e teu coração.
Porém, se falas a verdade com precisão,
então vá à tribo de deuses e convoque
a virem aqui Íris e Apolo famoso-no-arco
para que até a tropa de aqueus couraça-brônzea
ela vá e diga ao senhor Posêidon
que pare de combater e se dirija a sua casa;
e que Febo Apolo exorte Heitor ao combate
e nele sopre ímpeto: que se esqueça das dores
que agora o molestam no juízo e que aos aqueus
faça recuar, instigando pânico pusilânime,
e em fuga cair nas naus muito-calço
do Pelida Aquiles. Esse enviará seu companheiro
Pátroclo, a quem o insigne Heitor matará com a lança
diante de Ílion, após Pátroclo acabar com muitos jovens,
outros, entre os quais meu filho, o divino Sarpédon.
Com raiva por este, o divino Aquiles irá matar Heitor.
Então, a partir das naus, um contra-ataque
contínuo efetuarei, sem cessar, até os aqueus
tomarem a escarpada Ílion graças a planos de Atena.
Antes disso não findarei minha raiva nem deixarei
que outro imortal auxilie os dânaos,
não antes que a vontade do Pelida se realize
como de início prometi, ao assentir com minha fronte,
no dia em que a deusa Tétis tocou meus joelhos,
suplicando que honrasse Aquiles arrasa-urbe".
Falou, e não o ignorou a deusa, Hera alvos-braços,
e partiu do monte Ida ao grande Olimpo.
Como quando se lança o pensamento do varão

que muita terra correu e pensa com o juízo astuto
"lá eu estaria ou acolá" e intenciona muita coisa,
assim voou, veloz e sôfrega, a soberana Hera.
Chegou ao escarpado Olimpo e dirigiu-se à assembleia
dos deuses imortais na casa de Zeus; ao vê-la,
todos se levantaram e a saudaram com as taças.
Ela deixou de lado os outros e tomou a taça
de Norma bela-face, a primeira a vir-lhe ao encontro,
que, falando, dirigiu-lhe palavras plumadas:
"Hera, por que vieste? Pareces aterrorizada!
Sim, te pôs em pânico o filho de Crono, teu marido".
Então respondeu-lhe a deusa, Hera alvos-braços:
"Disso não perguntes, deusa Norma; bem sabes
como é o ânimo dele, soberbo e intratável.
Inicia, porém, na casa dos deuses, o banquete justo;
no meio de todos os imortais, também ouvirás
as vis ações que Zeus revelou; de modo algum
o ânimo de todos se alegrará por igual, nem de mortais
nem de imortais, se alguém ainda se banqueteia com gáudio".
Após falar assim, sentou-se a soberana Hera,
e os deuses perturbaram-se pela casa de Zeus. Ela riu
com os lábios, e a fronte acima das negras celhas
não se animou; indignada, falou entre todos:
"Tolos! Encolerizamo-nos com Zeus sem pensar;
ainda temos gana, aproximando-nos, de contê-lo
com palavra ou à força; ele, à parte, não se preocupa
nem se aflige, pois diz que, entre os deuses imortais,
em poder e força, obviamente é o melhor.
Aguentai sempre que prejudicar um de vós.
Nesse momento, creio que Ares tem um problema:

seu filho finou na batalha, o mais caro dos varões,
Ascálafo, que o ponderoso Ares diz ser seu".
Falou, e Ares bateu em suas coxas másculas
com a palma das mãos e, lamuriando-se, disse:
"Vós que tendes casas olímpias, não vos indigneis comigo
por vingar a morte de meu filho indo às naus aqueias,
mesmo que minha moira seja, golpeado pelo raio de Zeus,
jazer com os mortos em meio a sangue e poeira".
Falou, pediu a Terror e Pânico que jungissem
os cavalos e ele próprio vestiu suas cintilantes armas.
Então raiva e cólera ainda maiores e mais nocivas
teriam ocorrido da parte de Zeus contra os imortais,
se Atena, temendo muito por todos os deuses, não tivesse
saído pelo vestíbulo após deixar o trono em que se sentara.
Tirou-lhe o elmo da cabeça e o escudo dos ombros,
e de sua mão pegou a robusta lança de bronze
e a acomodou; com palavras, abordou o impetuoso Ares:
"Enlouquecido, doido no juízo, estás perdido. Em vão
tens ouvidos para ouvir, e tua mente e respeito finaram.
Não percebes o que afirma a deusa, Hera alvos-braços,
que há pouco chegou de junto de Zeus Olímpio?
Sim, queres tu mesmo te abarrotar de males
e, ainda que angustiado, voltar ao Olimpo obrigado,
engendrando um mal para todos os outros deuses?
De pronto deixará os autoconfiantes troianos
e os aqueus, virá ao Olimpo para nos abalar
e pegará um por vez, quem for responsável ou não.
Assim, peço que agora largues a raiva por teu filho;
pois alguns melhores que ele, na força e nos braços,
foram abatidos ou serão abatidos no futuro: é duro

salvar a linhagem e a descendência de todos os homens".
Falou, e fez o impetuoso Ares sentar no trono.
Para fora da casa Hera chamou Apolo
e Íris, que, entre os deuses imortais, é mensageira,
e, falando, dirigiu-lhes palavras plumadas:
"Zeus pediu que fôsseis ao Ida o mais rápido possível;
quando fordes e encarardes Zeus,
cumpri o que ele, instigando-vos, impuser".
Após falar assim, a soberana Hera voltou
e sentou-se no trono; eles lançaram-se em seu voo.
Alcançaram o Ida de muitas fontes, mãe de feras,
e acharam o Cronida ampla-visão no pico Gárgaro,
sentado; circundava-o olorosa nuvem.
Os dois se postaram na frente de Zeus junta-nuvens
e pararam; ao vê-los, não se enfureceu no ânimo,
pois ligeiro obedeceram às palavras de sua consorte.
Primeiro a Íris dirigiu palavras plumadas:
"Parta, Íris veloz, ao senhor Posêidon,
tudo isto anuncia e não sejas um pseudomensageiro.
Ordena-lhe que pare de guerrear e combater
e se dirija à tribo de deuses ou ao divino mar.
Se ele não cumprir minhas palavras e as desmerecer,
cuide então, no juízo e no ânimo, que,
se eu o atacar, não conseguirá resistir, embora poderoso,
pois afirmo ser muito superior a ele em força
e, de nascença, o mais velho. Seu coração insiste
em pensar ser igual a mim, de quem os outros têm pavor".
Falou, e não o ignorou a veloz Íris pés-de-vento,
e, descendo do monte Ida, pôs-se rumo à sacra Ílion.
Como quando das nuvens voa neve ou granizo

gelado sob a carga de Bóreas nascido-no-páramo,
assim veloz voou, sôfrega, a rápida Íris.
Postou-se perto e disse ao glorioso Sustém-Terra:
"Vim para cá, Sustém-Terra juba-cobalto,
com uma mensagem para ti de Zeus porta-égide.
Ordena-te que pares de guerrear e combater
e te dirijas à tribo de deuses ou ao divino mar.
Se não cumprires suas palavras e as desmerecer,
também ameaça que, para pelejar frente a frente,
virá para cá; suas ordens são que fiques longe
de suas mãos, pois afirma ser bem superior a ti em força
e, de nascença, o mais velho. Teu coração insiste
em pensar ser igual a ele, de quem os outros têm pavor".
Muito perturbado, disse-lhe o glorioso Treme-Solo:
"Incrível, embora valoroso, falou de forma arrogante
que me conterá à força sem eu, com honra igual, o querer.
Somos três os irmãos que Reia pariu de Crono,
Zeus, eu e Hades, o terceiro, que rege os ínferos;
dividiu-se tudo em três partes, e cada um tem sua honra:
obtive o mar cinzento, minha morada para sempre,
ao tirarmos a sorte; Hades obteve a treva brumosa;
Zeus obteve o amplo céu no éter e nas nuvens;
a terra e o grande Olimpo são partilhados por todos.
Não viverei seguindo o juízo de Zeus; não, ele,
mesmo mais forte, que calmo permaneça na sua terça parte.
Não me amedronte, como a um covarde, com seus braços,
pois lhe seria mais vantajoso às filhas e filhos,
que gerou, censurar com palavras assombrosas:
ouvirão a quem os exorta, mesmo que por obrigação".
Respondeu-lhe a veloz Íris pés-de-vento:

"Realmente assim, Sustém-Terra juba-cobalto,
devo levar a Zeus esse discurso, intratável e brutal,
ou vais alterá-lo? O juízo dos valorosos é maleável.
Sabes que as Erínias sempre seguem os mais velhos".
A ela então se dirigiu Posêidon treme-terra:
"Divina Íris, essa palavra falaste com adequação:
também isto é bom, o mensageiro saber o medido.
Mas atroz sofrimento atinge meu coração e ânimo
quando Zeus quer ralhar com palavras raivosas
com quem tem igual porção e, pelo destino, parte igual.
Agora, porém, mesmo indignado, cederei.
Outra coisa te digo, e essa ameaça vem de meu ânimo:
se ele à minha revelia e de Atena traz-butim,
Hera, Hermes e o senhor Hefesto
poupar a escarpada Troia e não quiser
destruí-la e entregar grande poder aos argivos,
saiba que inaplacável fúria haverá entre nós".
Falou Treme-Solo e deixou a tropa aqueia,
imergiu no mar, e os heróis aqueus sentiram sua falta.
Então a Apolo disse Zeus junta-nuvens:
"Caro Apolo, agora vai até Heitor elmo-brônzeo:
com efeito, já partiu Treme-Solo sustém-terra
para o divino mar, evitando minha abrupta fúria;
também outros se dariam conta da luta entre nós,
até os deuses ínferos, que vivem em volta de Crono.
Isso, contudo, foi muito mais vantajoso para mim
e para ele, ter antes evitado, mesmo indignado,
minhas mãos, pois o fim não se daria sem suor.
Quanto a ti, pega nas mãos a égide com franjas,
brande-a com vigor e amendronta os heróis aqueus.

Ocupa-te tu, Alveja-de-Longe, do insigne Heitor:
desperta seu grande ímpeto até que os aqueus,
em pânico, alcancem as naus e o Helesponto.
A partir daí eu mesmo pensarei palavra e ação
para que os aqueus, por seu turno, respirem na pugna".
Assim falou, e Apolo não contrariou o pai
e partiu das montanhas do Ida semelhante a falcão
veloz, mata-pomba, a mais veloz das aves.
Topou o filho do aguerrido Príamo, o divino Heitor,
sentado, não mais deitado, o ânimo recém-recomposto,
e notou os companheiros em volta; parou de ofegar
e suar quando a mente de Zeus porta-égide o incitou.
Postando-se perto, abordou-o Apolo age-de-longe:
"Heitor, filho de Príamo, por que, fraco, estás sentado
longe dos outros? Acaso um pesar te atinge?".
Debilitado, disse-lhe Heitor elmo-fulgente:
"Que deus és tu, distinto, que me falas de frente?
Não ouviste que a mim, que nas últimas naus dos aqueus
matava seus companheiros, Ájax bom-no-grito atingiu
com pedra no peito e cessou minha bravura impetuosa?
Já pensava que iria rumo aos mortos e à morada de Hades
neste dia, após expirar minha cara alma".
Falou-lhe o senhor, Apolo age-de-longe:
"Coragem agora; do Ida o Cronida te enviou
um ajudante para ficar a teu lado e te proteger:
Febo Apolo espada-de-ouro, que usualmente
te salva, tanto a ti como à escarpada cidade.
Vamos, agora exorta os muitos guerreiros com carro
a levar os cavalos velozes às cavas naus;
eu, na frente, aplanando a rota inteira

para os cavalos, ponho os heróis aqueus em fuga”.
Falou e no pastor de tropa insuflou grande ímpeto.
Tal cavalo estabulado, farto de cevada na manjedoura,
que rompe as amarras e corre pelo plaino, pateando,
acostumado a banhar-se em fluente rio,
majestoso: cabeça erguida, em volta as crinas
esvoaçam nas espáduas; confiante em sua radiância,
seus joelhos rápido o levam a pastos habituais de cavalos –
de forma assim veloz Heitor mexeu os pés e joelhos,
instigando os aurigas após ouvir a voz do deus.
Como quando a um veado chifrudo ou cabra-selvagem
cães e varões campesinos afugentam:
rochedo alcantilado ou bosque umbroso o salvam,
pois não era o destino destes o alcançar;
com a gritaria, surge na senda um leão com bela juba,
e rápido afugenta todos, mesmo sôfregos –
assim os dânaos, por um tempo, seguiam em grupo,
furando com espadas e lanças duas-curvas,
e quando viram Heitor atacando as fileiras de varões
temeram, e o ânimo de todos tombou diante dos pés.
Entre eles então falou Toas, filho de Andráimon,
de longe o melhor dos etólios, perito na lança,
valoroso no corpo a corpo; poucos aqueus o venciam
na assembleia quando rapazes disputassem no discurso.
Refletindo bem, tomou a palavra e disse:
“Incrível, grande assombro o que vejo com os olhos:
Heitor está de novo de pé e escapou da morte;
por certo o ânimo de todos tinha grande expectativa
de que tivesse morrido sob as mãos de Ájax Telamônio.
Mas a seu turno um deus acolheu e salvou

Heitor, que de muitíssimos dânaos soltou os joelhos,
o que também agora, creio, ocorrerá: não se posta
tão sôfrego, como campeão, sem o ressoante Zeus.
Vamos, ao que eu falar, obedeçamos todos:
ordenemos à multidão que volte às naus,
e nós, que proclamamos sermos os melhores no bivaque,
resistamos, esperando, de início, contê-los
com as lanças eretas. Creio que, mesmo frenético,
temerá, no ânimo, imergir na multidão de dânaos".
Falou, e o ouviram direito e obedeceram.
Aqueles em volta de Ájax, do senhor Idomeneu,
de Teucro, Meríones e Meges, que era feito Ares,
prepararam o confronto, chamando os melhores,
em face de Heitor e dos troianos; atrás,
a multidão retornava às naus dos aqueus.
Os troianos, aglomerados, avançaram, e Heitor liderava
com passos largos; diante dele ia Febo Apolo,
trajando nuvem nos ombros e com a impetuosa égide,
fera, hirta em volta, destacando-se, que o ferreiro
Hefesto dera a Zeus para pôr os varões em pânico –
essa ele tinha nas mãos e liderava as tropas.
Os argivos ficaram firmes, em bloco, e subiu alarido
afiado dos dois lados: das cordas saltavam
flechas, e muitas lanças partiam de mãos corajosas:
umas cravavam-se no corpo de jovens velozes na luta,
e muitas, a meio caminho, antes de tocar a pele branca,
fincavam o solo, com gana de se fartar de carne.
Enquanto Febo Apolo tinha a égide imóvel nas mãos,
os projéteis dos dois lados acertavam o alvo, e a tropa caía;
quando, olhando na face dos dânaos de potros velozes,

ele a sacudiu e junto gritou bem alto, ao ânimo deles
no peito enfeitiçou, e esqueceram a bravura impetuosa.
Como rebanho de vacas ou grande tropa de ovelhas
ao qual duas feras, no apogeu da noite, causam comoção
ao chegar de chofre na ausência do pastor,
assim os aqueus, sem bravura, fugiram, pois Apolo
os pôs em pânico e aos troianos e a Heitor ofertou glória.
Varão pegou varão quando o combate se espalhou.
Heitor matou Estíquio e Arcesilau:
este conduzia os beócios couraça-brônzea, aquele
era o confiável companheiro do animoso Menesteu.
Eneias abateu Médon e Íaso:
um era o filho bastardo do divino Oileu,
Médon, irmão de Ájax, e habitava
Fílace, longe da terra do pai, após matar um varão,
irmão da madrasta Eriópis, mulher de Oileu;
Íaso era um líder dos atenienses,
chamado de filho do Bucolida Esfelo.
Polidamas pegou Mecisteu, Polites, a Équion,
na linha de frente, e o divino Agenor pegou Clônio.
Páris atingiu Deíoco por trás na parte inferior do ombro
ao fugir da vanguarda, e o bronze o transpassou.
Enquanto pilhavam suas armas cintilantes, os aqueus,
chocando-se com o fosso cavado e as estacas,
fugiam para todo lado atrás da muralha por necessidade.
Com alto brado, Heitor exortou os troianos:
"Atacai as naus e ignorai as armas sanguíneas;
quem eu perceber alhures, afastado das naus,
ali mesmo conceberei sua morte, e não creio
que homens e mulheres da família darão seu corpo ao fogo,

mas cães o rasgarão diante de nossa cidade".
Falou e, chicote sobre os ombros, tocou os cavalos,
exortando os troianos nas fileiras, que, com ele,
todos gritando juntos, dirigiam os cavalos puxa-carro
com ruído prodigioso. Na frente, Febo Apolo,
fácil demolindo as margens do fundo fosso com os pés,
lançou-as no meio, passagem na forma de um dique,
grande e larga, tão longa como o arrojo de uma lança
quando um varão, testando sua força, a dispara.
Por aí avançavam em falanges, e na frente Apolo,
com a égide valiosa: derrubou a muralha dos aqueus
bem fácil, como menino faz com areia na praia,
aquele que, após construir um brinquedo em sua meninice,
aniquila tudo de novo, brincando, com os pés e as mãos.
Assim tu, *ié* Apolo, a fadiga e a labuta
dos argivos aniquilaste e os puseste em pânico.
Assim foram contidos junto às naus no aguardo,
exortando-se mutuamente e a todos os deuses
gritando preces com as mãos erguidas.
Sobremodo Nestor, o gerênio, guardião dos aqueus
rezava, estendendo os braços ao páramo estrelado:
"Zeus pai, se um dia, para ti, em Argos muito-trigo,
alguém queimou gordas coxas de boi ou ovelha
e rezou para retornar, e tu prometeste e sinalizaste,
mentaliza isso, afasta, Olímpio, o dia impiedoso
e não deixes os aqueus serem subjugados pelos troianos".
Falou, rezando, e o astuto Zeus ressoou forte,
ouvindo as preces do velho filho de Neleu.
Os troianos, ao escutarem o ressoo de Zeus porta-égide,
atacaram mais os aqueus, mentalizando a vontade de lutar.

Como grande onda do mar larga-passagem
passa por cima do costado da nau quando golpeia
a força do vento, pois nada fomenta mais as ondas,
assim os troianos, bradando, passavam pela muralha
e, guiando os cavalos, pelejavam junto às popas
com lanças duas-curvas no corpo a corpo, esses, dos carros,
e os aqueus, das negras naus, após nelas subirem
com as grandes lanças que se encontravam nas naus,
junções para batalhas navais, revestidas de bronze na boca.
Enquanto aqueus e troianos
pelejavam pela muralha, longe das naus velozes,
Pátroclo ficou na cabana do acolhedor Eurípilo
e deleitava-o com contos e, sobre a ferida penosa,
polvilhou drogas terapêuticas contra as negras dores.
Ao perceber que contra a muralha arremetiam
os troianos, e que dos dânaos vinha grito e pânico,
então bramou, bateu em suas duas coxas
com a palma das mãos e, lamuriando-se, disse:
"Eurípilo, ainda que precises, não consigo mais
ficar aqui, pois grande conflito irrompeu.
Que um assistente te deleite; quanto a mim,
correrei até Aquiles para instigá-lo a guerrear.
Talvez, com a ajuda de um deus, eu agite seu ânimo,
persuadindo-o. Boa é a persuasão de um amigo".
Após falar assim, os pés o levaram. Os aqueus
resistiam, firmes, ao ataque dos troianos, mas incapazes
de, mesmo em menor número, afastá-los das naus.
Também os troianos não eram capazes de romper
as falanges dos dânaos e se juntar às naus e cabanas.
Porém, assim como o prumo endireita a madeira da nau

pelas mãos de um carpinteiro hábil, um que é perito
em toda sorte de saber pelas instruções de Atena,
assim encontrava-se empatada a batalha guerreira.
Cada contingente combatia junto a nau distinta,
e Heitor irrompeu contra o majestoso Ájax.
Os dois esfalfavam-se pela mesma nau, incapazes,
Heitor, de afastar Ájax e queimar a nau a fogo,
Ájax, de fazer Heitor recuar, pois um deus o trouxera.
Então o insigne Ájax ao filho de Clício, Caletor,
que levava fogo à nau, no peito acertou com a lança:
com estrondo ele tombou, e a tocha caiu de sua mão.
Heitor, ao perceber, com os olhos, seu primo
cair na poeira diante da negra nau,
exortou troianos e lícios com alto brado:
"Troianos, lícios e dardânios, guerreiros mano a mano:
de modo algum recueis da batalha nesse aperto;
salvei o filho de Clício, e que os aqueus
não lhe pilhem as armas, pois caiu na arena das naus".
Falou e atirou contra Ájax a lança brilhante;
nele errou, mas não no filho de Mastor, Licofrôn,
assistente de Ájax, de Citera, o qual junto a ele
morava, pois matara um varão na numinosa Citera –
atingiu-o na cabeça, sobre a orelha, com a lança brônzea,
ele parado junto a Ájax: de costas tombou na poeira,
da popa da nau ao chão, e os membros se soltaram.
Ájax estremeceu e disse a seu irmão:
"Teucro querido, confiável companheiro nosso foi morto,
o Mastorida, a quem, vindo de Citera e morando conosco,
honrávamos em casa como a nossos caros pais.
Matou-o o animoso Heitor; onde estão tuas flechas

fende-rápido e o arco, que te deu Febo Apolo?".
Falou, o outro entendeu, correu e se pôs a seu lado,
tendo na mão o arco estica-e-volta e a aljava
porta-flecha; ligeiro enviou projéteis contra os troianos.
Atingiu Clito, o radiante filho de Pisenor,
companheiro de Polidamas, o ilustre Pantoida,
com as rédeas nas mãos; esfalfava-se com os cavalos,
que guiava para onde mais falanges eram desbaratadas,
para agradar Heitor e os troianos: rápido, para ele,
veio o dano, que ninguém, mesmo querendo, dele afastou.
Em seu pescoço a flecha muito-gemido entrou por trás:
tombou do carro, e os cavalos recuaram,
chocalhando o carro vazio. Rápido percebeu o senhor
Polidamas e foi o primeiro a se dirigir aos cavalos.
Esses entregou a Astínoo, filho de Prociáon,
e o exortou com vigor a observá-los e perto manter
os cavalos; ele próprio entrou de volta na linha de frente.
Teucro pegou outra flecha contra Heitor elmo-brônzeo
e teria cessado a batalha junto às naus dos aqueus
se, ao flechar, tirasse a vida de Heitor, que excelia.
Mas não o ignorou a mente cerrada de Zeus, que guardava
Heitor, e tirou o triunfo de Teucro Telamônio:
Zeus rompeu a corda bem-trançada do arco impecável
ao ser puxada contra Heitor; a flecha pesada de bronze
vagou para o outro lado, e o arco caiu de sua mão.
Teucro estremeceu e disse a seu irmão:
"Incrível, um deus tosa de todo os planos de nosso
combate, esse que me tirou o arco da mão
e rompeu a corda recém-trançada, que eu prendera
pela manhã para aguentar uma revoada de flechas".

Respondeu-lhe o grande Ájax Telamônio:
"Meu caro, deixa de lado o arco e as setas em massa,
pois um deus que se ressente dos dânaos o destruiu.
Pega com a mão a longa lança e o escudo no ombro,
luta com os troianos e anima o resto da tropa.
Que não peguem sem esforço, mesmo nos dominando,
as naus bom-convés; mentalizemos a vontade de lutar!".
Falou, e Teucro acomodou o arco na cabana,
em volta dos ombros pôs o escudo quatro-camadas
e sobre a altiva cabeça, o elmo bem-feito
com crina, e a terrível crista movia-se para baixo;
tomou a brava lança, afiada com ponta de bronze,
partiu, correu bem rápido e postou-se ao lado de Ájax.
Heitor, ao ver prejudicadas as setas de Teucro,
exortou troianos e lícios com alto brado:
"Troianos, lícios e dardânios, guerreiros mano a mano:
sede varões, amigos, e mentalizai bravura impetuosa
ao longo das cavas naus: vi com meus olhos
as setas de nobre varão prejudicadas por Zeus.
Fácil se reconhece entre os homens a bravura de Zeus,
tanto naqueles a quem estende glória superior
como nos que enfraquece e não quer proteger;
agora enfraquece o ímpeto dos aqueus e nos acode.
Vamos, juntos pelejai nas naus; quem de vós,
atingido ou golpeado, alcançar o destino de morte,
que morra. Não é ultrajante, a quem se defende pela pátria,
morrer; sua esposa e filhos estarão a salvo no futuro,
e casa e gleba intactas, se os aqueus
rumarem com as naus a sua cara terra pátria".
Falou, e instigou o ímpeto e o ânimo de cada um.

Ájax, no outro lado, convocou seus companheiros:
"Vergonha, argivos! Agora sim iremos ou morrer
ou nos salvar e afastar o dano das naus.
Acaso esperais que Heitor elmo-fulgente pegue as naus
e cada um de vós alcance a terra pátria a pé?
Não ouvis como Heitor instiga a tropa inteira?
Ele tem muita gana de queimar as naus.
Por certo não chama para dançar, mas combater.
Para nós não há ideia e plano melhor que este:
no corpo a corpo, misturarem-se braços e ímpeto.
É melhor de uma só vez morrer ou viver
que fenecer longo tempo em refrega terrível
tão vã junto às naus, dominados por varões inferiores".
Isso disse e instigou o ímpeto e o ânimo de cada um.
Daí Heitor pegou Esquédio, o filho de Perimedes,
comandante dos fócios, e Ájax pegou Laodamas,
líder dos que iam a pé, o radiante filho de Antenor.
Polidamas matou o cilênio Oto,
companheiro de Fileu e líder dos animosos epeios.
Meges o viu e saltou contra ele: Polidamas escapuliu,
e Meges não o acertou, pois Apolo não deixou
o filho de Pântoo ser subjugado na linha de frente,
e Meges cravou a lança em Cresmo no meio do peito.
Com estrondo caiu, e o outro lhe tirou as armas dos ombros.
Entrementes, contra ele saltou Dólops, perito na lança,
o Lampecida, a quem Lampo, filho de Laomédon, gerou
como o melhor de seus filhos, perito em bravura impetuosa:
enfiou a lança no meio do escudo do filho de Fileu,
após se achegar; mas protegeu-o a couraça compacta,
com placas ajustadas, que usava: um dia Fileu

a trouxe de Éfira, de junto do rio Seleis;
dera-lhe um amigo-hóspede, o senhor de varões Eufetes,
para levá-la à guerra, defesa contra varões inimigos.
Então protegeu do fim o corpo de seu filho.
Meges cravou a lança afiada na ponta da placa
do brônzeo elmo rabo-de-cavalo de Dólops,
e arrancou sua crina de cavalo, que, inteira, ao chão
caiu na poeira, ainda brilhante de púrpura.
Enquanto Dólops resistia e ainda esperava vencer,
o aguerrido Menelau, para proteger Meges, veio de lado e,
sem Dólops o ver, cravou-lhe a lança no ombro por trás.
A lança, sôfrega, transpassou o peito,
ansiando avançar; Dólops tombou de frente.
Os dois correram para pilhar de seus ombros
as armas brônzeas. Heitor chamou irmãos e primos,
a todos, e primeiro criticou o filho de Hiquetáon,
o brioso Melanipo. Este, por um tempo, em Percota
apascentara trôpegos bois, estando longe os inimigos;
porém, ao chegarem as naus ambicurvas dos dânaos,
voltou a Troia; destacava-se entre os troianos
e morava junto a Príamo, que o honrava como a um filho.
A ele Heitor censurou, dirigiu-se-lhe e nomeou-o:
"Descuidaremos assim, Melanipo? Nem mesmo para ti
o caro coração se dirige ao primo morto?
Não vês como se ocupam das armas de Dólops?
Vamos, segue! Não cabe mais pelejar de longe
com os argivos: ou os matamos ou de cima a baixo
irão pegar a escarpada Ílion e matar seus cidadãos".
Falou e liderava, e o outro seguiu, herói feito deus.
O grande Ájax Telamônio instigava os argivos:

"Amigos, sede varões, ponde vergonha no ânimo
e tende vergonha uns dos outros nas batalhas brutais.
Envergonhando-se, os varões mais se salvam que morrem;
ao fugirem, nem fama nem bravura alteiam".
Falou, e eles também por si mesmos tinham gana de resistir:
no ânimo lançaram sua palavra e cercaram as naus
com muro de bronze; contra eles, Zeus animou os troianos.
A Antíloco instigou Menelau bom-no-grito:
"Antíloco, és mais jovem que qualquer aqueu,
mais lesto nos pés e bravo em combate –
que, com um salto, atinjas um varão troiano".
Falou e recuou, mas Antíloco foi instigado:
avançou na linha de frente e atirou a lança brilhante,
esquadrinhando em volta; os troianos recuaram
diante do varão que mirava. Não em vão Antíloco arremessou,
e ao autoconfiante Melanipo, filho de Hiquetáon,
que voltara ao combate, atingiu no peito junto ao mamilo.
Com estrondo ele caiu, e negror lhe encobriu os olhos.
Antíloco arremeteu como cão que dispara
contra corça alvejada, na qual, após saltar da toca,
um caçador acertou seu projétil, e ela soltou seus membros –
assim contra ti, Melanipo, Antíloco firme-na-luta saltou
para roubar as armas. Mas não o ignorou o divino Heitor,
que o afrontou, correndo pelo campo de batalha.
Antíloco não resistiu, mesmo sendo um guerreiro veloz,
e recuou, temeroso, como a fera que faz um mal,
ela que mata um cão ou um pastor junto aos bois
e foge antes que um grupo de varões se reúna –
assim o Nestorida recuou, e a ele os troianos e Heitor,
com ruído prodigioso, cobriram de projéteis desoladores;

Antíloco se virou e parou após alcançar os companheiros.
Os troianos, assemelhados a leões devora-cru,
atacaram as naus e cumpriram a ordem de Zeus,
que neles despertava grande ímpeto, enfeitiçava o ânimo
dos argivos e negava-lhes glória – aos outros incitava.
Seu ânimo preferia estender glória a Heitor
Priamida, para que nas naus recurvas lançasse
abrasante fogo incansável, e cumprisse inteira
a prece indevida de Tétis: o astuto Zeus isto esperava,
ver com os olhos o brilho das naus em chamas.
Então poria um contra-ataque, a partir das naus,
contra os troianos e glória estenderia aos dânaos.
Pensando nisso, junto às cavas naus animou
Heitor Priamida, ele mesmo já muito entusiasmado.
Enlouquecia como Ares brande-lança ou fogo destrutivo
enlouquece na parte mais densa do bosque nos montes:
havia espuma em volta da boca, seus olhos
refulgiam sob as celhas ferozes, o elmo, em volta,
ameaçador, meneava nas têmporas quando Heitor
pelejava, pois tinha um protetor do céu, o próprio
Zeus, que, entre multidões de varões, só a ele
honrava e glorificava: iria por pouco tempo
viver, pois para ele Palas Atena já instigava
o dia fatal por meio da força do Pelida.
Heitor queria romper as fileiras de varões, tentando
onde via a maior multidão e as melhores armas;
mas não foi capaz de romper, embora ansiasse muito:
resistiam articulados feito torre, tal rochedo
alcantilado, enorme, próximo ao mar cinzento,
que resiste aos cursos impetuosos dos ventos soantes

e às ondas inchadas que quebram contra ele –
assim os dânaos, firmes, resistiam aos troianos sem fugir.
Luzindo como fogo por todos os lados, saltou na multidão.
Nela caiu como quando onda cai em nau veloz,
caudalosa, nutrida-pelo-vento sob as nuvens: toda a nau
está coberta de espuma, terríveis rajadas de vento
rugem nas velas, e os nautas tremem no juízo,
temerosos, pois por pouco escapam da morte –
assim o ânimo rasgou-se nos peitos dos aqueus.
Heitor, como leão maligno vai para cima de vacas
que pastam na depressão de grande planície alagada,
miríades, e, entre elas, um pastor inexperiente
para lutar com uma fera pela carcaça de uma vaca lunada:
ele sempre caminha na mesma altura que as vacas
dianteiras ou traseiras, mas o leão salta no meio
e come uma vaca, e as outras todas fogem – assim os aqueus
foram afugentados – um prodígio! – por Heitor e Zeus pai,
todos, e Heitor matou só o micênico Perifetes,
caro filho de Copreu, que, como mensageiro do senhor
Euristeu, costumava frequentar a força de Héracles;
desse nasceu, de um pai muito pior, um filho melhor
em todas as qualidades, nos pés e na peleja,
e, na mente, estava entre os primeiros em Micenas –
esse, então, concedeu glória superior a Heitor.
Virando-se e tropeçando na borda do escudo
que levava, ele foi até os pés, bastião contra lanças.
Atrapalhado, caiu de costas, e o elmo, em volta,
ameaçador, ecoou nas têmporas ao cair.
Heitor, olhar agudo, correu, pôs-se a seu lado,
cravou-lhe a lança no peito e, perto de seus companheiros,

matou-o; os aqueus, embora aflitos pelo companheiro,
não puderam protegê-lo: temiam demais o divino Heitor.
Os argivos estavam no meio das naus, e cercavam-nos
as extremidades daquelas puxadas antes; os troianos afluíam.
Mesmo obrigados, os argivos recuaram das naus
primeiras, e aí mesmo, junto às cabanas, resistiam,
reunidos, e não se dispersaram pelo bivaque, contidos
por vergonha e temor; sem cessar, chamavam-se mutuamente.
Sobremodo Nestor, o gerênio, guardião dos aqueus,
suplicava pelos pais, rogando a cada varão:
"Amigos, sede varões, ponde vergonha no ânimo
pelos outros homens, e mentalizai, cada um,
crianças, esposas, riqueza e pais,
quer esses estejam vivos, quer estejam mortos:
no lugar dos ausentes eu vos suplico aqui,
resisti com firmeza e não vos dirijais à fuga".
Sua fala instigou o ímpeto e o ânimo de cada um.
Dos olhos deles, Atena retirou prodigiosa nuvem
de neblina; intensa era a luz nos dois lados,
do lado das naus e da batalha niveladora.
Perceberam Heitor bom-no-grito e seus próprios companheiros,
tanto os mais recuados, que não combatiam,
como os que pelejavam junto às naus velozes.
Eis que em seu ânimo não mais agradava ao animoso Ájax
ficar recuado com a maioria dos filhos de aqueus;
não, percorria os deques dos navios a passos largos
e movia, nas palmas, grande pique para batalha naval,
bem estruturado com pregos, de vinte e dois cúbitos.
Como quando um varão monta cavalos com perícia,
ele que, de muitos, escolhe quatro, atrela-os juntos,

acelera-os pelo plaino e os conduz à cidade grande
por caminho frequentado: muitos o contemplam,
varões e mulheres; ele, seguro e firme sempre,
troca pulando de um para outro, e eles voam –
assim Ájax, correndo pelos muitos deques das naus,
movia-se a passos largos, e sua voz alcançou o éter.
Sempre gritando, ameaçador, exortava os dânaos
a defender as naus e cabanas. Também Heitor
não ficou no tumulto dos troianos sólida-armadura.
Como águia brilhante arremete contra um bando
de aves aladas, elas que vivem junto a um rio,
gansos, grous ou cisnes de pescoço longo,
assim Heitor avançou contra uma nau proa-negra,
saltando de frente: Zeus empurrou-o de trás
com sua enorme mão e, junto, impeliu a tropa.
Então houve pungente combate ao lado das naus:
dirias que, incansáveis e rijos, mutuamente
se encaravam na batalha; com tal zelo pelejavam.
Quem se engalfinhava tinha esta ideia: os aqueus
pensavam não haver escape do mal, mas ser seu fim,
e o ânimo de cada troiano esperava, no íntimo,
incendiar as naus e matar os heróis aqueus.
Pensando nisso, enfrentavam-se uns aos outros:
Heitor agarrou a popa de uma nau cruza-mar,
bela, saltadora, que trouxera Protesilau
até Troia, e não o reconduziu à terra pátria.
Em torno de sua nau, aqueus e troianos
abatiam-se mutuamente de perto: não aguardavam,
à distância, assaltos de flechas e lanças,
mas, postados próximos, com um só ânimo,

pelejavam com lanças, machados e achas,
com grandes espadas e lanças duplo-gume.
Muitos gládios, belos, com negra empunhadura,
caíam no chão, uns, das mãos, outros, dos ombros
dos varões combatentes; sangue corria na terra negra.
Heitor, após agarrar a popa, não a deixava,
tendo o cadaste nas mãos, e gritava aos troianos:
"Trazei fogo e, em conjunto, animai a peleja;
agora Zeus deu-nos um dia que vale por todos
para pegar as naus, que, malgrado os deuses, aqui chegaram
e nos impuseram muita miséria pela covardia dos anciãos:
embora eu quisesse lutar nas popas das naus,
impediam-me e continham a tropa.
Se Zeus ampla-visão então abalava nosso juízo,
agora, porém, ele próprio nos instiga e exorta".
Falou, e mais intenso foi o ataque aos argivos.
Ájax não mais resistia, dominado pelos projéteis;
recuou um pouco, crendo que iria morrer,
e deixou o deque da nau simétrica até uma bancada de sete pés.
Ali se pôs à espera e, com a lança, não deixou
de afastar das naus o troiano que trouxesse fogo incansável.
Sempre gritando, ameaçador, exortava os dânaos:
"Meus caros heróis dânaos, assistentes de Ares,
sede varões, amigos, e mentalizai bravura impetuosa.
Ou pensamos que atrás há quem nos auxilie?
Ou um muro melhor que afaste o flagelo dos varões?
Não há perto uma cidade equipada com torres,
onde nos defenderíamos com um povo decisivo;
não, no plaino dos troianos com sólida armadura,
contra o mar, nos encontramos, longe da terra pátria:

por isso a luz está nos braços, não em combate gentil".
Falava e, ansioso, movia-se com a lança afiada.
Em todo troiano que viesse contra as cavas naus
com fogo ardente por causa da ordem de Heitor,
nele Ájax, à espera, cravava sua grande lança;
em doze cravou-a de perto na frente das naus.

16

Assim pelejavam pela nau bom-convés.
Pátroclo pôs-se junto a Aquiles, pastor de tropa,
vertendo lágrimas quentes feito fonte água-preta
que verte água escura rocha íngreme abaixo.
Ao vê-lo, apiedou-se o divino Aquiles defesa-nos-pés
e, falando, dirigiu-lhe palavras plumadas:
"Por que estás chorando, Pátroclo, como a filha
pequena que corre junto à mãe e pede que a erga,
agarrando seu vestido, e à mãe, apressada, detém,
em lágrimas fitando-a até ser erguida –
semelhante a ela, Pátroclo, vertes suave lágrima.
Queres revelar algo aos mirmidões ou a mim?
Uma mensagem de Ftia ouviste, só tu?
Afirmam que Menécio ainda vive, o filho de Actor,
e vive o Eácida Peleu entre os mirmidões;
se mortos, muito nos afligiríamos com ambos.
Ou te comoves com os argivos, com quanto perecem
nas cavas naus devido a sua transgressão?
Fala, não escondas na mente, para ambos sabermos".
Gemendo fundo, cavaleiro Pátroclo, lhe disseste:

“Aquiles, filho de Peleu, de longe o melhor dos aqueus,
não te indignes: tal comoção domina os aqueus.
Pois já todos esses que antes eram os melhores
jazem nas naus, atingidos e feridos por projéteis.
Atingido foi o Tidida, o forte Diomedes,
feridos foram Odisseu famoso-na-lança e Agamêmnon,
e na coxa, por uma flecha, também Eurípilo foi atingido.
Deles se ocupam médicos muita-droga,
medicando ferimentos; tu, Aquiles, és impossível!
Que não me pegue raiva tal como a que guardas.
Desexcelente, como alguém se valerá de ti, até um póstero,
se não defenderes os argivos do ultrajante flagelo?
Impiedoso! Teu pai, claro, não era o cavaleiro Peleu,
nem Tétis, a mãe: o mar azul te gerou
e as rochas alcantiladas, pois tua mente é intratável.
Se evitas uma profecia que tens em teu juízo,
uma que, da parte de Zeus, te apontou a senhora mãe,
rápido envia ao menos a mim e junto manda o resto da tropa
de mirmidões: talvez me torne uma luz para os dânaos.
E dá-me tuas armas para armar-me sobre os ombros;
tomando-me por ti, espero que os troianos se afastem
da batalha, e os belicosos filhos de aqueus respirem,
acossados; curto é o respiro da batalha.
Descansados, aos varões exaustos da luta impeliríamos
fácil rumo à cidade, para longe das naus e cabanas”.
Falou, suplicando, o grande tolo; sim, o que
suplicou seria o finamento da morte vil para si mesmo.
Muito perturbado, disse-lhe Aquiles veloz-nos-pés:
“Ai de mim, Pátroclo oriundo-de-Zeus, o que falaste!
Nem atento a alguma profecia que conheço,

nem algo, da parte de Zeus, me apontou a senhora mãe;
não, este atroz sofrimento atinge meu coração e ânimo,
sempre que um varão quer roubar de um igual
e arrancar uma mercê de volta, com poder prevalecendo.
Atroz sofrimento é o meu, pois aflições padeci no ânimo.
A moça, minha mercê que escolheram os filhos de aqueus,
adquirida por minha lança após eu saquear fortificada urbe,
a ela o potente Agamêmnon retirou de minhas mãos,
o Atrida, como se eu fosse um refugiado sem honra.
Não, deixemos isso no passado; vejo ser impossível
ter raiva no juízo de forma incansável: sim, disse
que não poria fim à ira antes do momento em que
o alarido da batalha atingisse minhas naus.
Tu, sobre os ombros, veste minhas armas gloriosas
e lidera os belicosos mirmidões na peleja
se nuvem escura de troianos já envolve
as naus, sobranceira, e elas contra a rebentação
estão reclinadas e só pequena porção de terra ainda têm
os argivos: toda a cidade de Troia acercou-se,
audaciosa, pois não veem a fronte de meu elmo
luzindo próxima: logo iriam fugir e as ravinas
se encheriam de mortos, se o poderoso Agamêmnon
comigo fosse gentil; agora, porém, pelejam no bivaque.
Na palma do Tidida Diomedes não enlouquece
lança que afaste o flagelo dos dânaos,
e ainda não ouvi a voz do Atrida soar
da odiosa cabeça; a do homicida Heitor, porém,
estrondeia, impelindo troianos que, com gritaria,
dominam toda a planície, vencendo os aqueus na peleja.
Ainda assim, Pátroclo, afastando o flagelo das naus,

cai sobranceiro sobre eles: que com fogo chamejante
não incendeiem as naus e nos tirem o caro retorno.
Obedeça ao alvo do discurso que em teu juízo eu puser
para me granjeares grande honra e glória
da parte de todos os dânaos, e eles a moça bem bela
de volta mandem e, além disso, deem radiantes presentes.
Regressa após afastá-los das naus; se chegou tua vez
de o ressoante marido de Hera te conceder granjear glória,
que, afastado de mim, não almejes guerrear
os belicosos troianos; tu me farás mais desonrado.
Nem, exultante na refrega da batalha,
matando troianos, lideres rumo a Ílion
para que, do Olimpo, um dos deuses sempiternos
não interfira: Apolo age-de-longe os ama demais.
Dirija-te, isso sim, de volta após levares a luz
às naus, e deixa-os na planície brigando.
Oxalá por Zeus pai, Atena e Apolo,
troiano algum fugisse da morte – todos que há –
e nenhum argivo, e nós dois evitássemos o fim
para, só nós, soltarmos as sacras faixas de Troia".
Assim falavam dessas coisas entre si.
Ájax não mais resistia, dominado por projéteis;
subjugavam-no a mente de Zeus e os ilustres troianos,
que atiravam. O luzente elmo, em volta das têmporas, fero
estrépito fazia quando atingido, e era atingido sem parar
nas cristas bem-feitas. No ombro esquerdo, Ájax extenuava-se,
sempre firme com o escudo cintilante; não chegavam
a abalá-lo, mesmo pressionando com projéteis em volta.
Sofrendo aflitiva falta de ar, escorrendo para baixo suor
de todos os membros, muito, era incapaz

de respirar; em toda parte, males empilhados sobre males.
Narrai-me agora, Musas com casas olímpias,
como de início o fogo caiu nas naus dos aqueus.
Heitor, perto postado, a lança de freixo de Ájax
golpeou com grande espada atrás do encaixe da ponta,
e cindiu-a por completo; isto o Telamônio Ájax
na mão brandiu em vão, o toco da lança, e longe dela
a ponta brônzea atroou após tombar no chão.
Ájax reconheceu-o no ânimo impecável e temeu
os feitos dos deuses: Zeus troveja-no-alto queria
a vitória dos troianos e de todo tosou seus planos de combate.
Ájax afastava-se dos projéteis; eles fogo incansável lançaram
na nau veloz, onde chama inextinguível logo se alastrou.
Assim o fogo rodeava a popa. Aquiles, por sua vez,
bateu nas coxas e dirigiu-se a Pátroclo:
"Apressa-te, oriundo-de-Zeus, Pátroclo guia-cavalo;
já vejo, junto às naus, a carga de fogo queimador.
Que não tomem as naus, e não haja mais como fugir;
veste as armas bem rápido, e eu reunirei a tropa".
Falou, e Pátroclo armou-se com o bronze lampejante.
Primeiro pôs as grevas em torno das panturrilhas,
belas, guarnecidas com argênteos protetores de ossos;
depois vestiu a couraça em volta do peito,
variegada, estrelada, do Eácida pé-ligeiro.
Em torno dos ombros lançou espada pinos-de-prata,
brônzea, e depois o escudo, grande e robusto.
Sobre a altiva cabeça, pôs o elmo bem-feito
com crina, e a crista terrível movia-se para baixo.
Tomou as bravas lanças, que à sua palma se adequavam.
Só não tomou a lança do impecável Eácida,

pesada, grande, robusta: aqueu algum a conseguia
brandir, e só Aquiles sabia pelejar com ela,
freixo do Pélion, que Quíron deu a seu caro pai
do pico do Pélion, para efetuar matança de heróis.
A Automédon ordenou que presto jungisse os cavalos,
a quem mais honrava depois de Aquiles rompe-batalhão,
em batalha confiabilíssimo no aguardo de suas ordens.
Automédon prendeu os cavalos velozes ao jugo,
Xanto e Bálio, que voavam como os ventos,
aos quais gerara, para o vento Zéfiro, a harpia Podarga,
pastando no prado ao longo da corrente de Oceano.
Ao lado, nos tirantes, prendeu o impecável Pédaso,
que Aquiles trouxe um dia após tomar a urbe de Eécion;
embora sendo mortal, seguia cavalos imortais.
Achegando-se, Aquiles fez os mirmidões se equipar,
com suas armas, em todas as cabanas. Como lobos
devora-cru, com juízo envolto por bravura indizível
ao abaterem grande cervo chifrudo nas montanhas
e o dilacerarem: em todos há sangue na face, rubra;
então se movem em matilha para de fonte água-escura
lamber, com as línguas estreitas, água preta
na superfície e arrotam matança sanguínea; o ânimo
no peito é intrépido, e o estômago grunhe –
desse modo os líderes e dirigentes dos mirmidões
em volta do valoroso assistente do Eácida pé-ligeiro
acorriam. Entre eles estava o belicoso Aquiles,
instigando cavalos e varões porta-broquel.
Cinquenta eram as naus ligeiras que rumo a Troia
liderou Aquiles, caro a Zeus: em cada uma,
cinquenta varões junto aos calços, companheiros;

cinco tornou líderes, em quem confiava para comandar,
e ele próprio; com grande poder, era o senhor.
Uma coluna liderava Menéstio couraça-luzente,
filho de Esperqueio, o rio caído de Zeus:
Polidora, a bela filha de Peleu, gerou-o
para o incansável Esperqueio – mulher que se deitou com o deus –,
mas, quanto ao nome, para Boro, filho de Perieres,
que publicamente a desposou, oferecendo dádivas sem-fim.
A outra comandava o belicoso Eudoro,
a quem gerou Polimela, mãe solteira, bela na dança,
filha de Filas; por ela o forte Matador-da-Serpente
se apaixonou, após vislumbrá-la entre dançarinas
no coro de Ártemis roca-dourada, a ruidosa.
De pronto subiu ao quarto e junto deitou-se às ocultas
o benéfico Hermes, e deu-lhe um filho radiante,
Eudoro, notável como lesto corredor e combatente.
Mas depois que a ele Ilitia trabalho-de-parto
trouxe para a luz, e ele viu os raios do sol,
o poderoso ímpeto do Actorida Équecles
levou-a para casa, após oferecer muitas dádivas,
e a Eudoro o velho Filas bem nutriu e criou,
aninhando-o como se fosse o próprio filho.
A terceira liderava o belicoso Pisandro
Memalida, que entre todos os mirmidões sobressaía
na luta com a lança depois do companheiro do Pelida.
A quarta encabeçava o ancião, o cavaleiro Fênix,
e a quinta, Alcimédon, o impecável filho de Laerces.
Após Aquiles todas postar junto a seus líderes
em boa organização, deu a dura ordem:
“Mirmidões, que ninguém se esqueça das ameaças

com as quais, junto às naus velozes, ameaçastes troianos
durante minha cólera, e me responsabilizastes, cada um:
'Tinhoso filho de Peleu, com bile te nutriu a mãe,
impiedoso, que junto às naus conténs companheiros coatos.
Para casa com as naus naveguemos, as cruza-mar,
de volta, pois raiva vil tombou assim em teu ânimo'.
Isso, reunidos, me dizíeis amiúde; agora se mostra
o grande feito do prélio, que antes desejáveis.
Aí cada um, com bravo coração, peleje com troianos".
Isso disse e instigou o ímpeto e o ânimo de cada um;
as fileiras estavam bem-apertadas após ouvirem o rei.
Como quando varão aperta muro de pedras, cerrado,
para alta casa, evitando a força dos ventos,
assim apertaram-se elmos e broquéis umbilicados.
Broquel pressionava broquel; elmo, elmo; varão, varão.
Elmos mecha-equina com fúlgidas placas se tocavam
ao se inclinarem, tão perto estavam uns dos outros.
Diante de todos, dois varões portavam suas armas,
Pátroclo e Automédon, com um só ânimo,
para guerrear diante dos mirmidões. Aquiles
rumou à cabana e ergueu a tampa de um baú
belo, artificioso, que para ele Tétis pés-de-prata
pôs na nau para o levar, bem-fornido de túnicas,
capas rebate-vento e espessos cobertores.
Dentro havia uma taça bem-feita, e ninguém mais,
entre os varões, dela bebia faiscante vinho,
nem ele a usava para libar aos deuses, exceto a Zeus pai.
Tirou-a então do baú, limpou com enxofre
primeiro, depois lavou-a nas belas correntes de água,
lavou suas mãos e serviu-se de faiscante vinho.

Daí rezou de pé no meio do pátio, e com vinho libou
olhando o céu; Zeus prazer-no-raio não o ignorou:
"Zeus, senhor de Dodona, pelasgo, que longe moras
e reges Dodona duro-inverno, e em volta os selos
moram, teus intérpretes, pés sem banho, chão-dormentes;
já um dia ouviste minha palavra quando rezei,
honraste-me e muito oprimiste a tropa de aqueus;
também agora realiza-me mais esta vontade.
Eu próprio ficarei na arena das naus,
mas envio companheiro com muitos mirmidões
para combater; concede-lhe glória, Zeus ampla-visão.
Encoraje seu coração no peito para também Heitor
saber se nosso assistente é habilidoso na batalha
ao lutar sozinho ou se seus braços intocáveis
só endoidam quando eu vou atrás do tumulto de Ares.
Mas depois de afastar peleja e assuada das naus,
que então incólume alcance as naus velozes
com todas as armas e combativos companheiros".
Falou, rezando, e o astuto Zeus o ouviu.
O pai concedeu-lhe uma parte e a outra recusou:
deu-lhe manter batalha e peleja afastadas das naus
e recusou-lhe retornar da peleja a salvo.
E ele, após libar e rezar a Zeus pai,
direto entrou na cabana, devolveu a taça ao baú,
saiu e pôs-se diante da porta: ainda quis no ânimo
assistir ao prélio terrível entre troianos e aqueus.
Eles, em volta do enérgico Pátroclo, armados
avançaram, para, sobranceiros, abalroar os troianos.
De pronto irromperam semelhantes a vespas
na estrada, às quais crianças acirram habitualmente,

sempre provocando as que têm morada na estrada,
infantis, e fazem muitos compartilhar o dano:
se, passando ao lado, um homem viajante
inquietá-las sem querer, elas, com bravo coração,
cada uma voa avante e protege seus rebentos.
Com o coração e o ânimo delas, os mirmidões
irromperam das naus; e grito inextinguível subiu.
Pátroclo com alto brado ordenou aos companheiros:
"Mirmidões, companheiros do Pelida Aquiles,
sede varões, amigos, e mentalizai bravura impetuosa
para honrarmos o Pelida, que é, de longe, o melhor
junto às naus argivas, e melhores, seus combativos assistentes;
também o Atrida, Agamêmnon extenso-poder, reconheça
seu desatino, pois não honrou o melhor dos aqueus".
Isso disse e instigou o ímpeto e o ânimo de cada um.
Caíram, juntos, entre os troianos; em volta as naus
ecoaram, aterrorizantes, com o brado dos aqueus.
Troianos, quando viram o bravo filho de Menécio,
ele mesmo e o assistente cintilando com as armas,
o ânimo de todos se agitou, as falanges se inquietaram,
e julgaram que o Pelida pé-ligeiro, longe das naus,
tivesse arrancado a cólera de si e preferido a amizade;
cada um esquadrinhou por onde escaparia da abrupta ruína.
Pátroclo, por primeiro, atirou a lança brilhante,
certeiro, no meio onde a maioria se aglomerava,
junto à popa da nau do animoso Protesilau,
e atingiu Pirecmes, que aos peônios elmo-equino
guiara desde Âmido, a partir do Áxio que flui largo.
Atingiu-o no ombro direito; de costas, na poeira
caiu com um grito e companheiros a sua volta fugiram,

os peônios: Pátroclo a todos pôs em pânico
ao matar o líder, que excelia na peleja.
Afastou-os das naus e extinguiu o fogo chamejante.
Semiqueimada, a nau ficou lá mesmo, e os troianos
fugiram com prodigiosa zoada; os dânaos atrás afluíam
ao longo das cavas naus, e zoada inescapável ocorreu.
Como quando do elevado pico de alta montanha
Zeus junta-raios move cerrada nuvem,
e surgem todos os cumes, o topo dos promontórios
e vales, e no páramo o inefável éter se rompe,
assim os dânaos, após afastar o fogo hostil das naus,
respiraram um pouco, mas não houve saída da batalha.
Não, os troianos, diante dos aqueus caros a Ares,
não fugiam precipitadamente das negras naus,
mas ainda os encaravam e das naus recuavam forçados.
Varão pegou varão quando o combate se espalhou
entre os líderes. Primeiro o bravo filho de Menécio
de pronto atingiu a coxa de Arílico, que se volvera,
com lança aguda, e o bronze o transpassou:
a lança rompeu o osso, e ele de bruços sobre a terra
tombou. O belicoso Menelau feriu Toas
no peito nu, ao lado do escudo, e Toas soltou os membros.
O Filida, ao perceber o ataque de Ânficlo,
atingiu-o antes no topo da perna, onde o mais denso
músculo dos homens está: em torno da ponta da lança
o tendão se rasgou; e negror encobriu seus olhos.
Os Nestoridas, um, Antíloco, feriu Atímnio
com lança aguda, que lhe varou o flanco,
e ele caiu para a frente. Máris, no corpo a corpo, com a lança
atacou Antíloco, raivoso por causa do irmão,

em frente ao morto; a ele o excelso Trasímedes,
por primeiro, antes de ser ferido, rápido o atacou no ombro,
e não errou: a ponta da lança decepou dos músculos
o topo do braço, e partiu o osso por completo.
Com estrondo caiu, e negror encobriu seus olhos.
Assim ambos, por dois irmãos subjugados,
rumaram ao Érebo, distintos companheiros de Sarpédon,
filhos lanceiros de Amisódaro, o qual criou
Quimera indômita, um mal para muitos homens.
Ájax, filho de Oileu, arremeteu contra Cleóbulo
e pegou-o vivo, enredado no tumulto; lá soltou
seu ímpeto, golpeado no pescoço por espada com punho.
Toda a espada esquentou-se com o sangue; de seus olhos
se apossaram a morte sangrenta e a poderosa moira.
Peneleu e Lícon atacaram-se um ao outro: com as lanças
não se acertaram mutuamente, dois arremessos em vão;
ambos de novo, com espadas, se assaltaram. Daí Lícon
golpeou a placa do elmo mecha-equina, e no punho
a espada se quebrou: sob a orelha, Peneleu cortou-lhe o pescoço;
toda a espada mergulhou, só a pele segurava
a cabeça, que se vergou, e os membros se soltaram.
Meríones, com céleres pés, alcançou Acamas
e, quando subia no carro, feriu-o no ombro direito;
ele tombou do carro, e pelos olhos verteu-se escuridão.
Idomeneu em Erimas, pela boca, cravou o bronze
impiedoso: a lança brônzea, direto, atravessou
abaixo do cérebro, e estilhaçou os ossos brancos.
Dentes lançados para fora, encheram-se seus dois
olhos de sangue, que, para fora da boca e das narinas
saiu, ele boquiaberto; a negra nuvem da morte o encobriu.

Cada um desses líderes dos dânaos pegou um varão.
Como lobos rapinantes investem contra cordeiros
ou cabritos, pegos entre as ovelhas dispersas nos montes
graças à insensatez do pastor: os lobos, vendo-os,
de pronto capturam os que têm ânimo covarde –
assim os dânaos investiam contra os troianos, que pânico
cacofônico mentalizaram e esqueceram a bravura impetuosa.
Ájax, o grande, sempre a Heitor elmo-brônzeo
ansiava por acertar; esse, com técnica guerreira,
encobria os largos ombros com o escudo taurino
e observava o zunido de flechas e o ressoar de dardos.
Sim, reconhecia a vitória decisiva dos outros na peleja;
mesmo assim resistia e queria salvar companheiros leais.
Tal como, a partir do Olimpo, nuvem entra no céu
após tempo bom, quando Zeus estende um temporal,
assim, vindo das naus, havia grito e pânico,
e não cruzavam de volta em ordem. Cavalos de pés velozes
levavam Heitor com as armas, e ele deixou a tropa
troiana, aqueles aos quais, coatos, continha o fosso cavado.
No fosso muitos cavalos velozes, puxa-carro,
partiram a ponta do varal e deixaram os carros dos senhores.
Pátroclo seguia, ardoroso, dando ordens a dânaos,
visando males para troianos. Eles, com grito e pânico,
encheram todas as vias, pois se apartaram; no alto, rajada de pó
espalhava-se até as nuvens, e cavalos monocasco corriam
de volta à cidade, para longe das naus e cabanas.
Pátroclo guiava aos brados para onde viu a maior parte
da tropa em debandada; sob as rodas heróis caíam
dos carros, face para baixo, e as carroças retiniam.
Certeiros, pularam sobre o fosso os cavalos velozes de Pátroclo,

imortais, que os deuses deram a Peleu, dons radiantes,
ansiando avançar; e o ânimo pedia a Pátroclo que atacasse Heitor,
pois ansiava atingi-lo; a esse cavalos velozes levavam.
Como sob o temporal toda a terra negra sente o peso
em um dia outonal, quando a água agitadíssima verte
Zeus, ao endurecer, rancoroso, com os varões
que, na assembleia, à força escolhem sentenças tortas
e expelem Justiça, sem considerar o olhar dos deuses:
das águas todos os rios se enchem e fluem,
e as enxurradas então rasgam muitas encostas,
rumo ao mar agitado alto gemem, fluindo
morro baixo, e as lavouras dos homens fenecem –
assim as éguas troianas alto gemiam, correndo.
Pátroclo, após cortar as primeiras falanges,
deteve-as em direção às naus, e não as deixava
se dirigir à cidade, embora ansiassem, e entre
as naus, o rio e a alta muralha matava,
perseguindo-as, e as puniu pela morte de muitos.
Lá primeiro a Prônoo atingiu com a lança brilhante
no peito nu, ao lado do escudo, e esse soltou os membros;
com estrondo caiu. Ao filho de Énops, Testor,
atacou em segundo lugar: este no carro bem-polido
estava agachado, pois perdera o juízo, e das mãos
as rédeas caíram; Pátroclo, ao lado, cravou-lhe a lança
no maxilar direito e ela atravessou seus dentes.
Pegou-o pela lança e puxou sobre o peitoril, tal varão
que, sentado sobre pedra saliente, a um sacro peixe
puxa para fora do mar com corda e lúzio bronze –
assim puxou-o do carro, boquiaberbo, com a lança brilhante,
e o derrubou sobre a boca; ao cair, o ânimo o deixou.

Depois a Erilau, que arremetia, com pedra atingiu
no meio da cabeça: essa inteira cindiu-se em duas
dentro do sólido elmo; ele, de bruços sobre a terra,
tombou, e a morte quebra-ânimo o engolfou.
Então a Erimas, Anfótero e Epaltes,
a Tlepólemo, filho de Damastor, Équio e Píris,
a Ifeu, Evipo e a Polimelo, filho de Árgeas,
a todos, em sucessão, achegou da terra nutre-muitos.
Sarpédon, quando viu companheiros túnica-sem-cinto
subjugados pelas mãos de Pátroclo Menecida,
abordou e exortou os excelsos lícios:
"Vergonha, lícios! Para onde fugis? Agora sede rápidos.
Encararei esse varão aí de sorte a reconhecer,
quem é esse que ali domina e muitos males já fez
a troianos, pois soltou os joelhos de muitos bravos".
Disse e, com suas armas, saltou do carro no chão.
Pátroclo, por sua vez, ao vê-lo, pulou do carro.
Eles, feito abutres garra-adunca e bico-curvo
que alto guincham ao combater sobre rocha elevada,
atacaram-se mutuamente guinchando assim.
Vendo-os, apiedou-se o filho de Crono plano-torto
e disse a Hera, sua irmã e esposa:
"Ai de mim, para Sarpédon, o mais caro dos varões,
o destino é ser subjugado por Pátroclo Menecida.
Dividido anseia meu coração, e no juízo revolvo:
ou o agarro, ainda vivo, e, longe do combate
lacrimoso, o coloco na fértil terra da Lícia,
ou deixo que seja subjugado pelas mãos do Menecida".
Respondeu-lhe a soberana Hera de olhos bovinos:
"Terribilíssimo Cronida, que discurso falaste!?

Varão que é mortal, há muito destinado a seu fado,
queres desprender de volta da hórrida morte?
Faze, mas não o aprovamos, todos os outros deuses.
Outra coisa te direi, e em teu juízo a lança:
se enviares Sarpédon vivo para casa,
reflete se então também não quererá outro deus
enviar seu caro filho para longe da batalha audaz.
Muitos em torno da grande urbe de Príamo lutam,
filhos de imortais nos quais terrível rancor lançarás.
Se ele te é caro e lamentas em teu coração,
quanto a ele, deixa-o, na refrega brutal,
ser subjugado pelas mãos de Pátroclo Menecida.
Contudo, quando a alma e a seiva o deixarem,
envia Morte e o prazeroso Sono, e que o levem
até alcançarem a ampla região da Lícia,
onde irmãos e camaradas lhe darão funeral
com túmulo e estela: esse é o privilégio dos mortos".
Isso disse, e não a ignorou o pai de varões e deuses:
gotas sangrentas deixou cair sobre a terra,
honrando o caro filho, que Pátroclo lhe iria
matar em Troia grandes-glebas, distante da pátria.
Estando próximos, indo um contra o outro,
então Pátroclo ao esplêndido Trasimelo,
o bom assistente do senhor Sarpédon,
atingiu no baixo-ventre, e o lício soltou os membros.
O segundo a atacar, Sarpédon, não o atingiu
com a lança brilhante, e em Pédaso, o cavalo, cravou
a lança no lombo direito: este rilhou ao exalar o ânimo,
no pó tombou, berrando, e seu ânimo voou para longe.
Os outros dois cavalos saltaram, o jugo rangeu,

e as rédeas emaranharam-se pois jazia no pó o terceiro.
Para isso Automédon famoso-na-lança achou um fim:
puxou a aguçada espada de junto à grossa coxa
e com um impulso soltou o terceiro sem vacilar;
os outros se realinharam, e pelas rédeas foram puxados.
E de novo aqueles dois se enfrentaram na briga tira-vida.
De novo Sarpédon errou o alvo com a lança brilhante:
por sobre o ombro esquerdo de Pátroclo passou a ponta
da lança, e não o atingiu. Na sequência Pátroclo arremeteu
com o bronze: da mão seu projétil não escapou em vão,
e atingiu-o onde os pulmões cingem o pulsante coração.
Tombou como tomba carvalho, choupo-branco
ou alto pinheiro, que nos morros varões carpinteiros
decepam com machados recém-afiados para um navio:
assim, diante dos cavalos e carro, jazia esticado
bramando, agarrando a sangrenta poeira.
Como o leão, ao juntar-se ao rebanho, mata um touro
marrom, animoso entre trôpegos bovinos,
que perece gemendo sob as mandíbulas do leão,
assim, sob Pátroclo, o condutor dos armígeros lícios,
sendo morto, pujava e chamou o caro companheiro:
"Glauco, meu caro, guerreiro entre varões, agora demais
te compete seres lanceiro e audacioso guerreiro;
agora almeje a guerra danosa se és veloz.
Primeiro instiga os varões líderes dos lícios,
alcançando todos, a combater por Sarpédon;
depois também tu combate com bronze por mim.
No futuro sofrerás desconsolo e insulto
todo dia, para sempre, se de mim os aqueus
tirarem as armas após eu cair na arena das naus.

Vamos, aguenta firme e instiga a tropa inteira".
Assim, após falar, o fim que é a morte cobriu
seus olhos e narinas; Pátroclo, pisando em seu peito,
puxou a lança do corpo, e os pulmões com ela saíram:
retirou sua alma junto com a ponta da lança.
Os mirmidões ali continham os cavalos resfolegantes,
ansiosos por fugir, pois deixaram o carro dos senhores.
Atroz sofrimento atingiu Glauco ao ouvir a voz de Sarpédon;
seu coração se agitou pois não era capaz de ajudá-lo.
Com a mão pegou seu braço e o apertou; molestava-lhe
a lesão que a flecha de Teucro causou quando arremeteu
da muralha elevada para afastar o dano dos companheiros.
Orando, eis que disse a Apolo lança-de-longe:
"Ouça, senhor, que na fértil região da Lícia
ou em Troia estás; és capaz de ouvir em todo lado
um varão aflito, e agora um pesar me atinge.
Lesão tenho aqui, cruel, e de lado a lado meu braço
é trespassado por dores agudas, meu sangue
é incapaz de secar, e meu ombro pesa por causa dela;
não consigo segurar firme uma lança, avançar
e pelejar contra inimigos. Varão, o melhor, pereceu,
Sarpédon, filho de Zeus, que a seu filho não protegeu.
Pelo menos tu, senhor, cura-me essa lesão cruel,
amaina as dores e dá robustez para, comandando
companheiros lícios, instigá-los a guerrear
e eu mesmo pelejar em volta do defunto finado".
Falou, rezando, e Febo Apolo o ouviu.
De pronto tirou as dores da lesão aflitiva,
secou o negro sangue e lançou ímpeto em seu ânimo.
Glauco isso reconheceu em seu juízo e jubilou,

pois o grande deus ouviu rápido sua reza.
Primeiro instigou os varões líderes dos lícios,
alcançando todos, a combater por Sarpédon.
Depois, a passos largos, foi para o meio dos troianos
até Polidamas, filho de Pântoo, e o divino Agenor,
e foi até Eneias e Heitor elmo-brônzeo.
Parado próximo, dirigiu-lhes palavras plumadas:
"Heitor, agora de todo estás ignorando os aliados,
que, por tua causa, longe dos seus e do solo pátrio,
consomem suas vidas: não os queres defender.
Jaz Sarpédon, condutor dos armígeros lícios,
que com justiça e sua força protegeu a Lícia;
o brônzeo Ares subjugou-o sob a lança de Pátroclo.
Vamos, amigos, acercai-vos dele, indignai-vos no ânimo
para os mirmidões não arrancarem as armas
e ultrajarem o corpo, com raiva por tantos dânaos mortos,
os que matamos com lanças sobre as naus velozes".
Isso disse, e dos troianos, de cima a baixo, apossou-se luto
incontido, irresistível, pois era o esteio da cidade
para eles, embora estrangeiro: a ele numerosa
tropa seguia, e ele próprio excelia na peleja.
Foram, sequiosos, direto aos dânaos; liderava-os
Heitor, com raiva por causa de Sarpédon. Aos aqueus
instigava o coração peludo do Menecida Pátroclo.
Aos dois Ájax primeiro falou, eles próprios ansiosos:
"Ájax, agora a defesa seja-vos cara,
tal como antes éreis entre os varões ou ainda melhores.
Jaz o primeiro varão que saltou na muralha dos aqueus,
Sarpédon; vamos pegá-lo e o ultrajar,
arrancar suas armas dos ombros e a alguns companheiros

que o defendem subjugar com bronze impiedoso".
Falou, e também eles tinham gana de afastá-los.
Após revigorarem as falanges de ambos os lados –
troianos, lícios, mirmidões e aqueus –,
chocaram-se em volta do defunto finado, guerreando
com grito terrível; alto rilhavam as armas dos bravos.
Zeus estendeu destrutiva noite sobre a refrega brutal
para ocorrer, pelo caro filho, o destrutivo labor da peleja.
Primeiro os troianos impeliram os aqueus de olhar luzente.
Não foi o pior varão entre os mirmidões o atingido,
o filho do animoso Ágacles, o divino Epigeu,
que regera Budeio, bom de morar,
no passado: um dia matou um nobre primo
e veio como suplicante a Peleu e Tétis pés-de-prata,
que o fizeram seguir Aquiles rompe-batalhão
até Ílion belos-potros para combater troianos.
Eis que a ele, ao tocar o defunto, atingiu o insigne Heitor
com penedo na cabeça: em duas cindiu-se, inteira,
no sólido elmo; ele, de bruços sobre o cadáver,
tombou, e a morte quebra-ânimo o engolfou.
A Pátroclo comoção atingiu pelo companheiro morto,
e cruzou a linha de frente, semelhante ao falcão
veloz que afugenta gralhas e estorninhos:
assim, Pátroclo guia-cavalo, direto contra lícios
e troianos arremeteste, raiva no peito pelo companheiro.
Atingiu Estenelau, o caro filho de Itemeneu,
com um penedo no pescoço, rompendo seus tendões.
Os da vanguarda e o ilustre Heitor recuaram.
Tão longo como o arremesso de extenso dardo,
o que lança o varão que se experimenta na prova

ou também na batalha sob inimigos quebra-ânimo,
assim recuaram os troianos, e aqueus os impeliam.
Glauco por primeiro, o condutor dos armígeros lícios,
retornou e matou o animoso Baticleu,
o caro filho de Cálcon, que, habitando na Hélade,
pela fortuna e riqueza sobressaía entre os mirmidões.
Pois Glauco, no meio de seu peito, cravou a lança,
após volver-se de chofre, acossado na perseguição;
com estrondo Baticleu caiu. Farta comoção tomou os aqueus,
ao tombar o nobre varão, e muito se alegraram os troianos.
Puseram-se em volta dele, juntos; não se esqueceram
da bravura os aqueus, e, impetuosos, atacavam-nos.
Daí Meríones pegou um varão troiano, combatente,
Laógono, o ousado filho de Onetor, que era sacerdote
de Zeus do Ida, e como um deus era honrado na região.
Acertou-o sob o maxilar e a orelha: rápido a vida
partiu de seus membros, e o odioso negror o pegou.
Eneias disparou a lança brônzea contra Meríones,
que avançava sob o escudo, e esperava acertá-lo.
Meríones, encarando-o, evitou a lança brônzea;
para a frente se curvou, atrás a grande lança
ficou presa no chão, e vibrou a extremidade
da lança; então o ponderoso Ares tirou seu ímpeto.
[A ponta da lança de Eneias, vibrando, na terra
entrou, pois em vão arrojou-se da robusta mão.]
Eis que Eneias enfureceu-se no ânimo e disse:
"Meríones, mesmo sendo dançarino, minha lança
rápido te imobilizaria de todo, se tivesse te atingido".
Direto então lhe disse Meríones famoso-na-lança:
"Eneias, é difícil para ti, mesmo sendo altivo,

extinguir o ímpeto de todo homem que diante de ti
avança, defendendo-se; também nasceste mortal.
Se te atingisse, no meio acertando o bronze agudo,
de pronto, embora forte e confiante em teus braços,
darias triunfo a mim, e a alma, a Hades potros-famosos".
Falou e reprovou-o o bravo filho de Menécio:
"Meríones, por que, sendo valoroso, falas isso?
Meu caro, palavras insultuosas não fazem os troianos
recuar do cadáver; antes a terra alguém cobrirá.
Nos braços, o termo da guerra; o das palavras, em um plano:
assim, não carece aumentar o discurso, mas pelejar".
Falou e liderava, e o outro seguiu, herói feito deus.
Tal como estrondo feito por lenhadores explode
no vale, e de longe se consegue escutar,
assim da terra largas-rotas explodia o ressoo vindo deles,
do bronze e dos bem-feitos escudos de couro de boi,
eles furando-se com espadas e lanças duas-curvas.
Um varão não teria, mesmo atento, ao divino Sarpédon
reconhecido, pois em projéteis, sangue e poeira
estava envolto, inteiro, da cabeça à ponta dos pés.
Lutavam sempre em torno do corpo, como moscas
no paradouro, zunindo nas tigelas plenas de leite
na primavera, quando as vasilhas se enchem de leite –
assim eles circundavam o corpo. Nunca Zeus
volveu os olhos brilhantes da batalha audaz,
mas sempre os olhava de cima e refletia no ânimo
muita coisa sobre a morte de Pátroclo, meditando
se, na refrega brutal, lá mesmo, sobre o excelso Sarpédon,
o insigne Heitor também já iria abatê-lo
com bronze e de seus ombros puxar as armas,

ou se ainda para muitos avolumaria a dura pugna.
Pareceu-lhe, ao refletir, ser mais vantajoso assim:
que o nobre assistente do Pelida Aquiles de novo
impelisse à cidade Heitor elmo-brônzeo
e os troianos, e de muitos tirasse a vida.
Por primeiro lançou ânimo covarde em Heitor,
que subiu no carro, volveu-o para a fuga e chamou os outros
troianos para fugir; notara a sacra balança de Zeus.
Lá os altivos lícios não resistiam, mas fugiram
todos depois de ver o rei ferido no coração
jazendo na reunião de mortos: muitos sobre ele
caíram quando o Cronida exacerbou a audaz disputa.
Os aqueus tiraram as armas dos ombros de Sarpédon,
brônzeas, cintilantes, e o bravo filho de Menécio
as deu a companheiros, para as levarem às cavas naus.
Então a Apolo disse Zeus junta-nuvens:
"Vai agora, caro Febo, do sangue enegrecido limpa
Sarpédon, após te afastar dos projéteis; então a ele
leva para bem longe, lava nas correntes do rio,
unge com ambrosia e veste-o com vestes imortais.
Leva-o para ser conduzido por condutores ligeiros,
Sono e Morte, gêmeos, que rápido
vão depô-lo na fértil terra da ampla Lícia,
onde irmãos e camaradas lhe darão funeral
com túmulo e estela: esse, o privilégio dos mortos".
Assim falou, e Apolo não contrariou o pai.
Desceu do monte Ida rumo ao prélio abrupto,
ergueu o divino Sarpédon e o afastou dos projéteis,
levou-o para longe, lavou-o nas correntes do rio,
ungiu-o com ambrosia e vestiu-o com vestes imortais.

Levou-o para ser conduzido por condutores ligeiros,
Sono e Morte, gêmeos, que rápido
o depuseram na fértil terra da ampla Lícia.
Pátroclo, após chamar os cavalos e Automédon,
perseguiu troianos e lícios, e desatinou demais,
o tolo: tivesse guardado a palavra do Pelida,
sim, teria escapado do vil finamento da morte negra.
Mas a mente de Zeus é sempre mais forte que a de um varão:
ele afugenta até um bravo varão e fácil tira a vitória,
e outra vez ele mesmo o incita a combater;
também então Zeus pôs ânimo no peito de Pátroclo.
Quem primeiro, quem por último aí mataste,
Pátroclo, quando deuses te chamaram para a morte?
Adrasto primeiro, Autônoo, Équeclo
e Périmo, filho de Megas, Epistor e Melanipo,
e então Élaso, Múlio e Pilartes.
A estes pegou; e cada um dos outros mentalizou a fuga.
Daí os filhos de aqueus tomariam Troia altos-portões
pelas mãos de Pátroclo – para todo lado corria com a lança –,
se Febo Apolo não se pusesse sobre o bem-feito bastião,
pensando na ruína dele e acudindo os troianos.
Três vezes Pátroclo pôs o pé na borda
da elevada muralha, três vezes Apolo o repeliu
com os braços imortais, cutucando o broquel brilhante.
Quando na quarta arremeteu feito divindade,
Apolo deu berro terrível e dirigiu-lhe palavras plumadas:
"Recue, Pátroclo oriundo de Zeus; não é teu destino
que a cidade de honrados troianos caia sob tua lança
nem sob a de Aquiles, que a ti é superior".
Assim falou, e Pátroclo recuou bastante,

evitando a cólera de Apolo alveja-de-longe.
Heitor continha os cavalos monocasco nos Portões Esqueios;
hesitava se lutar, dirigindo-se de novo ao tumulto,
ou berrar à tropa para intramuros se salvarem.
Sobre isso refletia, quando a seu lado se pôs Febo Apolo,
assemelhado a um varão animoso e forte,
Ásio, o tio materno de Heitor doma-cavalo,
irmão de sangue de Hécuba, e filho de Dimas,
que na Frígia habitava nas correntes do Sangário;
a ele assemelhado, falou Apolo, filho de Zeus:
"Heitor, por que paraste de combater? Não deves!
Que tão superior a ti eu fosse quanto inferior eu sou,
dessa forma logo seria medonha tua desistência da peleja.
Vamos, contra Pátroclo guia os cavalos casco-forte
que talvez assim o pegues, e Apolo te confira o triunfo".
Falou, e o deus foi de novo à pugna de varões;
ao aguerrido Cebríones o insigne Heitor pediu
que golpeasse os cavalos até a batalha. Apolo
entrou na multidão, tumulto maligno lançou contra
os argivos e concedeu glória aos troianos e a Heitor.
Heitor deixava os outros dânaos e não os matava;
contra Pátroclo dirigia os cavalos casco-forte.
Pátroclo, por sua vez, saltou do carro no chão
com lança na esquerda e, na outra, pedra segurava,
cintilante, pontuda, à qual sua mão envolveu,
e a lançou, após se firmar, e não demorou longe de um homem
nem foi à toa o projétil: atingiu o auriga de Heitor,
Cebríones, filho bastardo do esplêndido Príamo,
que tinha as rédeas dos cavalos, com a pedra pontuda na testa.
A pedra juntou-lhe ambas as celhas, seu osso a ela

não resistiu e os olhos ao chão baquearam no pó
lá mesmo, diante dos pés: feito mergulhador,
caiu do carro bem-feito, e a vida deixou os ossos.
Debochando, disseste-lhe, cavaleiro Pátroclo:
"Incrível, o varão é deveras lesto; quão fácil pirueta.
Vê, se acaso também tivesse estado no mar piscoso,
esse varão fartaria muitos, colhendo ascídias
ao pular do barco, mesmo que encrespado estivesse –
assim agora no plaino fácil pirueta carro afora.
Sim, há acrobatas também entre os troianos".
Isso disse e partiu para cima do herói Cebríones
com o arroubo de um leão que, devastando um paradouro,
é atingido no peito, e sua própria bravura o destrói –
assim, Pátroclo, contra Cebríones pulaste com gana.
Heitor, do outro lado, saltou do carro no chão.
Os dois, por Cebríones, brigaram como leões,
dois que no pico de um monte por uma cerva morta
pelejam, sobranceiros, ambos estando famintos –
assim, por Cebríones, dois mestres de alarido,
Pátroclo, filho de Menécio, e o insigne Heitor,
dispararam para cortarem-se a carne com bronze impiedoso.
Heitor pegou Cebríones pela cabeça e não o deixava;
Pátroclo, por sua vez, lhe segurava o pé. E os outros,
troianos e dânaos, junto conduziam batalha audaz.
Como o Euro e o Noto brigam entre si
e no vale abalam o fundo mato,
carvalho, freixo e cornácea casca-longa,
que, umas contra as outras, lançam galhos aguçados
com som prodigioso e causam fragor ao se destroçar,
assim troianos e aqueus, pulando uns contra os outros,

matavam, e ninguém mentalizava a fuga ruinosa.
Em volta de Cebríones, muita lança afiada estava fincada,
flechas plumadas saltavam das cordas,
e muito penedo grande abalou os escudos
de quem lutava em torno dele; no turbilhão de poeira,
ele jazia, grande na grandeza, sem mentalizar a equitação.
Quando o sol estava no meio do firmamento,
então projéteis dos dois lados acertavam o alvo e a tropa caía;
quando o sol se curvou rumo à hora de soltar os bois,
então já além do quinhão os aqueus eram superiores.
Afastaram o herói Cebríones dos projéteis,
da assuada de troianos, e lhe tiraram as armas dos ombros.
Pátroclo, visando males, abalroou os troianos.
Três vezes investiu como se fosse o ligeiro Ares,
com rugido horrífico, três vezes matou nove heróis.
Quando na quarta arremeteu feito divindade,
então para ti, Pátroclo, a vida se consumou:
Febo te encarou na refrega brutal, fero.
Pátroclo não percebeu Apolo, que vinha no tumulto:
encoberto por muita bruma, Apolo o encontrou;
parou atrás, golpeou-lhe as costas e os largos ombros
com a palma da mão, e os olhos de Pátroclo revolutearam.
Dele, de sua cabeça, Febo Apolo arrancou o elmo,
que rolou com um estrépido sob os pés dos cavalos,
o quatro-camadas com aberturas, e sujou-se a crista
com sangue e poeira: antes, não era a norma
esse elmo mecha-equina sujar-se na poeira,
mas protegia a fronte do divino varão, a testa graciosa
de Aquiles; então Zeus a Heitor concedeu
que o usasse em sua cabeça, mas perto estava sua morte.

Foi toda destroçada, nas mãos de Pátroclo, a lança sombra-longa,
pesada, grande, robusta, guarnecida. Dos ombros
caíram no chão o franjado escudo e o cinturão.
O filho de Zeus, senhor Apolo, soltou sua couraça.
Desatino tomou seu juízo, fraquejaram os membros ilustres,
ele parado, pasmo: de trás, nas costas, com lança aguda,
atingiu-o no meio dos ombros, de perto, um varão dardânio,
o Pantoida Euforbo, que superava os de sua idade
na lança, na equitação e nos céleres pés;
com efeito, já vinte heróis derrubara dos carros
desde que chegara com seu carro, aprendendo a combater.
Por primeiro lançou projétil contra ti, cavaleiro Pátroclo,
e não te subjugou. De volta correu, juntou-se à multidão,
após arrancar a lança de freixo do corpo, e não enfrentou
Pátroclo, embora este estivesse desarmado na refrega.
Pátroclo, ferido pelo golpe do deus e pela lança,
recuava aos camaradas para evitar a morte.
Heitor, quando viu o animoso Pátroclo
de volta recuando, atingido por bronze afiado,
achegou-se dele entre as fileiras, cravou a lança
embaixo em seu flanco, e o bronze o transpassou.
Com estrondo caiu, e muito afligiu a tropa de aqueus.
Tal leão que na luta domina incansável javali,
ambos no pico do monte, sobranceiros, pelejando
por fonte miúda, e ambos querem beber:
àquele, muito ofegante, o leão subjuga à força –
assim do bravo filho de Menécio, que a muitos matara,
Heitor Priamida de perto tirou sua vida com a lança.
Jactando-se sobre ele, palavras plumadas falou:
"Pátroclo, talvez pensaste que devastarias minha cidade,

roubarias o dia de liberdade das mulheres troianas
e nas naus as levarias a tua cara terra pátria –
tolo! Na frente delas, os velozes cavalos de Heitor
com os pés se esticam para combater; com a lança,
entre os belicosos troianos sobressaio, quem deles afasta
o dia da necessidade: a ti, abutres comerão aqui.
Coitado! Aquiles, mesmo sendo nobre, não te protegeu,
ele que, aguardando, talvez tenha insistido contigo:
'Pátroclo guia-cavalo, não me voltes antes
às cavas naus, antes que a túnica sangrenta
do homicida Heitor rasgares em volta do peito'.
Isso talvez te falou, e convenceu teu juízo desajuizado".
Debilitado, disseste-lhe, cavaleiro Pátroclo:
"Agora é altiva tua proclamação, Heitor, pois deram-te
a vitória Zeus Cronida e Apolo, que me subjugaram
fácil: eles mesmos de meus ombros arrancaram as armas.
Ainda que vinte de teu jaez tivessem me encontrado,
todos teriam aqui perecido, subjugados por minha lança.
Mas a moira destrutiva e o filho de Leto me mataram,
e, dos homens, Euforbo; foste o terceiro a me abater.
Outra coisa te direi, e em teu juízo a lança:
não viverás muito tempo tampouco, mas já para ti,
subjugado pelas mãos de Aquiles, o impecável Eácida,
está perto a moira poderosa da morte".
Após falar assim, o fim que é a morte o cobriu;
sua alma voou para fora dos membros e ao Hades partiu,
lamentando seu destino após deixar o vigor e a juventude.
A ele, embora morto, dirigiu-se o insigne Heitor:
"Pátroclo, por que me adivinharás o abrupto fim?
Quem sabe Aquiles, o filho de Tétis bela-juba,

não será antes golpeado por minha lança e perderá a vida?”.
Após assim falar, puxou da ferida a brônzea lança,
usando o pé, e de costas deixou Pátroclo, solto da lança.
De pronto com a lança até Automédon marchou,
o excelso assistente do Eácida pé-ligeiro:
ansiava atingi-lo. Levavam-no os cavalos velozes,
imortais, dons radiantes que os deuses deram a Peleu.

17

O filho de Atreu, Menelau caro-a-Ares, não ignorou
que Pátroclo fora subjugado por troianos na refrega.
Cruzou a linha de frente, armado com fúlgido bronze,
e movia-se em torno como a mãe em volta do bezerro,
lamentosa com o primeiro filhote, inexperiente em parto –
assim, em volta de Pátroclo, movia-se o loiro Menelau.
Segurava a lança e o escudo simétrico,
sôfrego por matar quem quer que o encarasse.
Eis que o filho boa-lança de Pântoo não descuidou
que o impecável Pátroclo caíra; perto dele
postou-se e dirigiu-se a Menelau caro-a-Ares:
"Atrida, Menelau criado-por-Zeus, líder de tropa,
recua, deixa o cadáver, abre mão das armas sangrentas,
pois nenhum troiano ou aliado afamado antes de mim
acertou Pátroclo com a lança na batalha audaz.
Assim, deixa-me granjear fama entre os troianos;
que eu não te atinja e arrebate tua melíflua vida".
Muito perturbado, a ele dirigiu-se o loiro Menelau:
"Zeus pai, não é belo alguém jactar-se sem restrição.
Nem o ímpeto da pantera, nem o do leão,

nem o do javali selvagem, juízo-ruinoso, que tem
o maior ânimo no peito, exultante com sua força,
comparam-se aos sobranceiros filhos boa-lança de Pântoo.
A força de Hiperenor doma-cavalo nada gozara
da juventude quando me depreciou, enfrentou
e afirmou ser eu, entre os dânaos, o guerreiro mais
infame. Afirmo que, com seus pés, não voltou
e alegrou a cara esposa e os pais zelosos.
Assim soltarei também teu ímpeto se contra mim
te posicionares; não, a ti peço que retornes
e vás até a multidão – não me encares –
antes que sofras um mal: o tolo reconhece o já feito".
Falou e não o convenceu; em resposta Euforbo lhe disse:
"Agora já, Menelau criado-por-Zeus, pagarás
por certo pelo irmão que me mataste e te jactas:
enviuvaste a esposa no recesso do tálamo recente
e incutiste lamento indizível e luto nos pais.
Sim, eu me tornaria a interrupção do lamento
se levasse tua cabeça e as armas
e as pusesse nas mãos de Pântoo e da divina Frôntis.
Chega: a pugna não ficará mais tempo sem teste
e sem disputa de bravura ou de pânico".
Assim disse, e golpeou o escudo simétrico;
o bronze não o furou, e sua ponta flectiu
no vigoroso escudo. O outro arremeteu com o bronze,
o Atrida Menelau, após orar a Zeus pai;
furou-o, ao querer recuar, na base da garganta,
pressionou a lança, confiante no braço pesado,
e, certeira, a ponta atravessou o delicado pescoço.
Com estrondo Euforbo caiu, e retiniu a armadura sobre ele.

Sangue molhou suas madeixas, feitas as das Graças,
e os cachos, presos com espirais de ouro e prata.
Como um varão cuida de broto vicejante de oliveira
num espaço isolado, onde água suficiente o molha,
belo, verdejante: balançam-no lufadas
de ventos vários, e irrompe em branca flor;
de chofre vem um vento em intenso turbilhão,
arranca-o do buraco e o estende no chão –
assim ao filho de Pântoo, Euforbo boa-lança,
o Atrida Menelau matou e depois pilhou suas armas.
Como leão da montanha, confiante na bravura,
captura uma vaca do rebanho que pasta, a melhor:
primeiro agarra o pescoço e o quebra com dentes fortes
e sorve depois seu sangue e as tripas todas,
rasgando-as; em volta dele, cães e varões pastores
berram muito alto de longe e não querem
encará-lo, pois intenso medo amarelo os atinge –
assim, o ânimo no peito de nenhum troiano ousou
enfrentar o majestoso Menelau.
Então fácil o Atrida levaria as armas gloriosas
do Pantoida, se com ele não tivesse se irritado Febo Apolo
e contra ele instigado Heitor, que era feito Ares;
assemelhado a um varão, Mentes, o líder dos cícones,
Apolo falou, dirigindo-lhe palavras plumadas:
"Heitor, agora corres assim, perseguindo o inalcançável,
os cavalos do aguerrido Eácida: é difícil
para varões mortais dominá-los e conduzi-los,
salvo para Aquiles, a quem gerou mãe imortal.
Entrementes, o aguerrido Menelau, filho de Atreu,
rodeando Pátroclo, matou o melhor dos troianos,

o Pantoida Euforbo, e cessou sua bravura impetuosa".
Falou e o deus foi de novo à pugna de varões;
atroz sofrimento se apossou do juízo enegrecido de Heitor.
Então ele esquadrinhou as fileiras e de pronto reconheceu
Menelau tirando as armas gloriosas e Euforbo no chão
jazendo; sangue escorria pelo ferimento aberto.
Cruzou a linha de frente, armado com fúlgido bronze,
aos soantes berros, feito labareda de Hefesto,
inextinguível. Gritou alto, e não o ignorou o filho de Atreu;
perturbado, disse a seu ânimo enérgico:
"Ai de mim: se abandonar as belas armas
e Pátroclo, que jaz aqui por causa de minha honra,
que dânao algum, se o vir, se indigne comigo.
Se eu, sozinho, pelejar com Heitor e os troianos
(vergonha o pede), que não me envolvam, muitos contra um:
Heitor elmo-fulgente traz todos os troianos para cá.
Mas por que meu caro ânimo examina essas coisas?
Se um varão, contra o deus, quer pelejar com um homem
a quem o deus honra, rápido grande mal rola contra ele.
Assim, que nenhum dânao se indigne quando me vir
arredar de Heitor, pois ele peleja a partir de um deus.
Se acaso eu notasse Ájax, que é bom no grito,
os dois iríamos seguir e mentalizar a vontade de lutar
mesmo contra um deus, esperando proteger o corpo
para o Pelida Aquiles: seria o melhor dos males".
Enquanto revolvia isso no juízo e no ânimo,
as fileiras de troianos se achegaram; Heitor liderava.
Menelau retrocedeu e abandonou o cadáver,
e volvia o rosto como leão bela-juba
que cães e varões afugentam do paradouro

com lanças e voz; no íntimo, seu bravo coração
gela e, a contragosto, afasta-se do pátio –
assim o loiro Menelau se afastava de Pátroclo.
Parou e, ao alcançar o grupo de companheiros, virou-se,
buscando o grande Ájax, filho de Télamon.
Logo o percebeu no lado esquerdo da batalha
encorajando companheiros e incitando-os à luta,
pois Febo Apolo lhes instilara prodigioso pânico.
Pôs-se a correr, aproximou-se e lhe disse:
"Ájax, meu caro, vem cá! Por Pátroclo, morto,
nos esforcemos, levando a Aquiles pelo menos o corpo
nu: suas armas, Heitor elmo-fulgente as tem".
A fala excitou o ânimo do aguerrido Ájax,
que cruzou a linha de frente, e com ele o loiro Menelau.
Heitor arrastava Pátroclo, após roubar as armas gloriosas,
para cortar-lhe a cabeça dos ombros com bronze afiado
e, tendo puxado o corpo, dá-lo aos cães troianos;
Ájax se achegou, levando o escudo feito torre.
Heitor retornou ao grupo, recuando até os companheiros,
e pulou para dentro do carro; fez com que os troianos
levassem à urbe as belas armas, e grande fama ele tivesse.
Ájax cobriu o Menecida com seu amplo escudo
e postou-se como leão em volta de seus filhotes:
o leão conduz seus pequenos no bosque e com ele topam
varões caçadores: exultante com sua força,
repuxa toda a pele da testa, cobrindo os olhos –
assim Ájax marchava em volta de Pátroclo.
O Atrida, do outro lado, Menelau caro-a-Ares,
se postou, tomado de enorme angústia no peito.
Glauco, filho de Hipóloco, líder dos varões lícios,

olhando de baixo, reprovou Heitor com duro discurso:
"Heitor, o mais formoso, no combate ficas bem atrás!
Em vão te pertence distinta fama, pois és covarde.
Reflete agora como salvarás a urbe e a cidadela
sozinho com a tropa dos que nasceram em Ílion,
pois nenhum lício irá pelejar com os dânaos
pela cidade, já que nenhum agradecimento houve
por combater varões inimigos sempre sem cessar.
Como salvarás um homem inferior na multidão,
tinhoso, já que deixaste Sarpédon, hóspede e companheiro,
tornar-se presa e butim dos argivos,
aquele que, quando vivo, foi muito útil para ti
e para a cidade; eis que não ousaste defendê-lo dos cães.
Assim, se agora eu persuadir os varões lícios
a ir para casa, um fim abrupto será o de Troia.
Se agora os troianos tivessem o ímpeto muita-audácia
e intrépido que entra nos varões que, pela pátria,
sofrem pugna e disputa contra varões inimigos,
ligeiro a Ílion levaríamos Pátroclo.
Se nós o retirássemos da batalha, morto,
para a grande cidade do senhor Príamo,
rápido os argivos liberariam as belas armas
de Sarpédon e nós o levaríamos para Ílion:
o abatido foi assistente do varão que é de longe o melhor
junto às naus argivas, e melhores seus rijos assistentes.
Tu, porém, não ousaste encarar o enérgico Ájax,
olhando-o nos olhos no alarido dos inimigos,
nem atacá-lo direto, pois ele é mais forte".
Olhando de baixo, disse-lhe Heitor elmo-fulgente:
"Glauco, sendo quem és, como falas com tal arrogância?

Incrível, pensei que, no juízo, superavas os outros
todos que habitam Lícia grandes-glebas.
Agora depreciaria teu juízo de todo, do jeito que falaste
afirmando que eu não enfrentaria o portentoso Ájax.
Pois não temo a peleja nem o som dos cavalos;
não, a mente de Zeus porta-égide é sempre mais forte:
afugenta até um bravo varão e fácil tira sua vitória,
e outra vez ele mesmo o incita a combater.
Vem cá, meu caro, põe-te a meu lado e observa
se o dia inteiro serei um covarde como afirmas
ou se alguns dânaos, embora sôfregos por bravura,
impedirei de defender o morto Pátroclo".
Isso disse e exortou os troianos com alto brado:
"Troianos, lícios e dardânios, guerreiros mano a mano:
sede varões, amigos, e mentalizai bravura impetuosa
até eu vestir as armas do impecável Aquiles,
belas, que roubei da força de Pátroclo após o abater".
Tendo falado, deixou Heitor elmo-fulgente
a batalha hostil. Correndo, alcançou os companheiros
bem rápido, indo atrás deles, próximos, com pés velozes,
eles que à cidade levavam as gloriosas armas do Pelida.
À margem do combate muito-choro, trocou de armas:
deu as suas aos belicosos troianos para as levarem
à sacra Ílion e vestiu as armas imortais
do Pelida Aquiles, com as quais os deuses olímpios
agraciaram seu caro pai; então o ancião as atribuiu ao filho,
mas o filho não envelheceu com as armas do pai.
Quando Zeus junta-nuvens o viu à margem,
armando-se com as armas do Pelida divino,
agitou a cabeça e discursou a seu ânimo:

"Coitado! A morte não inquieta teu ânimo,
ela que já está perto de ti, e vestes armas imortais
do melhor varão, que também aos outros apavora:
mataste seu companheiro, afável e forte,
e foi incorreto da cabeça e dos ombros tirares
as armas. Por agora, te estenderei grande poder,
compensação porque não retornarás da peleja,
nem Andrômaca tomará as armas gloriosas do Pelida".
Falou e com as negras celhas sinalizou o filho de Crono:
ajustou as armas ao corpo de Heitor, Ares entrou nele,
o terrível Eniálio, e seus membros, dentro, se encheram
de bravura e força. Para junto dos aliados majestosos
foi, gritando alto, e apareceu diante de todos,
luzindo com as armas do animoso Pelida.
Com palavras, de perto instigava cada um,
Mestles, Glauco, Médon, Tersíloco,
Asteropeu, Disenor, Hipotoo,
Fórcis, Crômio e Ênomo, o áugure;
exortando-os, dirigiu-lhes palavras plumadas:
"Escutai-me, miríades de tribos de aliados vizinhos:
não foi procurando e indo atrás de uma multidão
que, de vossas cidades, reuni cada um aqui,
mas que às esposas e crianças pequenas dos troianos
protegêsseis, solícitos, dos belicosos aqueus.
Pensando nisso, exijo oferendas e comida, esgotando
o povo; ao ânimo de cada um de vós, porém, fomento.
Por isso agora, fazendo frente, cada um pereça
ou se salve, pois esse é o galanteio da batalha.
A quem quer que puxar Pátroclo, embora morto,
até os troianos doma-cavalo e conseguir subjugar Ájax,

a esse darei metade do butim, e metade eu mesmo
terei: isso trará fama tanto a ele como para mim".
Falou, e, fazendo frente, pressionaram os dânaos
com as lanças eretas; o ânimo deles esperava demais
puxar o cadáver protegido por Ájax Telamônio.
Tolos: sobre esse corpo ele roubou a vida de muitos.
Então disse Ájax a Menelau bom-no-grito:
"Meu caro, Menelau criado-por-Zeus, não espero
que, mesmo sem o corpo, retornemos da batalha.
Não temo tanto pelo cadáver de Pátroclo,
que logo saciará os cães dos troianos e as aves,
como temo que algo aconteça à minha fronte
e à tua, pois a nuvem da batalha a tudo encobre –
Heitor – e para nós revela-se um fim abrupto.
Vamos, chama os melhores aqueus; talvez ouçam".
Falou, e não o ignorou Menelau bom-no-grito,
que, com berro penetrante, gritou aos dânaos:
"Amigos, líderes e dirigentes dos argivos,
os que junto ao Atrida Agamêmnon e a Menelau
bebem o que vem do povo e comandam
as tropas, e sua honra e glória vêm de Zeus:
é difícil, para mim, distinguir cada um
dos líderes; intensa é a chama da briga guerreira.
Todavia, que venham por si e se indignem no ânimo
por Pátroclo vir a se tornar diversão de cães troianos".
Assim falou, o veloz Ájax Oileu ouviu bem
e chegou primeiro, correndo no campo de batalha;
depois dele, Idomeneu e o assistente de Idomeneu,
Meríones, semelhante ao sanguinário Eniálio.
Quanto aos outros, quem, com seu juízo, os nomearia,

cada aqueu que, depois desses, despertou o combate?
Os troianos, aglomerados, avançaram, e Heitor liderava.
Como quando, na foz de um rio caído de Zeus,
grande onda freme contra a corrente, em volta a costa
altaneira ruge, o mar quebrando ao longe –
gritando assim vinham os troianos. Os aqueus
firmavam-se em volta do Menecida, com um só ânimo,
uma cerca de escudos de bronze. Para eles, em volta
dos elmos luzentes, o Cronida verteu muita
neblina, pois no passado não detestara o Menecida,
quando estava vivo e era assistente do Eácida.
Odiava que pudesse se tornar presa de cães inimigos
em Troia; assim animou os companheiros a protegê-lo.
Primeiro os troianos impeliram os aqueus de olhar luzente,
que deixaram o corpo e recuaram. A nenhum deles
os autoconfiantes troianos, ávidos, pegaram com as lanças,
mas buscavam puxar o cadáver. Desse, por pouco tempo os aqueus
se afastariam, pois bem rápido Ájax os fez se volver,
ele que na aparência e nos feitos sobrepujava
os outros dânaos logo atrás do impecável Pelida.
Dirigiu-se na linha de frente tal javali selvagem
em bravura, que nas montanhas fácil dispersa
pelas ravinas cães e jovens viçosos após se volver –
assim o filho do impecável Télamon, o insigne Ájax,
fácil dispersou, arremetendo, as falanges de troianos
que circundavam Pátroclo com o firme intento
de levá-lo a sua cidade e granjear glória.
A ele o insigne filho do pelasgo Leto,
Hipotoo, pelo pé ia puxar na batalha audaz:
amarrara seu boldrié nos tendões do tornozelo do cadáver,

para agradar Heitor e os troianos. Rápido, para ele,
veio o dano, que ninguém, mesmo ávido, dele afastou.
A ele o filho de Télamon, atacando na multidão,
golpeou de perto através do elmo face-de-bronze:
o elmo rabo-de-cavalo rachou em volta da ponta da lança,
golpeado pela lança enorme e pela mão robusta,
e os miolos sangrentos, no encaixe da lança, escorreram
da chaga. Ali seu ímpeto se soltou, e das mãos
lançou o pé do enérgico Pátroclo ao chão,
onde ficou; ele perto caiu de bruços sobre o cadáver,
longe de Larissa grandes-glebas, e aos caros pais
não retribuiu a criação pois diminuta foi sua seiva,
subjugado pela lança do animoso Ájax.
Por sua vez Heitor contra Ájax atirou a lança brilhante.
Encarando-o, porém, evitou a brônzea lança
por pouco; Heitor ao filho do animoso Ifito, Esquédio,
de longe o melhor dos fócios, que no ilustre Panopeu
tinha sua casa e era o senhor de muitos varões,
atingiu embaixo na clavícula: por inteiro a ponta
de bronze cruzou-a e saiu na parte inferior do ombro.
Com estrondo caiu, e retiniu a armadura em cima dele.
Ájax ao filho de Fénops, o aguerrido Fórcis, postado
junto a Hipotoo, golpeou embaixo no estômago,
rompeu a placa da couraça, e o bronze fez jorrar
as entranhas: caiu na poeira e agarrou a terra com a mão.
Recuaram os da vanguarda e o insigne Heitor;
os argivos berraram alto, puxaram os mortos,
Fórcis e Hipotoo, e soltaram as armas de seus ombros.
Daí os troianos, por força dos aqueus caros a Ares,
teriam se dirigido a Ílion, subjugados pelo desbrio,

e os argivos obteriam glória além do quinhão de Zeus
com poder e força próprios. Apolo mesmo, porém,
incitou Eneias, assumindo a forma de Perifas,
o arauto filho de Altíssono, que junto ao velho Anquises
envelheceu como arauto, versado em boas ideias;
feito Altíssono, disse a Eneias o filho de Zeus, Apolo:
"Eneias, como iríeis proteger, até contra um deus,
a escarpada Ílion? Isso vi outros varões fazerem,
confiantes em seu poder, força, virilidade
e no próprio número, com um povo diminuto:
Zeus nos prefere aos dânaos quanto à vitória;
porém vosso medo é indizível e não pelejais".
Falou, e Eneias a Apolo alveja-de-longe
reconheceu ao encará-lo, e alto gritou a Heitor:
"Heitor e outros líderes de troianos e de aliados,
é uma vergonha, por força dos aqueus caros a Ares,
nos dirigirmos a Ílion subjugados pelo desbrio.
Contudo, um deus afirmou, parado a meu lado,
que Zeus, supremo mentor, ainda auxiliaria no combate;
ataquemos direto os dânaos, para, tranquilos,
não conduzirem o morto Pátroclo às naus!".
Falou, pulou bem à frente da vanguarda e postou-se;
os outros se viraram e encararam os aqueus.
Então ele cravou a lança em Liócrito,
filho de Arisbas, nobre companheiro de Licomedes.
Dele, ao cair, apiedou-se Licomedes caro-a-Ares –
postou-se bem perto, atirou a lança brilhante,
e acertou o Hipasida Apisáon, pastor de tropa,
no fígado sob o diafragma, e ele de pronto soltou os joelhos,
ele que viera da Peônia grandes-glebas,

e, depois de Asteropeu, era o melhor no combate.
Dele, ao cair, apiedou-se o belicoso Asteropeu
e, solícito, avançou para pelear com os dânaos.
Contudo, não pôde mais, pois escudos cercavam
quem envolvia Pátroclo, e lanças eram empunhadas.
Ájax achegava-se de todos, exortando-os direto:
ordenou que ninguém recuasse do corpo
nem combatesse na frente, separado dos outros aqueus,
mas ficasse bem perto do próprio e lutasse daí;
assim o portentoso Ájax os instruía. O chão molhava-se
de sangue rubro, e caíam uns sobre os outros,
mortos, tanto os troianos e aliados impetuosos
como os dânaos, pois sem sangue esses não peleavam,
mas morriam em número menor: mentalizavam sempre
impedir a abrupta morte uns dos outros na multidão.
Assim combatiam feito fogo, e não afirmarias
que o sol ou a lua ainda estivessem seguros,
pois névoa os encobria na batalha, e os melhores
estavam postados em volta do Menecida, o morto.
Os outros troianos e aqueus de belas grevas,
tranquilos, lutavam sob o éter, e estendia-se o raio
penetrante do sol, e nuvem alguma aparecia em toda
a terra e montanhas. Lutavam com pausas,
evitando os projéteis desoladores uns dos outros,
bastante afastados. Aqueles no meio sofriam aflições
com a névoa e a luta e acossavam-se com bronze impiedoso,
os melhores em geral. Dois homens ainda não sabiam,
os varões majestosos Trasímedes e Antíloco,
que morto estava o impecável Pátroclo; acreditavam
que, vivo, guerreava troianos na arruaça dianteira.

Mirando a morte e o pânico dos companheiros,
os dois lutavam longe, pois assim ordenara Nestor
ao instigá-los a combater a partir das negras naus.
Para todos, o dia inteiro, grande disputa animou-se na briga
aflitiva: de exaustão e suor, sempre sem cessar,
os joelhos, as panturrilhas e, embaixo, os pés de cada um,
as mãos e os olhos ficavam salpicados ao lutarem
em volta do valoroso assistente do Eácida pé-ligeiro.
Como quando um varão o couro de um grande touro,
ébrio de gordura, dá a seu povo para o esticar:
eis que o recebem e, postados em um círculo,
o esticam, e presto some a umidade e entra a gordura,
pois muitos puxam, e ele é esticado por completo –
assim ao corpo, para todo lado no espaço exíguo,
puxavam os dois grupos: seu ânimo esperava demais,
o dos troianos, arrastá-lo a Ílion, e o dos aqueus,
às cavas naus. Em volta dele animou-se o tumulto
selvagem: nem Ares move-tropa nem Atena, se isso
vissem, o depreciariam, mesmo que a raiva fosse grande.
Assim Zeus, sobre Pátroclo, para homens e cavalos,
puxou grande pugna nesse dia. Eis que o divino Aquiles
ainda não sabia que Pátroclo estava morto:
bem afastados das naus velozes guerreavam,
sob o muro dos troianos; nunca esperou no ânimo
que estivesse morto, mas que vivo, após atacar a muralha,
retornaria, pois não contava, de todo,
que tentasse saquear a cidade sem ele – nem com ele.
Isso amiúde soube pela mãe, ouvindo à parte,
ela que lhe anunciava a ideia do grande Zeus;
a mãe então não lhe contou mal tão grande como

o ocorrido, que seu mais caro companheiro morreria.
Sempre em torno do corpo, com lanças pontiagudas,
sem parar se acercavam e se matavam mutuamente.
Assim falavam aqueus couraça-brônzea:
"Amigos, por certo não é glorioso retornarmos
às cavas naus; não, que aqui a negra terra se abra
para todos, o que nos seria, de pronto, muito melhor
que deixar que a ele os troianos doma-cavalo
levassem a sua cidade e granjeassem glória".
E assim falavam animosos troianos:
"Amigos, se nossa moira é sermos todos subjugados
aqui junto ao varão, que ninguém desista da batalha".
Isso diziam e aguçavam o ímpeto de cada um.
Assim combatiam, e o alarido de ferro
chegou ao céu de bronze através do éter ruidoso.
Os cavalos do Eácida, afastados do combate,
choravam, desde que perceberam o auriga
tombar no pó sob a ação do homicida Heitor.
Sim, Automédon, o bravo filho de Diores,
amiúde os golpeava com chicote veloz,
amiúde lhes agradava, amiúde os ameaçava.
Os dois nem de volta às naus no largo Helesponto
queriam ir, nem à batalha em meio aos aqueus,
mas como fica imóvel a estela, que está de pé
sobre o túmulo de um varão morto ou de uma mulher,
assim firmes permaneciam com o belíssimo carro,
cabeças cravadas no solo. Deles, lágrimas
quentes, pálpebras abaixo, fluíam ao chão, os plangentes
saudosos do auriga, e sua farta crina sujava-se,
caindo do colar junto ao jugo nos dois lados.

Aos dois, que plangiam, viu o Cronida e se apiedou,
agitou a cabeça e discursou a seu ânimo:
"Infelizes, por que vos demos ao senhor Peleu,
um mortal, vós que sois sem idade e imortais?
A fim de que vos afligísseis entre varões desgraçados?
Não há nada mais lamentável que um varão
entre tudo que sobre a terra respira e circula.
Mas por certo Heitor Priamida não vos guiará,
nem ao carro artificioso: não consentirei.
Não basta já ter as armas e, em vão, se jactar?
Lançarei ímpeto em vossos joelhos e ânimo
para salvarem Automédon batalha afora
até as cavas naus: ainda estenderei glória aos troianos
para matarem até que cheguem às naus bom-convés,
o sol se ponha, e a sacra escuridão se instale".
Após falar, insuflou bravo ímpeto nos cavalos;
os dois, lançando o pó das crinas ao chão,
levaram rápido o carro veloz entre troianos e aqueus.
Atrás, Automédon lutava, mesmo sofrendo pelo companheiro,
e investia com o carro como rapace entre gansos:
fácil driblava o tumulto dos troianos,
fácil arremetia, pressionando na imensa multidão.
Todavia, não pegava ninguém, perseguindo o inimigo.
Era impossível, sozinho no carro sagrado,
atacar com a lança e direcionar os cavalos velozes.
Só bem depois um varão companheiro o viu,
Alcimédon, filho de Laerces Hemonida;
pondo-se atrás do carro, disse a Automédon:
"Automédon, que deus colocou em teu ânimo
esse plano desvantajoso, tirando teu nobre juízo?

Pelejas assim com os troianos, na frente da multidão,
sozinho?! Teu companheiro foi morto, e Heitor
tem as armas do Eácida nos ombros e exulta".
A ele dirigiu-se Automédon, o filho de Diores:
"Alcimédon, que outro aqueu como tu
guiaria a direção e o ímpeto de cavalos divinos,
exceto Pátroclo, mentor feito os deuses,
quando vivo? Agora a moira da morte o alcançou.
Vamos, pega o chicote e as rédeas lustrosas,
e eu descerei do carro para pelejar".
Falou, Alcimédon saltou no carro salvador,
rápido pegou o chicote e as rédeas com as mãos,
e Automédon saltou. O insigne Heitor o viu
e de imediato disse a Eneias que estava perto:
"Eneias, comandante de troianos couraça-brônzea,
vejo aí os cavalos do Eácida pé-ligeiro
surgindo na batalha com aurigas ruins:
esperaria pegar os cavalos, se tu, em teu ânimo,
o quiseres, pois os aqueus não resistiriam ao ataque
de nós dois, se os encararmos pelejando em Ares".
Falou, e não o ignorou o nobre filho de Anquises.
Avançaram direto, escudos cobrindo seus ombros,
secos e duros, e muito bronze batido em cima.
Com eles foram Crômio e o divinal Areto,
ambos, e o ânimo deles esperava demais
matar os dois e levar os cavalos pescoço-notável:
tolos, não iriam retornar sem que Automédon
vertesse sangue. Esse, após rezar a Zeus pai,
encheu-se de bravura e força no juízo enegrecido.
De pronto falou a Alcimédon, confiável companheiro:

"Alcimédon, não segures os cavalos longe de mim,
mas bafejem colados a minhas costas: não creio
que Heitor Priamida abandonará seu ímpeto antes
de subir no carro com os cavalos lindo-pelo de Aquiles,
após nos matar aos dois e afugentar fileiras de varões
argivos, ou ele mesmo ser pego entre os primeiros".
Falou e chamou os Ájax e Menelau:
"Ájax, líderes dos argivos, e Menelau:
este corpo, confiai-o aos que são os melhores –
que o circundem e defendam das fileiras de varões –
e de nós dois, vivos, afastai o dia impiedoso.
Pois aqui, na batalha lacrimosa, pressionam
Heitor e Eneias, que são os melhores troianos.
Não, isto repousa nos joelhos dos deuses:
também vou arremessar, e Zeus se ocupará do resto".
Falou, brandiu a lança sombra-longa, lançou-a
e atingiu Areto no escudo simétrico;
esse não afastou a lança, o bronze o varou
e foi impelido, no baixo-ventre, através do cinto.
Tal como varão animoso com agudo machado
golpeia atrás dos chifres de um boi campestre
e corta os tendões, e este avança e cai,
assim aquele avançou e caiu de costas: nele a lança aguda
vibrou em suas entranhas, e ele soltou os membros.
Heitor contra Automédon atirou a lança brilhante.
Este, porém, encarou-o e evitou a lança brônzea;
para a frente se curvou, atrás a grande lança
ficou presa no chão, e sua extremidade vibrou;
então o ponderoso Ares tirou seu ímpeto.
Agora teriam se golpeado, de perto, com as espadas,

se a eles, sôfregos, os Ájax não tivessem separado
ao cruzarem a multidão chamados pelo companheiro.
Amedrontados, recuaram de novo
Heitor, Eneias e o divinal Crômio,
e deixaram Areto lá mesmo, seu coração lacerado,
jazendo. Automédon, tal o ligeiro Ares,
pilhou suas armas e, proclamando, disse:
"Sim, foi pouco, mas da dor pelo Menecida morto
aliviei o coração, mesmo matando um inferior".
Falou, pegou as armas sangrentas, no carro
as depôs, nele subiu, com pés e mãos acima
sangrentos tal um leão que devorou um touro.
De novo a refrega brutal estendeu-se sobre Pátroclo,
nociva, muito-choro, e Atena animou a disputa
após descer do céu: Zeus ampla-visão a enviara
para instigar os dânaos, pois a ideia dele mudara.
Como Zeus estende um lúrido arco-íris
aos mortais do céu, presságio de guerra
ou de temporal pouco-esquenta, que das lavouras
tira os homens sobre a terra e aflige os rebanhos,
assim Atena se cobriu com lúrida nuvem,
imergiu no contingente de aqueus e animou cada homem.
Primeiro, instigando-o, falou ao filho de Atreu,
o altivo Menelau – ele estava próximo dela –,
assumindo o corpo de Fênix e sua voz incansável:
"Para ti, Menelau, desconsolo e insulto
haverá se ao fiel companheiro do ilustre Aquiles,
sob o muro dos troianos, os cães velozes dilacerarem.
Pois aguenta com firmeza e instiga a tropa inteira".
A ela dirigiu-se Menelau bom-no-grito:

"Fênix, vetusto velho amado, oxalá Atena
me desse força e afastasse o ímpeto dos projéteis:
então gostaria de colocar-me ao lado de Pátroclo
e protegê-lo: sua morte tocou fundo em meu ânimo.
Heitor, porém, tem o torvo ímpeto do fogo, e não cessa
de abater com bronze, pois Zeus lhe oferta glória".
Falou, e jubilou-se a deusa, Atena olhos-de-coruja,
por ser a primeiríssima, entre os deuses, a quem rezou.
Colocou força em seus ombros e joelhos
e, no peito, instilou a audácia de uma mutuca
que, mesmo ao ser arredada da pele humana,
teima em picar: saboroso é-lhe o sangue do homem –
de tal audácia encheu-lhe o juízo enegrecido.
Avançou sobre Pátroclo e atirou a lança brilhante.
Entre os troianos, havia um Podes, filho de Eécion,
rico e valoroso; a ninguém Heitor honrava mais
no povo, pois era-lhe um caro companheiro de festas –
eis que o loiro Menelau atingiu-o no cinto,
ao saltar em fuga; o bronze o transpassou,
e com estrondo caiu. O Atrida Menelau
tirou o corpo dos troianos e o puxou até seu grupo.
De Heitor Apolo se achegou, postou-se e o incitou,
semelhante a Fênops Asida, de Heitor o mais caro
entre todos os amigos-hóspedes, morando em Ábido.
Apolo, a esse assemelhado, disse a Heitor:
"Heitor, que outro aqueu ainda te temeria?
Que fuga de Menelau foi essa? No passado,
era um lanceiro mole; agora, sozinho ergueu e levou
um corpo dos troianos: matou teu fiel companheiro,
notável na linha de frente, Podes, filho de Eécion".

Isso disse, escura nuvem de angústia encobriu Heitor,
e ele cruzou a linha de frente, armado com fúlgido bronze.
Então o Cronida pegou sua égide franjada,
cintilante, com nuvens encobriu o Ida,
relampeou, ribombou forte e a agitou:
deu vitória aos troianos e pôs os aqueus em pânico.
O primeiro a fugir foi Peneleu, o beócio.
Seguindo em frente, foi atingido por uma lança no ombro,
em cima, de raspão; por completo arranhou seu osso
a lança de Polidamas, que a disparou ao se achegar.
Heitor atingiu Léito perto da mão, no pulso,
e fez o filho do animoso Alectríon parar de lutar:
esquadrinhando, recuou, pois não esperava mais no ânimo
combater troianos com uma lança na mão.
Idomeneu a Heitor, quando este atacou Léito,
atingiu em sua couraça, no peito junto ao mamilo:
a longa lança quebrou em seu encaixe, e gritaram
os troianos. Heitor disparou contra o Deucalida Idomeneu,
parado no carro. Por pouco o atingiu,
mas acertou ao assistente e auriga de Meríones,
Quérano, que o seguira da bem-construída Licto:
Idomeneu, ao deixar as naus ambicurvas, viera
a pé, e teria estendido grande poder aos troianos
se Quérano não tivesse trazido os cavalos pé-ligeiro.
Para Idomeneu veio como luz, e afastou o dia impiedoso,
mas ele próprio perdeu a vida graças ao homicida Heitor,
que o acertou sob o maxilar e a orelha, e a ponta de sua lança
a seus dentes arrancou e cortou a língua ao meio.
Tombou do carro e deixou as rédeas caírem no chão.
Após se curvar, Meríones as pegou do chão

com suas caras mãos, e disse a Idomeneu:
"Chicoteie-os agora até chegares às naus velozes;
também reconheces que a força não é mais dos aqueus".
Falou, e Idomeneu açoitou os cavalos belo-pelo
às cavas naus, pois o medo tombou em seu ânimo.
O enérgico Ájax e Menelau não ignoraram
que Zeus entregara a vitória decisiva aos troianos.
Entre eles começou a falar o Telamônio Ájax:
"Incrível, mesmo alguém muito tolo já poderia
reconhecer que o próprio pai Zeus acode os troianos.
Todos os seus projéteis acertam o alvo, seja quem atirar,
vil ou valoroso; mesmo assim, Zeus direciona todos.
Para nós, todos os dardos caem no solo, à toa.
Vamos, pensemos sozinhos um plano excelente
de como puxar o corpo e júbilo
levar aos caros companheiros ao retornarmos,
eles que, aflitos, olham para cá e creem que não mais
o ímpeto e as mãos intocáveis do homicida Heitor
serão contidos, e que tombarão nas negras naus.
Um companheiro leve a mensagem bem rápido
ao Pelida, pois creio que nem soube
da funesta nova, que seu caro companheiro finou-se.
Não sou capaz de ver um aqueu desse jaez,
pois névoa nos encobre, a nós e aos cavalos.
Zeus pai, vamos, salva os filhos de aqueus da névoa,
faz céu claro, permita que vejamos com nossos olhos:
que na luz pereçamos, já que te apraz assim".
Isso disse, e o pai, vertendo lágrimas, lamentou-o;
de pronto dissipou a névoa e afastou a bruma,
Sol reluziu, e a batalha inteira se revelou.

Então disse Ájax a Menelau bom-no-grito:
"Observa agora, Menelau criado-por-Zeus, se vês
Antíloco ainda vivo, o filho do animoso Nestor,
e o instiga a ir rápido até o aguerrido Aquiles
dizer-lhe que seu caro companheiro finou-se".
Falou, e não o ignorou Menelau bom-no-grito:
pôs-se em marcha como leão saindo do pátio,
que, até exaurir-se, provoca cães e varões,
que não lhe permitem agarrar um dos bois gordos,
despertos toda a noite; com desejo de carne,
avança, mas nada realiza: dardos em profusão
adejam contra ele, vindos de mãos corajosas,
e gravetos em chamas a ele, mesmo ávido, inibem;
na aurora parte para longe, agastado no ânimo –
assim de Pátroclo se afastava Menelau bom-no-grito,
muito a contragosto, temeroso de que os aqueus,
em fuga nociva, o deixassem como presa ao inimigo.
Com ênfase instruiu Meríones e os Ájax:
"Ájax, líderes dos argivos, e Meríones:
agora cada um ao afável e desgraçado Pátroclo
mentalize, pois sabia ser cortês com todos
quando vivo; agora a moira da morte o alcançou".
Após dizer isso, o loiro Menelau partiu,
observando em volta como águia, que, afirmam,
tem o olhar mais agudo das aves sob os raios do sol;
mesmo no alto, não ignora a lebre, veloz nos pés,
que se acocora em hirsuto arbusto, mas contra ela
dispara, rápido a pega e tira sua vida –
assim Menelau criado-por-Zeus, teus olhos luzentes
vagavam para todo lado no grupo de companheiros,

esperando ver o filho de Nestor ainda vivo.
Logo o percebeu no lado esquerdo da batalha
encorajando companheiros e incitando-os a lutar.
Postando-se perto, abordou-o o loiro Menelau:
"Antíloco, vem cá, criado-por-Zeus, para saberes
da funesta nova, que não deveria ter ocorrido.
Por ti mesmo, penso que já estás observando
e notas que um deus rola desgraça contra os dânaos,
e a vitória é dos troianos: morreu o melhor dos aqueus,
Pátroclo, e grande falta causa aos dânaos.
Pois tu, correndo às naus dos aqueus, ligeiro a Aquiles
conte; talvez bem rápido salve o cadáver rumo à nau,
nu: suas armas Heitor elmo-fulgente as tem".
Falou, e Antíloco abominou ouvir o discurso.
Tempo ficou sem fala de palavras, seus olhos
encheram-se de lágrimas, e a voz cheia se conteve.
Nem assim, porém, negligenciou a ordem de Menelau,
e se foi, dando as armas ao impecável companheiro
Laódoco, que, perto, volteava os cavalos monocasco.
A ele, aos prantos, os pés retiraram da luta,
levando a mensagem ruim ao Pelida Aquiles.
Teu ânimo, Menelau criado-por-Zeus, não quis
defender os companheiros acossados que deixara
Antíloco, grande falta causando aos pílios;
não, para eles Menelau enviou o divino Trasímedes,
e ele próprio dirigiu-se ao herói Pátroclo.
Correu, ladeou os dois Ájax e de pronto lhes disse:
"Aquele eu expedi às rápidas naus
rumo a Aquiles, veloz nos pés; não creio que virá
agora, por maior que seja sua raiva do divino Heitor:

é impossível que, nu, fosse combater troianos.
Vamos, pensemos sozinhos um plano excelente
de como puxar o corpo e depois sair
da assuada de troianos e fugir do finamento da morte".
Respondeu-lhe o grande Ájax Telamônio:
"Tudo que falaste é correto, esplêndido Menelau;
pois tu e Meríones bem rápido ficai sob o corpo
após o erguer e o retirai da pugna. Atrás
pelejaremos com os troianos e o divino Heitor,
com ânimo igual e um só nome, nós que no passado
resistimos ao afiado Ares, firmes um ao lado do outro".
Falou, e sobrelevaram do chão o corpo
bem para cima; com isso a tropa rugia atrás,
a troiana, quando viram os aqueus erguendo o morto.
Atacaram feito cães, que à frente de rapazes
caçadores disparam contra um javali ferido:
por um tempo, correm sôfregos por dilacerá-lo,
mas quando, entre eles, volta-se o javali, confiante na bravura,
de pronto recuam e debandam para todo lado.
Assim os troianos, um tempo, seguiam em grupo,
furando com espadas e lanças duas-curvas;
quando os dois Ájax se voltavam e contra eles
se punham, alterava-se sua compleição e ninguém
ousava avançar e brigar em volta do cadáver.
Assim os dois, sôfregos, retiravam o corpo da batalha
rumo às cavas naus; atrás deles, estendia-se o combate
selvagem feito fogo que arremete contra urbe de varões
e a incendeia, subindo de repente, e as casas fenecem
no lume intenso: a força do vento faz o fogo rugir –
assim, o alarido dos cavalos e varões lanceiros,

incessante, seguia-os enquanto se moviam.
Eles, como mulas que se valem de potente ímpeto
ao puxar da montanha, escarpada trilha abaixo, uma viga
ou enorme madeiramento naval, e seu ânimo,
apressadas, é molestado por exaustão e suor –
assim os dois, sôfregos, levavam o morto. Atrás
os Ájax os continham, como à água contém o cômoro
matoso que se estende ao longo de uma planície,
o que contém as danosas correntes dos rios altivos
e de uma vez direciona o fluxo de todos à planície,
impelindo-os: fluindo com força, não o rompem –
assim os Ájax, sempre, faziam recuar o combate
dos troianos, que continuavam, sobremodo dois,
Eneias Anquisida e o insigne Heitor.
Como se move uma nuvem de estorninhos e gralhas,
com barulho lanoso, quando veem de longe um falcão
chegando, que traz morte às pequenas aves,
assim, sob Eneias e Heitor, iam rapazes aqueus
com barulho lanoso, esquecidos da vontade de lutar.
Em torno do fosso, caíram muitas belas armas
dos dânaos em fuga, e não havia uma saída da batalha.

18

Assim eles combatiam como fogo chamejante,
e Antíloco, veloz nos pés, trouxe a nova a Aquiles.
Encontrou-o diante das naus chifre-reto
refletindo, no ânimo, o que já se completara;
perturbado, disse Aquiles a seu ânimo enérgico:
“Ai de mim, por que de novo aqueus cabelo-comprido
afluem às naus, terrorizados na planície?
Não completem os deuses danosas dores a meu ânimo
que um dia minha mãe expôs ao me dizer
que o melhor dos mirmidões, eu ainda vivo,
pelas mãos dos troianos deixaria a luz do sol.
Por certo está morto o bravo filho de Menécio,
tinhoso: pedi que, após afastar o fogo hostil,
voltasse às naus e não pelejasse a sério com Heitor”.
Enquanto revolvia isso no juízo e no ânimo,
dele aproximou-se o filho do ilustre Nestor,
vertendo lágrimas quentes, e deu a nova aflitiva:
“Ai de mim, filho do aguerrido Peleu: de bem funesta
nova saberás, que não deveria ter ocorrido.
Pátroclo jaz morto, e pelejam em volta do cadáver

nu; suas armas, Heitor elmo-fulgente as tem".
Isso disse, e escura nuvem de angústia encobriu-o;
com ambas as mãos apanhou fuliginoso pó,
verteu-o sobre a cabeça e aviltou a face graciosa;
as cinzas escuras aderiram à túnica perfumada.
Ele próprio, grande na grandeza, no pó esticado,
jazia, e com suas mãos arrancava e aviltava o cabelo.
As servas que Aquiles e Pátroclo apresaram,
atormentadas no ânimo, alto gritavam e, porta afora,
envolveram o aguerrido Aquiles: todas, com as mãos,
golpearam o peito, e seus membros fraquejaram.
Antíloco, a seu turno, lamentava-se às lágrimas,
segurando as mãos de Aquiles, que gemia no glorioso peito:
temia que cortasse o próprio pescoço com o ferro.
Aterrorizante, bradou Aquiles: a senhora mãe o ouviu,
sentada nas profundas do mar junto a seu velho pai,
e se pôs a ulular; em volta, reuniram-se as deusas,
tantas Nereidas quantas havia no mar profundo.
Lá estavam Azúlis, Festa e Calmonda,
Ilhoa, Gruta, Veloz e Marinha de olhos bovinos,
Ondacélere, Costeira e Montenseada,
Amelada, Rápida, Muiveloz e Resplende,
Doadora, Inicia, Levadora e Poderosa,
Acolhedora, Fertília e Belomem,
Dóris, Tudovê e a esplêndida Galateia,
Veraz, Legítima e Protetora;
lá estavam Gloriosa, Vigorosa e Senhoril,
Cintila, Montedesce e Areiana belas-tranças,
e outras Nereidas que havia no mar profundo.
Dessas a caverna cintilante estava cheia; todas

golpearam o peito, e Tétis regeu o lamento:
"Atenção, irmãs Nereidas, que todas bem
saibais, ouvindo quanta agrura tenho no ânimo.
Ai de mim, coitada, desmãe do melhor:
eis que gerei um filho impecável e forte,
excepcional entre os heróis, e cresceu feito broto.
Eu mesma o nutri tal árvore de pomar na encosta
e o expedi a Ílion sobre as naus recurvas
para pelejar com troianos: de novo não o receberei,
pois não retornará a casa, a morada de Peleu.
Enquanto está vivo e vê a luz do sol, angustia-se,
e, mesmo indo até ele, sou incapaz de protegê-lo.
Partamos para eu ver meu caro filho e ouvir
que aflição o atingiu, no aguardo longe da batalha".
Isso disse e deixou a gruta; as outras com ela
foram, chorosas, e em volta a onda do mar
fendeu-se. Ao alcançarem Troia grandes-glebas,
pisaram na praia em sequência, onde, próximas,
se puxaram as naus dos mirmidões em torno de Aquiles.
Junto a ele, que gemia fundo, a senhora mãe se pôs,
iniciou ululo agudo, pegou a cabeça de seu filho
e, lamentando-se, dirigiu-lhe palavras plumadas:
"Filho, por que choras? Que aflição atingiu teu juízo?
Fala, não escondas. Isto foi completado para ti
por Zeus como antes rezaste ao erguer os braços:
todos os filhos de aqueus serem pegos nas últimas naus,
carentes de ti, e sofrerem ações ultrajantes".
Gemendo fundo, disse-lhe Aquiles, veloz nos pés:
"Minha mãe, isso o Olímpio completou para mim;
mas que prazer me traz, se o caro companheiro

finou-se, Pátroclo, que eu honrava mais que a todos,
como à minha pessoa. Perdi-o, e Heitor as armas
despiu de quem matou, portentosas, assombro à visão,
belas: essas os deuses deram a Peleu, dons radiantes,
no dia em que te lançaram na cama de um varão mortal.
Deverias estar morando com as imortais marítimas,
e Peleu ter conduzido para si uma esposa mortal.
Agora também em teu peito será enorme o luto
pelo filho que perece, a quem de novo não receberás,
pois não retornará a casa: meu ânimo me ordena
que não viva nem que esteja entre varões antes de Heitor,
golpeado por minha lança, perder a vida
e pagar por ter rapinado Pátroclo Menecida".
A ele dirigiu-se Tétis, vertendo lágrimas:
"Falando assim, criança, destino-veloz serás para mim;
logo depois de Heitor, tua sina está pronta".
Muito perturbado, disse-lhe Aquiles veloz nos pés:
"Que eu morra logo, pois acabei por não proteger
o companheiro ao ser morto; bem longe da pátria
pereceu, e faltei-lhe como defensor contra o mal.
Agora, como não devo retornar à cara terra pátria
nem me tornar a luz para Pátroclo e os companheiros
restantes, os muitos subjugados pelo divino Heitor,
estou sentado junto às naus, peso vão para a terra,
eu que sou tal como nenhum dos aqueus couraça-brônzea
na batalha; na assembleia também há outros melhores...
Que para longe de deuses e homens sumam briga
e raiva, esta que te insta, embora muito-juízo, a endurecer,
ela que, muito mais doce que mel quando escorre,
no peito dos varões aumenta como fumaça –

assim me enraiveceu o senhor dos varões, Agamêmnon.
Isso, porém, deixemos no passado, mesmo angustiados,
ao subjugar o caro ânimo no peito por necessidade.
Agora me vou para alcançar o destruidor de cara vida,
Heitor: meu finamento receberei no dia em que
Zeus e os outros deuses imortais quiserem completá-lo.
Nem a força de Héracles escapou do finamento,
ele que era o mais caro a Zeus, o senhor Cronida;
não, a moira e a raiva nociva de Hera o subjugaram,
e assim também eu, se me foi preparada moira igual,
vou jazer ao finar; agora, que eu adquira distinta fama
e faça troianas e mulheres dardânidas bem drapeadas,
com ambas as mãos, da delicada face,
enxugar as lágrimas e gemer em abundância:
reconheçam quão longo tempo parei de pelejar.
Por amor, não me afastes da luta; não me induzirás".
Respondeu-lhe a deusa Tétis pés-de-prata:
"Sim, meu filho, isso é verdade: não é feio
defender do fim abrupto companheiros acossados.
Tuas belas armas, porém, estão nas mãos dos troianos,
brônzeas, cintilantes; a elas Heitor elmo-fulgente
tem nos ombros e exulta. Afirmo que não muito
tempo regozijará, pois a morte está perto dele.
Todavia, ainda não entres no tumulto de Ares,
não antes de me vires com teus olhos de volta aqui:
na aurora retornarei, ao nascer do sol,
trazendo belas armas do senhor Hefesto".
Falou, virou-se para longe do filho,
e, voltada para as irmãs marítimas, falou:
"Ide, mergulhai no amplo ventre marítimo

para verificar o ancião do mar e a morada do pai
e lhe relatar tudo; eu ao grande Olimpo
irei, até Hefesto arte-famosa, a ver se quer
dar a meu filho gloriosas armas cintilantes".
Falou, e elas logo mergulharam na onda do mar.
A deusa foi ao Olimpo, Tétis pés-de-prata,
para buscar gloriosas armas ao caro filho.
Os pés a levaram ao Olimpo; quanto aos aqueus,
com prodigiosa gritaria, sob a ação do homicida Heitor
em pânico alcançaram as naus e o Helesponto.
Os aqueus de belas grevas não teriam salvado Pátroclo
dos projéteis, o morto, o assistente de Aquiles –
nesse ponto, alcançaram-no a tropa, os carros
e Heitor, filho de Príamo, feito chama em bravura.
Três vezes, por trás, o insigne Heitor pegou seus pés,
ansioso por arrastá-lo, e alto gritou aos troianos;
três vezes os Ájax, vestidos de bravura impetuosa,
repeliram-no do morto. Firme, confiante na bravura,
ora Heitor arremetia contra o tumulto, ora de novo
parava, gritando alto, e nunca recuava de todo.
Como pastores agrestes são incapazes de enxotar
um leão bravio de um corpo, um muito faminto,
assim os dois combatentes Ájax não eram capazes
de afugentar Heitor Priamida do corpo.
Agora o teria arrastado e granjeado glória incontável
se a veloz Íris pés-de-vento não viesse do Olimpo,
correndo, anunciar ao Pelida que fosse à guerra,
às ocultas de Zeus e dos outros deuses, pois Hera a enviara.
Parada próximo, dirigiu-lhe palavras plumadas:
"De pé, Pelida, o mais assustador de todos os varões:

protege Pátroclo, pelo qual combate terrível
se pôs diante das naus. Destroem-se mutuamente,
uns defendendo-se em torno do finado morto,
outros, troianos, atacando-os para arrastá-lo
à ventosa Ílion. O insigne Heitor tem muita
gana de puxá-lo: seu ânimo ordena que decepe
do pescoço macio a cabeça e a finque na paliçada.
Levanta-te do chão: vergonha alcance teu ânimo,
e evita que Pátroclo se torne diversão de cães troianos;
vexame para ti, se o morto partir aviltado".
Respondeu-lhe o divino Aquiles defesa-nos-pés:
"Divina Íris, que deus te enviou com mensagem para mim?".
Então lhe disse a pés-de-vento, veloz Íris:
"Hera me enviou, a majestosa consorte de Zeus;
não sabe o Cronida senta-no-alto nem outro
dos imortais que habitam o nevoso Olimpo".
Respondendo, disse-lhe Aquiles, veloz nos pés:
"Como devo entrar no tumulto? Eles têm as armas.
A mãe não deixou que me equipasse,
não antes de eu vê-la com meus olhos de volta:
prometeu que traria belas armas de Hefesto.
Não sei de outro que tenha armas gloriosas que eu poderia vestir,
exceto o escudo de Ájax Telamonida.
Porém ele mesmo, creio eu, combate na vanguarda,
matando, com a lança, em volta do corpo de Pátroclo".
Então a ele disse Íris pés-de-vento:
"Também nós bem sabemos que eles têm tuas gloriosas armas.
Assim mesmo vai ao fosso e aparece a eles:
talvez, com medo de ti, se afastem
da batalha, e respirem os belicosos filhos de aqueus,

acossados; curto é o respiro da batalha".
Tendo falado assim, partiu Íris, veloz nos pés,
e Aquiles se ergueu, o caro-a-Zeus. Atena, em volta
de seus ombros altivos, lançou a égide franjada
e sua cabeça a deusa divina coroou com uma nuvem
de ouro, e uma chama bem cintilante dele ardia.
Como quando a fumaça de uma cidade alcança o éter,
ao longe, em uma ilha, a urbe sitiada pelo inimigo:
os moradores, o dia todo, se medem no odioso Ares
a partir de sua cidade; quando o sol se põe,
sinais de fogo ardem em sequência, e surge um fulgor
irrompendo para cima, visível a quem mora ao redor,
e oxalá partam com suas naus, defensores contra o mal –
assim, da fronte de Aquiles, o clarão alcançou o éter.
Foi e postou-se entre o fosso e a muralha, e aos aqueus
não se juntou, pois respeitava a ordem arguta da mãe.
Aí se pôs e gritou, e Palas Atena, em separado,
bramiu; algazarra indizível instaurou-se entre os troianos.
Como é claríssimo o som, quando ressoa o clarim
de inimigos quebra-ânimo cercando uma cidade,
assim claríssimo foi o som que veio do Eácida.
Quando ouviram a brônzea voz do Eácida,
o ânimo de todos se agitou, e os cavalos lindo-pelo
volveram os carros, no ânimo antevendo aflições.
Os aurigas se aturdiram ao verem o fogo incansável,
arrepiante, sobre a cabeça do animoso Pelida
ardendo; deixava-o arder Atena olhos-de-coruja.
Três vezes o divino Aquiles gritou forte sobre o fosso,
três vezes os troianos e aliados afamados se atordoaram.
Lá também morreram doze homens excelentes

em torno de seus carros e lanças. Os aqueus,
satisfeitos, após afastarem Pátroclo dos projéteis,
puseram-no em uma maca; rodearam-no caros companheiros
aos prantos. Entre eles, seguia Aquiles pé-ligeiro,
vertendo lágrimas quentes, pois viu o companheiro fiel
deitado no féretro, dilacerado por bronze agudo.
Sim, enviara Pátroclo, com cavalos e carro,
à batalha, e não pôde recebê-lo em seu retorno.
A soberana Hera de olhos bovinos enviou o incansável sol
às correntes de Oceano, retorno forçado:
o sol mergulhou, e os divinos aqueus cessaram
o combate violento da guerra niveladora.
Os troianos, no outro lado, da batalha audaz
saíram, soltaram os cavalos velozes dos carros
e reuniram-se em assembleia antes de jantar.
Com eles de pé, houve assembleia e ninguém ousou
sentar: todos tremiam, pois Aquiles
surgira; deixara, por muito tempo, a peleja pungente.
Entre eles o inteligente Polidamas começou a falar,
o Pantoida: era o único a ver o passado e o futuro.
Companheiro de Heitor, nascidos na mesma noite,
um sobressaía nos discursos, o outro, na lança.
Refletindo bem, tomou a palavra e disse:
"Atentem bem aos dois lados, amigos, pois peço
irmos agora à urbe, sem esperar a divina Aurora
no plaino junto às naus; estamos longe da muralha.
Enquanto aquele se encolerizava com o divino Agamêmnon,
os aqueus eram mais fáceis de combater;
até eu tinha prazer em dormir junto às naus velozes
na expectativa de tomarmos as naus ambicurvas.

Agora sinto terrível temor do Pelida pé-ligeiro:
como seu ânimo é brutal, não vai querer
esperar no plaino, onde troianos e aqueus,
no meio, compartilham entre si o ímpeto de Ares;
não, ele lutará pela cidade e pelas mulheres.
Dirijamo-nos à urbe; sede persuadidos: será assim.
Agora a noite interrompeu Aquiles pé-ligeiro,
a imortal: se ficarmos aqui e ele nos alcançar
de manhã, ao atacar com armas, alguns bem o
conhecerão; chegará à sacra Troia, satisfeito,
todo que escapar, e cães e abutres comerão muitos
troianos; oxalá isso fique longe de meu ouvido.
Se seguirmos minhas palavras, mesmo aflitos,
seguraremos nossa força na ágora à noite, e as torres
e os altos portões, com folhas neles encaixadas,
enormes, bem-polidas, jungidas, defenderão a cidade;
cedo de manhã iremos nos equipar com as armas
e nos postar nas torres. Pior para ele, se quiser
vir das naus e, em volta da muralha, pelejar conosco;
voltará às naus, após, junto à muralha, em vão saciar
de corrida de todo tipo os cavalos pescoço-notável.
Seu ânimo não deixará que arremeta para dentro,
e jamais a destruirá; antes lépidos cães o comerão".
Olhando de baixo, disse-lhe Heitor elmo-fulgente:
"Polidamas, não mais me é caro o que falas,
tu que pedes que, de volta, nos apertemos na cidade.
Ainda não cansastes de vos apertardes atrás das torres?
Antes, todos os homens mortais diziam que
a cidade de Príamo era rica em ouro, rica em bronze;
agora as belas riquezas já sumiram das casas,

e muitos bens chegaram à Frígia ou à adorável Meônia,
negociados, pois o grande Zeus nos odiou.
Agora que o filho de Crono curva-astúcia me concedeu
granjear glória nas naus e empurrar os aqueus ao mar,
tolo, não anuncies mais essas ideias entre o povo,
pois nenhum troiano será persuadido; não deixarei.
Vamos, ao que eu falar, obedeçamos todos.
Por agora, jantai no bivaque, em vossos regimentos,
e cada um se concentre na vigília e em ficar desperto;
o troiano que se sentir molestado demais por seus bens,
reúna-os e entregue ao povo para que os devore:
é melhor que um do povo os aproveite que os aqueus.
Cedo de manhã iremos nos equipar com as armas
e junto às cavas naus despertar o afiado Ares.
Se de fato o divino Aquiles levantou-se nas naus,
pior para ele, se assim quiser. Não serei eu que dele vai
fugir para fora do hórrido combate, mas no encaro
me porei: ou ele deve levar a vitória ou eu.
Eniálio é imparcial e mata também quem matou".
Isso disse Heitor, e os troianos o aclamaram,
os tolos, pois Palas Atena tirou-lhes o juízo:
todos aprovaram Heitor, que concebera o que era ruim,
ninguém concordou com Polidamas, que pensara um plano bom.
Então jantaram no bivaque; quanto aos aqueus,
à noite toda, lamentaram Pátroclo com gemidos.
Entre eles o Pelida regeu copioso lamento,
pondo as mãos homicidas sobre o peito do companheiro,
gemendo em abundância como leão bela-juba
com filhotes surrupiados por varão caça-cervo
na mata fechada; o leão chega tarde e se angustia,

e percorre muitos vales atrás das pegadas do varão,
esperando achá-lo, pois lancinante raiva o toma –
assim, gemendo fundo, falou entre os mirmidões:
“Incrível, palavra vã soltei naquele dia,
encorajando o herói Menécio nos salões;
disse-lhe que a Opoente traria de volta o filho glorioso
após ele assolar Ílion e receber sua parte do butim.
Zeus, porém, não completa todas as ideias dos varões:
a nós dois foi destinado avermelhar a mesma terra
aqui em Troia, pois nem eu retornarei
para nos salões me receber o velho cavaleiro Peleu
e minha mãe Tétis, mas a terra me cobrirá aqui.
Agora, Pátroclo, já que afundarei na terra depois de ti,
não te darei exéquias antes de cá trazer as armas e a cabeça
de Heitor, teu animoso assassino:
diante da pira, irado por tua morte, cortarei
o pescoço de doze radiantes filhos de troianos.
Enquanto jazeres assim junto às naus recurvas,
em volta de ti troianas e dardânidas bem-drapeadas
erguerão lamento dia e noite, vertendo lágrimas,
elas, granjeadas com tua força e grande lança
aos pilharmos prósperas cidades de homens mortais”.
Falou, e o divino Aquiles ordenou aos companheiros
que pusessem grande trípode no fogo para, rápido,
limparem Pátroclo do sangue ressequido.
A trípode para o banho puseram sobre fogo ardente,
e dentro vertiam água e abaixo queimavam madeira;
o fogo rodeava o ventre da trípode, e a água aquecia.
Depois que a água ferveu no lúzio bronze,
então o lavaram e o ungiram à larga com óleo

e encheram as chagas com unguento de nove anos.
Puseram-no no leito e o cobriram com um pano macio
da cabeça aos pés e, em cima, uma capa branca.
A noite toda, em volta de Aquiles, veloz nos pés,
os mirmidões, com gemidos, lamentaram Pátroclo.
E Zeus disse a Hera, sua irmã e esposa:
"Também conseguiste, soberana Hera de olhos bovinos,
levantar Aquiles, veloz nos pés: sim, de ti
mesma nasceram os aqueus cabelo-comprido".
Respondeu-lhe a soberana Hera de olhos bovinos:
"Terribilíssimo Cronida, que discurso falaste!
Até um mortal poderia realizar isso para um varão,
ele que está destinado à morte e não conhece tantos planos;
como eu, que afirmo ser a melhor das deusas –
nestes pontos, pela origem e porque de tua esposa
sou chamada, e tu és o senhor de todos os imortais –
não iria, com rancor aos troianos, costurar males?".
Assim falavam dessas coisas entre si.
Tétis pés-de-prata alcançou a morada de Hefesto,
imperecível, estrelada, notável entre os imortais,
de bronze, que ele próprio, aleijão, fizera.
Topou-o suando, andando em volta dos foles,
apressado, pois fazia vinte trípodes no total,
encostadas na parede do bem-construído salão.
Sob os pés de cada uma, ele pôs rodas de ouro
para que, sozinhas, entrassem na arena dos deuses
e de novo a casa voltassem, um assombro à visão.
Estavam concluídas, com exceção das alças artificiosas,
ainda não acopladas: modelou-as e forjou os cravos.
Enquanto labutava nisso com arguto discernimento,

dele aproximou-se a deusa, Tétis pés-de-prata.
Ao vê-la, achegou-se Graça faixa-reluzente,
bela, a quem desposara o gloriosíssimo Duas-Curvas.
Deu-lhe forte aperto de mão, dirigiu-se-lhe e nomeou-a:
"Por que, Tétis peplo-bom-talhe, vens a nossa casa,
respeitável e querida? Não costumavas aparecer.
Vem mais para a frente para te honrar com um dom".
Falou, e a divina deusa trouxe-a para dentro.
Fê-la sentar-se em poltrona pinos-de-prata,
bela, artificiosa; embaixo, para os pés, banqueta.
Chamou Hefesto arte-famosa e lhe falou:
"Hefesto, vem para cá; Tétis precisa de ti".
Respondeu-lhe o gloriosíssimo Duas-Curvas:
"Deveras, deusa terrífica e respeitável está aqui,
que me salvou quando sofri após longa queda
causada por minha mãe cara-de-cadela, que quis
me esconder por ser zambo. Sofreria aflições no ânimo
se Eurínome e Tétis não me tivessem acolhido no colo,
Eurínome, a filha de Oceano flui-de-volta.
Junto a elas, por nove anos, forjei muitos adornos,
alfinetes, espirais recurvas, rosáceas e colares
na cava gruta; em volta a corrente de Oceano
fluía, indizível, manando com espuma: ninguém
sabia, nenhum deus, nenhum homem mortal.
Só sabiam Tétis e Eurínome, que me salvaram.
Agora ela chega à nossa casa: é de todo necessário
que eu pague o resgate integral a Tétis belas-tranças.
Quanto a ti, honra-a com um dom hospitaleiro
até eu pôr de lado os foles e todos os instrumentos".
Falou e o portento levantou-se da bigorna, resfolegante,

mancando, e as panturrilhas atrofiadas se mexeram.
Afastou os foles do fogo, e reuniu numa caixa de prata
todos os instrumentos de que fazia uso.
Com uma esponja, esfregou o rosto e ambas as mãos,
o robusto pescoço e o peito peludo.
Vestiu a túnica, pegou o encorpado cetro e saiu,
mancando; servas de ouro, como apoio ao senhor,
acorreram, semelhantes a meninas vivas.
Possuem pensamento em seu juízo, bem como voz
e força, e dos deuses imortais aprenderam os trabalhos.
Arfavam, servindo de apoio ao senhor, que se arrastou
para perto de Tétis, sentou em resplendente poltrona,
deu-lhe forte aperto de mão, dirigiu-se-lhe e nomeou-a:
"Por que, Tétis peplo-bom-talhe, vens à nossa casa,
respeitável e querida? Não costumavas aparecer.
Fala o que pensas; o ânimo ordena que eu cumpra
se posso cumprir, e se é algo que pode sê-lo".
Tétis respondeu-lhe, vertendo lágrimas:
"Hefesto, de todas as deusas que há no Olimpo, alguma
já suportou tantas funestas agruras em seu ânimo
quantas me deu, dores selecionadas, Zeus Cronida?
A mim, dentre as marítimas, jungiu a um homem,
o Eácida Peleu, e aguentei o leito de um mortal,
não querendo de forma alguma. Por funesta velhice
debilitado, jaz no palácio, e para mim agora há outras dores:
Zeus deu-me um filho para ser gerado e criado,
excepcional entre os heróis, e cresceu feito broto.
Tal árvore de pomar na encosta eu mesma o nutri
e o expedi sobre as naus recurvas a Ílion
para pelejar com troianos: de novo não o receberei,

pois não retornará a casa, a morada de Peleu.
Enquanto está vivo e vê a luz do sol, angustia-se,
e, mesmo indo até ele, sou incapaz de protegê-lo.
A moça, sua mercê escolhida pelos filhos de aqueus,
o potente Agamêmnon a retirou de seus braços.
Ele, agoniado por causa dela, desgastava seu juízo;
os troianos encurralavam os aqueus nas últimas naus
e não os deixavam sair. Suplicaram-lhe os anciãos
argivos, e nomearam muitas dádivas majestosas.
Daí recusou-se a afastar ele mesmo o flagelo,
vestiu Pátroclo com suas próprias armas,
enviou-o à batalha e conferiu-lhe tropa numerosa.
O dia todo pelejaram junto aos Portões Esqueios;
nesse dia teria destruído a cidade se na vanguarda Apolo
não tivesse matado o bravo filho de Menécio,
que causou muito dano, e dado glória a Heitor.
Por isso chego agora a teus joelhos, esperando quereres,
a meu filho destino-veloz, dar escudo, elmo quatro-camadas,
belas grevas, guarnecidas com protetores de ossos,
e a couraça: o que tinha, isso o fiel companheiro perdeu,
morto por troianos. Ele jaz no chão, aflito no ânimo".
Respondeu-lhe o gloriosíssimo Duas-Curvas:
"Coragem; que isso não te ocupe o juízo.
Oxalá eu pudesse, longe da hórrida morte,
escondê-lo, quando o fero quinhão alcançá-lo,
assim como belas armas estarão a seu dispor, as quais
muito homem admirará, todo que as vir".
Isso disse, deixou-a lá e foi até os foles;
dirigiu-os ao fogo e ordenou que trabalhassem.
Os foles, vinte no total, sopravam nos injetores,

insuflando um jato bem-atiçado em todas as direções,
que atendia a necessidades cambiantes do zeloso,
da forma como Hefesto quisesse e a tarefa ocorresse.
Lançou rígido bronze no fogo, e estanho,
e valorizados ouro e prata. Depois colocou
sobre o cepo a grande bigorna, pegou com uma das mãos
o forte martelo, com a outra, a pinça.
Primeiro fez o escudo, grande e robusto,
adornando-o inteiro, pôs luzente borda em volta,
tripla, cintilante, e nele prendeu um cinturão de prata.
Cinco camadas tinha o escudo; nele
fez muitos adornos com arguto discernimento.
Nele executou a terra, o céu, o mar,
o sol incansável e a lua cheia;
nele, todos os astros com que o céu se coroa,
as Plêiades, as Híades, a força de Órion
e a Ursa, que Carro também denominam,
ela que dá uma volta no mesmo lugar e em Órion se fixa,
a única a não partilhar de banhos no Oceano.
Nele fez duas cidades de homens mortais,
belas. Em uma havia bodas e festas,
e, sob tochas luzentes, de seus quartos as noivas
eram conduzidas pela urbe, e soava intenso canto nupcial.
Rapazes rodopiavam, dançarinos, e entre eles
aulos e liras toavam. As mulheres todas,
postadas nos vestíbulos, maravilhavam-se.
Os cidadãos estavam reunidos na ágora; uma querela
havia, e dois varões brigavam em torno da compensação
por um varão assassinado: um proclamava pagar tudo,
revelando-o ao povo; o outro recusava-se a aceitar algo.

Ambos almejavam obter o limite de acordo com o mediador.
Os cidadãos dividiam-se no apoio entre os dois lados;
e os arautos procuravam conter o povo. Os anciãos
estavam sentados em pedras polidas no círculo sagrado,
com os cetros dos arautos voz-aérea nas mãos.
Com esses, cada um ligeiro se punha de pé e sentenciava.
No meio deles, havia duas medidas de ouro
a serem dadas a quem sentenciasse de forma mais reta.
Em torno da outra cidade, havia dois bivaques de tropas
luzindo com armas. Decisão, dupla, agradou-lhes,
ou aniquilá-la ou tudo dividir meio a meio,
todos os bens que a adorável cidade encerrava.
Os sitiados reagiam, e se armaram para uma tocaia.
As caras esposas e crianças pequenas puseram-se no topo
da muralha para defendê-la; com elas, varões envelhecidos.
Os sitiados partiram. Lideravam-nos Ares e Palas Atena,
ambos de ouro e portando vestes douradas,
belos e grandes, com armas como deuses,
à parte, bem visíveis; os homens, abaixo, eram menores.
Ao chegarem num ponto bom de armar a tocaia,
o rio onde ficava o bebedouro para todos os rebanhos,
lá permaneceram, cobertos com fúlgido bronze.
Então dois vigias sentaram longe da tropa,
esperando enxergar ovelhas e trôpegos bois.
Esses logo avançaram, seguidos por dois pastores
que se deleitavam com a flauta sem intuir o truque.
Os ocultos, ao vê-los de longe, correram até eles e logo
interceptavam os rebanhos bovinos e os belos bandos
de ovelhas brancas e matavam os apascentadores.
Os sitiantes, ao ouvirem grande ruído junto aos bois,

sentados deliberando, de pronto subiram em carros
com cavalos ergue-pé, foram atrás e ligeiro chegaram.
Postados, combatiam junto às margens do rio,
atingindo-se uns aos outros com brônzeas lanças.
Também lutavam Briga, Refrega e a ruinosa Funérea,
que segurava um vivo recém-ferido, outro, ileso,
e a outro, morto, puxava pelos pés na confusão;
nos ombros, sua veste estava rubra de sangue dos homens.
Lutavam e pelejavam como mortais vivos,
e puxavam os corpos defuntos uns dos outros.
Nele colocou um pousio fofo, campo fértil,
amplo, três vezes arado. Sobre ele, muitos lavradores
puxavam suas parelhas indo e voltando.
Sempre que volviam, ao atingir o limite do campo,
um varão que deles se achegava punha-lhes nas mãos
taça de vinho doce como mel. Voltavam pelos sulcos,
ansiosos por alcançar o limite do fundo pousio.
Esse escurecia-se atrás, semelhante a terra arada,
embora de ouro; era uma composição assombrosa.
Nele colocou o terreno de um rei, no qual ajudantes
ceifavam com foices afiadas nas mãos.
Algumas gavelas caíam em fileiras no solo,
outras os enfardadores amarravam com tiras de palha.
Três enfardadores estavam a postos; atrás deles,
meninos pegavam as gavelas, levavam-nas nos braços
e as entregavam com gosto. O rei, quieto entre eles,
estava de pé com o cetro junto à ceifa, feliz no coração.
Arautos, à parte, aprontavam o banquete sob um carvalho,
preparando o grande boi que abateram; mulheres
aspergiam branca cevada a rodo, a refeição dos ajudantes.

Nele colocou uma vinha bem carregada de cachos,
bela, de ouro, com uvas escuras,
sustentada por estacas de prata em toda a extensão;
nos dois lados, uma vala de lápis-lazúli, e, em volta, cerca
de estanho. Uma senda única a percorria,
na qual iam os trabalhadores que faziam a vindima.
Moças e rapazes de espírito contente,
em cestos trançados, levavam o fruto doce como mel.
No meio deles, um menino, com lira soante,
melodiava, encantador, e cantava belamente o lino
com clara voz; os outros, batendo em uníssono,
acompanhavam com dança e grito, saltando com os pés.
Nele compôs um rebanho de bois chifre-reto:
as vacas foram feitas de ouro e estanho,
e, mugindo, se dirigiam do curral ao pasto
ao longo de rumorejante rio de juncos ondeantes.
Pastores de ouro caminhavam com os bois,
quatro, e nove cães lépidos seguiam com eles.
Dois leões aterrorizantes, entre os bois dianteiros,
agarravam um touro urrador, que mugia alto
ao ser pego; os cães e os jovens os perseguiam.
Tendo rasgado o couro do grande bovino, os dois
sorviam as tripas e o negro sangue. Os pastores
em vão os encalçavam, instigando os cães velozes,
que, ao invés de morder, afastavam-se dos leões:
achegavam-se bastante, latiam e escapavam.
Nele o gloriosíssimo Duas-Curvas fez um pasto
enorme, num belo vale, cheio de ovelhas brancas,
paradouros, cabanas cobertas e apriscos.
Nele o gloriosíssimo Duas-Curvas compôs uma arena

semelhante àquela que, um dia, na ampla Cnossos,
Dédalo fabricou para Ariadne belas-tranças.
Ali rapazes e moças que rendem gado
dançam, cada um com a mão no punho do outro.
Elas trajavam fino linho, e eles túnicas
bem-tecidas vestiam, de leve luzentes de azeite.
Elas usavam belas coroas, eles tinham
adagas de ouro, presas a boldriés de prata.
Ora corriam com seus peritos pés
bem fácil, como um ceramista, sentado, experimenta
a roda ajustada à palma da mão a ver se corre;
ora corriam em fileiras, uma em direção à outra.
Grande multidão circundava a adorável dança
deleitando-se. [Entre eles cantava divino cantor
com a lira:] dois acrobatas, entre eles,
liderando canto e dança, volteavam no meio.
Nele colocou a grande força do rio Oceano
na borda externa do escudo bem sólido.
Depois de fazer o escudo, grande e robusto,
fez-lhe uma couraça mais luzente que o clarão do fogo,
fez-lhe um elmo sólido, ajustado nas têmporas,
belo, adornado, e sobre ele uma crista de ouro,
e fez-lhe grevas de estanho maleável.
Após o glorioso Duas-Curvas ter laborado todas as armas,
pegou-as e colocou na frente da mãe de Aquiles.
Ela, como um falcão, saltou do nevado Olimpo,
levando as armas cintilantes de Hefesto.

19

Aurora peplo-açafrão, das correntes de Oceano,
lançou-se para levar luz a imortais e mortais,
e Tétis alcançou as naus trazendo os dons do deus.
Deitado junto a Pátroclo, encontrou seu caro filho
em choro agudo; a sua volta, muitos companheiros
pranteavam. Entre eles, pôs-se a seu lado a divina deusa,
deu-lhe forte aperto de mão, dirigiu-se-lhe e nomeou-o:
"Filho meu, embora angustiados, deixemos ele aí
deitado, uma vez subjugado por causa dos deuses.
E tu recebe as gloriosas armas de Hefesto:
nunca varão algum levou tão belas nos ombros".
Após falar assim, a deusa depositou as armas
diante de Aquiles, e essas ressoaram, todas artificiosas.
Os mirmidões se assustaram, todos: nenhum ousou
mirá-las de frente, mas tremeram. Aquiles, por sua vez,
assim que as viu, mais raiva entrou nele, e seus olhos
brilharam, terríveis, sob as pálpebras como clarão;
deleitava-se com os dons radiantes do deus em suas mãos.
Mas após deleitar-se no peito vendo as artificiosas,
de pronto à sua mãe dirigiu palavras plumadas:

“Minha mãe, um deus deu essas armas, tais como
são as obras de imortais, que varão mortal não completa.
Agora irei me armar para a luta; mas tenho um temor
terrível de que entrementes, no bravo filho de Menécio,
moscas penetrem os ferimentos cunhados por bronze,
produzam vermes e ultrajem o morto, e toda sua carne
apodreça, pois sua seiva de vida foi morta”.
Respondeu-lhe a deusa Tétis pés-de-prata:
“Filho meu, que isso não ocupe teu juízo.
Tentarei afastar dele as selvagens tribos
de moscas que devoram os heróis mortos na luta;
mesmo que ele jaza até se completar um ano,
sua carne sempre estará segura ou até melhor.
Chama para uma assembleia os heróis aqueus,
renega a cólera contra Agamêmnon, pastor de tropa,
de pronto te arma para a batalha e veste bravura”.
Isso dito, inseriu-lhe ímpeto muita-audácia
e em Pátroclo instilou ambrosia e rubro néctar
pelas narinas para sua carne ficar segura.
O divino Aquiles marchou ao longo da orla do mar
com rugido horrífico e instigou os heróis aqueus.
Também os que antes ficavam na arena das naus,
os timoneiros que dirigiam o leme das naus
e os supervisores que, nas naus, forneciam comida,
sim, até eles foram à assembleia, pois Aquiles
surgiu: deixara, muito tempo, a pungente peleja.
Estes dois foram mancando, assistentes de Ares,
o Tidida, firme guerreiro, e o divino Odisseu,
apoiados na lança, pois ainda tinham lesões funestas;
na assembleia, ao chegarem, sentaram-se na frente.

O último a chegar foi o senhor de varões, Agamêmnon,
lesionado, pois na refrega brutal fora ferido
por Coón Antenorida com lança ponta-brônzea.
Quando todos os aqueus haviam se reunido,
entre eles ergueu-se e falou Aquiles, veloz nos pés:
"Atrida, acaso para nós dois o melhor foi isso,
para ti e para mim, que, angustiados no coração,
nos agastamos em briga tira-vida por causa da jovem?
Ártemis deveria tê-la matado com uma flecha nas naus
no dia em que a escolhi, após destruir Lirnesso:
tantos aqueus não teriam mordido o chão incomensurável
sob as mãos dos inimigos, por eu ter me encolerizado.
Para Heitor e os troianos foi mais vantajoso; os aqueus
muito tempo vão mentalizar nossa briga, penso eu.
Isso, porém, deixemos no passado, embora angustiados,
após forçosamente subjugar o caro ânimo no peito.
Quanto a mim, agora ponho fim à ira, e não careço
continuar agastado sem me vergar; eia, bem rápido
instiga ao combate os aqueus cabelo-comprido,
para outra vez eu encarar e testar os troianos,
a ver se vão querer dormir nas naus: penso que muitos,
aliviados, dobrarão seus joelhos – quem conseguir fugir
da batalha hostil movida por nossa lança".
Falou, e deleitaram-se os aqueus de belas grevas
pois o animoso Pelida renegou sua cólera.
Entre eles falou Agamêmnon, senhor de varões,
lá mesmo de seu assento, não no meio após se erguer:
"Meus caros heróis dânaos, assistentes de Ares,
é belo ouvir quem está de pé, e não se deve
interromper, pois dificulta, mesmo ao hábil em falar.

Em meio a grande arruaça de varões, como se ouviria
ou falaria? É impedido, embora orador soante.
Ao Pelida me dirigirei; os demais argivos,
atentai e compreendei bem o discurso, cada um.
Os aqueus amiúde lançaram contra mim esse discurso
e me censuraram: não sou o responsável,
mas Zeus, a Moira e a Erínia vem-na-névoa;
na assembleia, lançaram desatino selvagem em meu juízo
no dia em que eu mesmo tirei a mercê de Aquiles.
Porém o que podia ter feito? O deus tudo consuma.
Honorável filha de Zeus é Desatino, que a todos prejudica,
a nefasta. Seus pés são macios, pois não alcança
o chão, mas passa por sobre a cabeça dos varões,
lesando os homens; eis que a outros já prendeu.
Prejudicado um dia também foi Zeus, que dizem ser
o melhor entre varões e deuses: também a ele
Hera, sendo feminina, com mente ardilosa enganou
no dia em que Alcmena deveria gerar
a força de Héracles em Tebas bela-coroa.
Zeus falou com altivez entre todos os deuses:
'Todos os deuses e todas as deusas, ouvi-me
dizer o que o ânimo no peito me ordena.
Hoje Ilitia trabalho-de-parto a luz mostrará
a um varão que regerá todos os povos vizinhos,
da linhagem de varões que vêm de meu sangue'.
Com mente ardilosa, dirigiu-se-lhe a soberana Hera:
'Embusteiro, não levarás a termo teu discurso.
Vamos, jura-me agora, Olímpio, em poderosa jura,
que, de fato, regerá todos os povos vizinhos
quem hoje cair entre os pés de uma mulher,

vindo dos homens que têm o sangue de tua linhagem'.
Falou, e Zeus não intuiu sua ideia ardilosa,
mas jurou a grande jura e foi muito prejudicado.
Hera deixou o cume do Olimpo de chofre,
e presto dirigiu-se à aqueia Argos, onde sabia
da altiva esposa de Estênelo Persida;
estava grávida do caro filho no sétimo mês.
Hera extraiu-o para a luz, embora no mês errado,
e atrasou o parto de Alcmena retendo as Ilitias.
Ela própria dirigiu-se a Zeus Cronida e anunciou:
'Zeus pai relampeante, porei uma palavra em teu juízo.
Já nasceu o nobre varão que regerá os argivos,
Euristeu, filho de Estênelo Persida,
de tua linhagem; não é impróprio que reja os argivos'.
Isso disse, e aguda dor golpeou-o fundo no peito.
De pronto agarrou Desatino pela cabeça cachos-brilhantes,
irado em seu juízo, e jurou poderosa jura
de que nunca mais ao Olimpo e ao céu estrelado
Desatino viria de novo, ela que a todos prejudica.
Isso disse e lançou-a do céu estrelado, com a mão
tendo-a volteado; ligeiro atingiu os campos dos homens.
Ela sempre o fazia gemer quando via seu caro filho
em trabalho aviltante nas provas impostas por Euristeu.
Também eu, enquanto o grande Heitor elmo-fulgente
exterminava argivos nas popas das naus,
fui incapaz de ignorar Desatino após ela me prejudicar.
Porém, como de mim, prejudicado, Zeus tirou o juízo,
quero remediar o feito e dar compensação sem-fim.
Vamos, anima-te ao combate e anima o resto da tropa.
As dádivas, estou aqui para oferecer todas que a ti

o divino Odisseu ontem prometeu na cabana.
Se queres, aguarda, embora sôfrego por Ares;
assistentes irão pegar as dádivas de minha nau
e trazê-las a fim de veres o que te darei em abundância".
Respondendo, disse-lhe Aquiles, veloz nos pés:
"Majestosíssimo Atrida, senhor dos varões, Agamêmnon,
oferece as dádivas, se quiseres, como é de praxe,
ou as mantém: é contigo. Mentalizemos a vontade de lutar
de pronto, pois não carecemos, sentados, de colóquio
ou protelação: o grande feito ainda não foi realizado.
Assim como se verá Aquiles de novo na vanguarda,
aniquilando, com lança brônzea, falanges de troianos,
assim cada um de vós mentalize pelejar com um varão".
Respondendo, disse-lhe Odisseu muita-astúcia:
"Não assim, ainda que valoroso, teomórfico Aquiles,
instigues os filhos de aqueus, em jejum, rumo a Ílion
para pelejar com troianos, pois não durará pouco
o prélio quando se chocarem as falanges
de varões e um deus insuflar ímpeto nos dois lados.
Ordena aos aqueus que se alimentem de pão e vinho
nas naus velozes, pois isso é o ímpeto e a bravura.
O dia inteiro até o sol se pôr não consegue
o varão, sem se alimentar, pelejar de frente:
mesmo que no ânimo intencione combater,
sem que ele perceba os membros pesam, sede e fome
lhe advêm, e os joelhos fraquejam quando vai.
O varão que, saciado de vinho e comida,
peleja com varões inimigos o dia inteiro,
tem um coração audaz no íntimo, e seus membros
não se cansam antes de todos desistirem da batalha.

Vamos, dispersa a tropa, ordena que preparem
a comida, e que o senhor de varões, Agamêmnon,
traga os dons para o centro da ágora, para que todos os aqueus
os vejam com os olhos e te alegres em teu juízo.
Que te jure em juramento, de pé entre os argivos,
que nunca subiu na cama dela e a ela se uniu,
como é a norma, senhor, de varões e mulheres.
Quanto a ti, torne propício teu ânimo no peito.
Depois, que Agamêmnon se reconcilie contigo com um banquete
na cabana, lauto, para nenhuma falta sentires do que é justo.
Atrida, então também diante de outros mais justo
serás, pois não causa indignação que um rei
se reconcilie com o varão com quem primeiro endureceu".
A ele dirigiu-se o senhor de varões, Agamêmnon:
"Alegro-me contigo, Laércida, ao escutar teu discurso;
com justeza percorreste e enumeraste tudo.
Isso quero jurar, e pede-me o ânimo,
e não irei perjurar diante do deus. Que Aquiles
entrementes fique aqui, embora sôfrego por Ares,
e com ele todos os outros, até os presentes
virem da cabana e firmarmos um pacto por sacrifício.
Para ti mesmo isto eu instruo e ordeno:
após escolheres rapazes excelentes entre todos os aqueus,
traz os presentes da minha nau, todos que ontem
prometi entregar a Aquiles, e conduz as mulheres.
Taltíbio, no grande bivaque de aqueus, para mim logo
apronta um varrão para eu o abater a Zeus e Sol".
Respondendo, disse-lhe Aquiles, veloz nos pés:
"Majestosíssimo Atrida, senhor de varões, Agamêmnon,
outra hora, de preferência, deveríeis vos ocupar disso,

quando ocorrer alguma pausa na peleja
e tão grande ímpeto não houver em meu peito.
Agora eles jazem, dilacerados, os que dominou
Heitor Priamida quando Zeus lhe deu glória,
e vós dois quereis uma refeição. Quanto a mim,
daria esta ordem aos filhos de aqueus: pelejar
em jejum, sem se cuidar, e, depois do pôr do sol,
preparar grande jantar, após termos vingado o vexame.
Jamais, antes disso, desceriam por minha garganta
comida ou bebida, o companheiro estando morto,
que, dilacerado por bronze agudo, em minha cabana
jaz, virado para o vestíbulo, e em volta companheiros
aos prantos: disso não me ocuparei no juízo,
e sim de matança, sangue e do aflitivo gemido dos varões".
Respondendo, disse-lhe Odisseu muita-astúcia:
"Aquiles, filho de Peleu, de longe o melhor dos aqueus,
és mais forte que eu e melhor não por pouco
na lança, mas eu te supero no pensamento
em muito, pois nasci antes e sei mais coisas:
que teu coração suporte meu discurso.
Rápido os varões se saciam do prélio,
no qual o bronze enche o chão de muita palha
e a colheita é ínfima quando faz os pesos da balança pender
Zeus, que administra a guerra entre os homens.
Com o estômago é impossível aos aqueus chorar o morto:
muitos em excesso e em sequência, todo dia,
caem; quando poderia alguém respirar na pugna?
Não, é preciso que se enterrem todos os mortos
com ânimo impiedoso e chorando um só dia;
todos que sobrarem da batalha odiosa

devem mentalizar comida e bebida para ainda mais
pelejarmos com varões inimigos sempre sem cessar,
vestindo o corpo com bronze duro. Ninguém da tropa
se contenha aguardando outra ordem,
pois esta é a ordem: terá problemas todo que ficar
junto às naus argivas; não, reunidos avançando,
despertemos o afiado Ares contra os troianos doma-cavalo".
Falou e fez que com ele fossem os filhos do majestoso Nestor,
o Filida Meges, Toas, Meríones,
o Creontida Licomedes e Melanipo;
foram à cabana do Atrida Agamêmnon.
De pronto, falou-se o discurso e a ação foi realizada:
da cabana levaram sete trípodes, que lhe prometera,
vinte bacias brilhantes e doze cavalos;
ligeiro guiaram mulheres versadas em trabalhos impecáveis,
sete, e a oitava era Briseida bela-face.
Odisseu pesou dez medidas cheias de ouro e foi na frente,
e, junto, os outros rapazes aqueus levavam os presentes.
Puseram-nos no meio da ágora, e Agamêmnon ergueu-se.
Taltíbio, semelhante a deuses na voz humana,
com o varrão na mão, flanqueou o pastor de tropa.
Com suas mãos, o Atrida puxou o punhal,
sempre pendurado junto à grande bainha de sua espada,
cortou cerdas do varrão como primícias, ergueu os braços a Zeus
e rezou; os outros argivos todos, em seus lugares, mantinham
silêncio com adequação, ouvindo o rei.
Disse uma prece, olhando para o amplo céu:
"Primeiro saiba agora Zeus, supremo deus e o melhor,
e Terra, Sol e as Erínias, essas que sob a terra
castigam todos aqueles que perjurarem:

juro que não levei minha mão à moça Briseida,
pois não a quis para a cama nem para algo outro;
não, permaneceu intocada em minha cabana.
Se nisso há perjúrio, que os deuses me deem aflições
muitas, tantas como dão a quem os ofende ao jurar".
Falou e degolou o varrão com bronze impiedoso;
a esse Taltíbio no grande abismo do mar cinzento
lançou, após girá-lo, alimento aos peixes. E Aquiles
ergueu-se e falou entre os belicosos argivos:
"Sim, Zeus pai, grandes desatinos conferes aos varões.
O Atrida nunca teria ao ânimo em meu peito
movido desde a base nem à moça conduzido,
inflexível, contra minha vontade; só que Zeus
quis que a morte ocorresse para muitos aqueus.
Agora ide almoçar para juntos conduzirmos Ares".
Assim falou, e rápido dissolveu a assembleia.
Eis que se dispersaram, cada um rumo a sua nau;
os enérgicos mirmidões se ocuparam dos presentes
e levaram-nos à nau do divino Aquiles.
Puseram-nos na cabana, fizeram as mulheres se sentar,
e ilustres assistentes guiaram os cavalos ao rebanho.
Então Briseida, parecida com a dourada Afrodite,
quando viu Pátroclo dilacerado por bronze agudo,
abraçada a ele ululou com agudos, e suas mãos arranharam
os seios, o delicado pescoço e a bela face.
Chorando, falou a mulher, tal uma deusa:
"Pátroclo, alegria maior de meu ânimo de infeliz,
quando te deixei, ao partir da cabana, vivias,
e ao voltar te encontro morto, ó líder de tropa:
para mim, um mal sempre dá lugar a outro.

O varão, a quem me deram o pai e a senhora mãe,
vi diante da cidade, dilacerado por bronze agudo,
e meus três irmãos, que para mim gerou uma única mãe,
adorados, os quais alcançaram, todos, o dia ruinoso.
Não me deixaste chorar quando o veloz Aquiles matou
meu marido e destruiu a cidade do divino Mines,
mas afirmaste que me tornarias a esposa legítima
do divino Aquiles, me levarias a Ftia nas naus
e darias festa pelas bodas entre os mirmidões.
Amável demais, por isso a ti, morto, choro forte".
Falou, chorando, e ao lado as mulheres gemiam,
por Pátroclo externamente, e cada uma por pesar próprio.
Em volta de Aquiles, os anciãos aqueus se reuniram,
suplicando que comesse; ele recusou, gemendo:
"Suplico, caso algum caro companheiro consentir:
não me peçais que antes, com comida e bebida,
satisfaça meu caro coração, pois terrível aflição me atingiu;
até o sol se pôr irei aguardar e resistir apesar de tudo".
Falou e fez os outros reis se dispersarem,
e ficaram os dois Atridas e o divino Odisseu,
e Nestor, o ancião Idomeneu e o cavaleiro Fênix,
para deleitar quem sofria copiosa angústia; no ânimo não
se deleitaria antes de entrar na boca de batalha sangrenta.
Cheio de memórias, suspirou à larga e disse:
"Sim, às vezes, desventurado, companheiro mais caro,
para mim serviste, tu mesmo, saborosa refeição
de pronto e presto, quando os aqueus se apressavam
em levar Ares muito-choro aos troianos doma-cavalo.
Agora jazes dilacerado, e meu coração,
com saudade de ti, descuida da comida e bebida

que há dentro: não sofreria maior mal
nem se fosse informado que meu pai finou-se,
ele que agora, em Ftia, verte suave lágrima,
privado de um filho tal, que, em terra estrangeira,
por causa da arrepiante Helena, combate troianos;
ou do caro filho que em Esquiro é criado para mim,
se é que o divinal Neoptólemo ainda vive.
Antes, meu ânimo esperava no peito
que só eu me finaria longe de Argos nutre-potro,
aqui mesmo em Troia, e tu retornarias a Ftia
e, com negra nau veloz, para mim buscarias
meu filho em Esquiro e lhe mostrarias tudo,
meus bens, escravos e a enorme casa de alto pé-direito.
Pois Peleu, suponho, ou já está de todo morto
ou ainda viverá pouco tempo, atormentado
pela odiosa velhice e sempre aguardando notícia
funesta a meu respeito, ou seja, saber que me finei".
Falou, chorando, e ao lado os anciãos gemiam,
mentalizando o que cada um havia deixado no palácio.
Vendo-os aos prantos, o Cronida se apiedou
e de pronto a Atena dirigiu palavras plumadas:
"Filha minha, estás afastada de todo do nobre varão.
De nenhuma forma Aquiles ocupa teu juízo?
Lá está, sentado diante das naus chifre-reto,
chorando seu caro companheiro. Os outros
foram comer; ele não se cuida, não come.
Pois vai e nele, no peito, instila néctar
e adorável ambrosia para que fome não chegue até ele".
Isso disse e instigou Atena, que já ansiara por partir.
Tal ave de rapina, asa-comprida e clara-voz,

arremessou-se do céu pelo éter. No bivaque,
os aqueus de pronto se armavam; ela em Aquiles
no peito instilou néctar e adorável ambrosia
para a fome detestável não atingir seus joelhos.
Ela, a seu turno, à sólida casa do pai possante voltou,
e os aqueus, fluindo, afastaram-se das naus velozes.
Como flocos de neve de Zeus voam em profusão,
gelados, sob a carga de Bóreas nascido-no-páramo,
assim os elmos em profusão, arrebatadores em brilho,
avançavam, bem como escudos umbigados,
couraças placas-duras e lanças de freixo.
O fulgor chegou ao céu, e toda a terra em volta sorriu
com o raio de bronze: embaixo, subiu o som dos pés
dos varões; no meio armou-se o divino Aquiles.
De seus dentes veio um rangido, seus olhos
brilhavam como o clarão do fogo, e em seu coração
entrou dor insuportável: encolerizado com os troianos,
vestiu os dons do deus, que Hefesto lavorara com zelo.
Primeiro pôs as grevas em torno das panturrilhas,
belas, guarnecidas com argênteos protetores de ossos;
depois, vestiu a couraça em volta do peito.
Em torno dos ombros lançou a espada pinos-de-prata,
de bronze, e depois o escudo, grande e robusto,
pegou, do qual vinha um clarão como o da lua.
Como quando no mar surge para os nautas um clarão
de fogo queimando: queima no alto das montanhas
em paradouros solitários; sem que os nautas queiram, rajadas
os levam pelo mar piscoso para longe dos seus –
assim ao éter alcançou o clarão do escudo de Aquiles,
belo, adornado. Ergueu o elmo quatro-camadas,

sólido, e o pôs na cabeça: como astro refulgia
o elmo com crina de cavalo, os pelos de ouro,
que Hefesto pusera, tremulavam na crista, abundantes.
O divino Aquiles experimentou ele mesmo as armas,
a ver se serviam e se os radiantes membros se moviam;
foram como asas para ele e ergueram o pastor de tropa.
Do estojo de junco tirou a lança paterna,
pesada, grande, robusta: aqueu algum a conseguia
brandir, e só Aquiles sabia pelejar com ela,
lança de freixo do Pélion, que Quíron deu ao caro pai
ao trazer do pico do Pélion para ela efetuar matança de heróis.
Automédon e Álcimo ocupavam-se em jungir
os cavalos: nos dois lados puseram os belos tirantes, a brida
prenderam nas mandíbulas e puxaram as rédeas para trás
no carro bem-ajustado. Automédon pegou o brilhante chicote,
adequado a sua mão, e pulou no carro.
Atrás, já armado, subiu Aquiles,
brilhando em suas armas como o grande astro luzente.
Aterrorizantes gritos lançou aos cavalos de seu pai:
"Xanto e Bálio, filhos fama-longínqua de Podarga:
pensai de outro modo em como salvar o auriga
de volta ao grupo de dânaos após nos saciarmos de luta
e não como deixastes Pátroclo lá mesmo, morto".
A ele, a partir do jugo, falou o cavalo ágil nos pés,
Xanto, e ligeiro vergou sua cabeça. A crina inteira
caiu do colar junto ao jugo e tocou o chão;
dera-lhe voz a deusa, Hera alvos-braços:
"Por certo agora ainda te salvaremos, ponderoso Aquiles;
teu dia ruinoso, porém, está perto. Não somos nós
os responsáveis, mas o grande deus e a poderosa Moira.

Não por causa de nossa lerdeza e preguiça
os troianos tiraram as armas dos ombros de Pátroclo;
não, o melhor dos deuses, a quem gerou Leto bela-juba,
matou-o na vanguarda e deu glória a Heitor.
Nós dois poderíamos correr como a lufada de Zéfiro,
que dizem ser a mais lesta. Está destinado, porém,
que sejas subjugado à força por um deus e um varão".
Após falar assim, as Erínias contiveram sua voz humana.
Muito indignado, disse-lhe Aquiles veloz nos pés:
"Xanto, por que profetizas minha morte? Não precisas.
Eu mesmo sei muito bem que minha sina é morrer aqui,
longe do caro pai e da mãe. Mesmo assim não cessarei
antes de fazer os troianos se saciarem do combate".
Falou e na vanguarda dirigia aos gritos os cavalos monocasco.

20

Assim os aqueus se armavam junto às naus recurvas
em torno de ti, filho de Peleu, não fartos de luta,
e os troianos, no outro lado, na elevação do plaino.
Zeus pediu a Norma que convocasse em assembleia os deuses
do pico do Olimpo de muitos vales. Ela por toda parte
passou e pediu que partissem à casa de Zeus.
Então nenhum dos rios, salvo Oceano, deixou de vir,
nenhuma das ninfas que ocupam os belos bosques,
as fontes dos rios e os campos forrageiros.
Após entrarem na casa de Zeus junta-nuvem,
sentaram-se nos pórticos polidos, que para Zeus pai
Hefesto construíra com arguto discernimento.
Assim se reuniram na casa de Zeus. Nem Treme-Terra
deixou de ouvir a deusa, mas veio do mar até eles;
sentou-se no meio e indagou o desígnio de Zeus:
"Por que, Relampeante, convocaste os deuses em assembleia?
Porventura meditas acerca dos troianos e aqueus?
Agora bem perto deles irromperam peleja e combate".
Respondendo, disse-lhe Zeus junta-nuvens:
"Treme-Terra, sabes que intenção tenho no peito

para tê-los chamado; preocupa-me como morrem.
Quanto a mim, ficarei sentado nas fendas do Olimpo,
de onde, olhando, deleitarei meu juízo. Vós, os outros,
ide até chegardes ao meio dos troianos e aqueus
e os ajudai de acordo com a mente de cada um de vós.
Pois se Aquiles sem auxílio pelejar com os troianos,
nem pouco tempo refrearão o Pelida pé-ligeiro.
Mesmo antes estremeciam ao vê-lo;
agora, ao irar-se, terrível, pelo companheiro,
temo que, para além de seu quinhão, destrua a muralha".
Falou o Cronida e despertou a batalha inescapável.
Os deuses dirigiram-se à batalha com ânimo dividido:
rumo à arena das naus, foram Hera, Palas Atena,
Posêidon sustém-terra e o corredor
Hermes, que excele em seu juízo astuto;
Hefesto foi com eles, exultante com sua força,
mancando, e as panturrilhas atrofiadas se mexeram.
Rumo aos troianos foi Ares elmo-fulgente, e junto
Febo vasto-cabelo, Ártemis verte-setas,
Leto, Xanto e Afrodite ama-sorriso.
Enquanto os deuses ficavam longe dos varões mortais,
os aqueus avançavam majestosos, pois Aquiles
surgira: deixara, por muito tempo, a peleja pungente.
Terrível tremor entrou nos membros de cada troiano,
temerosos, quando viram o Pelida pé-ligeiro
luzindo com as armas semelhante a Ares destrói-gente.
Quando os Olímpios chegaram à multidão de varões,
a poderosa Briga move-tropa lançou-se, e Atena ora gritava
de pé junto ao cavo fosso fora da muralha,
ora berrava alto na costa ressoante.

No outro lado, gritava Ares feito temporal escuro,
chamando, agudo, ora do alto da acrópole,
ora correndo junto ao Simoeis em Belacolina.
Assim os deuses ditosos, instigando os dois lados,
os entrechocavam, e entre eles mesmos instaurou-se briga pesada.
Trovejou, terrível, o pai de varões e deuses,
do alto; de baixo, Posêidon sacudiu
a terra ilimitada e os escarpados cumes dos montes.
Tremeram o sopé inteiro do Ida de muitas fontes
e os picos, a cidade dos troianos e as naus dos aqueus.
Assustou-se, embaixo, o senhor dos ínferos, Hades,
saltou da poltrona e gritou, com medo que, de cima,
Posêidon treme-terra rompesse o solo
e suas moradas aparecessem, aos mortais e imortais,
aterrorizantes, bolorentas, que até os deuses odeiam:
tal ruído se fez quando os deuses se chocaram na briga.
Contra o senhor Posêidon posicionou-se
Apolo Febo com suas flechas plumadas,
e contra Eniálio, a deusa Atena olhos-de-coruja;
a Hera enfrentou a roca-dourada, a barulhenta
Ártemis verte-setas, irmã de De-Longe;
a Leto enfrentou o forte corredor Hermes,
e contra Hefesto o grande rio fundo-redemunho,
que os deuses chamam Xanto, e os varões, Escamandro.
Assim os deuses encaravam deuses. Quanto a Aquiles,
por demais almejava entrar na multidão e encarar Heitor
Priamida: o ânimo lhe ordenava sobremodo
com sangue saciar o guerreiro Ares porta-escudo.
Pois direto instigou Eneias Apolo move-tropa
contra o Pelida e nele lançou bravo ímpeto.

Assemelhou-se, na voz, a Licáon, filho de Príamo;
a ele assemelhado, disse-lhe o filho de Zeus, Apolo:
"Eneias, comandante de troianos, onde estão as ameaças
que prometeste, em meio a vinho, aos reis troianos,
pelejar mano a mano contra o Pelida Aquiles?".
Então, respondendo, disse-lhe Eneias:
"Priamida, por que diriges essa ordem a mim,
combater a contragosto o autoconfiante Pelida?
Não será esta a primeira vez que a Aquiles pé-ligeiro
encararei; outras vezes, com a lança, ele me afugentou
do Ida quando investiu contra nossos bois
e destruiu Lirnesso e Pédaso. Zeus me protegeu,
ele que animou meu ímpeto e acelerou meus joelhos;
teriam me subjugado os braços de Aquiles e Atena,
que, indo na sua frente, dava-lhe luz e o exortava
a matar troianos e léleges com a lança de bronze.
Por isso não há como um varão lutar com Aquiles de frente:
junto dele há sempre pelo menos um deus que afasta o flagelo.
Mesmo sem isso seu projétil voa direto e não para
antes de furar a pele humana. Agora se um deus
puxasse o remate da batalha de forma igual, não seria muito
fácil me vencer, nem se ele proclama ser todo de bronze".
Então lhe falou o filho de Zeus, senhor Apolo:
"Vamos, herói, também tu aos deuses sempiternos
reza; tu, afirmam, nasceste da filha de Zeus,
Afrodite, e Aquiles de uma deusa inferior:
aquela é filha de Zeus, esta, do ancião do mar.
Vamos, pega direto o bronze duro, e que ele não
te afaste com palavras agressivas e ameaças".
Sua fala insuflou grande ímpeto no pastor de tropa;

cruzou a linha de frente, armado com fúlgido bronze.
Hera alvos-braços não ignorou o filho de Anquises
investindo contra o Pelida pelo aglomerado de varões.
Chamou os deuses em conjunto e, no meio, falou:
"Refleti, Posêidon e Atena,
em vosso juízo, como se darão estas coisas.
Aí foi Eneias, armado com fúlgido bronze,
contra o Pelida, pois Febo Apolo o inspirou;
pois vamos fazê-lo voltar para trás
daqui mesmo; ou um de nós junto a Aquiles
se ponha, dê-lhe grande força, e que nada no ânimo
lhe falte, para saber que lhe querem bem os melhores
imortais e são inúteis os outros, que no passado
protegiam os troianos da batalha, da refrega.
Todos descemos do Olimpo para encarar
esse combate; que Aquiles nada sofra dos troianos
hoje: mais tarde sofrerá tudo que Destino para ele,
ao nascer, com linha fiou, quando a mãe o pariu.
Se Aquiles não ouvir isso da voz dos deuses,
terá medo quando um deus vier para o mano a mano
na batalha: é duro quando deuses surgem vívidos".
Então respondeu-lhe Posêidon treme-terra:
"Hera, não endureças contra a razão; não é preciso.
Eu não gostaria de fazer com que os deuses brigassem,
nós e os outros deuses, pois somos bem mais poderosos.
Não, nesse caso, nos sentaremos, saindo do caminho
rumo à atalaia, e a batalha ocupará os varões.
Se Ares ou Febo iniciarem o combate,
ou segurarem Aquiles, não permitindo que lute,
de imediato contra eles levaremos a disputa

da batalha, e rápido, creio, tendo sido afastados,
voltarão ao Olimpo para junto dos outros deuses,
subjugados pela força impositiva de nossos braços".
Falou e foi na frente Juba-Cobalto
até o bastião de terra amontoada do divino Héracles,
elevado, que para ele os troianos e Palas Atena
construíram a fim de escapar do monstro marítimo,
sempre que esse o perseguisse da costa à planície.
Lá sentaram-se Posêidon e os outros deuses
e vestiram impenetrável nuvem em volta dos ombros;
aqueles no outro lado sentaram-se, nas escarpas de Belacolina,
em volta de ti, *ié* Apolo, e de Ares arrasa-urbe.
Assim, sentados nos dois lados, concebiam
seus planos: iniciar a batalha tenebrosa, isso hesitavam
os dois lados, e Zeus, sentado no alto, ordenara-o.
Toda a planície estava cheia e brilhava com o bronze
de varões e cavalos; e a terra ressoava com o arrojo
conjunto de seus pés. Dois varões, de longe os melhores,
no meio se encontraram, sôfregos por pelejar,
Eneias, filho de Anquises, e o divino Aquiles.
Eneias, por primeiro, ameaçador, marchou,
curvando o elmo sólido. Trazia na frente do peito
o escudo impetuoso e meneava a lança brônzea.
O Pelida, no outro lado, lançou-se adiante como leão
rapinante, que varões reunidos têm gana de matar,
todo o povo; ele primeiro os despreza,
mas quando um dos bravos pés-de-luta
o alanceia, ele se abaixa de boca aberta, em volta dos dentes
espuma, seu bravo coração geme no peito,
com o rabo, dos dois lados, açoita seus flancos e nádegas,

a si mesmo incita a pelejar, e, com olhos ardentes,
de pronto é levado pelo ímpeto, a ver se mata um
dos varões ou perece na frente da multidão –
assim o ímpeto e o ânimo macho impeliam Aquiles
a investir contra o enérgico Eneias.
Quando estavam próximos, indo um contra o outro,
primeiro falou-lhe o divino Aquiles defesa-nos-pés:
"Eneias, por que avançaste e tão longe da multidão
te puseste? O ânimo pede que pelejes contra mim,
na expectativa de, entre os troianos doma-cavalo, regeres
a prerrogativa de Príamo? Se me matares,
não por isso Príamo porá a honraria em tuas mãos:
tem filhos, e ele é seguro e não é desvairado.
Acaso os troianos te separaram um domínio superior,
belo, com pomar e lavoura, para ser teu
se me matares? Creio que dificilmente farás isso.
Afirmo que outra vez te fiz fugir com minha lança.
Não te lembras quando, longe dos bois, tu sozinho,
te persegui, monte Ida abaixo, com pés ligeiros,
celeremente? Durante a fuga, não te viravas.
De lá fugiste para Lirnesso; mas eu destruí
a urbe com o auxílio de Atena e Zeus pai;
das mulheres roubei o dia da liberdade e, cativas,
as trouxe; a ti protegeram Zeus e os outros deuses.
Agora não creio que te protegerão como no ânimo
imaginas; não, a ti peço que retornes
e vás até a multidão – não me encares –
antes que sofras um mal: o tolo reconhece o já feito".
A ele, por sua vez, Eneias respondeu e disse:
"Pelida, não a mim, como a um infante, com palavras

esperes assustar, pois também sei com clareza
discursar deboches e iniquidades.
Sabemos a linhagem um do outro, sabemos os pais,
ouvindo as palavras famosas de homens mortais;
com o olhar nunca viste os meus nem eu os teus.
Afirmam que és rebento do impecável Peleu
e tua mãe é Tétis belas-tranças, filha-do-mar;
quanto a mim, filho do enérgico Anquises
proclamo ter nascido, e minha mãe é Afrodite:
um desses dois pares hoje chorará o caro filho.
Pois não creio que só com palavras infantis
nos mediremos e a salvo da peleja retornaremos.
Se queres também isto aprender para bem saberes
nossa linhagem, muitos varões a conhecem:
primeiro Zeus junta-nuvens gerou Dárdano,
e fundou Dardânia, pois a sacra Ílion ainda não
se fundara na planície, cidade de homens mortais,
mas ainda habitavam os sopés do Ida de muitas fontes.
Então Dárdano gerou como filho o rei Erictônio,
de longe o mais rico dos homens mortais:
tinha três mil cavalos que pastavam na planície alagada,
fêmeas, exultantes com seus tenros potros.
Por algumas, quando pastavam, Bóreas se apaixonou
e, tal cavalo juba-cobalto, deitava com elas;
emprenhadas, pariram doze potros.
Quando brincavam pelo campo dá-trigo, corriam
sobre as pontas dos ramos sem quebrar o fruto divino;
quando brincavam sobre as largas costas do mar,
corriam sobre a ponta da rebentação do mar cinzento.
Erictônio gerou Trôs como senhor dos troianos;

e de Trôs nasceram três filhos impecáveis,
Ilo, Assáraco e o excelso Ganimedes,
de longe o mais belo dos homens mortais:
os deuses o apanharam como escanção de Zeus,
para, graças a sua beleza, viver entre os imortais.
Ilo gerou, como filho impecável, Laomédon;
e eis que Laomédon gerou Títono e Príamo,
Lampo, Clício e Hiquetáon, servo de Ares.
Assáraco a Cápis, que a Aquises gerou como filho;
Anquises me gerou, e Príamo, ao divino Heitor.
Proclamo ser dessa linhagem e sangue.
Zeus incrementa e diminui a excelência nos homens
como quer, pois ele é o mais poderoso de todos.
Vamos, não falemos mais disso como infantes,
parados no meio da batalha, da refrega.
Ambos sabemos discursar censuras,
muitas demais, e nem nau cem-remos levaria essa carga.
A língua dos mortais é maleável, nela há muito discurso
plural, e o pasto de palavras se estende para todo lado:
a palavra que disseres, desse tipo escutarás.
Mas por que é necessário com brigas e disputas
rivalizarmos entre nós de frente como mulheres,
elas que, iradas, por causa de briga tira-vida,
rivalizam entre si indo para o meio da rua,
dizendo verdades ou não: a ira também isso ordena.
A mim, sôfrego, não desviarás da bravura com palavras
antes de pelejarmos de frente com bronze; vamos, rápido
provemos, um do outro, as lanças brônzeas".
Falou e dirigiu a ponderosa lança contra o escudo assombroso
e aterrorizante, e alto rangeu o escudo com a ponta da lança.

O Pelida, com mão encorpada, segurava o escudo diante
de si com medo, pois pensou que a lança sombra-longa
do enérgico Eneias o atravessaria fácil:
tolo, não pensou, no juízo e no ânimo,
que facilmente as dádivas gloriosas dos deuses
não são dominadas por varões mortais ou cedem a eles.
Também então a ponderosa lança do aguerrido Eneias
não rompeu o escudo, pois o ouro a conteve, dom do deus:
não, passou por duas camadas, e ainda três
havia, pois o aleijão forjara cinco camadas,
duas de bronze, duas, internas, de estanho
e uma única de ouro, que conteve a lança de freixo.
Por sua vez, Aquiles arrojou sua lança sombra-longa
e atingiu o escudo simétrico de Eneias
por fora da borda, onde o bronze era mais tênue,
e mais tênue era o couro do boi: atravessou-o
o freixo do Pelida, o que fez o escudo guinchar.
Eneias encolheu-se e segurou o escudo diante de si,
com medo; a lança passou sobre suas costas e na terra
ficou de pé, após perfurar dois círculos
do escudo cobre-varão. Tendo escapado da lança enorme,
Eneias pôs-se de pé – imensa aflição verteu-se por seus olhos –,
atemorizado, pois a lança cravou-se perto dele.
Aquiles, frenético, após puxar a espada afiada avançou
com rugido horrífico. Eneias, com a mão, pegou uma
pedra – grande feito, pois não a levariam dois varões
como os mortais de hoje: mesmo sozinho, brandiu-a fácil.
Aquiles avançando, Eneias com a pedra o teria atingido
no elmo ou no escudo, que dele afastara o funesto fim,
e o Pelida, de perto, tiraria sua vida com a espada

se Posêidon treme-terra não tivesse pensado rápido.
De pronto, entre os deuses imortais, enunciou o discurso:
"Incrível, minha aflição é pelo enérgico Eneias,
que logo, subjugado pelo Pelida, descerá ao Hades,
convencido pelos discursos de Apolo de-longe:
é tolo, pois esse não o protegerá do funesto fim.
Mas por que esse inocente sofrerá aflições
em vão por causa de comoções alheias? Prazerosos
dons sempre dá aos imortais que dispõem do amplo céu.
Pois vamos, que nós o afastemos da morte.
Que o Cronida não se enraiveça, caso Aquiles
matar esse varão; é-lhe destinado vagar
para que não pereça sem semente e suma a linhagem
de Dárdano, que o Cronida amou mais que todos os filhos
que dele e de mulheres mortais nasceram.
O Cronida já passou a odiar a linhagem de Príamo;
agora a força de Eneias regerá os troianos,
e os filhos de seus filhos, esses que no futuro nascerão".
Respondeu-lhe a soberana Hera de olhos bovinos:
"Treme-Terra, pensa tu mesmo em teu juízo
se vais salvar Eneias ou então deixá-lo
[ser subjugado, embora valoroso, pelo Pelida Aquiles.]
Pois vê, nós duas juramos diversos juramentos
entre todos os imortais, eu e Palas Atena,
que nunca defenderíamos os troianos do dia danoso
nem quando Troia inteira for queimada por fogo voraz,
e os belicosos filhos de aqueus a incendiarem".
Após escutar isso, Posêidon treme-terra partiu,
passando pela batalha e pelo tumulto de lanceiros,
e chegou aonde estavam Eneias e o majestoso Aquiles.

De pronto verteu escuridão por seus olhos,
os do Pelida Aquiles, e ao freixo com ponta de bronze
retirou do escudo do enérgico Eneias
e o pôs diante dos pés de Aquiles;
a Eneias agarrou do chão, erguendo-o para cima.
Muitas fileiras de heróis, muitas também de cavalos,
sobre elas Eneias saltou, impulsionado pela mão do deus,
e alcançou a borda do combate encapelado
onde os caucones se armavam para a batalha.
Posêidon treme-terra ficou bem perto dele
e, falando, dirigiu-lhe palavras plumadas:
"Eneias, que deus te faz, assim desatinado,
combater de frente o autoconfiante Pelida,
que é mais forte e mais caro aos imortais?
Não, recua sempre que te chocares com ele
para não chegares à casa de Hades contra a moira.
Depois de Aquiles alcançar seu destino de morte,
então luta com coragem na linha de frente,
pois nenhum aqueu irá te matar".
Falou e, após ter tudo exposto, deixou-o lá.
Daí logo dissolveu a escuridão nos olhos de Aquiles,
prodigiosa, e esse arregalou bem os olhos.
Eis que, perturbado, falou a seu ânimo enérgico:
"Incrível, grande assombro o que vejo com os olhos;
a lança jaz aqui sobre o solo, e nenhum guerreiro
vejo, contra quem a arremessei com gana de matá-lo.
De fato Eneias era caro aos deuses imortais;
pensei que se jactara em vão, à toa.
Que vá! Pôr-me à prova, isso seu ânimo nunca mais
conseguirá, ele que agora recuou, a salvo da morte.

Pois bem, após dar ordens aos belicosos dânaos,
vou me testar contra outros troianos de frente".
Falou, saltou nas fileiras e exortou cada guerreiro:
"Divinos aqueus, não mais vos posteis longe dos troianos,
mas que varão encare varão e tenha gana de pelejar.
É difícil para mim, mesmo sendo altivo,
atacar tantos homens e lutar com todos.
Nem Ares, e ele é um deus imortal, nem Atena
atacariam a boca de tal guerra e se esfalfariam.
Contudo, do que sou capaz com as mãos, os pés
e a força, nisso, afirmo, nem mesmo pouco relaxarei,
mas atravessarei toda fileira e não creio que algum
troiano que se achegar de minha lança se alegrará".
Sua fala os incitou; aos troianos o insigne Heitor
gritou alto e afirmou que atacaria Aquiles:
"Troianos autoconfiantes, não temais o Pelida.
Também eu, com palavras, combateria até imortais;
com a lança seria duro, pois são muito mais fortes.
Aquiles não levará a termo seus discursos:
alguns realiza, outros anula no meio do caminho.
Irei encará-lo, mesmo assemelhando-se a fogo nos braços –
assemelhado a fogo nos braços e ferro ardente no ímpeto".
Sua fala os incitou, e os troianos ergueram as lanças
em ataque; o ímpeto dos dois lados se misturou e alarido subiu.
Então, de pé ao lado de Heitor, Febo Apolo lhe disse:
"Heitor, de forma alguma avances para combater Aquiles,
mas aguarda-o na multidão, no fragor da luta.
Que não arremesse ou, de perto, te golpeie com a espada".
Falou, e Heitor entrou no aglomerado de varões
com temor quando ouviu a voz do deus que falara.

Aquiles pulou nos troianos, no juízo vestindo bravura,
com rugido horrífico: primeiro pegou Ifítion,
o nobre Otrintida, líder de muitas tropas,
ao qual ninfa da fonte gerou a Otrinteu arrasa-urbe
sob o nevado Tmolo na fértil terra de Hida.
Nele, que vinha para cima, cravou a lança o divino Aquiles
no meio da cabeça, que, inteira, cindiu-se em duas;
com estrondo caiu. O divino Aquiles proclamou:
"Jazes, Otrintida, o mais assustador de todos os varões:
aqui foi tua morte, e teu local de nascença é o lago
Gigeu, onde fica teu domínio paterno,
no piscoso Hilos e no voraginoso Hermos".
Assim proclamou, e negror encobriu os olhos de Ifítion.
Os carros dos aqueus o laceraram com seus aros
na linha de frente. Depois dele Aquiles furou Demoléon,
nobre defensor na batalha, filho de Antenor,
na têmpora através do elmo face-de-bronze.
O elmo brônzeo não a conteve, a ponta
o cruzou e rompeu o osso, e os miolos todos
esguicharam dentro; subjugou-o, embora impetuoso.
Daí em Hipodamas, que se lançava do carro
tentando fugir, cravou a lança nas costas.
Com um grito, exalou seu ânimo, feito touro
puxado por rapazes em torno do altar
do senhor de Hélice: Treme-Terra regozija com eles –
assim o ânimo macho deixou seus ossos enquanto gritava.
Aquiles, com a lança, atacou o excelso Polidoro
Priamida. O pai não o deixava combater,
pois, entre os filhos, era o mais novo da prole
e o mais querido; nos pés, vencia todos.

Naquele dia, por meninice, mostrando a excelência dos pés,
tempestuou na vanguarda até perder a vida.
Nele, que corria ao lado, o divino Aquiles defesa-nos-pés
cravou a lança no meio das costas, onde as fivelas do cinto,
de ouro, o seguram e ele encontra a couraça dupla:
a ponta da lança, certeira, cruzou-o ao lado do umbigo.
Caiu de joelhos, com um gemido, nuvem o encobriu,
negra, e, ao tombar, segurou suas entranhas.
Heitor, quando percebeu o irmão Polidoro
com as entranhas nas mãos, caindo no solo,
por seus olhos verteu-se escuridão: não mais suportou
perambular longe, mas avançou contra Aquiles
brandindo a lança aguda feito labareda. Aquiles,
quando o viu, deu um salto e, proclamando, disse:
"Perto está o varão que tocou fundo em meu ânimo,
que matou meu honrável companheiro. Muito tempo
não nos esquivaremos um do outro nos diques da batalha".
Olhando de baixo, abordou o divino Heitor:
"Achega-te para mais rápido alcançares o limite da ruína".
Impávido, disse-lhe Heitor elmo-fulgente:
"Pelida, não a mim, como a um infante, com palavras
esperes assustar, pois também sei com clareza
discursar deboches e iniquidades.
Sei que és valoroso, sou bem pior.
Não, isto repousa nos joelhos dos deuses:
talvez, sendo pior, tirarei tua vida,
acertando a lança, pois a minha também é aguçada".
Falou e arremessou a lança após brandi-la. A ela Atena,
com uma lufada, volveu para longe do glorioso Aquiles,
soprando de leve: a lança retornou ao divino Heitor

e aí mesmo, diante dos pés, caiu. Então Aquiles,
sôfrego, arremeteu, ansiando matá-lo,
com rugido horrífico; Apolo arrebatou Heitor
bem fácil como um deus e ocultou-o em densa névoa.
Três vezes investiu o divino Aquiles defesa-nos-pés
com a lança brônzea; três vezes golpeou o éter profundo.
Quando na quarta arremeteu feito divindade,
berrando terrivelmente, dirigiu palavras plumadas:
"De novo evadiste a morte, cão; ainda assim perto de ti
chegou o dano: desta vez te protegeu Febo Apolo,
a quem deves rezar quando rumas ao ressoar dos dardos.
Vou te abater ao te encontrar, mesmo mais tarde,
se acaso algum deus também vier em meu auxílio.
Agora irei contra outros troianos, todo que alcançar".
Isso disse, e sua lança furou Dríops no meio do pescoço,
e caiu diante de seus pés. Abandonou-o aí
e a Demuco Filectorida, nobre e grande,
conteve ao acertar a lança em seu joelho. Daí a ele,
golpeando-o com a enorme espada, privou da vida.
A Laógono e Dárdano, filhos de Bias,
arremetendo contra ambos, jogou-os do carro ao chão:
em um acertou a lança, ao outro golpeou com a espada.
Trôs Alastorida se aproximou de seus joelhos
esperando que, após ser capturado, ele o poupasse e enviasse, vivo,
sem o matar, apiedando-se de um coetâneo:
tolo!, não sabia que Aquiles não seria convencido,
pois esse varão não era ânimo-doce nem meigo,
mas voraz. Com as mãos Trôs tocou em seus joelhos,
querendo suplicar, e a espada de Aquiles furou seu fígado,
que deslizou para fora, e negro sangue em volta

encheu seu colo: escuridão encobriu os olhos de Trôs
ao perder a vida. Aquiles, de pé ao lado, em Múlio cravou
a lança no ouvido; de pronto trespassou o outro ouvido
a ponta de bronze. A Équeclo, o filho de Agenor,
golpeou no meio da cabeça com a espada provida de punho.
A espada inteira esquentou-se com o sangue; de seus olhos
se apossaram a morte sangrenta e a poderosa moira.
A Deucálion, então, onde os tendões se encontram
no cotovelo, ali perfurou seu caro braço
com a ponta de bronze; resistiu-lhe, o braço pesado,
olhando a morte de frente. Com a espada, Aquiles cortou
seu pescoço e longe jogou cabeça mais elmo: a medula
esguichou da espinha, e ele jazia no chão, esticado.
Aquiles atacou o impecável filho de Peires,
Rigmo, que viera da Trácia grandes-glebas;
nele cravou a lança no meio, o bronze entrou no ventre,
e ele tombou do carro. Aquiles ao assistente Arítoo,
que volvia os cavalos, nas costas, com a lança aguda,
furou e derrubou do carro; os cavalos atordoaram-se.
Como fogo abrasante se exalta pelos fundos vales
de uma serra seca, sua profunda floresta queima
e o vento, causando comoção, leva a chama por tudo,
Aquiles assim tempestuava por tudo com a lança feito um deus,
perseguindo e matando; sangue corria na terra negra.
Como quando alguém junge bois larga-fronte
para pisotearem cevada branca numa eira bem-arranjada,
e fácil é ela debulhada sob os pés dos bois que mugem,
assim, sob o animoso Aquiles, os cavalos monocasco
pisoteavam cadáveres e escudos: de sangue o eixo inteiro,
por baixo, foi salpicado, bem como os peitoris nos dois lados,

atingidos por gotas de sangue dos cascos dos cavalos
e dos aros das rodas. Ele almejava granjear glória,
o Pelida, e as mãos intocáveis sujou de sangue.

21

Quando alcançaram a vau do fluente rio,
o voraginoso Xanto, que o imortal Zeus gerou,
lá Aquiles os dividiu: a alguns perseguiu pelo plaino
rumo à cidade, por onde os aqueus, em pavor, fugiram
na véspera, quando o insigne Heitor endoidou;
por aí metade avançou em fuga, e Hera diante deles
estendeu neblina profunda para os conter; metade
foi acuada contra o rio funda-corrente de argênteo redemunho.
Nele caíram com grande fragor, a abrupta corrente rilhava,
e, em volta, as duas margens ecoavam alto; gritando,
nadavam para todo lado, volteados pelos remoinhos.
Como quando, sob a carga de fogo, gafanhotos adejam
em fuga rumo a um rio: queima-os o fogo incansável
que sobe de repente, e eles se encolhem na água –
assim a corrente do Xanto fundo-redemunho, por causa
de Aquiles, encheu-se, sonora, da fusão de cavalos e varões.
O oriundo-de-Zeus deixou a lança lá mesmo na margem
apoiada em um tamarisco, pulou para dentro feito um deus
só com a espada e concebeu feitos danosos no juízo.
Golpeava ao redor, e deles partia um gemido ultrajante,

mortos por espada, e a água se avermelhava de sangue.
Como peixes, sob a ação de monstruoso delfim,
fogem e enchem os recessos de um porto seguro,
temerosos: com avidez devora o que pega –
assim os troianos, na correnteza do rio terrível,
encolhiam-se sob as ribanceiras. Quando as mãos de Aquiles
se cansaram de matar, escolheu doze rapazes vivos do rio,
compensação por Pátroclo Menecida, o morto.
Tirou-os de lá, aturdidos como cervos,
prendeu-lhes as mãos para trás com correias bem-cortadas,
que eles mesmos usavam sobre as túnicas trançadas,
e os deu a companheiros para os levarem às naus.
De volta arremeteu, sôfrego por matar.
Lá, fugindo do rio, encontrou um filho
de Príamo Dardânida, Licáon, a quem um dia ele
levou à força, após pegá-lo no pomar do pai,
atacando à noite: com bronze afiado, cortava galhos
jovens de uma figueira, futuros parapeitos de um carro.
Eis que a ele veio, mal imprevisto, o divino Aquiles.
Um dia levou-o com naus a Lemnos bem-construída
e o vendeu, e o filho de Jasão pagou-lhe o preço;
de lá um amigo-hóspede o soltou, pagando muito,
Eécion, de Imbros, e despachou-o à divina Arisbe,
de onde ele escapou às ocultas e chegou à casa paterna.
Por onze dias deleitou o ânimo com seus entes queridos
após voltar de Lemnos; a ele, no décimo segundo,
um deus lançou nas mãos de Aquiles, o qual iria
enviá-lo ao Hades, embora ele não quisesse partir.
Ao ser visto pelo divino Aquiles defesa-nos-pés,
nu, sem elmo ou escudo – não tinha nem lança,

pois tudo tirara e no chão lançara: suor o torturava
ao fugir do rio, e a fadiga dobrou-lhe os joelhos –
Aquiles, perturbado, falou a seu ânimo enérgico:
"Incrível, grande assombro o que vejo com os olhos;
realmente os troianos enérgicos, esses que matei,
de volta se erguerão das trevas brumosas,
tal como esse que veio após escapar do dia impiedoso,
vendido para Lemnos mui-sacra, e não o conteve
o oceano do mar cinza, que segura muitos à força.
Pois vamos, também da ponta de nossa lança
ele provará, para que eu saiba no juízo e aprenda
se do mesmo modo também virá de lá, ou se vai segurá-lo
a terra brota-grão, que até quem é forte segura".
Esperando, revolvia isso, e Licáon, pasmo, achegou-se dele,
ansioso por tocar-lhe os joelhos, e demais queria no ânimo
escapar do negro finamento da morte vil.
O divino Aquiles ergueu a grande lança,
ansioso por feri-lo, e Licáon jogou-se e tocou-lhe os joelhos,
curvado; a lança passou sobre suas costas e na terra
ficou de pé, buscando saciar-se com carne humana.
Licáon, com uma das mãos tocando-lhe os joelhos, suplicava,
e com a outra segurava a lança aguda e não a largava;
falando, dirigiu-lhe palavras plumadas:
"Pego teus joelhos, Aquiles; respeita-me e te apieda.
Chego a ti, criado-por-Zeus, como suplicante respeitável;
foste o primeiro junto a quem comi o grão de Deméter
no dia em que me pegaste no pomar bem-arranjado.
Vendeste-me para longe do pai e dos queridos,
levando-me a Lemnos mui-sacra, e a ti rendi cem bois.
Ao ser solto, rendi três vezes mais; é-me a manhã,

essa, a décima segunda desde que voltei a Ílion
após muito sofrer. Agora de novo em tuas mãos me pôs
a moira funesta: devo ser odiado por Zeus pai,
que outra vez deu-me a ti. Para ser vida-curta a mãe
me gerou, Laótoa, a filha do velho Altes,
Altes, que é senhor dos belicosos léleges
e domina a escarpada Pédasos sobre o Satnioeis.
Príamo tinha a filha dele e também muitas outras;
de Laótoa nasceram dois, e a ambos degolarás.
Sim, entre os primeiros na linha de frente, subjugaste
o excelso Polidoro ao atingi-lo com lança aguda;
agora te tornarás, aqui, um mal para mim: não creio
que escaparei de tuas mãos, pois um deus me trouxe.
Outra coisa te direi, e tu, em teu juízo, a lança:
não me mates, pois não sou do mesmo ventre que Heitor,
ele que matou teu companheiro afável e forte".
Assim falou-lhe o insigne filho de Príamo,
suplicando com palavras, e ouviu voz implacável:
"Tolo, não me indiques um resgate nem fales;
pois antes de Pátroclo encontrar o dia fatal,
então, no juízo, era-me algo mais caro poupar
troianos, e agarrei e vendi muitos, vivos;
agora não há quem escape da morte, todo que o deus,
diante de Troia, lançar em minhas mãos –
todos os troianos, especialmente filhos de Príamo.
Não, amigo, morre também tu; por que lamentas assim?
Também morreu Pátroclo, que era muito melhor.
Não vês quão belo e grande também sou eu?
Meu pai é valoroso, e uma deusa me gerou como mãe;
mas também sobre mim está a poderosa moira da morte.

Haverá uma aurora, um entardecer ou meio do dia,
quando alguém, em Ares, também de mim tirará a vida,
ou me atingindo com lança ou com flecha da corda".
Falou, e fraquejaram os joelhos e o coração de Licáon;
deixou a lança cair e sentou-se de braços estendidos,
ambos. Aquiles, após puxar a espada afiada,
golpeou-lhe a clavícula junto ao pescoço, e bem dentro dele
afundou a espada duas-lâminas, e, de bruços sobre a terra,
jazia Licáon, esticado, e fluía negro sangue e molhava a terra.
Aquiles pegou-o pelo pé, lançou-o dentro do rio
e, jactando-se sobre ele, palavras plumadas falou:
"Agora jaze ali entre os peixes, os que lamberão o sangue
de teu ferimento, sem desvelo, e a ti a mãe não
chorará, após te pôr sobre o leito, mas o Escamandro
te levará, voraginoso, ao amplo ventre do mar adentro.
Pularão na onda, lançando-se na escura ondulação,
peixes que comerão a gordura branca de Licáon.
Perecei até alcançarmos a urbe da sacra Ílion;
vós, fugindo, e eu, atrás, matando.
Nem mesmo o rio bem-fluente de argênteo redemunho
vos protegerá, ao qual há tempo sacrificais muitos touros
e, vivos, nos vórtices arremessais cavalos monocasco.
Não, mesmo assim perecei em vil quinhão, até todos
pagardes pela morte de Pátroclo e pelo flagelo dos aqueus,
que, junto às naus velozes, matastes longe de mim".
Falou, e o rio enraiveceu-se mais no coração,
e revolvia no ânimo como interromper a pugna
do divino Aquiles e afastar o flagelo dos troianos.
Entrementes, o filho de Peleu, com a lança sombra-longa,
saltou contra Asteropeu com gana de matá-lo,

o filho de Pélegon, que Áxios, de larga corrente,
gerou com Peribeia, a mais velha das filhas
de Aquessámeno: com essa uniu-se o rio fundo-redemunho.
Contra ele Aquiles arremeteu, e ele, saindo do rio,
enfrentou-o com duas lanças: em seu juízo, ímpeto pôs
Xanto, com raiva pelos bravos mortos em combate,
os que Aquiles abateu na corrente sem se apiedar.
Quando estavam próximos, indo um contra o outro,
primeiro falou-lhe o divino Aquiles defesa-nos-pés:
"Quem és? Qual tua origem, tu que ousas me atacar?
Filhos de infelizes se deparam com meu ímpeto".
A ele dirigiu-se o insigne filho de Pélegon:
"Animoso Pelida, por que perguntas minha linhagem?
Venho da Peônia grandes-glebas, que longe fica,
e guio varões peônios lanças-longas. Hoje é minha
décima primeira aurora desde que cheguei a Ílion.
Minha linhagem vem de Áxios, de larga corrente,
que verte as águas mais belas sobre a terra, Áxios,
o qual gerou Pélegon, glorioso na lança; afirmam que dele
nasci. Pois agora lutemos, insigne Aquiles".
Falou suas ameaças, e o divino Aquiles levantou
seu freixo do Pélion; ao mesmo tempo, duas lanças
arremessou o herói Asteropeu, pois era ambidestro:
com uma lança, acertou o escudo, mas inteiro
não o cruzou, pois o ouro a conteve, presente do deus;
com a outra, acertou-o, de raspão, no cotovelo
direito, e sangue enegrecido jorrou. A lança, sobre Aquiles,
cravou-se na terra, almejando fartar-se de carne.
Por sua vez, Aquiles ao freixo voo-direto
lançou contra Asteropeu, ansioso por matá-lo:

nele errou e acertou a alta margem,
e a lança de freixo até a metade penetrou a margem.
O Pelida puxou a afiada espada da coxa
e, sôfrego, pulou contra ele, que ao freixo de Aquiles
não foi capaz de puxar da ribanceira com a sólida mão.
Três vezes abalou-a com gana de puxá-la,
três vezes relaxou a força; na quarta, quis, no ânimo,
quebrar, vergando, a lança de freixo do Eácida,
mas antes Aquiles se achegou e tirou sua vida com a espada.
Golpeou seu estômago junto ao umbigo, todas
as tripas caíram no chão, e negror encobriu-lhe os olhos
enquanto resfolegava. Aquiles pulou em seu peito,
roubou-lhe as armas e, proclamando, disse:
"Jaze assim; com os filhos do possante Cronida
é difícil brigar, mesmo para os gerados de um rio.
Afirmaste ser rebento de um rio de larga corrente;
pois proclamo ser da linhagem do grande Zeus.
Gerou-me um varão que rege muitos mirmidões,
Peleu Eácida; e Éaco descende de Zeus.
Assim Zeus é mais forte que os rios deságua-no-mar,
e mais forte é a linhagem de Zeus que a de um rio.
Também junto a ti há um grande rio, a ver se é capaz
de te assistir; não é possível, porém, lutar com Zeus Cronida,
com o qual nem o poderoso Aqueloo se igualou
nem a grande força de Oceano funda-corrente,
do qual fluem todos os rios, o alto-mar inteiro,
todas as fontes e os grandes poços.
Não, também esse teme o raio do grande Zeus
e o fero trovão quando ribomba do alto do céu".
Falou, tirou a lança brônzea da ribanceira

e deixou Asteropeu lá mesmo, após privá-lo de seu coração,
deitado na areia; e a água escura o molhava.
Dele se ocupavam os peixes e as enguias,
arrancando gordura ao carcomerem os rins.
Ele rumou contra os peônios elmo-equino,
que se puseram em fuga junto ao rio voraginoso
quando viram o melhor deles, na refrega brutal,
ser subjugado à força pelas mãos e a espada do Pelida.
Então pegou Tersíloco, Mídon e Astípilo,
Mneso, Trásio, Ênio e Ofelestes.
O divino Aquiles ainda teria matado muitos peônios
se, com raiva, não falasse o rio fundo-redemunho,
feito um varão, a voz subindo do redemoinho fundo:
"Aquiles, superas em poder e superas em iniquidades
os varões, pois sempre te ajudam os próprios deuses.
Se o filho de Crono te concedeu matar todos os troianos,
pelo menos longe de mim, no plaino, causa devastação.
Enches de cadáveres minhas correntes adoráveis
e não consigo verter meu caudal no mar divino,
impedido pelos corpos, e matas de forma infernal.
Vamos, para agora: espanto-me, líder de tropa!".
Respondendo, disse-lhe Aquiles, veloz nos pés:
"Escamandro criado-por-Zeus, será como pedes.
Agora, não cessarei de matar troianos soberbos
antes de encerrá-los na cidade e testar-me contra Heitor
opondo força: ou o subjugarei ou ele a mim".
Falou e atacou troianos feito divindade.
Então o rio fundo-redemunho a Apolo falou:
"Incrível, Arco-de-Prata, filho de Zeus, nem tu acatas
os desígnios do Cronida, que, insistente, te impôs

ficar ao lado dos troianos e os proteger até cair a noite,
o sol se pôr tarde, e a terra grandes-glebas escurecer".
Falou, e Aquiles famoso-na-lança saltou no meio do rio,
lançando-se da ribanceira; o rio, furioso em ondas, o atacou.
Agitado, instigou todo seu fluxo, e moveu os muitos
corpos que, em quantidade, nele estavam, mortos por Aquiles:
mugindo como touro, arremessou-os para fora
em terra firme; os vivos salvou em suas belas correntes,
escondendo-os nos fundos remoinhos enormes.
Envolvendo Aquiles tal onda fera e agitada,
a corrente, caindo contra o escudo, o impelia, e não
o deixava firmar-se nos pés. Com as mãos, Aquiles agarrou
um olmo, perfeito e grande, que então, desenraizado,
rasgou toda a ribanceira, cobriu as belas correntes
com suas copiosas folhas e fez as vezes de um dique
ao cair inteiro no rio. Aquiles saltou para fora da corrente
e se lançou pela planície, voando com seus pés ligeiros,
temeroso. O deus não parou e arremeteu contra ele
com uma crista escura para interromper a pugna
do divino Aquiles e afastar o flagelo dos troianos.
O Pelida pulou tão longe como o arrojo de uma lança,
com o arroubo de uma águia, o caçador negro,
que é a mais forte e veloz das aves;
semelhante a ela, acelerou, e o bronze no peito
ecoou, aterrorizante: escapuliu por baixo do rio,
que, fluindo atrás, seguia-o com grande estrondo.
Tal o varão que faz o canal de uma fonte água-escura
e direciona o fluxo d'água por plantações e jardins,
com enxada nas mãos tirando obstruções do fosso:
a corrente flui, e embaixo todos os pedregulhos

são remexidos; ela desce ligeiro, murmureja
em um declive e ultrapassa até quem a guia –
assim a onda da corrente sempre alcançava Aquiles,
embora veloz: os deuses são mais fortes que os varões.
Buscasse o divino Aquiles defesa-nos-pés
contrapor-se firme e saber se todos os imortais
o punham em fuga, os que dispõem do amplo céu,
sempre grande onda do rio caído de Zeus
golpeava seus ombros do alto. Aquiles pulava com os pés,
aflito no ânimo, mas o rio dobrava seus joelhos,
fluindo caudaloso embaixo, e comia a terra de seus pés.
O Pelida olhou para o céu e lamentou:
"Zeus pai, como nenhum deus assumiu me salvar,
deplorável, do rio!? Depois, qualquer coisa eu sofreria.
Entre os Celestes, nenhum é tão responsável
como minha mãe, que me enfeitiçou com mentiras
ao afirmar que, sob o muro dos troianos com as armas,
pereceria por meio dos velozes projéteis de Apolo.
Tivesse Heitor me matado, que aqui cresceu como o melhor:
valoroso seria o que mata, e teria matado um valoroso.
Agora meu destino é ser alcançado por morte deplorável,
cercado por grande rio tal porcariço menino
a quem xurreira afoga quando ele a cruza no inverno".
Falou, e para ele bem rápido Posêidon e Atena
vieram e puseram-se ao lado, de corpo feito varões,
e, após pegarem sua mão, o encorajaram com palavras.
Entre eles tomou a palavra Posêidon treme-terra:
"Pelida, em excesso não tremas nem te amedrontes;
dois deuses, somos teus auxiliares deste jaez,
aprovados por Zeus: eu e Palas Atena;

não é teu destino seres subjugado pelo rio,
que logo se abrandará, e tu mesmo o verás.
Já a ti daremos arguto conselho, caso fores persuadido:
da guerra niveladora, não faças descansar as mãos antes de acuares
a tropa troiana as gloriosas muralhas de Ílion adentro –
quem escapar; após tirares a vida de Heitor,
retorna às naus: concederemos que obtenhas triunfo".
Após assim falarem, juntaram-se aos imortais,
e Aquiles foi à planície, pois a ordem dos deuses muito
o animou: ela estava toda cheia da água que transbordara do rio,
e muitas armas belas de bravos mortos em combate
e corpos flutuavam. Seus joelhos saltaram alto,
avançando direto contra a corrente, e não o conteve
o amplo e fluente rio, pois grande força inoculou Atena.
Nem assim Escamandro findou seu ímpeto: ainda mais
raiva tinha do Pelida e encrespou a crista de suas ondas,
alçando-se ao alto, e gritou a Simoeis:
"Caro irmão, a força do varão vamos ambos
deter, pois logo a grande cidade do senhor Príamo
ele destruirá, e os troianos não resistirão no tumulto.
Dá proteção de imediato, enche as correntes
com água das fontes, incha todas as ravinas,
põe de pé grande onda, provoca forte estrondo
de troncos e pedras para refrearmos o varão selvagem
que agora tem poder, e seu ímpeto iguala o dos deuses.
Afirmo que não o ajudarão sua violência, sua beleza
nem suas boas armas, que, penso, bem no fundo do charco
vão jazer, envoltas em lama. A ele próprio
cobrirei de areia, despejando montes de seixos,
milhares, e, quanto a seus ossos, os aqueus não saberão

juntá-los: com tanto lodo eu o encobrirei.
Aí mesmo seu sepulcro será feito, sem necessidade
de túmulo quando os aqueus lhe derem os ritos".
Falou e, agitado, atacou Aquiles movendo-se ao alto,
manando espuma, sangue e corpos.
Eis que lúrida onda do rio caído de Zeus
ergueu-se para o alto e ia abater o Pelida;
e Hera berrou alto, com medo por Aquiles,
que o grande rio fundo-redemunho o afogasse.
De imediato dirigiu-se a Hefesto, seu caro filho:
"Mexe-te, aleijão, meu filho: como teu oponente
na batalha pensamos no voraginoso Xanto:
dá proteção de imediato e revela a intensa chama.
Quanto a mim, de Zéfiro e de Noto clareador,
me apressarei em induzir suas duras rajadas do mar,
que queimarão as cabeças e armas dos troianos
levando o incêndio danoso. Tu, nas margens do Xanto,
queima as árvores e nele próprio ponha fogo: que a ti,
de modo algum, afaste com palavras amáveis e ameaças.
Não interrompas teu ímpeto antes, só quando eu
chamar com um brado; aí contém o fogo incansável".
Falou, e Hefesto preparou o fogo abrasante.
Primeiro incendiou a planície, queimou os muitos
corpos que Aquiles matara e, em quantidade, jaziam ali.
O plaino inteiro foi seco, e a água radiante, contida.
Como Bóreas, no fim do verão, a um pomar recém-aguado
seca ligeiro, o que alegra a quem o cultiva,
assim secou toda a planície e os corpos
incinerou. E ele ao rio dirigiu a chama ultracintilante:
queimavam-se os olmos, salgueiros e tamariscos,

queimavam-se o trevo, o junco e a junça,
que, abundantes, crescem junto ao belo curso do rio.
Enguias e peixes eram afligidos na corrente,
eles que, no belo curso, piruetavam lá e cá,
acossados pelo sopro de Hefesto muita-astúcia.
A força do rio se queimava, nomeou-o e disse:
"Hefesto, nenhum deus pode a ti se contrapor,
nem eu lutaria contigo, tu que abrasas com tal chama.
Cessa a briga, e que aos troianos de pronto o divino Aquiles
arrede da cidade: que me importam a briga e a ajuda?".
Falou, queimado pelo fogo, e borbulhava seu belo curso.
Como há fervura na bacia talada por fogo intenso,
em que derrete gordura de um bem-nutrido porco cevado,
em ebulição em todos os lados com lenha seca embaixo,
assim queimava seu belo curso com o fogo, e a água fervia.
Não queria avançar e se continha: afligia-o o bafo
vindo da força de Hefesto muito-juízo. O rio a Hera,
suplicando com ardor, dirigiu palavras plumadas:
"Hera, por que teu filho atacou e aflige meu caudal
e não os outros? Não sou tão responsável
como todos os outros que socorrem os troianos.
É certo, porém, que vou parar como pedes;
e que ele também pare. Além disso, juro
que nunca defenderei os troianos do dia danoso
nem quando Troia inteira for queimada por fogo voraz
e os belicosos filhos de aqueus a incendiarem".
Após escutar isso, a deusa, Hera alvos-braços,
de imediato dirigiu-se a Hefesto, seu caro filho:
"Hefesto, chega, esplêndido filho; a bem de mortais
não convém surrar assim um deus imortal".

Falou, e Hefesto extinguiu o fogo abrasante,
e a onda voltou a descer por seu belo curso.
Após o ímpeto de Xanto ter sido subjugado,
pararam, pois Hera, mesmo com raiva, os conteve.
Nos outros deuses, tombou a opressora Briga,
difícil, e o ânimo no peito deles soprou em duas direções.
Chocaram-se com grande fragor, a ampla terra rilhava,
e o enorme céu trompeteava. Zeus escutava,
sentado no Olimpo; seu caro coração riu
de regozijo quando viu os deuses indo para a briga.
Não ficaram muito tempo afastados: Ares começou,
o fura-escudo, e primeiro atacou Atena
com a lança de bronze e fez um discurso insultante:
"Por que, mosca-de-cão, fazes brigar os deuses
com tua enorme audácia, e incitada pelo alentado ânimo?
Não te lembras quando incitaste o Tidida Diomedes
a ferir-me e, após pegar a lança vista por todos,
a pressionaste contra mim e rasgaste minha bela pele?
Penso que agora me pagarás pelo que fizeste".
Assim falou, e cravou-a na égide franjada,
aterrorizante, à qual nem o raio de Zeus subjuga;
nela Ares sujo-de-sangue cravou sua enorme lança.
Atena recuou e, com a mão encorpada, pegou uma pedra
que, escura, jazia no chão, áspera e grande,
posta aí por homens de antanho como limite do campo;
acertou-a no pescoço do impetuoso Ares, que soltou os membros.
Ao cair, cobriu sete medidas de campo arado, sujou os cachos,
e as armas ressoaram em volta dele. Palas Atena riu
e, jactando-se sobre ele, dirigiu-lhe palavras plumadas:
"Infante, nem mesmo pensaste quão melhor

proclamo ser ao contrapores teu ímpeto ao meu.
Assim pagarás às Erínias da mãe,
que, com raiva de ti, concebe males pois deixaste
os aqueus e defendes os soberbos troianos".
Após falar assim, afastou os olhos brilhantes.
A filha de Zeus, Afrodite, pegou-o pela mão e quis levá-lo;
Ares gemia em abundância, e com esforço recompôs o ânimo.
Quando a deusa, Hera alvos-braços, percebeu Atena,
de pronto dirigiu-lhe palavras plumadas:
"Incrível, rebento de Zeus porta-égide, Atritone,
já de novo a mosca-de-cão leva Ares destrói-gente
para fora da batalha hostil pelo tumulto; vai atrás!".
Falou, e Atena arremeteu, alegrou-se no ânimo,
foi contra Afrodite e, com a mão encorpada, no peito
a golpeou: fraquejaram seus joelhos e o caro coração.
Eis que os dois jaziam no solo nutre-muitos,
e Atena, jactando-se, palavras plumadas enunciou:
"Assim estivessem todos os que socorrem troianos
quando combatem os argivos com armadura,
tão audaciosos e ousados como Afrodite:
veio como aliada de Ares e topou com meu ímpeto.
Então há tempo teríamos parado de combater,
após assolar a cidade bem-construída dos troianos".
Falou e sorriu a deusa, Hera alvos-braços.
A Apolo falou o poderoso Treme-Terra:
"Febo, por que a distância entre nós dois? Não convém,
pois os outros começaram: sem lutar é vergonhoso
voltarmos ao Olimpo, à casa chão-brônzeo de Zeus.
Começa, pois és o mais jovem de nascença: para mim
não seria belo, pois nasci antes e sei mais coisas.

Infante, que coração obtuso tens: não mentalizas
todos os males que sofremos por Ílion,
só nós entre os deuses, quando viemos por causa de Zeus
e servimos ao macho Laomédon durante um ano
por uma paga acordada, e ele impunha suas ordens.
Para os troianos, construí a muralha em volta da cidade,
ampla e muito bela, para a cidade ser inexpugnável.
Febo, tu apascentavas lunadas vacas trôpegas
nas encostas do matoso Ida de muitos vales.
Quando as estações trouxeram a alegre efetivação
da paga, então nos esbulhou da paga inteira
o assustador Laomédon e nos dispensou com ameaças.
Ameaçou prender, juntos, os pés e as mãos
em cima e nos vender para ilhas longínquas:
indicava que descascaria nossas orelhas com bronze.
Nós dois retornamos com ânimo rancoroso,
com raiva pela paga, que prometeu e não cumpriu.
Agora favoreces seu povo, e não tentas, conosco,
fazer com que pereçam os soberbos troianos
de joelhos e mal, mais as crianças e respeitadas esposas".
A ele falou o senhor, Apolo age-de-longe:
"Treme-terra, não proclamarias que sou judicioso
se pelejasse contigo a bem dos mortais
miseráveis, que, semelhantes às folhas, ora
se realizam com ardor, comendo o fruto do solo,
ora fenecem, sem vida. Não, bem rápido
interrompamos a luta; que briguem eles".
Falou e afastou-se, pois respeitava demais
o irmão do pai para se embaterem no braço.
A irmã criticou-o bastante, a senhora dos animais,

Ártemis agreste, e fez um discurso insultante:
"Foges, Age-de-Longe, e a vitória integral
a Posêidon dirigiste e triunfo vazio lhe deste:
infante, por que tens um arco inútil à toa?
Que eu não te ouça mais, na morada do pai,
te jactando, como antes, entre os deuses imortais,
que irias pelejar mano a mano com Posêidon".
Falou, e Apolo age-de-longe não se dirigiu a ela,
e, enraivecida, a respeitável consorte de Zeus
provocou a Verte-Setas com palavras insultuosas:
"Cadela petulante, como ousas me enfrentar?
Em ímpeto, é difícil te opores a mim,
embora sejas porta-arco, pois a ti Zeus tornou leoa
entre as mulheres e te concedeu matares quem quiseres.
Sim, é melhor para ti matar feras nas montanhas
e cervos agrestes que pelejar com mais fortes.
Se queres lutar na batalha, então bem saberás
quão melhor eu sou ao te opores a mim em ímpeto".
Falou e pegou suas duas mãos pelo punho com a esquerda,
com a direita removeu dos ombros o arco e a aljava,
e, com esses mesmos, golpeou sua orelha, sorrindo,
e a outra virava a cabeça; as flechas velozes caíam.
Aos prantos, a deusa fugiu por baixo tal pomba,
que, sob um falcão, voa uma cava rocha adentro,
uma fenda: não lhe estava destinado ser pega –
assim, aos prantos, fugiu, e deixou as armas lá mesmo.
A Leto dirigiu-se o condutor Argifonte:
"Leto, eu não lutarei contigo, pois é nocivo
trocar golpes com as mulheres de Zeus junta-nuvens.
Não, com todo o prazer, entre os deuses imortais,

proclama ter-me vencido com violência brutal”.
Falou, e Leto apanhou o curvo arco e as flechas
espalhadas pelo chão no turbilhão de poeira.
Após pegar as armas, retornou até sua filha;
Ártemis chegou ao Olimpo, à casa chão-brônzeo de Zeus,
e, em lágrimas, a filha sentou-se nos joelhos do pai,
e a veste imortal tremia em volta dela. Amparou-a
o pai Cronida e lhe perguntou, rindo com gosto:
“Que Uranida fez isso contigo, cara filha, de forma
leviana, como se tivesses feito algo ruim às claras?”.
A ele dirigiu-se a barulhenta Bela-Coroa:
“Tua esposa me surrou, pai, Hera alvos-braços,
que faz briga e disputa ficarem presas aos imortais”.
Assim falavam dessas coisas entre si,
e Apolo Febo entrou na sacra Ílion,
atento à muralha da cidade bem-feita, temendo
que os dânaos, além do quinhão, a destruíssem nesse dia.
Os outros rumaram ao Olimpo, os deuses sempre vivos,
uns com raiva, outros em grande glória,
e sentaram ao lado do pai nuvem-negra. Aquiles
matava, sem distinção, troianos e cavalos monocasco.
Como alcança o amplo céu a fumaça que vem
de urbe em chamas – a cólera dos deuses a ergue –,
dá trabalho a todos e lança agruras contra muitos,
assim deu Aquiles trabalho e agruras aos troianos.
O ancião Príamo estava parado sobre a torre divina:
percebeu o portentoso Aquiles e, por causa dele,
os troianos de pronto debandando em fuga,
indefesos. Com um grito de lamento, desceu da torre,
incitando, junto à muralha, os esplêndidos porteiros:

"Ficai com os portões abertos nas mãos até a tropa,
em fuga, retornar à cidade; sim, Aquiles está aí perto,
debandando-os: penso que agora virá a catástrofe.
Estando eles dentro dos muros a fim de recuperar o fôlego,
fechem de novo as portas sólidas, bem justas,
pois temo que o ruinoso varão salte contra a muralha".
Falou, e abriram os portões, afastando os ferrolhos:
escancarados, produziram a luz. Apolo, a seu turno, contra Aquiles
pulou para fora a fim de afastar a catástrofe dos troianos.
Os outros, direto à cidade e à elevada muralha,
tostados de sede, empoeirados, da planície fugiam.
Aquiles, ardoroso, os seguia com a lança: loucura brutal
dominava seu coração, com gana de granjear glória.
Os filhos de aqueus teriam tomado Troia altos-portões
se Apolo Febo não tivesse incitado o divino Agenor,
o varão filho de Antenor, impecável e forte.
Em seu coração lançou coragem, e ao lado dele
postou-se para afastar as pesadas mãos da morte,
apoiado no carvalho: ocultou-se em densa névoa.
Quando Agenor percebeu Aquiles arrasa-urbe,
firme ficou, e muito seu coração se revolvia;
perturbado, disse a seu ânimo enérgico:
"Ai de mim: se devido ao forte Aquiles eu fugir
para onde fogem os restantes, apavorados,
mesmo assim ele a mim pegará e ao covarde degolará;
se eu os deixar enquanto são debandados
pelo Pelida Aquiles e, com os pés, para longe dos muros
fugir em outra direção pela planície de Ílion até chegar
às encostas do Ida e me esconder nos arbustos,
à noite, então, após me banhar no rio, refrescado,

tendo eliminado o suor, retornaria a Ílion.
Mas por que meu caro ânimo examina isso?
Que não me veja me afastando da urbe pelo plaino
e, lançando-se com os pés velozes, me agarre:
não seria mais possível escapar do finamento da morte,
pois é forte demais em relação a todos os homens.
Se eu for enfrentá-lo diante da cidade –
claro, também sua carne é vulnerável ao bronze agudo,
tem uma só vida, e os homens afirmam que é mortal;
por outro lado, para ele Zeus Cronida oferta glória".
Falou e, agachado, esperava Aquiles, e seu bravo
coração incitava-o a pelejar e guerrear.
Tal a pantera que vem do fundo do bosque
contra um varão caçador e no ânimo não teme
nem entra em pânico ao escutar latidos:
se o caçador se antecipa e a fere de perto ou longe,
ainda assim, trespassada pela lança, não descarta
sua bravura antes de derrotá-lo ou ser subjugada –
assim o filho do ilustre Antenor, o divino Agenor,
não queria fugir antes de testar-se contra Aquiles
e empunhava o escudo simétrico para a frente,
mirava a lança nele, e alto berrou:
"Por certo, insigne Aquiles, no juízo esperas muito
destruir, neste dia, a cidade dos honrados troianos,
infante; sim, muita aflição ainda haverá por ela.
Pois nela nos encontramos, muitos e bravos varões,
que pelos caros genitores, esposas e filhos
protegemos Ílion; tu alcançarás aqui teu destino,
por mais assustador e ousado guerreiro que sejas".
Falou, sua pesada mão arremessou a lança pontuda

e atingiu – e não errou – a greva sob o joelho.
Ali a greva de estanho recém-forjado ecoou,
ameaçadora, mas o bronze ricocheteou após o atingir,
e não o penetrou; o dom do deus o deteve.
O Pelida arremeteu contra o excelso Agenor
depois, e Apolo não deixou que granjeasse glória,
pois arrebatou Agenor, ocultou-o em densa névoa
e fê-lo retornar, tranquilo, da batalha.
Quanto ao Pelida, afastou-o da tropa com um truque:
Age-de-Longe assemelhou-se a Agenor em tudo
e pôs-se diante de Aquiles, que passou a persegui-lo.
Enquanto Aquiles o perseguia pela planície dá-trigo,
dirigindo-o ao Escamandro, o rio fundo-redemunho,
sempre um pouco atrás – com um truque, Apolo o enfeitiçou,
dando a Aquiles esperança de alcançá-lo com seus pés –,
os troianos restantes, fugindo em conjunto, chegaram,
alegres, à urbe, e, confinados, enchiam a cidade.
Não ousavam, fora da cidade e da muralha,
aguardar uns aos outros e ver quem escapara,
quem morrera na batalha; não, alegre afluía
à cidade todo aquele que os pés e joelhos o salvassem.

22

Assim eles, como cervos em fuga, na cidade o suor
secavam e se refrescavam, bebiam e curavam a sede,
reclinados contra belas ameias, e os aqueus
acercaram-se da muralha, escudos apoiados nos ombros.
A moira ruinosa prendeu Heitor, que lá mesmo ficou,
diante de Troia e dos Portões Esqueios.
Quanto ao Pelida, disse-lhe Febo Apolo:
"Por que, filho de Peleu, me persegues com pés velozes,
tu, um mortal, ao deus imortal? Nem mesmo agora
me reconheceste como deus, incansável em teu anseio.
Não te interessa lutar com os troianos, que espantaste,
eles que se confinaram na cidade, e para cá te afastaste.
Não me matarás, pois, vê, não estou destinado".
Muito perturbado, disse-lhe Aquiles veloz nos pés:
"Sabotaste-me, Age-de-Longe, ó mais ruinoso dos deuses,
ao me desviares para longe da muralha: muitos
ainda teriam mordido a terra antes de chegar a Troia.
Agora me privaste de grande glória e os salvaste
fácil, pois não temes vingança posterior.
Não, eu me vingaria se tivesse essa capacidade".

Falou e rumou, sobranceiro, à cidade,
acelerado como cavalo vitorioso com seu carro,
ele que corre fácil, esticando-se pela planície –
assim veloz, Aquiles mexeu pés e joelhos.
O primeiro a vê-lo com os olhos foi o ancião Príamo,
luzidio arremetendo pelo plaino como o astro
que sobe no final do verão, e seus raios ultraluzentes
se mostram entre todos os astros no apogeu da noite,
aquele ao qual denominam Cão de Órion:
é o mais brilhante, composto como sinal danoso,
e também traz muito calor febril aos coitados mortais –
assim brilhava o bronze em volta de seu peito ao correr.
O ancião uivou, bateu na cabeça com as mãos,
erguendo-as para cima, e bradou alto seu lamento,
suplicando ao caro filho; este ficou parado na frente
dos portões, sempre sôfrego por lutar com Aquiles.
Braços estendidos, disse-lhe o lastimoso ancião:
"Heitor, caro filho, por favor, não aguardes aquele varão,
só tu, sem os outros: que não alcances ligeiro teu destino,
subjugado pelo Pelida, pois é bem mais forte
e tinhoso; fosse ele tão caro aos deuses
como a mim: ligeiro cães e abutres o comeriam,
deitado aí. Dor terrível deixaria meu peito,
ele que me privou de muitos e valorosos filhos,
matando ou vendendo-os para ilhas longínquas.
Pois também agora dois filhos, Licáon e Polidoro,
não consigo ver entre os troianos confinados na cidade,
eles que Laótoa me gerou, distinta entre as mulheres.
Contudo, se estão vivos no bivaque, nesse caso
iremos resgatá-los com bronze e ouro, pois dentro os há:

muito o ancião nome-insigne, Altes, deu à filha como dote.
Se já estão mortos e na morada de Hades,
agonia sofrem meu ânimo e a mãe, que os geramos;
para o resto da tropa, a agonia será mais curta,
se também tu não pereceres, subjugado por Aquiles.
Vamos, entra pela muralha, meu filho, para salvares
troianos e troianas e não estenderes grande glória
ao Pelida, destituindo-te de tua cara seiva de vida.
Além disso, apieda-te de mim, o infeliz ainda consciente,
desditoso, a quem, no umbral da velhice, o pai Cronida
aniquilará com destino cruel, após eu ver muitos males,
filhos mortos e filhas arrastadas,
tálamos devastados e crianças pequenas
arremessadas ao solo na refrega terrível,
e noras arrastadas pelas mãos ruinosas dos aqueus.
A mim, por último, nas portas dianteiras, os cães
devora-cru rasgarão quando alguém, com bronze afiado,
golpe ou arremesso, tirar-me a vida dos membros:
esses que criei nos salões, cães de mesa como vigias,
que, ao beberem meu sangue, enlouquecidos no juízo
deitarão no vestíbulo. Tudo é adequado no jovem
que, morto em combate, dilacerado por bronze agudo,
jaz: mesmo morto, tudo que dele aparece é belo.
Mas quando às cãs, barba grisalha e vergonhas
de um ancião assassinado aviltam os cães,
nada é mais deplorável entre os coitados mortais".
Falou o ancião, e puxava os fios brancos para cima,
arrancando-os da cabeça; não persuadiu o ânimo de Heitor.
A mãe, no outro lado, gemia, vertendo lágrimas,
e, abrindo o vestido, segurava o seio com a outra mão;

vertendo lágrimas, dirigiu-lhe palavras plumadas:
"Heitor, filho meu, respeite isso e te apieda de mim,
caso um dia te estendi o seio apaziguador;
mentaliza isso, caro filho, e afasta o varão destrutivo,
estando dentro dos muros, e não o enfrentes aí.
Tinhoso: se te matar, não mais eu a ti
chorarei no féretro, broto amado, que gerei,
nem tua esposa muita-dádiva; bem longe de nós,
junto às naus dos argivos, cães ligeiros te comerão".
Assim os dois, pranteando, dirigiam-se ao caro filho, com ardor
suplicando, mas não persuadiram o ânimo de Heitor;
ele aguardava o portentoso Aquiles se aproximando.
Como serpente montesa na boca da toca aguarda o varão
após comer drogas malignas, nela entra raiva terrível,
e aterrorizante é sua mirada ao voltear em torno da toca –
assim Heitor, com ímpeto inesgotável, não recuava,
apoiando o escudo luzidio contra a torre saliente.
Perturbado, disse a seu ânimo enérgico:
"Ai de mim, se eu entrar pelos portões da muralha,
Polidamas será o primeiro a me lançar censuras,
ele, que pediu que eu guiasse os troianos à cidade
nesta ruinosa noite em que o divino Aquiles se ergueu.
Não obedeci, e teria sido muito mais vantajoso.
Agora, após destruir o povo com minha iniquidade,
tenho vergonha de troianos e troianas peplo-arrastado;
que nunca varão, inferior a mim, fale isto:
'Heitor, confiando em sua força, destruiu o povo'.
Assim falarão; então me seria muito mais vantajoso
ou matar Aquiles no mano a mano e retornar,
ou ser morto por ele, cheio de glória, diante da cidade.

Se eu depuser o escudo umbigado
e o sólido elmo, se apoiar a lança contra a muralha e
encarar sem armas o impecável Aquiles
e lhe prometer Helena e os bens que com ela vieram,
absolutamente todos que Alexandre, em cavas naus,
trouxe a Troia, o que se tornou o início da disputa –
prometer dá-lo aos Atridas e, além disso, aos aqueus
entregar outras coisas que essa cidade abriga...
Depois, entre os troianos, aos anciãos farei jurar
que nada esconderão, mas dividirão tudo meio a meio,
todos os bens que a adorável cidade encerra.
Mas por que meu caro ânimo examina essas coisas?
Temo que ao me acercar ele não se apiedará de mim
nem me respeitará, e, mesmo desarmado, me matará
desse jeito, como a uma mulher, pois me despi das armas.
Agora não é possível nem do carvalho nem da rocha
conversar com ele como fazem moça e rapaz,
como moça e rapaz flertam um com o outro.
Não, melhor partirmos para a briga de imediato:
que saibamos a quem o Olímpio vai estender o triunfo".
Esperando, revolvia isso, e a ele achegou-se Aquiles
igual a Eniálio, guerreiro com elmo tremulante,
brandindo o freixo do Pélion acima do ombro direito,
terrível. O bronze brilhava em volta feito fulgor
de fogo queimando ou do sol nascendo.
Heitor, ao vê-lo, amedrontou-se; não mais suportou
esperar, deixou para trás os portões e se pôs a fugir.
O Pelida arremeteu, confiante nos pés ligeiros.
Como falcão nas montanhas, a mais lesta das aves,
facilmente cai sobre uma pomba tímida:

ela foge por baixo, e ele, de perto, com guincho agudo,
sem folga a ataca, e seu ânimo ordena que a pegue –
assim Aquiles, sôfrego, voava direto, e Heitor fugia
sob a muralha dos troianos e acelerava os joelhos.
Eles, ao lado da atalaia e da figueira ventosa,
disparavam, sempre na trilha não longe da muralha.
Chegaram às duas fontes de bela corrente, onde
brotam as duas nascentes do voraginoso Escamandro:
uma flui com água quente, e em volta
dela vapor sobe como se de fogo chamejante;
a outra, no verão, corre semelhante a granizo,
gélida neve ou gelo advindo de água.
Junto delas, perto havia poços amplos,
belos, de pedra, onde antes roupas lustrosas
as esposas e as belas filhas dos troianos lavavam
em época de paz, antes de chegarem os filhos de aqueus.
Junto a elas corriam, um em fuga, o outro, atrás, acossando-o –
na frente fugia um valoroso, acossado por um muito melhor –
velozmente, pois não competiam por um pedaço de boi
ou um couro, prêmios nas corridas a pé dos varões,
mas corriam pela vida de Heitor doma-cavalo.
Como quando vitoriosos cavalos monocasco, na curva,
correm muito ligeiro: há um grande prêmio,
trípode ou mulher, por um homem finado,
assim os dois circundaram três vezes com pés velozes
a urbe de Príamo. Todos os deuses a eles assistiam.
Entre eles começou a falar o pai de varões e deuses:
"Incrível: um caro varão, acossado em volta da muralha,
vejo com os olhos. Meu coração lamenta
por Heitor, que me queimou muita coxa bovina

nos picos do Ida de muitos vales e outras vezes
na acrópole. Pois agora o divino Aquiles
persegue-o com pés velozes em volta da urbe de Príamo.
Vamos lá, deuses, refleti e planejai
se o salvar da morte ou se já o subjugar,
embora valoroso, por meio do Pelida Aquiles".
A ele dirigiu-se a deusa, Atena olhos-de-coruja:
"Ó pai relampeante, nuvem-negra, o que falaste!
Varão que é mortal, há muito destinado a seu fado,
queres da hórrida morte o desprender?
Faz; mas não o aprovamos, todos os outros deuses".
Respondendo, disse-lhe Zeus junta-nuvens:
"Coragem, cara filha Tritoguêneia, não é com ânimo
sério que discurso, mas quero ser gentil contigo.
Vai para aonde se inclina tua mente e não titubeies".
Isso disse e instigou Atena, que já ansiara por partir;
partiu, lançando-se dos cumes do Olimpo.
A Heitor o veloz Aquiles punha em fuga sem cessar.
Tal cão que, na serra, persegue filhote de corça,
após tirá-lo da toca, pelos vales e pelas ravinas:
embora o cão não veja que se encolheu sob um arbusto,
mesmo assim corre seguro na caçada até o achar –
assim Aquiles pé-ligeiro não parou de atentar a Heitor.
Sempre que buscasse os Portões Dardânios
sob as torres bem-feitas, lançando-se direto,
esperando que o defendessem de cima com projéteis,
sempre Aquiles se antecipava e o forçava a rumar
à planície; quanto a ele, voava ao lado da cidade.
Como não se consegue, em sonho, capturar quem foge –
um não consegue fugir, o outro, capturar –,

assim, com os pés, não conseguia agarrá-lo, nem o outro, se safar.
Como Heitor teria escapado do finamento da morte
se Apolo, pela última e derradeira vez, não tivesse
se acercado, animado seu ímpeto e acelerado seus joelhos?
À sua tropa, o divino Aquiles sinalizava com a cabeça
que não permitia lançarem agudos projéteis em Heitor
para ninguém granjear glória e ele chegar em segundo.
Mas quando pela quarta vez alcançaram as fontes,
então o pai dispôs a balança de pratos de ouro.
Nela pôs os dois destinos de morte dolorosa,
o de Aquiles e o de Heitor doma-cavalo.
Suspendeu-a pelo meio: pendeu o dia fatal de Heitor,
dirigindo-se ao Hades, e abandonou-o Febo Apolo.
Ao Pelida alcançou a deusa, Atena olhos-de-coruja,
e, parada perto, dirigiu-lhe palavras plumadas:
"Agora espero que nós dois, caro-a-Zeus, insigne Aquiles,
levaremos às naus grande glória para os aqueus
após abatermos Heitor, embora ele não se sacie de lutar.
Agora não lhe é mais possível escapar de nós
nem se demais da conta penasse Apolo age-de-longe,
prostrando-se diante do pai, Zeus porta-égide.
Quanto a ti, para e recupera o fôlego, e eu, do outro
me acercando, irei convencê-lo a oferecer combate".
Falou Atena, e ele obedeceu e alegrou-se no ânimo:
parou e apoiou-se na lança língua-brônzea.
Ela o deixou e alcançou o divino Heitor,
assumindo o corpo de Deífobo e sua voz incansável;
parada perto, dirigiu-lhe palavras plumadas:
"Irmão, deveras a ti coage o ligeiro Aquiles,
acossando-te com pés velozes em volta da urbe de Príamo.

Pois permaneçamos firmes e nos defendamos!".
A ela falou o grande Heitor elmo-fulgente:
"Deífobo, por certo no passado eras para mim o mais caro
dos irmãos, os que Hécuba e Príamo geraram como filhos.
Agora, no juízo, penso em te honrar ainda mais,
tu que, depois de me ver, ousaste, por minha causa,
sair da muralha, e os outros aguardam lá dentro".
A ele falou a deusa, Atena olhos-de-coruja:
"Irmão, por certo o pai e a senhora mãe com fervor
suplicaram, um após o outro, companheiros em volta,
que lá eu ficasse: tamanho era o temor de todos.
Dentro, porém, meu ânimo se torturava em funesta dor.
Agora, atacando direto, combatamos, e não poupemos
nas lanças a fim de saber se Aquiles
nos matará e levará as armas ensanguentadas
às cavas naus ou se será subjugado por tua lança".
Falou Atena e, com argúcia, foi na frente.
Quando estavam próximos, indo um contra o outro,
a Aquiles primeiro dirigiu-se o grande Heitor elmo-fulgente:
"Não mais fugirei de ti, filho de Peleu, como antes fugi
três vezes em volta da grande urbe de Príamo e não ousei
aguardar teu ataque. Pois agora o ânimo me impele
a te enfrentar: matarei ou serei morto.
Vem aqui e ofertemos a nossos deuses: as melhores
testemunhas e guardiães de acordos serão.
Não irei te ultrajar de forma nociva se Zeus
conceder-me resistência, e eu arrancar tua vida.
Não, Aquiles: após pilhar tuas gloriosas armas,
darei o cadáver de volta aos aqueus; assim faz tu".
Olhando de baixo, disse-lhe Aquiles, veloz nos pés:

“Heitor, não me fales de acordos, maldito.
Assim como não há pactos de confiança para leões e varões,
nem lobos e cordeiros têm ânimo concorde,
mas pensam males uns para os outros sem cessar,
assim não é possível sermos amigos eu e tu, e para nós
não haverá pactos antes que um de nós, tendo caído,
com o sangue sacie o guerreiro Ares porta-escudo.
Mentaliza todo tipo de excelência: agora deves, muito,
ser um lanceiro e audacioso guerreiro.
Não há mais escape para ti, e logo Palas Atena
te subjugará com minha lança: pagarás por todas as agruras
de meus companheiros, que mataste correndo com a lança”.
Falou e arremessou a lança sombra-longa após brandi-la.
Encarando-a de frente, o insigne Heitor escapou:
antevendo-a, agachou-se, e a lança brônzea voou por cima
e cravou-se na terra. Palas Atena agarrou-a
e devolveu-a a Aquiles, sem Heitor, pastor de tropa, notá-lo.
E Heitor disse ao impecável Pelida:
“Erraste, Aquiles semelhante a deuses, e nada indica
que Zeus tenha te informado meu destino. Sim, afirmaste-o:
te mostraste um ladino estruturador de discursos,
querendo que eu deixasse, temeroso, o ímpeto e a bravura.
Não fugirei para me cravares lança nas costas;
não, quando te atacar direto, mete-a em meu peito
se um deus te conceder. Agora tenta evitar minha lança
de bronze; oxalá a recebas inteira em tua carne:
contigo morto, aos troianos a guerra seria
mais tranquila, pois és a desgraça máxima para eles”.
Falou e arremessou a lança sombra-longa após brandi-la:
atingiu o meio do escudo do Pelida e não errou:

o escudo desviou a lança para longe. Heitor enraiveceu-se
porque seu veloz projétil escapou à toa de sua mão,
ficou abatido e não tinha outra lança de freixo.
Clamava por Deífobo, o de escudo branco, em altos brados;
pedia-lhe uma lança enorme, e ele não estava perto.
Heitor se deu conta em seu juízo e disse:
"Incrível, de fato os deuses me chamaram para a morte.
Pensei que Deífobo, o herói, estivesse a meu lado,
mas está na muralha, e Atena me enganou.
A morte danosa não está longe, mas perto de mim,
e não há fuga: sim, há muito isso era o mais caro
a Zeus e ao filho lança-de-longe de Zeus, que antes,
solícitos, me guardavam; agora a moira me alcançou.
Que eu não morra sem esforço e sem fama, mas tendo
feito algo grande que também os vindouros conheçam".
Disse isso e puxou a espada afiada,
pendurada no flanco, grande e robusta,
e arremeteu, após se agachar, feito águia voa-alto,
a que ruma à planície através de nuvens escuras
para pegar cordeiro frágil ou lebre encolhida –
assim Heitor arremeteu, meneando a espada afiada.
Aquiles lançou-se, e encheu seu ânimo de ímpeto
selvagem: na frente, protegeu o peito com o escudo
belo e adornado, e agitava o elmo brilhante,
quatro-camadas, e os belos pelos de ouro
que Hefesto pusera tremulavam na crista, abundantes.
Como vai o astro em meio a astros no apogeu da noite,
o vespertino, o mais belo a colocar-se no céu,
assim era o brilho da ponta afiada da lança que Aquiles
brandia na direita, cogitando um mal ao divino Heitor,

observando onde sua bela pele cederia melhor.
O corpo de Heitor estava coberto pelas armas de bronze,
belas, que roubara da força de Pátroclo após o matar,
salvo onde as clavículas separam o pescoço dos ombros,
a garganta, onde se dá o fim mais rápido da vida.
Ali, quando Heitor o atacou, o divino Aquiles enfiou a lança,
e, certeira, a ponta atravessou o delicado pescoço.
A de freixo, pesada de bronze, não decepou a traqueia
e ele ainda pôde lhe dizer algo, replicando com palavras.
Tombou no pó, e o divino Aquiles proclamou:
"Heitor, talvez afirmaste, ao despojar Pátroclo,
que estarias a salvo, e comigo, longe, não contaste,
tolo: longe dele, como ajudante bem melhor,
nas cavas naus, eu ficara para trás,
o que afrouxou teus joelhos. Cães e aves te rasgarão
de forma ultrajante, e os aqueus farão as exéquias de Pátroclo".
A ele, debilitado, falou Heitor elmo-fulgente:
"Suplico-te por tua vida, joelhos e teus pais:
não deixes a mim devorar cães junto às naus dos aqueus;
não, aceita bronze e ouro suficiente,
dádivas que te darão meu pai e a senhora mãe,
e devolva meu corpo para casa, a fim de ao fogo
os troianos e suas esposas meu corpo entregarem".
Olhando de baixo, disse-lhe Aquiles, veloz nos pés:
"Não supliques por meus joelhos nem meus pais, cão;
oxalá meu ímpeto e ânimo me impelissem a, eu mesmo,
cortar tua carne e a devorar crua pelo que me fizeste,
assim como não há quem afastará os cães de tua fronte,
mesmo que um resgate dez ou vinte vezes maior
trouxessem aqui e pesassem e ainda prometessem mais;

nem que o Dardânida Príamo ordenasse que fosses
pesado com ouro: nem assim a senhora mãe a ti
chorará, tendo-te posto sobre o leito, a que te gerou,
mas os cães e as aves te devorarão inteiro".
Morrendo, disse-lhe Heitor elmo-fulgente:
"Por certo te vejo e reconheço bem – eu não iria
te persuadir: sim, o coração em teu peito é de ferro.
Agora, atenção: que eu não te traga a cólera dos deuses
neste dia, quando Páris e Febo Apolo
te matarem, embora valoroso, nos Portões Esqueios".
Assim, após falar, o fim que é a morte o cobriu;
sua alma voou para fora dos membros e ao Hades partiu,
lamentando seu destino após deixar o vigor e a juventude.
A ele, embora morto, dirigiu-se o divino Aquiles:
"Morra; meu finamento receberei quando quiser
Zeus completá-lo, ele e os outros deuses imortais".
Falou, puxou a lança brônzea para fora do cadáver,
colocou-a ao lado e retirou as armas dos ombros,
sangrentas. Outros filhos de aqueus afluíam em volta
e contemplavam o porte e a beleza admirável
de Heitor: todo que dele se acercava o feria.
Assim falavam, cada um fitando o homem ao lado:
"Incrível, por certo Heitor está mais suave para lidarmos
com ele que ao queimar as naus com fogo chamejante".
Assim falavam e, ao se acercarem, o furavam.
Após o divino Aquiles defesa-nos-pés o pilhar,
pôs-se entre os aqueus e palavras plumadas falou:
"Amigos, líderes e dirigentes dos argivos:
como os deuses permitiram esse varão ser subjugado,
ele que muitos males realizou, mais que todos os outros,

vamos testá-los com as armas em volta da cidade
a fim de saber qual é o espírito dos troianos:
ou abandonarão a acrópole após este aqui cair
ou vão querer resistir, mesmo com Heitor morto.
Mas por que meu caro ânimo examina essas coisas?
Junto às naus jaz o finado, não pranteado, não sepulto,
Pátroclo: dele não esquecerei enquanto estiver
entre os vivos e meus caros joelhos se moverem.
Embora no Hades se esqueçam dos mortos,
também lá mentalizarei meu caro companheiro.
Agora, cantando um peã, jovens aqueus,
retornemos às cavas naus e levemos este aqui.
Adquirimos grande glória: abatemos o divino Heitor,
a quem os troianos rezavam na urbe como a um deus".
Falou e armava feitos ultrajantes contra o divino Heitor.
Furou-lhe os tendões atrás de ambos os pés,
do calcanhar ao tornozelo, ligou-os com faixas de couro,
prendeu-os no carro e deixou a cabeça ser arrastada.
Subiu no carro, pôs as gloriosas armas dentro,
chicoteou os cavalos para puxarem, e eles de bom grado voaram.
Nuvem de pó subia do arrastado, nos dois lados as madeixas
escuras se espraiavam, e a cabeça inteira no pó
jazia, antes graciosa: aos inimigos, Zeus então
o entregara para ser ultrajado na terra pátria.
A fronte inteira foi coberta de pó; sua mãe
arrancava os cachos, arremessou o lustroso véu
para longe e ululou muito alto ao ver o filho.
O caro pai, lastimoso, lamentou, e o povo em volta
prolongou o ululo e o lamento pela cidade.
Isso mais parecia como se a alcantilada Ílion,

inteira, de cima a baixo fosse queimada pelo fogo.
O povo mal segurava o ancião, que, incontrolável,
ansiava por sair pelos Portões Dardânios.
A todos suplicava, rolando sobre a sujeira,
e, pelo nome, nomeava cada um:
"Recuai, amigos, e, mesmo aflitos, deixai-me sozinho
sair da cidade e me dirigir às naus dos aqueus:
quero suplicar a esse varão aí, iníquo e violento,
esperando que respeite minha idade e se apiede
da velhice. Também seu pai tem essa constituição,
Peleu, que o gerou e nutriu para ser uma desgraça
aos troianos: a ninguém mais que a mim impôs aflições.
Tantos filhos meus, vicejantes, matou:
a eles todos não choro tanto, embora atormentado,
quanto a um, por quem dor aguda me descerá ao Hades –
Heitor! Como devia ter morrido em meus braços:
então nos saciaríamos de choro e pranto,
a mãe, que, desventurada, o pariu, e eu mesmo".
Falou, chorando, e ao lado cidadãos gemiam.
Entre as troianas, Hécuba regeu farto lamento:
"Filho, pobre de mim! Por que vivo, sofrendo ao extremo,
quando estás morto? Para mim, de noite e de dia,
eras fonte de orgulho na cidade e conforto para todos
os troianos e troianas na urbe, eles que a ti, como a um deus,
saudavam: sim, era-lhes também grande glória
quando vivo; agora a moira da morte te alcançou".
Falou, chorando; ainda de nada sabia a esposa
de Heitor, pois a ela nenhum mensageiro confiável
fora anunciar que o marido estava diante dos portões;
não, tramava um tecido no recesso da alta casa,

púrpura, duplo, e nele inseria muitas flores.
Chamou as criadas belas-tranças pela casa,
que botassem grande trípode no fogo para haver
água quente para Heitor ao retornar da peleja –
tola, não pensou que a ele, bem longe das águas,
subjugara, pelas mãos de Aquiles, Atena olhos-de-coruja.
Escutou o ululo e o lamento vindos da torre:
tremeu por todo o corpo, e sua lançadeira caiu no chão.
Então falou entre as criadas belas-tranças:
"Vamos, segui-me duas; que eu veja o que ocorreu.
Eu ouvi a voz da respeitada sogra, e em mim mesma,
no peito, pula o coração até a boca, e os joelhos
estão travados: um mal está perto dos filhos de Príamo.
Oxalá a palavra fique longe de meu ouvido; mas temo
com horror que o divino Aquiles a meu tenaz Heitor,
sozinho, tenha cortado da cidade, perseguido rumo ao plaino
e feito cessar a macheza pungente
que o dominava: nunca permanecia no grupo de varões,
mas bem à frente corria com ímpeto sem rival".
Falou e correu pelo palácio, feito mênade,
o coração latejando; com ela seguiam suas criadas.
Ao chegar à torre e ao grupo de varões,
postou-se na muralha, esquadrinhou em volta e o viu
ser arrastado diante da cidade: a ele velozes cavalos
puxavam, sem desvelo, às naus dos aqueus.
Noite tenebrosa desceu e encobriu seus olhos,
tombou de costas e expirou seu ar vital.
Para longe da cabeça lançou os luzentes adornos,
o diadema, a rede, a faixa trançada
e o véu, que lhe dera a dourada Afrodite

no dia em que Heitor elmo-fulgente a conduziu
da casa de Eécion, após lhe oferecer muitas dádivas.
Em volta, cunhadas e concunhadas se puseram
e a seguravam entre elas, quase morta com o choque.
Quando voltou a si e no peito o ânimo se recompôs,
reiniciou o lamento entre as troianas e disse:
"Heitor, sou desgraçada: nascemos com o mesmo destino,
nós dois, tu, em Troia, na casa de Príamo,
e eu em Tebas, sob o matoso Placo
na casa de Eécion, que me criou quando pequena,
o desditoso à desafortunada: não tivesse me gerado.
Agora à morada de Hades, sob os confins da terra,
vais, e a mim abandonas, em luto odioso,
como viúva no palácio. O filho, ainda tão pequeno,
que geramos tu e eu, desventurados, nem tu para ele
serás um conforto, Heitor, pois morreste, nem ele para ti.
Mesmo se escapar da guerra muito-choro contra os aqueus
sempre haverá para ele labor e aflições
no futuro, pois outros tomarão seus campos.
O dia da orfandade afasta do menino seus companheiros:
fica humilhado de todo, e na face há choro.
Carente, o menino sobe até os companheiros do pai
e puxa o manto de um, a túnica de outro; apiedados,
alguém, por pouco tempo, lhe oferece uma caneca,
que umedece seus lábios, e ao palato não umedece.
Um menino com pais vivos o expulsa do banquete,
golpeando-o com as mãos e o reprovando com censuras:
'Cai fora! Teu pai não é nosso comensal'.
Aos prantos, o menino voltará até a mãe viúva,
Astíanax, que, no passado, nos joelhos de seu pai,

só comia tutano e densa gordura de ovelhas.
Quando o sono o tivesse tomado após ele brincar,
dormia no leito, nos braços da ama
em cama macia, o coração cheio com os agrados.
Agora sofrerá muita coisa, após ter perdido o pai,
Astíanax, que é como o denominam os troianos:
só tu lhes protegias os portões da grande muralha.
Agora a ti, junto às naus recurvas, longe dos pais,
comerão, com meneios, os vermes, saciados os cães,
nu; tuas roupas estão deitadas no palácio,
finas e graciosas, feitas pelas mãos das mulheres.
Não, por certo queimarei em fogo chamejante todas elas
que já não te servem, pois com elas não jazerás,
mas para ti trarão fama da parte de troianos e troianas".
Falou, chorando, e ao lado mulheres gemiam.

23

Assim eles carpiam pela cidade. Os aqueus,
após chegarem às naus e ao Helesponto,
dispersaram-se, cada um rumo a sua nau,
e Aquiles não deixava os mirmidões se dispersarem;
não, entre seus belicosos companheiros falou:
"Mirmidões de potros velozes, meus fiéis companheiros,
não soltemos do carro os cavalos monocasco,
mas com nossos cavalos e carros nos acerquemos
de Pátroclo e o choremos: essa é a mercê dos mortos.
Após nos deleitarmos com o lamento funesto,
soltaremos os cavalos e todos jantaremos aqui".
Falou, bramaram juntos, e Aquiles liderava.
Três vezes circundaram o corpo com os cavalos de belo pelame,
aos prantos; entre eles, Tétis instigou o desejo de lamento.
De lágrimas se molhavam a areia e as armas dos homens:
sentiam saudade de um mestre instigador de pânico como ele.
Entre eles o Pelida regeu copioso lamento,
pondo as mãos homicidas sobre o peito do companheiro:
"Rejubila, Pátroclo, embora na morada de Hades;
agora irei cumprir tudo que no passado te prometi:

arrastar Heitor aqui, dá-lo – crua refeição – aos cães
e, diante da pira, cortar o pescoço de doze
radiantes filhos de troianos, irado por tua morte".
Falou e armava feitos ultrajantes contra o divino Heitor,
estirando-o no pó, de bruços, junto ao féretro do Menecida.
Aqueles tiraram, cada um, suas armas,
brônzeas, cintilantes, soltaram os cavalos zurro-brioso
e sentaram-se junto à nau do Eácida pé-ligeiro,
miríades. A eles o Pelida ofereceu delicioso banquete.
Muitos bois luzentes estrebucharam, com o ferro
abatidos, e muitas ovelhas e muitas cabras.
De muitos porcos de dentes brancos, ricos em gordura,
queimaram-se cerdas, e foram estendidos no fogo de Hefesto;
por tudo em volta do morto fluía sangue canecas-cheias.
Então esse senhor, o Pelida pé-ligeiro,
os reis dos aqueus levaram à cabana do divino Agamêmnon,
com esforço o persuadindo, enraivecido pelo companheiro.
Ao chegarem à cabana de Agamêmnon,
de pronto ordenaram aos arautos de clara voz
colocar grande trípode no fogo, esperando convencer
o Pelida a lavar o sangue ressequido.
Negou-se, adamantino, e jurou o juramento:
"Não, por Zeus, que é o supremo deus e o melhor:
não é a norma que as águas se acheguem da fronte
antes de colocar Pátroclo na pira, erguer o sepulcro
e tosar a cabeleira, pois não uma segunda dor assim
pegará meu coração enquanto eu estiver entre os vivos.
Agora por certo obedeçamos ao odioso banquete;
na aurora, ordena, senhor dos varões, Agamêmnon,
que se busque lenha e se arranje tudo que convém

ao morto que desce às trevas brumosas,
a fim de que o fogo incansável o queime ligeiro
para longe dos olhos e a tropa se volte ao trabalho".
Falou, e eles o ouviram direito e obedeceram.
Com zelo prepararam a refeição e cada um
jantou, e porção justa não faltou ao ânimo.
Após apaziguar o desejo por bebida e comida,
cada um voltou a sua cabana para se deitar.
O Pelida, na praia do mar ressoante,
jazia, gemendo fundo, entre muitos mirmidões,
um lugar limpo, onde ondas quebram contra a costa.
Quando sono o prendeu, soltando tribulações do ânimo,
doce o envolvendo (extenuaram-se seus ilustres membros
ao lançar-se atrás de Heitor rumo à ventosa Ílion),
aproximou-se a alma do desgraçado Pátroclo
em tudo semelhante ao próprio, na altura, nos belos olhos
e na voz, e roupas iguais vestia no corpo.
Parou acima da cabeça de Aquiles e lhe dirigiu o discurso:
"Dormes e de mim esqueceste, Aquiles?
Quando vivia, não me ignoravas; morto, sim.
Enterra-me bem rápido: que eu cruze os portões do Hades.
As almas mantêm-me longe, os espectros dos extenuados,
e não deixam que me junte a elas para lá do rio,
e erro em vão junto à casa de Hades com largo portão.
Dá-me tua mão, estou arrasado: nunca mais
voltarei do Hades após me atribuirdes o fogo.
Não mais, vivos, à parte dos caros companheiros,
sentados discutiremos planos, mas um destino
odioso me abocanhou, a mim atribuído ao nascer.
Também tua moira, Aquiles semelhante a deuses,

é finar-se sob o muro dos troianos boa-linhagem.
Outra ordem te darei, esperando que a cumpras:
não ponhas meus ossos longe dos teus, Aquiles,
mas junto tal como fomos criados em vossa casa,
quando a mim, ainda pequeno, Menécio levou
de Opoente até vós por causa de homicídio funesto
no dia em que matei o filho de Anfidamas –
tolo fui, sem o querer, com raiva pelo jogo de ossos.
Então recebeu-me em sua casa o cavaleiro Peleu,
criou-me com gentileza e nomeou-me teu assistente.
Assim, a mesma urna conterá nossos ossos,
de ouro, dupla-alça, que te ofertou a senhora mãe".
Respondendo, disse-lhe Aquiles, veloz nos pés:
"Ai, por que vieste para cá, cabeça irmã,
e me dás cada uma dessas ordens? Pois eu
bem cumprirei e obedecerei a todas como pedes.
Achega-te mais de mim: mesmo por pouco tempo,
nos abracemos e deleitemos com o lamento ruinoso".
Falou, estendeu seus caros braços
e não o pegou: a alma, terra abaixo, como fumaça
partiu, guinchando. Admirado, ergueu-se Aquiles,
bateu as mãos e disse uma palavra lamentosa:
"Incrível, de fato também há algo na casa de Hades,
a alma, o espectro, mas o juízo não está inteiro,
pois toda a noite a alma do desgraçado Pátroclo
ficou junto a mim, lamentando-se aos prantos,
instruiu-me e, de forma espantosa, parecia com ele".
Falou, e em todos instigou desejo de chorar;
a eles, aos prantos, Aurora dedos-róseos surgiu
em volta do corpo lastimoso. O poderoso Agamêmnon

instigou as mulas e os varões de todas as cabanas
a trazer lenha; nobre varão supervisionava,
Meríones, o assistente do acolhedor Idomeneu.
Foram com machados corta-lenha nas mãos
e cordas bem-trançadas; na frente iam as mulas.
Foram amiúde, sobe e desce, para o lado, em diagonal.
Ao se acercarem das encostas do Ida de muitas fontes,
de pronto cortaram com vontade carvalhos
copa-alta com bronze ponta-longa; ressoavam alto
ao cair. Então, após rachá-los, os aqueus
os prendiam às mulas, que fendiam o chão com as patas,
ansiosas pela planície entre arbustos cerrados.
Todos os lenhadores levavam troncos: assim pedira
Meríones, o assistente do acolhedor Idomeneu.
Jogavam-nos, em sequência, na praia, onde Aquiles
indicara um grande outeiro para Pátroclo e para si mesmo.
Após jogarem madeira incontável por todo lugar,
ficaram lá e sentaram-se juntos. Aquiles
de pronto ordenou aos belicosos mirmidões
que vestissem o bronze e jungissem aos carros, a cada um,
os cavalos. Apressaram-se e vestiram as armas,
e os aurigas e os guerreiros subiram nos carros.
Na frente iam os carros; atrás, nuvem de soldados a pé,
miríades; no meio, os companheiros levavam Pátroclo.
Revestiam o cadáver com cabelos, que lançavam
ao se tosarem; atrás segurava sua fronte o divino Aquiles,
angustiado: enviava companheiro impecável ao Hades.
Ao chegarem ao local que lhes indicara Aquiles,
depuseram-no e logo empilhavam lenha a rodo.
Então teve outra ideia o divino Aquiles defesa-nos-pés:

parado à distância da pira, tosou loira madeixa,
que deixava crescer à farta para o rio Esperqueio.
Perturbado, falou olhando sobre o oceano vinoso:
"Esperqueio, em vão meu pai Peleu fez a prece
que, quando eu retornasse à cara terra pátria,
para ti eu cortaria uma madeixa, faria sacra hecatombe
e abateria cinquenta carneiros não capados nas fontes
tuas, onde ficam teu santuário e o altar oloroso.
Assim rezou o ancião, e não completaste seu plano.
Agora, como não devo retornar à cara terra pátria,
darei a madeixa ao herói Pátroclo para que a leve".
Falou, pôs a madeixa nas mãos do caro companheiro
e em todos instigou desejo de chorar.
Enquanto choravam, a luz do sol teria se posto
se Aquiles não tivesse ido a Agamêmnon e lhe dito:
"Atrida, é sobretudo tu que à tropa de aqueus
convences: saciar-se de lamento também é possível.
Que ela agora se afaste da pira, e ordena que preparem
a refeição. Disso aqui cuidaremos nós, a quem cumpre
luto intenso pelo morto; que os líderes fiquem conosco".
Após o senhor de varões, Agamêmnon, ouvir isso,
de pronto dispersou a tropa rumo às naus simétricas.
Os enlutados lá ficaram, empilharam a lenha,
fizeram uma pira de cem pés em todas as direções,
e puseram o corpo no alto da pira, aflitos no coração.
Esfolaram e desmembraram na frente da pira
muitas ovelhas robustas e lunadas vacas trôpegas. De todas
o animoso Aquiles tirou a gordura, com ela envolveu o morto
dos pés à cabeça e em volta empilhou os corpos esfolados.
Dentro pôs uma jarra com mel e unguento

apoiada no féretro. Gemendo alto, lançou com vontade
na pira quatro cavalos pescoço-notável.
Nove cães de mesa tinha o senhor Aquiles;
dois deles jogou na pira após degolá-los,
e doze valorosos filhos de animosos troianos
seu bronze abateu: feitos danosos concebia no juízo.
Jogou-os no férreo ímpeto do fogo para alimentá-lo.
Então bramiu e chamou o caro companheiro:
"Rejubila, Pátroclo, embora na morada de Hades;
agora irei cumprir tudo que no passado te prometi.
Doze valorosos filhos de animosos troianos,
todos nutrem o fogo contigo; não darei Heitor
Priamida ao fogo para ser devorado, mas a cães".
Falou suas ameaças. De Heitor não cuidavam cães,
pois a filha de Zeus, Afrodite, dele os afastava
dia e noite e o untava com óleo de rosas
imortal para não ser arranhado quando o puxassem.
Sobre ele Febo Apolo estendia nuvem cobalto
do céu à planície, e escondia o espaço inteiro
ocupado pelo cadáver para que o ímpeto do sol
não fizesse secar a carne nos tendões e membros.
A pira do defunto Pátroclo não queimava.
Então teve outra ideia o divino Aquiles defesa-nos-pés:
parado à distância da pira, rezou a dois ventos,
Bóreas e Zéfiro, e prometeu-lhes belos sacrifícios;
também libando muito com cálice de ouro, suplicava
que viessem para que aos corpos bem rápido queimasse
o fogo e a lenha ardesse com gana. Ligeiro Íris,
ouvindo as preces, levou a mensagem aos ventos.
Esses, reunidos na casa do revolto Zéfiro,

festejavam em um banquete. Correndo, Íris pôs-se
no umbral de pedra. Quando a viram com os olhos,
todos se ergueram e cada um a chamava até si.
Ela recusou-se a sentar e falou o discurso:
“Não me sento; voltarei às correntes de Oceano,
à terra dos etíopes, onde fazem hecatombes
aos imortais para também eu partilhar dos sacrifícios.
Bem, Aquiles a Bóreas e Zéfiro sopra-do-alto
reza que partam e prometeu-lhes belos sacrifícios;
que animem a pira até queimar, na qual jaz
Pátroclo, por quem choram todos os aqueus”.
Após falar assim, partiu, e eles se ergueram
com som prodigioso, alvoroçando as nuvens na frente.
Ligeiro chegaram ao oceano, soprando-o, e onda subiu
sob a lufada soante. Chegando a Troia grandes-glebas,
caíram na pira e o fogo abrasante crepitava alto.
A noite toda, juntos atiçaram a chama da pira
com vento soante. Toda a noite, o veloz Aquiles
de cratera de ouro, após pegar uma taça dupla-alça,
tirava vinho, vertia no chão e molhava a terra,
invocando a alma do desgraçado Pátroclo.
Tal pai que chora ao queimar os ossos do filho
recém-casado, sua morte afligindo os pais infelizes,
assim Aquiles chorava o companheiro queimando os ossos,
arrastando-se junto à pira, gemendo sem cessar.
Quando a Estrela da Manhã vem anunciar a luz na terra,
e aurora peplo-açafrão espalha-se atrás dela pelo mar,
então foi se apagando a pira, e a chama cessou.
Os ventos deram meia-volta e retornaram a casa
pelo mar Trácio, que gemia, furioso em ondas.

O Pelida da pira se afastou para o lado,
e reclinou-se, exausto, e doce sono o assaltou.
Os que estavam com o Atrida reuniram-se em grupo;
ao se achegarem, a assoada e o ressoo o despertaram.
Sentou-se, ereto, e dirigiu-lhes o discurso:
"Atrida e os outros melhores entre todos os aqueus:
primeiro apagai a pira com vinho fulgente,
inteira, até onde chegou o ímpeto do fogo. Então
agrupemos os ossos de Pátroclo Menecida,
distinguindo-os bem. Eles são conspícuos:
estão no meio da pira, e os outros, à parte,
queimaram na borda, cavalos e varões misturados.
Em vaso de ouro, com dupla camada de gordura,
os depositemos até eu mesmo ser oculto no Hades.
Não peço que se empenhem em grande túmulo,
apenas um adequado; então, que os aqueus também
o tornem mais largo e alto, vós que, depois
de mim, ficareis para trás nas naus muito-calço".
Falou, e obedeceram ao Pelida pé-ligeiro.
Primeiro apagaram a pira com vinho fulgente
até onde chegou a chama e cinzas se amontoaram.
Aos prantos, aos brancos ossos do afável companheiro
juntaram num vaso de ouro, com dupla camada de gordura,
puseram-no na cabana e o cobriram com tecido macio.
Tracejaram o túmulo e fizeram o fundamento
em volta da pira; depois, amontoaram terra em cima.
Após erguer o túmulo, quiseram voltar, mas Aquiles
lá conteve a tropa, fê-los sentar-se na ampla arena
e mandou trazerem-se prêmios das naus: bacias, trípodes,
cavalos, mulas, cabeças altivas de bois,

mulheres acinturadas e ferro cinzento.
Primeiro às parelhas velocípedes prêmios radiantes
fixou: uma mulher versada em trabalhos impecáveis
e uma trípode com alças para vinte e duas medidas
ao primeiro lugar; ao segundo, fixou uma égua
de seis anos, indomada, prenhe de uma mula;
ao terceiro determinou uma bacia virgem de fogo,
bela, podendo conter quatro medidas, ainda luzente;
ao quarto, fixou duas medidas de ouro;
e, ao quinto, um vaso com duas alças, virgem de fogo.
Pôs-se de pé e falou um discurso entre os argivos:
"Atridas e demais aqueus de belas grevas,
esses prêmios jazem na arena esperando os aurigas.
Se nós, aqueus, competíssemos agora em honra de outro,
eu pegaria o primeiro prêmio e o levaria à cabana.
Sabeis da excelência superior de meus cavalos:
são imortais, e Posêidon os deu
a meu pai, Peleu, que então os pôs em minhas mãos.
Não, ficarei aqui, bem como os cavalos monocasco,
pois perderam a nobre fama de um auriga como ele,
gentil, que muitas vezes derramou fluido óleo
em suas crinas, após lavá-los com límpida água.
Por ele estão de luto, parados; no chão suas crinas
se apoiam, os dois de pé, aflitos no coração.
Preparai-vos, outros, no bivaque, todo aqueu
que confia em seus cavalos e no carro bem-ajustado".
Falou o Pelida, e os aurigas rápido se reuniram.
O primeiríssimo foi o senhor de varões Eumelo,
o caro filho de Admeto, destacado na equitação.
Depois dele ergueu-se o Tidida, o forte Diomedes,

e os cavalos troianos pôs sob o jugo, os que pegara
de Eneias, quando este foi salvo à socapa por Apolo.
Depois dele ergueu-se o Atrida, o loiro Menelau,
oriundo-de-Zeus, e pôs os cavalos velozes sob o jugo:
Ígnea, a égua de Agamêmnon, e Pé-Veloz, seu próprio.
Anquises, filho de Tem-Potros, dera Ígnea a Agamêmnon
como dádiva para não o seguir à ventosa Ílion
mas ficar em casa, deleitando-se, pois enorme riqueza
dera-lhe Zeus, e morava na espaçosa Sícion;
ao jugo levou a égua, que almeja demais a corrida.
Antíloco, o quarto, preparou cavalos de belo pelame,
o radiante filho de Nestor, o autoconfiante senhor,
o filho de Neleu. Cavalos nascidos em Pilos,
velocípedes, puxavam seu carro. O pai se pôs a seu lado
e discursou boas ideias ao filho que também refletia:
"Antíloco, a ti, embora jovem, quiseram bem
Zeus e Posêidon, que tudo sobre equitação
te ensinaram; não é preciso que eu também te ensine.
Sabes bem fazer a curva de retorno. Teus cavalos, porém,
são os mais lentos da corrida; para ti será uma catástrofe.
Os cavalos dos outros são mais velozes, mas os aurigas
não sabem ser tão astuciosos.
Vamos lá, meu caro, põe em teu ânimo todo tipo
de astúcia para os prêmios não se esquivarem de ti.
Pela astúcia o lenhador é bem melhor que pela força;
pela astúcia o timoneiro, no mar vinoso,
dirige a nau veloz perturbada pelos ventos;
pela astúcia o auriga supera outro.
Porém, quem confiar em seus cavalos e em seu carro
e, sem refletir, fizer a curva muito aberta,

tais cavalos vagam pela pista, e ele não os contém;
quem conhece truques, mesmo guiando cavalos piores,
observa sempre a curva, que faz fechada, e não ignora
como retesar, desde o início, as rédeas de couro –
segura-as com firmeza e mira quem vai na frente.
Sinal te direi, inequívoco, e não o irás ignorar.
Tronco seco, de uma braça, está de pé sobre o solo,
de carvalho ou pinheiro, e não apodrece com a chuva;
duas pedras brancas ao lado estão presas na junção
das pernas do percurso, e a pista é lisa nos dois lados:
trata-se da lápide de um mortal finado há tempo
ou foi marca para homens de antanho; agora
o divino Aquiles defesa-nos-pés fez dela o sinal da curva.
Quase a toca ao conduzir o carro e os cavalos,
tu mesmo te reclina no carro bem-trançado
um pouco à esquerda dos cavalos, ao da direita
chicoteia aos gritos e afrouxa suas rédeas nas mãos.
Que teu cavalo esquerdo passe perto da marca
como se o cubo da roda bem-feita fosse alcançar
o canto da marca. Evita tocar na pedra
para que não firas os cavalos e destruas o carro:
alegria para os outros e infâmia para ti
isso seria; não, meu caro, atenta vigilante.
Se, em perseguição, passares à frente na marca,
não há quem, investindo, irá te pegar ou ultrapassar,
nem se, atrás, o divino Aríon o impelisse,
o veloz cavalo de Adrasto, de cepa divina,
ou os de Laomédon, que, notáveis, aqui foram criados".
Falou Nestor Nelida, e de volta a seu lugar
sentou após dizer ao filho o limite de cada coisa.

Seguindo as regras, deixo de fora os números dos versos (355, 360, 365, 370, 375, 380) e mantenho cada verso em sua própria linha.

Meríones, o quinto, preparou cavalos de belo pelame.
Subiram nos carros e tiraram a sorte.
Aquiles sacudiu, e saltou a pedra do Nestorida
Antíloco. Depois dele, caiu o forte Eumelo,
e seguiu-se o Atrida Menelau, famoso na lança,
e então foi sorteado Meríones. O último foi
o Tidida, de longe o melhor em guiar seus cavalos.
Parados em linha, Aquiles indicou o sinal da curva
ao longe no plaino regular. Ao lado pôs um observador,
o excelso Fênix, assistente de seu pai,
para que atentasse à corrida e relatasse a verdade.
Todos juntos ergueram os chicotes sobre os cavalos,
golpearam-nos com as rédeas e vociferaram
com gana. Eis que percorreram a planície,
longe das naus, rápido: sob seus peitos, pó
erguia-se ao alto como nuvem ou rajada,
e as crinas tombavam com as lufadas de vento.
Ora os carros se aproximavam do solo nutre-muitos,
ora se lançavam para o ar. Os aurigas ficavam
de pé nos carros, e o ânimo de cada um palpitava,
e almejavam a vitória. Todos gritavam com seus
cavalos, que voavam erguendo poeira do plaino.
Quando os cavalos velozes completavam o trecho final
voltando ao mar cinzento, a excelência de cada um
se mostrou, e logo os cavalos se esticaram: de pronto
as éguas pé-ligeiro de Eumelo Ferecida se adiantaram.
Atrás delas, adiantaram-se os cavalos machos de Diomedes,
troianos, e não estavam muito longe, mas bem perto;
pareciam a ponto de subir no carro em frente,
e, com o bafo, as costas e os largos ombros de Eumelo

esquentavam: voavam com as cabeças contra ele.
Agora iria ultrapassá-lo ou com ele empatar
o filho de Tideu se Febo Apolo não lhe tivesse rancor
e não lhe arrancasse o brilhante chicote das mãos.
De seus olhos, lágrimas caíam, enraivecido,
pois via que aquelas corriam ainda mais
e os seus, correndo sem aguilhão, foram lesados.
Atena não ignorou que Apolo tolheu o Tidida
e bem ligeiro arremeteu atrás do pastor de tropa,
deu-lhe o chicote e insuflou ânimo nos cavalos.
Rancorosa, a deusa foi atrás do filho de Admeto
e quebrou o jugo dos cavalos. Suas éguas
correram para lados opostos, e o varal rolou no chão.
O auriga caiu para fora do carro, ao lado da roda,
e lacerou cotovelos, boca e nariz e machucou
a fronte acima das celhas; seus olhos
encheram-se de lágrimas e a voz cheia se conteve.
O Tidida guiou seus cavalos monocasco ao lado
e saltou bem à frente dos demais, pois Atena
lançou ímpeto nos cavalos e atribuiu-lhe a glória.
Depois dele vinha o Atrida, o loiro Menelau.
Antíloco gritou aos cavalos de seu pai:
"Apressai-vos os dois com o máximo de esforço.
Contra aqueles lá não ordeno que disputeis,
os cavalos do aguerrido Tidida, nos quais Atena
instigou velocidade e a ele atribuiu a glória.
Alcancei os cavalos do Atrida, sem ficar para trás,
velozmente, e que Ígnea não verta infâmia sobre vós,
sendo fêmea; por que, superiores, ficais para trás?
Pois eu falarei assim, e isto se cumprirá:

cuidados da parte de Nestor, pastor de tropa,
não tereis, mas de pronto vos matará com bronze agudo
se, relaxados, levarmos um prêmio inferior.
Vamos, apressai-vos ao máximo na perseguição;
eu mesmo irei arquitetar e pensar isto,
encaixar-me na via estreita, e não me escapará".
Falou, e, com medo do berro do senhor,
por pouco tempo correram ainda mais. Logo depois
Antíloco firme-na-luta viu o cavo percurso estreitar-se.
Havia um sulco no solo, de onde a água invernal, retida,
tirara um pedaço, e todo o trecho era fundo:
ali Menelau os continha, evitando o entrechoque.
Antíloco guiou seus cavalos monocasco ao lado
por fora do caminho e, desviando pouco, o perseguia.
O Atrida se amedrontou e gritou a Antíloco:
"Antíloco, guias como um louco; contém os cavalos!
A via é estreita; onde é mais larga, logo poderás ultrapassar;
a ambos não leses, chocando-te contra meu carro".
Falou, e Antíloco com ainda muito mais gana os tangeu,
atiçando-os com o aguilhão como alguém que não ouve.
Tão longe quanto um disco arremessado do ombro,
que lança um bravo varão testando sua juventude,
tamanha era a sua vantagem; as outras ficaram para trás,
as éguas do Atrida: ele de bom grado deixou de atiçá-las
para os cavalos monocasco não se entrechocarem
fazendo virar os carros bem-trançados,
e os aurigas não caírem na poeira, ávidos pela vitória.
Ralhando com ele, disse o loiro Menelau:
"Antíloco, nenhum mortal é mais destrutivo:
vai! Nós, aqueus, não afirmamos à vera seres inteligente.

Todavia, assim não levarás o prêmio, não sem jura".
Isso disse e, falando, deu ordem aos cavalos:
"Nada de frear ou parar, aflitos no coração;
antes as pernas e joelhos daqueles irão se extenuar
que os vossos: ambos são privados de juventude".
Falou, e, com medo do berro do senhor,
corriam ainda mais e logo se aproximaram daqueles.
Os argivos, sentados na arena, observavam
os cavalos, que voavam erguendo poeira do plaino.
Primeiro Idomeneu, líder cretense, discerniu os cavalos,
pois sentara fora da arena, bem ao alto no mirante.
Estava longe o auriga que o admoestara, mas ele o reconheceu:
discerniu o cavalo claramente dianteiro,
todo castanho salvo por um sinal branco
que havia na testa, circular como a lua.
Pôs-se de pé e falou o discurso entre os argivos:
"Amigos, líderes e dirigentes dos argivos:
só eu distingo os cavalos ou também vós?
Parece-me que outros cavalos vêm à frente,
e outro auriga se mostra; as éguas, creio, lá
no plaino foram lesadas, na ida as melhores.
Foram elas que vi primeiro contornarem a curva
e agora não as vejo: todos os lados meus olhos
esquadrinham na planície troiana, e não as vejo em nenhum lugar.
As rédeas escaparam do auriga, não foi capaz
de segurá-las na curva e não acertou a volta.
Lá, creio, caiu para fora, o carro quebrou,
e desviaram-se, pois ímpeto se apossou de seu ânimo.
Pois erguei-vos e vide também: eu, pelo menos,
não reconheço bem. Parece-me ser um varão

etólio de nascença, e rege entre os argivos,
o filho de Tideu doma-cavalo, o forte Diomedes".
Reprovou-o com uma afronta o veloz Ájax Oileu:
"Idomeneu, por que sempre tagarelas? As na frente,
as éguas ergue-pé, voam pela vasta planície.
Nem és assim o mais jovem entre os argivos
nem, com mais agudeza, teus olhos miram da cabeça.
Mas sempre tagarelas discursos; não precisas
ser falastrão; há outros melhores disponíveis.
Vão à frente as mesmas éguas que antes,
as de Eumelo, e dentro do carro vai ele com as rédeas".
Enfurecido, disse-lhe direto o líder dos cretenses:
"Ájax, ótimo brigão, canalha, em todo o resto
ficas atrás dos argivos, pois tua mente é intratável.
Agora vem cá, apostemos uma trípode ou bacia,
e ambos façamos do Atrida Agamêmnon o mediador
para que, pagando, saibas quais éguas vão na frente".
Falou, e de pronto se levantou o veloz Ájax Oileu,
irado, para retrucar com duras palavras.
A briga entre eles ainda teria continuado,
não tivesse o próprio Aquiles se erguido e discursado:
"Agora não mais retruqueis com duras e danosas
palavras, Ájax e Idomeneu, pois não convém;
também se indignariam contra outro que isso fizesse.
Não, sentados na arena, observai os cavalos:
logo eles próprios, ávidos pela vitória,
aqui chegarão; então reconhecereis, cada um,
os cavalos dos argivos, os segundos e os na frente".
Falou, e o Tidida vinha bem perto em sua linha,
com o chicote sempre golpeando do ombro; seus cavalos,

para cima pulando, efetuavam rápido o trajeto.
Grãos de poeira não deixavam de atingir o auriga,
e o carro, coberto de ouro e estanho,
corria atrás dos cavalos velocípedes, e fundo
não era o rastro dos aros que ficava atrás
na poeira fina; os dois, zelosos, voavam.
Parou no meio da arena, e jorrava muito suor
do pescoço e do peito dos cavalos ao solo.
Tidida pulou no chão do carro ultracintilante
e apoiou o chicote no jugo. Não vacilou
o altivo Estênelo e com gana pegou o prêmio:
para o levarem, deu-o aos autoconfiantes companheiros,
a mulher e a trípode com alças; ele soltou os cavalos.
Depois dele Antíloco Nelida tangeu os cavalos
com estratagemas, não velocidade, à frente de Menelau;
mesmo assim Menelau parou perto seus velozes cavalos.
A distância que um cavalo está da roda, o que puxa
seu senhor, esticando-se pela planície com o carro:
a ponta dos pelos de seu rabo toca nos aros;
a roda corre bem perto, e não há muito espaço
entre eles, o cavalo correndo pela ampla planície –
tão distante Menelau ficou do impecável Antíloco:
primeiro ficara à distância do arremesso de um disco,
mas rápido o alcançou, pois cresceu o bravo ímpeto
da égua de Agamêmnon, Ígnea lindo-pelo.
Se tivesse a corrida continuado para ambos,
Menelau iria ultrapassá-lo e não com ele empatar.
Meríones, o nobre assistente de Idomeneu,
ficou atrás do insigne Menelau pelo arrojo de uma lança,
pois seus cavalos lindo-pelo eram os mais lentos,

e ele próprio, o pior em guiar um carro nos jogos.
O filho de Admeto, entre todos, chegou por último,
puxando o belo carro e tangendo os cavalos na frente.
Ao vê-lo, apiedou-se o divino Aquiles defesa-nos-pés,
postou-se entre os argivos e falou palavras plumadas:
"Por último o melhor varão tange os cavalos monocasco;
vamos, demo-lhe de prêmio, como é adequado,
o segundo prêmio; que o primeiro vá para o filho de Tideu".
Falou, e todos os outros aprovaram o que pediu.
Agora ter-lhe-ia dado o cavalo, pois os aqueus aprovaram,
se Antíloco, o filho do animoso Nestor,
não tivesse, de pé, formalmente retrucado ao Pelida Aquiles:
"Aquiles, muito me enraivecerei se cumprires
essa palavra, pois vais tomar meu prêmio
refletindo que o carro e os velozes cavalos foram lesados,
ele mesmo sendo valoroso. Ele deveria, porém, aos imortais
ter rezado; assim não chegaria por último em sua linha.
Se dele te apiedares e te for caro ao ânimo,
tens na cabana muito ouro, e há bronze
e ovelhas, e há escravas e cavalos monocasco:
depois escolhe algo e lhe dê um prêmio até maior
ou também agora para que te louvem os aqueus.
A égua eu não darei; por ela, que me teste
o varão que quiser pelejar no braço comigo".
Falou, e sorriu o divino Aquiles defesa-nos-pés,
alegre com Antíloco, pois era seu caro companheiro;
respondendo, dirigiu-lhe palavras plumadas:
"Antíloco, se pedes que eu adicione outro bem
meu e o dê a Eumelo, então isso cumprirei.
Vou lhe dar a couraça que pilhei de Asteropeu,

de bronze, e cobertura de luzente estanho
a envolve: para ele será de muita valia".
Falou e ordenou ao caro companheiro Automédon
que a trouxesse da cabana; foi, trouxe-a para ele
e a pôs nas mãos de Eumelo, que, alegre, a recebeu.
Entre eles também se ergueu Menelau, aflito no ânimo,
com raiva demais de Antíloco; o arauto
pôs o cetro em sua mão e pediu silêncio
aos argivos. Menelau falou, herói feito deus:
"Antíloco, no passado inteligente, o que fizeste!?
Aviltaste minha excelência e lesaste meus cavalos,
lançando os teus à frente, que são muito piores.
Vamos, líderes e dirigentes dos argivos,
arbitrai no centro entre nós dois, sem favorecimento;
que nunca fale um dos aqueus túnica-brônzea:
'Menelau, com mentiras, violentou Antíloco
e se foi com a égua, pois eram muito piores seus
cavalos, mas ele, superior em excelência e força'.
Pois que eu mesmo dê a sentença, e nenhum dânao,
eu afirmo, vai me repreender, pois ela será reta.
Antíloco, vem aqui, criado-por-Zeus, como é a norma,
de pé diante dos cavalos e do carro, com o chicote
flexível nas mãos, com o qual antes os tangeste,
tocando os cavalos, e jura por Treme-Solo sustém-terra
que não bloqueaste meu carro de bom grado com um ardil".
Então lhe disse direto o inteligente Antíloco:
"Agora calma; sou muito mais jovem,
senhor Menelau, e tu, mais velho e melhor.
Sabes como são as transgressões de um varão jovem:
a ideia é mais veloz, e a astúcia, mais tênue.

Que teu coração o suporte; eu mesmo te darei
a égua que ganhei. Se também outro bem meu
pedires, de pronto preferiria dá-lo no ato a ti
a ser expulso de teu coração, criado-por-Zeus,
por todos os dias, e ser tido como vil pelos deuses".
Falou e, guiando a égua, o filho do animoso Nestor
a pôs nas mãos de Menelau, cujo ânimo
se aqueceu tal orvalho nas espigas de um trigal
que amadurece quando os campos se eriçam –
assim, Menelau, teu ânimo se aqueceu no íntimo.
Falando, dirigiu-lhe palavras plumadas:
"Antíloco, agora eu mesmo vou deixar de lado
a raiva, pois não eras insensato nem desvairado
no passado; hoje a mocidade venceu a cabeça.
Uma segunda vez evita iludir os melhores;
outro varão aqueu não me teria persuadido tão rápido.
Sim, muito sofreste e muito aguentaste
por mim, bem como teu pai e teu irmão.
Assim, por ti, suplicante, fui convencido, e darei
a égua, embora minha, para também saberem esses aí
que meu ânimo não é soberbo nem intratável".
Falou e ao companheiro de Antíloco, Ponderado, deu
a égua para que a levasse; pegou a reluzente bacia.
Meríones recebeu as duas medidas de ouro
por ter chegado em quarto. O quinto prêmio sobrou,
o vaso com duas alças, e Aquiles deu-o a Nestor,
levando-o pela arena e, de pé a seu lado, disse:
"Toma ancião, que também para ti haja algo precioso,
lembrança do funeral de Pátroclo, pois ao próprio
não verás mais entre os argivos. Dou-te esse prêmio

assim mesmo, pois não boxearás nem lutarás,
não entrarás no lançamento de dardo nem com os pés
correrás, pois já te oprime a dura velhice".
Falou e a pôs nas mãos de Nestor, que, alegre, a recebeu
e, falando, dirigiu-lhe palavras plumadas:
"Por certo isso tudo, criança, falaste com adequação:
os pés não são mais firmes, amigo, nem os braços
têm movimentos lestos a partir dos dois ombros.
Tomara fosse jovem e minha força, segura,
como quando os epeios sepultaram o forte Amarinceu
em Buprásio, e os filhos fixaram os prêmios em honra do rei.
Varão algum mostrou-se páreo para mim, nem dos epeios,
nem dos pílios nem dos animosos etólios.
No boxe venci Clitomedes, filho de Énops;
na luta, Anceu, filho de Plêuro, que se ergueu contra mim;
a Íficles, embora ótimo, com os pés ultrapassei
e a lança atirei mais longe que Fileu e Polidoro.
Somente me ultrapassaram com o carro os Actoridas,
projetando-se por serem dois, almejando, com rancor, a vitória,
pois os prêmios maiores ficaram para essa prova.
Eis que eram gêmeos: um dirigia com firmeza,
com firmeza dirigia, e o outro impelia com o chicote.
Assim fui um dia; agora que os mais jovens encarem
feitos tais: é preciso que eu obedeça à funesta velhice;
naquela época, me destaquei entre os heróis.
Vamos, honra teu companheiro com os jogos fúnebres.
Isto recebo, contente, e meu coração se compraz:
sempre lembras de mim, que te quero bem, e não esqueces
de me honrar como convém a mim ser honrado entre os aqueus.
Que deuses te deem, em troca, uma graça prazerosa".

Falou, e o Pelida o grande grupo de aqueus
atravessou após ouvir todo o elogio do Nelida.
Então fixou os prêmios pelo pungente combate de boxe:
conduziu uma mula robusta e a prendeu na arena,
de seis anos, indomada, a mais difícil de domar;
para o derrotado, fixou um cálice dupla-alça.
Pôs-se de pé e falou um discurso entre os argivos:
"Atridas e demais aqueus de belas grevas,
chamamos dois varões por isto aqui, os melhores
em erguer os punhos e dar golpes de boxe. Àquele a quem
Apolo conceder resistência, reconheçam-no todos os aqueus,
e retorne à cabana conduzindo mula robusta;
quanto ao derrotado, levará o cálice dupla-alça".
Falou, e de pronto se ergueu um varão bom e grande,
perito em boxe, o filho de Panopeu, Epeio.
Tocou a mula robusta e disse:
"Avança quem for levar o cálice dupla-alça.
Afirmo que outro aqueu não levará a mula
ganhando no boxe, pois proclamo ser o melhor.
Não me basta ter ficado atrás na batalha? É impossível
um homem ser exímio em todos os feitos.
Pois eu falarei, e isto se cumprirá:
com um golpe romperei a carne e partirei os ossos;
que os enlutados o aguardem aqui, juntos,
os que o retirarem, subjugado por meus braços".
Assim falou, e todos, atentos, se calaram.
Só Euríalo se ergueu contra ele, herói feito deus,
o filho de Mecisteu, o senhor filho de Talau:
ele um dia foi a Tebas, quando Édipo morreu,
para o enterro; lá derrotou todos os cadmeus.

Dele se ocupava Diomedes famoso-na-lança,
encorajando-o com palavras; muito queria sua vitória.
Primeiro Diomedes jogou a tanga no chão, e depois
deu-lhe correias bem-cortadas de boi campestre.
Os dois, tangas postas, foram ao centro da arena
e, de frente, os punhos das mãos encorpadas erguidos,
se entrechocaram, e suas mãos pesadas se misturavam.
Terrível crepitar vinha dos queixos, e suor escorria
de toda a parte nos membros. O divino Epeio atacou
e na face golpeu Euríalo, que observava: não ficou
muito mais tempo de pé; os membros ilustres vergaram.
Tal peixe que salta, quando Bóreas encrespa o mar,
na praia cheia de algas, e onda escura o encobre,
assim, com o golpe, Euríalo saltou; o animoso Epeio
agarrou-o e o pôs de pé. Caros companheiros o rodearam,
e a ele, arrastando os pés, conduziram pela arena,
cuspindo espesso sangue, a cabeça pendendo ao lado.
A ele, com a cabeça alhures, sentaram no meio deles
e eles mesmos buscaram o cálice dupla-alça.
O Pelida logo fixou outros prêmios, os terceiros,
mostrando-os aos dânaos, pela luta pungente:
ao vencedor, grande trípode fica-no-fogo,
que os aqueus avaliaram em doze bois;
ao vencido, colocou no meio uma mulher,
hábil em muitas tarefas, valendo quatro bois.
Pôs-se de pé e falou um discurso entre os argivos:
"De pé os que quiserem testar-se nesta prova!".
Falou, e levantou-se o grande Ájax Telamônio,
e Odisseu muita-astúcia ergueu-se, perito em truques.
Os dois, tangas postas, foram ao centro da arena,

um segurou o braço do outro com as mãos robustas
tal caibros cruzados que famoso carpinteiro estrutura
em casa alta para evitar a força dos ventos.
Sob as mãos corajosas, as costas rangiam,
pressionadas sem cessar. Suor fluía dorso abaixo,
e nos flancos e ombros, vergões abundantes
despontavam, rubros de sangue; sem parar
buscavam a vitória pela trípode bem-feita.
Nem Odisseu conseguia derrubar Ájax e jogar no chão,
nem Ájax a ele, e a força vigorosa de Odisseu resistia.
Quando se cansaram os aqueus de belas grevas,
então lhe disse o grande Ájax Telamônio:
"Laércida oriundo-de-Zeus, Odisseu muito-truque,
ou me erguerás ou eu a ti; Zeus se ocupará do resto".
Falou e o ergueu. Odisseu mentalizou um truque:
golpeou a parte de trás do joelho, soltou seus membros,
e Ájax caiu para trás; sobre seu peito, Odisseu
tombou. A tropa os contemplava e se admirou.
O segundo a tentar erguer foi o muita-tenência, divino Odisseu,
e muito pouco o mexia do chão, sem o erguer;
enganchou seu joelho no outro, e ambos caíram no chão,
próximos entre si, e se sujaram de poeira.
Pois saltaram e pela terceira vez teriam lutado,
não tivesse o próprio Aquiles se erguido e discursado:
"Não mais vos engalfinheis nem vos extenueis;
a vitória é dos dois. Pegai prêmios iguais
e parti, para que também outros aqueus disputem".
Falou, e eles o ouviram direito e obedeceram;
após se limparem do pó, vestiram as túnicas.
O Pelida logo fixou prêmios para velocidade,

uma cratera de prata bem-trabalhada: seis medidas
continha e, de longe, vencia em beleza por toda a terra,
pois os sidônios muito-adorno a fabricaram bem.
Varões fenícios a levaram sobre o mar embaçado,
ancoraram no porto e a deram de presente a Toas;
como resgate por Lícaon, filho de Príamo, deu-a
Euneu, filho de Jasão, ao herói Pátroclo.
Aquiles fixou-a como prêmio pelo companheiro
a quem fosse o mais lesto com os pés ligeiros.
Para o segundo, fixou um grande boi, farto em gordura,
e meia medida de ouro fixou como último prêmio.
Pôs-se de pé e falou um discurso entre os argivos:
"De pé os que quiserem testar-se nesta prova!".
Falou, e de pronto se ergueu o veloz Ájax Oileu,
Odisseu muita-astúcia e o filho de Nestor,
Antíloco, que nos pés vencia todos os jovens.
Parados em linha, Aquiles indicou o sinal da curva.
Desde o início se esticavam ao máximo; rápido
o Oilida se adiantou, e o divino Odisseu acelerava atrás
bem perto, tal como junto ao peito de mulher acinturada
vai a roca que ela puxa, destramente, com as mãos,
passando o carretel através da urdidura, e a segura
perto do peito – assim Odisseu corria perto e atrás
pisava em suas pegadas antes de a poeira se assentar.
Sobre a cabeça de Ájax, o divino Odisseu bafejava,
correndo sempre veloz. Todos os aqueus o ovacionavam,
ele almejando a vitória, e o exortavam a se esforçar.
Quando completavam o trecho final, de pronto Odisseu
rezou a Atena olhos-de-coruja em seu ânimo:
"Ouve-me, deusa, e vem como boa auxiliar de meus pés".

Falou, rezando, e Palas Atena o ouviu:
tornou seus membros lestos, os pés e as mãos acima.
Pois quando quase iam disparar rumo ao prêmio,
Ájax escorregou, correndo, pois Atena o lesara,
e caiu no esterco dos bois abatidos, mugidores,
que Aquiles, veloz nos pés, abatera para Pátroclo;
sua boca e narinas se encheram do esterco das vacas.
E à cratera ergueu o muita-tenência, divino Odisseu,
que chegou antes; o insigne Ájax arrebatou o boi.
De pé, segurando os chifres do boi campestre,
cuspiu o esterco e falou entre os argivos:
"Incrível, a deusa me lesou nos pés, ela que costuma,
feito mãe, ficar ao lado de Odisseu e socorrê-lo".
Falou, e eles todos riram dele com prazer.
Eis que Antíloco levou o último prêmio,
sorrindo, e falou um discurso entre os argivos:
"O que direi já sabeis, amigos: mesmo agora
os imortais ainda honram os homens mais velhos.
Ájax é um pouco mais velho que eu,
e Odisseu é de gerações passadas, de homens de antanho;
afirmam ser ele ancião-fresco: é difícil para os aqueus
competir com ele nos pés, salvo Aquiles".
Assim falou, glorificando Aquiles pé-ligeiro.
Aquiles respondeu-lhe com o discurso:
"Antíloco, não será vão o elogio que fizeste,
e acrescentarei meia medida de ouro para ti".
Isso disse e nas mãos dele o pôs; alegre, ele o recebeu.
O Pelida arriou uma lança sombra-longa
que levou à arena, um escudo e um elmo,
as armas de Sarpédon, que Pátroclo pilhara.

Pôs-se de pé e falou um discurso entre os argivos:
"Chamamos dois varões por isto aqui, os melhores,
vestindo suas armas e empunhando o bronze corta-carne,
para se testarem mutuamente diante da multidão.
Quem dos dois atingir antes a bela carne do outro
e tocar as entranhas através da armadura e do sangue escuro,
a esse eu darei esta espada pinos-de-prata,
bela, trácia, que pilhei de Asteropeu.
Quanto às armas, os dois, em conjunto, as levarão;
e belo banquete lhes ofertaremos na cabana".
Falou, e levantou-se o grande Ájax Telamônio
e eis que se ergueu o Tidida, o forte Diomedes.
Após se armarem de cada lado da multidão,
no meio se encontraram, sôfregos por pelejar,
os olhares ameaçadores: pasmo tomou todos os aqueus.
Quando estavam próximos, indo um contra o outro,
três vezes atacaram, três vezes quase se engalfinharam.
Então Ájax atingiu o escudo simétrico
sem chegar à pele, pois a couraça protegeu o interior.
Eis que o Tidida, por sobre o grande escudo,
buscava o pescoço do outro com a ponta da lança luzidia.
Nesse momento, os aqueus, com medo por Ájax,
pediram-lhes que parassem e pegassem prêmios iguais.
O herói deu ao Tidida a grande espada,
entregando junto a bainha e o cinturão bem-cortado.
E o Pelida apresentou um disco de ferro fundido,
que a grande força de Eécion costumava lançar:
a este o divino Aquiles defesa-nos-pés matara
e o disco trouxera às naus com outros bens.
Pôs-se de pé e falou um discurso entre os argivos:

“De pé os que quiserem se testar nesta prova!
Mesmo que tenha férteis campos bem distantes,
suprirá suas necessidades por cinco anos inteiros;
não será por carência de ferro que, para ele,
pastor ou lavrador irá à cidade, pois haverá suficiente”.
Falou, e ergueu-se o firme guerreiro Polipetes,
o vigoroso ímpeto do excelso Leonteu,
Ájax Telamonida e o divino Epeio.
Em sequência postaram-se; o divino Epeio pegou o disco
e o lançou, após girá-lo; todos os aqueus disso riram.
O segundo a arremessar foi Leonteu, servo de Ares;
o terceiro, o grande Ájax Telamônio, lançou-o
de sua mão robusta e ultrapassou as marcas de todos.
Quando o firme guerreiro Polipetes pegou o disco,
tão longe quanto um lenhador arremessa um bastão,
que, volteando, voa por cima de seus rebanhos bovinos,
tão longe lançou-o para além da arena, e gritaram.
Os companheiros do forte Polipetes ergueram-se
e levaram o prêmio do rei às cavas naus.
E Aquiles fixou ferro roxo para os flecheiros:
arriou dez machados duplos e dez simples.
Pôs de pé o mastro de uma nau proa-negra
longe na areia da praia, com fina corda nele prendeu
uma pomba tímida pelo pé e na pomba ordenou
que se flechasse: “Quem acertar a pomba tímida
recolha os machados duplos e os leve para casa;
quem acertar a corda e errar a ave –
esse é o pior – levará os machados simples”.
Falou, e ergueram-se a força do senhor Teucro
e Meríones, o nobre assistente de Idomeneu.

Pegaram seixos e, num elmo brônzeo, os sacudiram;
o primeiro sorteado foi Teucro. De pronto atirou
a flecha, sobranceiro, e não prometeu ao senhor
gloriosa hecatombe de carneiros, os primeiros do ano.
Errou a ave, pois Apolo negou-lhe o sucesso:
atingiu, junto ao pé, a corda que prendia a ave;
a flecha afiada cortou de todo a corda.
A pomba adejou ao céu, e a corda tombou
rumo ao chão; os aqueus o aclamaram.
Com pressa Meríones tomou o arco de sua mão;
já segurava a flecha quando Teucro mirava.
De imediato prometeu a Apolo lança-de-longe
gloriosa hecatombe de cordeiros, os primeiros do ano.
No alto, sob as nuves, viu a pomba tímida;
nela, que lá girava, acertou no meio, sob a asa,
e a flecha a atravessou e de volta na terra
cravou-se diante do pé de Meríones. A ave
pousou no mastro da nau proa-negra,
o pescoço arqueado, as asas compactas fechadas.
Ligeiro o ânimo voou corpo afora, e longe do mastro
ela tombou; a tropa contemplava e se admirou.
Meríones recolheu todos os dez machados,
e Teucro levou os simples às cavas naus.
E o Pelida arriou na arena uma lança sombra-longa
e uma bacia virgem de fogo, que valia um boi,
com desenho floral. Varões lanceiros se ergueram:
ergueu-se o Atrida, Agamêmnon de extenso poder,
ergueu-se Meríones, o nobre assistente de Idomeneu.
Entre eles falou o divino Aquiles defesa-nos-pés:
"Atrida, sabemos quanto ultrapassas todos

e quanto és o melhor em força e arremessos.
Não, fica com este prêmio e às cavas naus
volta, e entreguemos a lança ao herói Meríones,
se o quiseres em teu ânimo, pois peço-o eu".
Falou, e convenceu-se Agamêmnon, o senhor de varões;
Aquiles entregou a lança de bronze a Meríones, e o herói
Agamêmnon deu o prêmio belíssimo ao arauto Taltíbio.

24

A assembleia se desfez e cada tropa se dispersou
rumo a suas naus velozes. Ocuparam-se do jantar
e se deleitaram com o doce sono. Aquiles, porém,
mentalizando o caro companheiro, chorava, e sono
domina-tudo não o agarrava, mas ele rolava inquieto,
saudoso da virilidade e do bravo ímpeto de Pátroclo,
de tudo que com ele arrematou e das dores que sofreu,
cruzando guerras de homens e ondas pungentes.
Mentalizando isso, vertia espesso choro,
ora deitado de lado, ora de novo de costas,
ora de bruços. Então se punha de pé
e vagava, fora de si, ao longo da praia, e a aurora,
ao surgir sobre o mar e as praias, não ignorava.
Não, ele jungia os velozes cavalos ao carro,
prendia Heitor atrás e o arrastava
três vezes em volta da tumba do Menecida morto;
de volta, descansava na cabana e o largava,
estendido de bruços no pó. Do corpo de Heitor
Apolo afastava todo ultraje, apiedando-se do herói,
embora morto: cobria-o inteiro com a égide

dourado, para Aquiles, ao puxá-lo, não o lacerar.
Assim este ultrajava o divino Heitor, com raiva;
dele se apiedavam, vendo isso, os deuses venturosos
e instigavam Argifonte boa-mirada a roubá-lo.
Isso a todos agradou, menos a Hera,
Posêidon e Atena olhos-de-coruja,
ainda com ódio, como no início, da sacra Ílion,
de Príamo e do povo por causa do desatino de Páris,
que provocou as deusas quando foram a seu pátio
e louvou a que lhe deu pungente sensualidade.
Quando veio a décima segunda aurora,
então, entre os deuses, falou Febo Apolo:
"Sois terríveis, deuses, destrutivos; nunca para vós
Heitor queimou coxas de bois e de cabras perfeitas?
A ele, agora, não ousais salvar, embora cadáver,
para que o vejam a esposa, a mãe, o filho,
o pai Príamo e o povo, os quais ligeiro a ele
no fogo queimariam e oferendas ofertariam.
Não, deuses, preferis auxiliar o ruinoso Aquiles,
de juízo não apropriado e sem ideia
flexível no peito, feito leão perito em selvagerias,
que cede à grande força e ao ânimo macho
e vai aos rebanhos dos mortais para seu banquete:
assim Aquiles destruiu sua piedade e não tem
respeito, que muito lesa e beneficia os varões.
Outros já perderam, creio, entes mais caros,
um irmão do mesmo ventre ou mesmo um filho;
eles, porém, param de chorá-lo e de se lamentar,
pois as Moiras puseram ânimo resistente nos homens.
Após roubar seu coração, Aquiles prende o divino Heitor

ao carro e o arrasta em volta da tumba de seu companheiro:
não é direito nem correto que o faça.
Que não nos indignemos contra ele, embora valoroso:
ele ultraja a desamparada terra, com raiva!".
Enfurecida, disse-lhe Hera alvos-braços:
"Até essa tua fala seria correta, Arco-de-Prata,
se conferísseis, vê, honra igual a Aquiles e Heitor.
Heitor é mortal e mamou do seio de mulher;
Aquiles é rebento de uma deusa, que eu mesma
nutri, criei e dei como esposa a um varão,
Peleu, que era, no coração, muito caro aos deuses.
Às bodas todos comparecestes, deuses; tu entre eles
comeste com a lira na mão, amigo de vis, sempre desleal".
Respondendo, disse-lhe Zeus junta-nuvens:
"Hera, não te enfureças de tal forma com os deuses;
a honra não será uma e a mesma. Também Heitor
era amado pelos deuses, o mais caro dos mortais que há em Troia:
assim era para mim, pois não negligenciava caras dádivas.
Em meu altar nunca faltaram porção justa,
libação e olor: essa a mercê que nos é atribuída.
Pois deixemos de lado roubar – não é possível! –
o ousado Heitor às esconsas de Aquiles;
a mãe está sempre a seu lado, dia e noite.
Se um deus, porém, chamasse Tétis até mim
para eu lhe dizer fala cerrada como Aquiles
poderia receber dádivas de Príamo e liberar Heitor...".
Falou, e Íris pés-de-vento se foi com o recado,
e entre Samos e a escarpada Imbros
pulou no escuro mar: das águas ecoou um gemido.
Lançou-se às profundezas tal peso de chumbo,

que, partindo de chifre de boi campestre,
leva finamento a peixes devora-cru.
Achou Tétis na cava gruta, e, em volta, sentadas,
outras deusas marinhas reunidas: ela, no meio,
chorava o quinhão do filho impecável, que iria
perecer em Troia grandes-glebas, longe da pátria.
Parada próximo, falou Íris, veloz nos pés:
"De pé, Tétis; chama-te Zeus, mestre em ideias imperecíveis".
Então respondeu-lhe a deusa Tétis pés-de-prata:
"Por que me convoca o grande deus? Tenho pudor
de me reunir aos imortais; aflijo-me sem fim no ânimo.
Pois irei, e não será vã a palavra que ele disser".
Assim pronunciou a deusa divina e pegou o véu
preto, e não havia roupa mais escura que essa.
Pôs-se a caminho, e ia a veloz Íris pés-de-vento
na frente; em volta delas, a onda do mar se fendeu.
Atingiram a costa, lançaram-se ao páramo
e toparam o Cronida ampla-visão; em volta, sentados,
todos os outros reunidos, os deuses ditosos sempre vivos.
Tétis sentou ao lado de Zeus pai, pois Atena lhe cedeu lugar.
Hera pôs-lhe nas mãos um belo cálice dourado
e com palavras a alegrou; Tétis bebeu e o entregou.
Entre eles tomou a palavra o pai de varões e deuses:
"Vieste ao Olimpo, deusa Tétis, embora consternada,
com inesquecível aflição no juízo; bem o sei.
Mesmo assim direi por que te chamei para cá.
Faz nove dias que altercam os imortais
acerca do cadáver de Heitor e de Aquiles arrasa-urbe;
a roubá-lo instigam Argifonte boa-mirada.
Quanto a mim, vinculo essa glória a Aquiles,

guardando teu respeito e amizade para o futuro.
De pronto vá ao bivaque e dê ordem a teu filho:
diga que os deuses estão furiosos, e eu mais que todos
os imortais tenho raiva, pois com juízo doido
mantém Heitor junto às naus recurvas e não o liberta;
ele poderia temer-me e libertar Heitor.
Quanto a mim, enviarei Íris ao enérgico Príamo
para que ele vá às naus aqueias resgatar o caro filho,
levando presentes que rejubilam o ânimo".
Falou, e obedeceu-lhe a deusa Tétis pés-de-prata:
lançou-se, de partida, dos cumes do Olimpo
e alcançou a cabana do filho. Encontrou-o
gemendo à larga; em volta, seus companheiros,
frenéticos, ocupavam-se do preparo da refeição:
abateram grande carneiro felpudo na cabana.
Bem perto dele sentou-se a senhora mãe,
com a mão o acariciou, dirigiu-se-lhe e nomeou-o:
"Filho meu, até quando, chorando, angustiado,
consumirás teu coração, sem mentalizar comida
e cama? É bom unir-se em amor a uma mulher:
não viverás muito tempo, mas já para ti
estão perto a morte e a poderosa moira.
Agora de pronto me escuta, sou mensageira de Zeus:
afirma que os deuses estão furiosos, e ele mais que todos
os imortais tem raiva, pois com juízo doido
manténs Heitor junto às naus recurvas e não o libertas.
Vamos, liberta-o e recebe um resgate pelo cadáver".
Respondendo, disse-lhe Aquiles, veloz nos pés:
"Que venha quem vai trazer o resgate e levar o cadáver,
se o próprio Olímpio, com ânimo resoluto, o ordena".

Assim eles, mãe e filho, no aglomerado de naus,
trocavam entre si muitas palavras plumadas.
O Cronida instigou Íris rumo à sacra Ílion:
"Parta, Íris veloz: após deixar a sede do Olimpo,
ruma a Ílion e anuncia ao enérgico Príamo
que vá às naus aqueias resgatar o caro filho,
levando presentes que rejubilam o ânimo;
sozinho, sem a companhia de outro varão troiano.
Pode acompanhá-lo um arauto mais velho que guie
as mulas e o carro boas-rodas e de volta
à urbe leve o cadáver que o divino Aquiles matou.
Que a morte não ocupe seu juízo nem tenha medo:
deste jaez é o condutor que lhe daremos, Argifonte,
que o guiará até achegá-lo, guiando, de Aquiles.
Após guiá-lo para dentro da cabana de Aquiles,
o próprio não o matará e impedirá todos os outros:
ele não é insensato, obtuso ou nefando,
mas, muito gentil, poupará o varão suplicante".
Falou, e Íris pés-de-vento se foi com o recado
e chegou à casa de Príamo, cheia de assuada e choro.
Os filhos, sentados em volta do pai no pátio,
molhavam as vestes com choro; o ancião, no meio,
cobria-se com o manto, bem apertado; em volta,
na cabeça e no pescoço do ancião havia muita sujeira,
que ele, rolando, acumulara sobre si com as mãos.
As filhas e noras lamentavam-se em suas casas,
mentalizando aqueles que, muitos e nobres,
jaziam após perder a vida sob as mãos dos aqueus.
A mensageira de Zeus, de pé junto a Príamo, falou
com voz baixa, e tremor se apossou de seus membros:

"Coragem no juízo, Dardânida Príamo, e não temas;
eu não cheguei aqui com um mal nos olhos,
mas benevolente: sou a mensageira de Zeus,
que, longe, muito se preocupa contigo e se apieda.
O Olímpio ordenou que resgates o divino Heitor,
e leves presentes que rejubilam o ânimo,
sozinho, sem a companhia de outro varão troiano.
Pode acompanhar-te um arauto mais velho que guie
as mulas e o carro boas-rodas e de volta
à urbe leve o cadáver que o divino Aquiles matou.
Que a morte não ocupe teu juízo nem tenhas medo:
deste jaez é o condutor que te acompanhará, Argifonte,
que te guiará até achegar-te, guiando, de Aquiles.
Após guiar-te para dentro da cabana de Aquiles,
o próprio não te matará e impedirá todos os outros:
ele não é insensato, obtuso ou nefando,
mas, muito gentil, poupará o varão suplicante".
Tendo falado assim, partiu Íris, veloz nos pés,
e ele ordenou aos filhos que preparassem com mulas
o carro boas-rodas e nele prendessem um caixote.
Ele próprio desceu ao quarto com perfume de zimbro,
de alto pé-direito, que continha muita riqueza.
Para dentro chamou a esposa Hécuba e disse:
"Minha cara, mensageira olímpia de Zeus veio a mim;
devo ir às naus aqueias resgatar o caro filho,
levando presentes que rejubilem o ânimo.
Vamos, diz-me isto: como te parece no juízo?
Demais o ímpeto e o ânimo de mim solicitam
que vá às naus no seio do grande bivaque aqueu".
Isso disse, e a esposa ululou ao responder-lhe:

"Ai de mim, aonde foi teu juízo, pelo qual, outrora,
eras famoso entre os homens estrangeiros e teus súditos?
Como queres ir sozinho às naus dos aqueus
até os olhos do varão que muitos e valorosos
filhos teus matou? De ferro é teu coração.
Se te mirar com os olhos e te agarrar,
esse varão devora-cru e desleal de ti não se apiedará
nem te respeitará. Não, agora choremos, distantes,
sentados em casa: isto a poderosa Moira para ele,
ao nascer, com a linha fiou quando eu o pari,
que saciasse cães velocípedes longe dos pais,
junto a um homem brutal, com um fígado que eu gostaria
de comer, mordendo no meio: seria a retribuição
por meu filho, pois não o matou como a um covarde,
ele que, diante de troianos e troianas bem-drapeadas,
postou-se e não mentalizou nem fuga nem escapada".
A ela então dirigiu-se o ancião, Príamo divinal:
"Quero ir, e não me segures; para mim não sejas
um mau agouro no palácio: não me convencerás.
Se outro mortal tivesse me dado a ordem,
fosse ou adivinho, intérprete de sacrifícios, ou sacerdote,
diríamos ser um embuste e nos distanciaríamos;
como eu mesmo escutei a deusa e a encarei,
irei, e não será vã sua palavra. Se me cumpre
estar morto junto às naus dos aqueus couraça-brônzea,
eu prefiro: Aquiles poderia me matar tão logo eu tivesse
apaziguado o desejo por lamento com meu filho nos braços".
Falou e abriu as belas tampas das arcas;
de dentro tirou doze peplos bem belos,
doze mantos simples, número igual de cobertas,

tantas capas luzidias e, além disso, tantas túnicas.
Ouro pesou e levou dez medidas cheias,
mais duas trípodes brilhantes, quatro bacias,
mais uma taça bem bela, que lhe deram os trácios
quando fora em missão, posse notável: nem isso
o ancião poupou na casa, por demais querer no ânimo
resgatar o filho. Ele a todos os troianos
afastou do átrio, reprovando com palavras duras:
"Fora, tagarelas infames! Não tendes também
lamento em casa, tivestes de vir me atormentar?
Considerais pouco o sofrimento que Zeus Cronida me deu,
perder o filho melhor? Também vós o reconhecereis:
bem mais fácil será para os aqueus
matar-vos com ele morto. Quanto a mim,
antes de a cidade aniquilada e devastada
ver com os olhos, que eu desça à morada de Hades".
Falou e com o cetro afastou os homens; retiraram-se
pois o ancião tinha pressa. Berrou com seus filhos,
ralhando com Heleno, Páris, o divino Ágaton,
Pámon, Antífon, Polites bom-no-grito,
Deífobo, Hipótoo e o ilustre Dio;
berrando, a esses nove o ancião ordenou:
"Apressai-vos, filhos vis, ridículos; todos deveríeis
ter perecido no lugar de Heitor junto às naus velozes.
Ai de mim, ultradesgraçado: gerei os melhores filhos
na ampla Troia, dos quais, afirmo, nenhum restou:
o excelso Mestor, Troilo alegre-na-luta-de-carros,
e Heitor, um deus entre os homens que não parecia
ser filho de varão mortal, mas divino.
A esses Ares destruiu, mas as infâmias todas restaram,

loroteiros, dançarinos, a melhor cadência no pé,
ladrões de ovelhas e cabritos do próprio povo.
Não ides me aprontar o carro o mais rápido possível
e dispor todas essas coisas para realizarmos a rota?".
Assim falou, e, com medo do berro do pai,
ergueram e trouxeram o carro de mulas com boas-rodas,
belo, recém-feito, nele um caixote prenderam
e do gancho tiraram o jugo para mulas,
de buxo, bojudo, bem-equipado para os freios;
com o jugo, trouxeram a corda de nove braços.
Depuseram-no com apuro sobre o varal bem-polido,
na extremidade dianteira, e lançaram o anel na cavilha:
três vezes passaram a corda junto ao umbigo nos dois
lados, passaram-na por baixo e puxaram-na sob o gancho.
Trouxeram do quarto e no carro bem-polido
puseram o resgate sem-fim pela cabeça de Heitor
e jungiram as mulas forte-casco, obreiras com arreios,
as quais os misos um dia deram a Príamo, dons radiantes.
Para Príamo puseram sob jugo os cavalos que
o ancião criara no cocho bem-polido e os tinha para si.
Estes dois, o arauto e Príamo, fizeram-nos ser arreados
na alta morada, ambos com planos cerrados no juízo.
Hécuba achegou-se deles, agastada no ânimo,
levando vinho adoça-juízo na mão direita
em taça de ouro para os dois libarem antes de partir.
Parada diante dos cavalos, nomeou-os e disse:
"Aqui, liba a Zeus pai, e ora para voltar a casa
de volta dos varões inimigos, já que a ti o ânimo
instiga rumo às naus, mesmo eu não querendo.
Vamos, pelo menos ora ao Cronida nuvem-negra

do Ida, que olha para Troia inteira embaixo,
e pede uma ave, a mensageira veloz – ela é para Zeus
a mais cara das aves, e sua força é a maior –,
presságio à destra, para tu mesmo a observar
e, confiando nela, ires às naus dos dânaos de potros velozes.
No caso de Zeus ampla-visão te negar seu mensageiro,
então eu não iria te instigar e pedir
que, embora sôfrego, fosses às naus dos argivos".
Respondendo, disse-lhe Príamo divinal:
"Mulher, se pedes isso, não te ignorarei;
é bom erguer os braços a Zeus para ele se apiedar".
Falou o ancião e apressou a criada supervisora
a verter água impoluta nas mãos; a seu lado
a criada se pôs, com a bacia e a jarra nas mãos.
Tendo se lavado, da esposa recebeu o cálice;
rezou de pé, no meio do pátio, com vinho libou,
mirando o céu, e enunciou uma palavra:
"Zeus pai, regente do Ida, majestosíssimo, supremo,
dá que eu, como amigo e digno de piedade, alcance Aquiles,
e envia uma ave, a mensageira veloz – ela é para ti
a mais cara das aves, e sua força é a maior –,
presságio à destra, para eu mesmo observar
e, confiando nela, ir às naus dos dânaos de potros velozes".
Falou, rezando, o astuto Zeus o ouviu
e de pronto enviou a águia, a ave infalível,
caçadora negra, que chamam mosqueada.
Tão compridas quanto a porta de um quarto alto-teto
de homem rico, equipada com bom ferrolho,
assim eram suas asas de cada lado: apareceu-lhes
à destra e adejou ao longo da urbe. Ao vê-la,

alegraram-se, e no peito de todos o ânimo esquentou.
Com pressa o ancião subiu no carro polido
e partiu do pórtico e da colunata ressoante.
Na frente, as mulas puxavam a carroça quatro-rodas,
conduzida pelo atilado Ideu; atrás os cavalos,
que o ancião, guiando, com o chicote impelia
rápido pela cidade. Todos os familiares o seguiam,
lamuriando-se muito como se ele rumasse para a morte.
Após terem descido pela cidade e alcançado o plaino,
filhos e genros retornaram a Troia,
e os dois não foram ignorados por Zeus ampla-visão
ao surgirem no plaino: apiedou-se do ancião ao vê-lo,
e de pronto disse direto a seu caro filho Hermes:
"Hermes, a ti isto é sobremodo o mais caro,
acompanhar um varão, e atendes quem queres:
põe-te em marcha e às cavas naus dos aqueus
leva Príamo, e que ninguém o veja e perceba,
nenhum outro aqueu, antes que alcance o Pelida".
Isso disse, e não o ignorou o condutor Argifonte.
Presto então atou belas sandálias aos pés,
imortais, douradas, que o levavam sobre as águas
e sobre a terra sem-fim como lufadas de vento.
Tomou a vara com que encanta olhos de varões,
de quem quer, e outros, adormecidos, desperta;
com ela nas mãos, voou o poderoso Argifonte.
Rápido alcançou a Trôade e o Helesponto
e pôs-se em marcha na forma de varão príncipe
na prima barba, a mais graciosa época da juventude.
Aqueles, após passarem pela grande tumba de Ilo,
pararam as mulas e os cavalos para que bebessem

no rio, pois de fato trevas vieram sobre a terra.
O arauto viu o deus de perto e o observou –
Hermes – e dirigiu-se a Príamo dizendo:
"Atenção, Dardânida; de ideia atenta vêm as ações.
Vejo um varão, e creio que logo seremos despedaçados.
Eia, fujamos sobre o carro, ou toquemos
seus joelhos e supliquemos, esperando que se apiede".
Falou, o ancião desnorteou-se, temeu ao extremo
e seus pelos ficaram de pé nos membros recurvos,
ele parado, pasmo. Eriúnio achegou-se, por si mesmo
pegou a mão do ancião, inquiriu-o e falou:
"Pai, para onde conduzes, assim, os cavalos e as mulas
pela noite imortal, quando dormem os outros mortais?
Não temeste os aqueus, que têm ímpeto nas ventas,
teus inimigos hostis que estão próximos?
Se um deles te visse, pela veloz noite escura,
levando tanta preciosidade, qual seria tua ideia?
Velho é esse aí que vai contigo, e não és jovem
para afastar varão que por primeiro endurece.
Contudo, não te causarei dano, e também a outro
poderia afastar de ti: a meu caro pai te comparo".
Então respondeu-lhe o ancião, Príamo divinal:
"Mais ou menos, caro filho, é assim como dizes.
Mas um deus ainda me estendeu a mão, o que quis
que eu topasse tal viajante a tempo,
um como tu, admirável no porte e na beleza,
inteligente na ideia, descendente de pais ditosos".
A ele dirigiu-se o condutor Argifonte:
"Por certo isso tudo, velho, falaste com adequação.
Vamos, diz-me isto e conta com precisão:

ou estás levando bens, muitos e distintos,
até varões estrangeiros para ficarem protegidos,
ou vós todos já estais deixando a sacra Troia
com medo. Varão deste jaez, o melhor, pereceu,
o teu filho: na luta, não ficava atrás dos aqueus".
Então respondeu-lhe o ancião, Príamo divinal:
"Quem és tu, distinto, e descendes de que pais?
Narras bem a sorte de meu filho desventurado!".
A ele dirigiu-se o condutor Argifonte:
"Tu me testas, velho, e perguntas do divino Heitor.
A ele muitas vezes, na peleja engrandecedora,
vi com meus olhos, sobretudo quando rumou às naus
e matou argivos, rasgando-os com bronze agudo.
Nós, estáticos, o admirávamos, pois Aquiles
não nos permitia combater, enraivecido com o Atrida.
Sou seu assistente, e nos trouxe uma única nau bem-feita;
descendo de mirmidões, e meu pai é Polictor.
É rico e é velho, vê, como tu aqui,
tem seis filhos, e sou o seu sétimo;
com eles tirei a sorte e me coube seguir para cá.
Agora vim das naus à planície, pois na aurora
pelejarão em torno da urbe os aqueus de olhar luzente.
Sentados, impacientam-se, e os reis dos aqueus
são incapazes de os conter, ávidos por guerrear".
Então respondeu-lhe o ancião, Príamo divinal:
"Se de fato és um assistente do Pelida Aquiles,
vamos, me conta toda a verdade:
ou ainda junto às naus está meu filho, ou Aquiles
já o deu a seus cães após o cortar em pedaços".
A ele dirigiu-se o condutor Argifonte:

“Ancião, por enquanto cães e aves não o comeram,
mas ainda lá jaz junto à nau de Aquiles,
assim mesmo, na cabana. Pelo décimo segundo dia
jaz, seu corpo não apodrece, e nem os vermes
o comem, os quais devoram heróis mortos na luta.
Sim, em volta da tumba de seu caro companheiro
Aquiles o arrasta sem cuidado quando surge a divina Aurora,
mas não o avilta. Tu mesmo poderias contemplar
quão fresco ele jaz, limpo do sangue,
imaculado. Fecharam-se todos os ferimentos
que recebeu; muitos nele fincaram o bronze.
Assim cuidam os deuses venturosos de teu filho,
embora seja um cadáver, pois dele gostam de coração”.
Assim falou, jubilou o ancião e respondeu:
“Filho, por certo também é bom dar dádivas devidas
aos imortais, pois nunca meu filho, se um dia existiu,
no palácio esqueceu dos deuses que ocupam o Olimpo;
por isso o mentalizaram até mesmo na morte.
Vamos, recebe de mim esta bela taça,
a mim protege e conduz com a ajuda dos deuses
até que eu alcance a cabana do Pelida”.
A ele dirigiu-se o condutor Argifonte:
“Velho, testas a mim, mais jovem, e não me convencerás
a receber teu dom à socapa de Aquiles.
A ele temo e respeito demais no coração
para pilhá-lo: que algo ruim não me ocorra depois.
Como teu guia eu alcançaria até a gloriosa Argos,
gentil em nau veloz ou acompanhando a pé;
ninguém, desprezando o guia, te atacaria”.
Disse Eriúnio e, após pular no carro com cavalos,

pegou rápido o chicote e as rédeas com as mãos
e destilou bravo ímpeto nos cavalos e mulas.
Ao atingirem as torres diante das naus e o fosso,
os vigias haviam começado a preparar seu jantar,
e o condutor Argifonte sono verteu sobre eles
todos, e presto abriu o portão, afastou o ferrolho
e introduziu Príamo e os dons radiantes sobre o carro.
Pois quando atingiram a cabana do Pelida,
alta, que os mirmidões fizeram para seu senhor,
após cortarem pinheiros – cobriram-na
com um telhado revolto de junco colhido na planície;
em volta, grande pátio fizeram para seu senhor
com estacas contínuas: uma só tranca segurava o portão,
de pinha, que três aqueus empurravam para fechar,
e três, o grande ferrolho do portão, para abrir;
mas Aquiles costumava empurrá-lo sozinho –,
então o velocista Hermes abriu-o para o ancião,
introduziu os gloriosos dons para o Pelida pé-ligeiro,
desceu do carro sobre a terra e falou:
"Ancião, vim como um deus imortal,
Hermes, pois a ti o pai me ofertou como guia.
Quanto a mim, de volta irei, e aos olhos
de Aquiles não vou me dirigir: causaria indignação
um deus imortal saudar mortais assim de frente.
Pois tu, entra e toca nos joelhos do Pelida,
e a ele pelo pai, pela mãe bela-juba
e pelo filho suplica de sorte a agitar seu ânimo".
Falou e partiu rumo ao alto Olimpo
Hermes; Príamo do carro saltou ao chão.
Deixou Ideu lá mesmo; aguardava-o, segurando

cavalos e mulas. O ancião foi direto à morada,
onde sentava Aquiles caro-a-Zeus. Lá encontrou
o próprio e companheiros, sentados à parte; só dois,
o herói Automédon e Alcimo, servo de Ares,
ocupavam-se dele. Há pouco terminara a refeição,
de comer e beber, e a mesa ainda estava ao lado.
Não viram o alto Príamo entrar; perto postou-se,
pegou os joelhos de Aquiles e beijou suas mãos
terríveis, homicidas, que mataram muitos filhos seus.
Como quando denso desatino toma o varão: na pátria
mata um homem, dirige-se a terra estrangeira,
alcança um varão rico, e pasmo toma quem o mira –
assim Aquiles pasmou-se ao ver Príamo divinal;
também os outros, trocando olhares, se pasmaram.
Suplicando-lhe, Príamo dirigiu o discurso:
"Mentaliza teu pai, Aquiles semelhante a deuses,
de idade igual à minha, no umbral funesto da velhice.
Também a ele, penso, vizinhos que moram em volta
acossam, e não há ninguém que afaste dano e flagelo.
Contudo, quando ele ouve que estás vivo,
alegra-se no ânimo e tem esperança, todos os dias,
de ver o caro filho voltar de Troia;
eu sou ultradesgraçado, pois gerei os melhores filhos
na ampla Troia, dos quais, afirmo, nenhum restou.
Tinha cinquenta quando vieram os filhos de aqueus;
dezenove eram de um único e mesmo ventre,
e os outros as esposas pariram no palácio.
O impetuoso Ares soltou os joelhos da maioria;
quem era único e protegia a cidade e os moradores,
este não faz muito mataste, defendendo-se pela pátria –

Heitor. Por ele agora alcancei as naus dos aqueus
para recuperá-lo de ti trazendo resgate sem-fim.
Respeita os deuses, Aquiles, e te apieda de mim,
mentalizando teu pai: mereço ainda mais piedade,
pois isto nunca outro mortal sobre a terra ousou,
levar à boca as mãos do assassino do filho".
Falou, e no outro instigou desejo de lamentar o pai;
pegou a mão do ancião e o afastou gentilmente.
Os dois mentalizavam, um ao homicida Heitor,
chorando à larga, agachado diante dos pés de Aquiles,
e Aquiles chorava seu pai, e, em alternância,
Pátroclo; o gemido deles enchia toda a morada.
Mas após o divino Aquiles se deleitar com o lamento,
e o desejo se afastar de seu ânimo e membros,
de pronto saltou da poltrona, pela mão ergueu o ancião,
apiedando-se de suas cãs e da barba grisalha,
e, falando, dirigiu-lhe palavras plumadas:
"Coitado, muitos males aguentaste em teu ânimo.
Como ousaste vir sozinho às naus dos aqueus
até os olhos do varão que muitos e valorosos
filhos teus matou? De ferro é teu coração.
Pois senta na poltrona, e, apesar de tudo, as aflições
deixemos descansar no ânimo, embora angustiados;
de nada adianta o lamento gelado.
Isto os deuses fiaram para os pobres mortais:
viver angustiado. Despreocupados são eles próprios.
Dois tipos de cântaro estão no chão de Zeus
com dons que ele dá, males num, bens no outro.
A quem Zeus prazer-no-raio der uma mistura,
este ora obtém algo ruim, ora algo bom;

a quem der só coisas funestas, torna-o desprezível,
danosa fome canina impele-o sobre a terra divinal,
e vaga nem honrado pelos deuses nem pelos mortais.
Assim também a Peleu os deuses deram dons radiantes
desde o nascimento: entre todos os homens exceleu
na fortuna e na riqueza, rege os mirmidões
e, para ele, um mortal, fizeram de uma deusa sua esposa.
Mas também a ele o deus impôs um mal: que não
houvesse, em sua casa, progênie de filhos senhoris,
e gerou um só, vítima de morte não sazonal; dele,
envelhecendo, não cuido, pois, bem longe da pátria,
quedo-me em Troia, afligindo a ti e a teus filhos.
Ouvimos que também tu, velho, antes eras afortunado:
tanto quanto concentram Lesbos, assento de Ditoso,
a Frígia terra adentro e o ilimitado Helesponto,
a esses, velho, dizem que em riqueza e filhos superas.
Porém, desde que os Celestes te trouxeram essa desgraça,
em volta da cidade há sempre combates e carnificinas.
Aguenta e não lamentes sem cessar em teu ânimo;
nada realizarás, atormentando-te por teu filho,
nem o ressuscitarás antes de sofreres outro mal".
Então respondeu-lhe o ancião, Príamo divinal:
"Não me faças sentar na poltrona, criado-por-Zeus,
enquanto Heitor, sem os ritos, jaz na cabana;
ligeiro o libera para eu o ver e recebe o resgate
vultoso que trouxemos: goza dele e volta
a tua terra pátria, pois me deixaste, desde o começo,
viver e enxergar a luz do sol".
Olhando de baixo, disse-lhe Aquiles, veloz nos pés:
"Agora não me provoques mais; é minha a ideia

de liberar-te Heitor. Como mensageiro de Zeus
veio a mim a mãe que me gerou, filha do ancião do mar.
Também reconheço no juízo, Príamo, e não ignoro
que um deus te trouxe às naus velozes dos aqueus.
Um mortal não ousaria vir, nem um muito jovem,
ao bivaque; os vigias não o iriam ignorar
nem fácil removeria o ferrolho de nossos portões.
Por isso não agites ainda mais meu ânimo aflito;
que eu não deixe de te poupar na cabana, ancião,
tu que és um suplicante, e infrinja a ordem de Zeus".
Falou, e o ancião temeu e obedeceu ao discurso.
O Pelida saltou, como leão, para fora da casa,
não sozinho: com ele iam dois assistentes,
o heroi Automédon e Alcimo, de seus companheiros,
os que mais honrava Aquiles após a morte de Pátroclo.
Então soltaram os cavalos e as mulas do jugo,
introduziram o arauto, o núncio do velho,
e o acomodaram numa banqueta; do carro bem-polido
pegaram o resgate sem-fim pela cabeça de Heitor.
Deixaram duas capas e uma túnica bem-tecida
para Aquiles cobrir o corpo a ser levado para casa.
Chamou escravas e pediu que lavassem e ungissem Heitor
após o erguerem à parte, para Príamo não ver o filho;
que, com o coração angustiado, não soltasse a raiva
ao ver o filho, o ânimo de Aquiles se agitasse,
e ele o matasse, infringindo a ordem de Zeus.
Após as escravas o banharem e untarem com óleo,
lançaram belo manto e uma túnica em torno dele,
e o próprio Aquiles o ergueu e colocou no féretro,
e ele e companheiros o colocaram no carro polido.

Então gritou e chamou o caro companheiro:
“Não fiques furioso comigo, Pátroclo, se souberes,
embora no Hades, que liberei o divino Heitor
a seu caro pai, pois não me deu um resgate ultrajante.
A ti também darei uma parte, tanto quanto te cabe”.
Disse o divino Aquiles e voltou para a cabana,
sentou-se na cadeira artificiosa donde se erguera,
na parede oposta, e dirigiu a Príamo o discurso:
“Eis que teu filho foi resgatado, velho, como pediste,
e jaz no féretro; quando despontar a aurora,
o verás ao conduzi-lo; agora mentalizemos o jantar.
Vê, até Níobe bela-juba mentalizou comer,
ela que teve doze rebentos mortos no palácio,
seis filhas e seis filhos em plena juventude.
Aos moços Apolo matou com o arco prateado,
irado com Níobe, e às filhas, Ártemis verte-setas,
pois Níobe se comparara a Leto bela-face:
dizia que essa pariu dois, e ela mesma gerou muitos.
Eis que, embora sendo dois, mataram todos.
Nove dias jazeram em seu sangue; ninguém havia
para os enterrar, pois o Cronida tornara o povo pedra;
a eles, no décimo, os deuses celestes enterraram.
Eis que ela mentalizou comer, extenuada de chorar.
Agora, acho, nos rochedos das montanhas solitárias
em Sípilo, onde, dizem, fica o pouso de deusas
ninfas, que, nas duas margens do Aquelésio, ondeiam,
lá, embora de pedra, Níobe digere as agruras dos deuses.
Pois que também nós dois, divino ancião, nos ocupemos
da comida; depois podes de novo prantear o caro filho
ao levá-lo para Ílion: ele será muita-lágrima”.

Disse o veloz Aquiles, pulou e abateu uma ovelha branca;
companheiros a esfolaram e desmembraram com correção,
cortaram com destreza, em espetos transpassaram,
assaram com todo o cuidado e tudo retiraram do fogo.
Automédon pegou o pão e na mesa o distribuiu
em belas cestas; Aquiles distribuiu a carne:
e esticavam as mãos sobre os alimentos servidos.
Após apaziguarem o desejo por bebida e comida,
o Dardânida Príamo maravilhou-se com Aquiles,
como era grande e bem-apessoado: de frente um deus;
com o Dardânida Príamo maravilhou-se Aquiles,
mirando sua nobre fronte e ouvindo seu discurso.
Após se deleitarem mirando-se mutuamente,
a ele primeiro falou o ancião, Príamo divinal:
"Deixa-me ir rápido deitar, criado-por-Zeus, para,
sob doce sono adormecidos, nos deleitarmos;
os olhos sob minhas pálpebras não fecharam
desde que, sob tuas mãos, meu filho perdeu a vida,
mas sempre estou gemendo e digiro agruras mil,
rolando sobre a sujeira no cercado do pátio.
Pois só agora ingeri pão e também vinho fulgente
goela abaixo; antes nada tinha ingerido".
Falou, e Aquiles ordenou a companheiros e escravas
que camas postassem na antecâmara, belas mantas
púrpura lançassem, em cima estendessem lençóis
e capas de lã pusessem por último para se cobrirem.
Elas saíram do salão levando as tochas nas mãos
e ligeiro aprontaram duas camas, afobadas.
Assanhando-se, a ele disse Aquiles, veloz nos pés:
"Pois fora te deita, caro ancião; que nenhum aqueu

conselheiro venha para cá, eles que sempre comigo
se sentam para planos planejarem, como é a norma.
Se algum deles te visse, na veloz noite escura,
de pronto falaria a Agamêmnon, pastor de tropa,
e o resgate do morto seria postergado.
Vamos, diz-me isto e conta com precisão:
quantos dias queres para honrar o divino Heitor;
durante esse tempo, irei aguardar e conter a tropa".
Então respondeu-lhe o ancião, Príamo divinal:
"Se queres que eu complete o funeral do divino Heitor,
me comprazerias, Aquiles, se agisses deste modo:
sabes quão apertados estamos na cidade, a madeira longe
está, na montanha, e os troianos sentem grande temor.
Por nove dias o prantearíamos no palácio,
no décimo o enterraríamos e o povo se banquetearia,
no décido primeiro faríamos um túmulo sobre ele
e no décimo segundo guerrearemos se necessário".
A ele dirigiu-se o divino Aquiles defesa-nos-pés:
"Também isso, ancião Príamo, será como queres:
conterei o combate por tanto tempo como pedes".
Disse isso e pegou a mão do velho pelo punho,
a direita, para que não temesse no ânimo.
Estes no vestíbulo da casa, lá mesmo dormiram,
o arauto e Príamo, com planos cerrados no juízo,
e Aquiles dormiu no interior da cabana bem-erigida;
ao lado dele deitou-se Briseida bela-face.
Os outros, deuses e varões elmo-equino,
dormiram a noite toda, dominados por sono macio;
mas ao velocista Hermes o sono não prendeu,
revolvendo no ânimo como tiraria o rei Príamo

das naus sem que os sacros porteiros notassem.
Parou acima de sua cabeça e lhe dirigiu o discurso:
"Ancião, nenhum mal te preocupa se ainda dormes
no meio de varões inimigos, pois Aquiles te poupou.
Recuperaste o caro filho com grande resgaste;
dariam por ti, ainda vivo, resgate três vezes maior
teus filhos que ficaram em casa, se Agamêmnon,
o Atrida, te reconhecesse, e todos os aqueus soubessem".
Falou, o ancião temeu e despertou o arauto;
Hermes jungiu-lhes os cavalos e as mulas,
rápido os guiou pelo bivaque, e ninguém os reconheceu.
Quando alcançaram a vau do fluente rio,
o voraginoso Xanto, que o imortal Zeus gerou,
Hermes então partiu rumo ao alto Olimpo.
Aurora peplo-açafrão espalhou-se por toda a terra,
e, à cidade, com gemido e lamento, dirigiram
os cavalos, e as mulas levavam o cadáver. Varão algum
os reconheceu, nem mulher cintura-marcada,
antes de Cassandra, parecida com a dourada Afrodite:
após subir ao Pérgamo, vislumbrou o caro pai,
de pé no carro, e o arauto grita-na-cidade,
e viu-o sobre o carro de mulas, deitado no féretro.
Então se pôs a ulular e bradou pela cidade inteira:
"Vinde, troianos e troianas, ver Heitor,
se um dia vos aprouve seu retorno, vivo, da peleja,
pois grande prazer dava à cidade e a todo o povo".
Falou, e ninguém ficou onde estava, nem varão
nem mulher; luto incontido a todos alcançou.
Junto ao portão depararam-se com Príamo trazendo o cadáver.
Por primeiro a cara esposa e a senhora mãe por ele

arrancavam cachos, lançando-se ao carro boas-rodas
e tocando sua cabeça; aos prantos, a multidão em volta.
Então teriam assim, o dia inteiro até o pôr do sol,
em lágrimas lamentado Heitor diante do portão,
se o ancião não tivesse falado do carro às gentes:
"Deixai-me passar com as mulas; depois podereis
vos saciar de choro, após eu o levar para casa".
Falou e se afastaram, dando lugar ao carro.
Após o levarem à gloriosa casa, então puseram-no
num leito perfurado, e ao lado acomodaram cantores
regentes de trenos, e esses entoavam o treno,
o triste canto, e ao lado as mulheres gemiam.
Entre elas Andrômaca alvos-braços regeu o lamento
pelo homicida Heitor com sua cabeça nos braços:
"Marido, jovem morreste, e foi-se a seiva; viúva,
me deixas no palácio; o filho, ainda tão pequeno,
que geramos tu e eu, desventurados, não creio irá
alcançar a juventude: antes esta cidade, de cima a baixo,
será arruinada. Protetor, morreste, tu que a defendias
e guardavas esposas zelosas e crianças pequenas,
essas que ligeiro em cavas naus serão levadas,
eu entre elas. Quanto a ti, filho, a mim mesma
seguirás para onde labutarás em tarefas aviltantes,
flagelando-te para o senhor implacável, ou um aqueu
te pegará pelo braço e, morte funesta, lançará da torre,
irado, um de quem Heitor talvez o irmão tenha matado,
o pai ou o filho, já que inúmeros aqueus
pelas mãos de Heitor morderam o chão incomensurável:
teu pai não era amável no prélio funesto.
Por isso também as gentes o choram pela cidade,

e incutiste lamento indizível e luto para os pais,
Heitor; sobretudo para mim ficarão aflições funestas.
Ao morrer, do leito não me estendeste as mãos
nem me falaste uma fala cerrada, a qual sempre
eu mentalizaria, dia e noite, vertendo lágrimas".
Falou, chorando, e ao lado mulheres gemiam.
Entre elas, Hécuba regeu farto lamento:
"Heitor, em meu ânimo o mais caro de todos os filhos:
deveras, não apenas em vida, eras caro aos deuses,
mas eis que se ocupam de ti até mesmo na morte.
Aos meus outros filhos Aquiles, veloz nos pés,
a cada que pegava, vendia para lá do mar ruidoso,
para Samos, Imbros ou a enevoada Lemnos;
mas após tua vida tirar com bronze ponta-longa,
arrastava-te em volta da tumba de seu companheiro
Pátroclo, que mataste: nem assim o ressuscitou.
Agora jazes, fresco como orvalho, recém-morto
em casa, tal como aquele que Apolo arco-de-prata
mata com suas flechas suaves após chegar".
Falou, chorando, e incitou gemido incessante.
Depois entre elas Helena, a terceira, regeu o lamento:
"Heitor, em meu ânimo o mais caro de todos os cunhados:
sim, meu marido é o divinal Alexandre,
que me trouxe a Troia; que antes eu tivesse morrido!
Agora este já é para mim o vigésimo ano
desde que de lá parti e deixei minha pátria,
mas de ti nunca ouvi palavra vil ou ofensiva:
se qualquer outro em casa me reprovasse,
cunhado, cunhada, concunhada belo-peplo
ou a sogra (o sogro era sempre como pai gentil),

então tu a ele, induzindo com palavras, continhas
por causa de tua delicadeza e palavras suaves.
Angustiada, choro a ti e também a mim, infeliz;
comigo ninguém mais, na ampla Troia,
é gentil ou querido, e a todos atemorizo".
Falou, chorando, e ao lado gemia o numeroso povo.
Entre as gentes o ancião Príamo falou o discurso:
"Troianos, agora trazei madeira à cidade e no ânimo
não temei cerrada tocaia dos argivos: Aquiles,
ao me enviar das negras naus, assim ordenou,
não nos lesar antes da chegada da décima segunda aurora".
Assim falou, e jungiram bois e mulas
aos carros, e ligeiro se reuniram diante da cidade.
Por nove dias transportaram madeira incontável;
quando, no décimo, surgiu Aurora luz-aos-mortais,
aos prantos levaram para fora o ousado Heitor,
puseram o corpo no alto da pira e atearam fogo.
Quando surgiu a nasce-cedo, Aurora dedos-róseos,
em volta da pira do famoso Heitor reuniu-se o povo.
Então, após estarem reunidos, todos juntos,
primeiro extinguiram por inteiro a fogueira
com vinho fulgente, até onde alcançava o ímpeto do fogo;
depois aos brancos ossos reuniram irmãos e companheiros
aos prantos, e vertiam espessas lágrimas pelas faces.
Os ossos recolhidos puseram em arca de ouro
após os envolverem em macios peplos púrpura.
Ligeiro depuseram-na na cava sepultura, e em cima
com pedras em profusão, grandes, a cobriram.
Rápido ergueram o túmulo; por todo lugar, sentados, vigias,
temendo que os aqueus de belas grevas atacassem antes.

Tendo erguido o túmulo, se foram de volta; então,
reunidos, partilharam à larga de majestoso banquete
no palácio de Príamo, rei criado-por-Zeus.
Assim se ocupavam do funeral de Heitor doma-cavalo.

BIBLIOGRAFIA

AHRENSDORF, Peter J.
2014. *Homer on The Gods and Human Virtue: Creating The Foundations of Classical Civilization*. Cambridge: Cambridge University Press.
ALDEN, Maureen
2000. *Homer beside Himself: Para-narratives in the Iliad*. Oxford: Oxford University Press.
ALLAN, William
2006. "Divine Justice and Cosmic Order in Early Greek Epic". *Journal of Hellenic Studies*, v. 126, pp. 1–35.
ALONI, Antonio
1998. *Cantare glorie di eroi: Comunicazione e performance poetica nella Grecia arcaica*. Turim: Scriptorium.
AMEIS, Karl Friedrich & C. HENTZE
1884–1914. *Homers Ilias: Für den Schulgebrauch erklärt*. Leipzig: Teubner.
ASSUNÇÃO, Teodoro Rennó
1994–95. "Nota crítica à 'bela morte' vernantiana". *Clássica*, v. 7/8, pp. 53–62.
1997. "Le Mythe iliadique de Béllerophon". *Gaia*, v. 1/2, pp. 41–66.
2008. "Boa comida em banquetes como razão para arriscar a vida: O discurso de Sarpédon a Glauco (*Ilíada* XII 310–28)". *Nuntius Antiquus*, v. 1, pp. 1–17.
BAKKER, Egbert J.
1997. *Poetry in Speech: Orality and Homeric Discourse*. Ithaca: Cornell University Press.
2002. "*Khronos, kleos*, and Ideology from Herodotus to Homer", in M. REICHEL & A. RENGAKOS (org.). *Epea Pteroenta: Beiträge zur Homerforschung. Festschrift für Wolfgang Kullmann zum 75. Geburtstag*. Stuttgart: Franz Steiner.
2005. *Pointing to The Past: From Formula to Performance in Homeric Poetics*. Washington DC: Center for Hellenic Studies.

2013. *The Meaning of Meat and The Structure of the Odyssey*. Cambridge: Cambridge University Press.

BAKKER, Egbert & Ahuvia KAHANE

1997. *Written Voices, Spoken Signs*: *Tradition, Performance and the Epic Text*. Washington DC: Center for Hellenic Studies.

BAKOLA, Emmanuela

2010. *Cratinus and The Art of Comedy*. Oxford: Oxford University Press.

BASSETT, Samuel Eliot

1938. *The Poetry of Homer*. Berkeley: University of California Press.

BENEDETTO, Vincenzo di

1998. *Nel laboratorio di Omero*. Turim: Einaudi.

BENVENISTE, Émile

1995. *O vocabulário das instituições indo-europeias*. 2 vol. Campinas: Ed. da Unicamp.

BIERL, Anton & Joachim LATACZ (org.)

2000. *Homers Ilias*: *Gesamtkommentar* (*Basler Kommentar/BK*). Berlim: De Gruyter.

BONIFAZI, Anna

2012. *Homer's Versicolored Fabric*. Washington DC: Center for Hellenic Studies.

BOUVIER, David

2002. *Le Sceptre et la lyre*: *L'Iliade ou les héros de la mémoire*. Grenoble: Jérôme Millon.

BRANDÃO, Jacyntho Lins

2015. *Antiga Musa* (*arqueologia da ficção*). 2ª ed. Belo Horizonte: Relicário.

BRAUND, Susanna & Glenn W. MOST (org.)

2003. *Ancient Anger*: *Perspectives from Homer to Galen*. Cambridge: Cambridge University Press.

BREMMER, Jan N.

2013. "The Birth of the Personified Seasons (*Horai*) in Archaic and Classical Greece", in T. GREUB (org.). *Das Bild der Jahreszeiten im Wandel der Kulturen und Zeiten*. Munique: Wilhelm Fink.

BURGESS, Jonathan S.
2001. *The Tradition of the Trojan War in Homer and the Epic Cycle*. Baltimore / Londres: Johns Hopkins University Press.
2009. *The Death and Afterlife of Achilles*. Baltimore: Johns Hopkins University Press.
BURKERT, Walter
1992. *The Orientalizing Revolution: Near Eastern Influence on Greek Culture in the Early Archaic Age*. Cambridge, MA: Harvard University Press.
CAIRNS, Douglas
1993. *Aidôs: The Psychology and Ethics of Honour and Shame in Ancient Greek Literature*. Oxford: Oxford University Press.
2012. "*Atê* in the Homeric Poems". *Papers of the Langford Latin Seminar*, v. 15, pp. 1–52.
CAIRNS, Douglas & Ruth SCODEL
2014. *Defining Greek Narrative*. Edimburgo: Edinburgh University Press.
CLAY, Jenny S.
2011. *Homer's Trojan Theatre: Space, Vision, and Memory in the Iliad*. Cambridge: Cambridge University Press.
COLLINS, Leslie
1988. *Studies in Characterization in the Iliad*. Frankfurt: Athenäum.
CROTTY, Kevin
1994. *The Poetics of Supplication: Homer's Iliad and Odyssey*. Ithaca: Cornell University Press.
DANEK, Georg
1988. *Studien zur Dolonie*. Viena: Österreichischen Akademie der Wissenschaften.
2004. "Der Schiffskatalog der *Ilias*: Form und Funktion", in H. HEFTNER & K. TOMASCHITZ (org.). *Ad fontes! Festschrift für Gerhard Dobesch*. Viena: Eigenverlag der Herausgeber.
2006. "Die Gleichnisse der *Ilias* und der Dichter Homer", in F. MONTANARI & A. RENGAKOS (org.). *La Poésie épique grecque*: Métamorphoses d'un genre littéraire. Genebra: Fondation Hardt.

DEGER-JALKTZY, Sigrid & Irene LEMOS (org.)
2006. *Ancient Greece: From the Mycenaean Palaces to the Age of Homer*. Edimburgo: Edinburgh University Press.
DENTICE DI ACCADIA AMMONE, Stefano
2012. *Omero e i suoi oratori: Tecniche di persuasione nell'Iliade*. Berlim: De Gruyter.
DETIENNE, Marcel & Jean-Pierre VERNANT
2008. *Métis: As astúcias da inteligência*, trad. Filomena Hirata. São Paulo: Odysseus.
DICKSON, Keith
1995. *Nestor: Poetic Memory in Greek Epic*. Nova York: Garland.
DOURADO-LOPES, Antonio Orlando
2010. "A força da palavra de Zeus. Um comentário a *Ilíada*, XIX, 78–138", in T. ASSUNÇÃO; O. FLORES-JR. & M. MARTINHO. *Ensaios de retórica antiga*. Belo Horizonte: Tessitura.
2014. "Palavras falsas e o portão de Hades: A mentira como transgressão em Homero", in F. OLIVEIRA; M. SILVA & T. V. R. BARBOSA (org.). *Violência e transgressão: Uma trajetória da humanidade*. Coimbra / São Paulo: Imprensa da Universidade de Coimbra/Annablume.
DUÉ, Casey
2002. *Homeric Variation on a Lament by Briseis*. Lanham: Rowman & Littlefield.
DUÉ, Casey & Mary EBBOTT
2010. *Iliad 10 and The Poetics of Ambush: A Multitext Edition with Essays and Commentary*. Washington DC: Center for Hellenic Studies.
DUMÉZIL, Georges
1985. *L'Oubli de l'homme et l'honneur des dieux*. Paris: Gallimard.
DURANTE, Marcello
1976. *Sulla preistoria della tradizione poetica greca*. 2 vol. Roma: Ateneo.
EASTERLING, Patricia Elizabeth
1984. "The Tragic Homer". *Bulletin of the Institute of Classical Studies*, v. 31, pp. 1–8.

EDWARDS, Mark W.
1986. "Homer and Oral Tradition: The Formula, part I". *Oral Tradition*, v. 1, pp. 171–230.
1988. "Homer and Oral Tradition: The Formula, part II". *Oral Tradition*, v. 3, pp. 11–60.
1992. "Homer and Oral Tradition: The Type-scene". *Oral Tradition*, v. 7, pp. 284–330.
ELMER, David F.
2013. *The Poetics of Consent: Collective Decision Making & The Iliad*. Baltimore: Johns Hopkins University Press.
ERBSE, Hartmut (org.)
1969–88. *Scholia graeca in Homeri Iliadem*. Berlim: De Gruyter.
FANTUZZI, Marco
2012. *Achilles in Love: Intertextual Studies*. Oxford: Oxford University Press.
FENIK, Bernard
1968. *Typical Battle Scenes in the Iliad: Studies in the Narrative Techniques of Homeric Battle Description*. Wiesbaden: Franz Steiner.
FENNO, Jonathan
2005. "A Great Wave against the Stream: Water Imagery in *Iliadic* Battle". *American Journal of Philology*, n. 126, pp. 475–504.
FINKELBERG, Margalit
1998. "*Timê* and *aretê* in Homer". *Classical Quarterly*, v. 48, pp. 14–28.
2011. (org.). *The Homer Encyclopedia*. 3 vol. Malden: Wiley-Blackwell.
FOLEY, John Miles
1991. *Immanent Art: From Structure to Meaning in Traditional Oral Epic*. Bloomington: Indiana University Press.
1999. *Homer's Traditional Art*. University Park: Pennsylvania State University Press.
2005. (org.) *A Companion to Ancient Epic*. Oxford: Blackwell.
FORD, Andrew
1992. *Homer: The Poetry of the Past*. Ithaca: Cornell University Press.
2002. *The Origins of Criticism: Literary Culture and Poetic Theory in Classical Greece*. Princeton: Princeton University Press.

FOWLER, Robert (org.)
2004. *The Cambridge Companion to Homer*. Cambridge: Cambridge University Press.
FRAME, Douglas
2009. *Hippota Nestor*. Washington DC: Center for Hellenic Studies.
FRIEDRICH, Wolf-Hartmut
1956. *Verwundung und Tod in der Ilias*. Göttingen: Vandenhoeck & Ruprecht.
FRONTISI-DUCROUX, Françoise
1986. *La Cithare d'Achille: Essai sur la poétique de l'Iliade*. Roma: Ateneo.
GAGARIN, Michael
1987. "Morality in Homer". *Classical Philology*, v. 82, pp. 285–306.
GAZIS, George A.
2018. *Homer and the Poetics of Hades*. Oxford: Oxford University Press.
GONZÁLEZ, José M.
2013. *The Epic Rhapsode and His Craft: Homeric Performance in Diachronic Perspective*. Washington DC: Center for Hellenic Studies.
GOTTSCHALL, Jonathan
2008. *The Rape of Troy: Evolution, Violence, and the World of Homer*. Cambridge: Cambridge University Press.
GRAZIOSI, Barbara
2002. *Inventing Homer: The Early Reception of Epic*. Cambridge: Cambridge University Press.
GRAZIOSI, Barbara & Emily GREENWOOD (org.)
2007. *Homer in the Twentieth Century: Between World Literature and the Western Canon*. Oxford: Oxford University Press.
GRAZIOSI, Barbara & Johannes HAUBOLD
2003. "Homeric Masculinity: *Ênoreê* and *agênoriê*". *Journal of Hellenic Studies*, v. 123, pp. 60–76.
2005. *Homer: The Resonance of Epic*. Londres: Duckworth.
2010. *Homer: Iliad Book VI*. Cambridge: Cambridge University Press.

GRETHLEIN, Jonas

2006. *Das Geschichtsbild der Ilias: Eine Untersuchung aus phänomenologischer und narratologischer Perspektive.* Göttingen: Vandenhoeck & Ruprecht.

2008. "Memory and Material Objects in the *Iliad* and the *Odyssey*". *Journal of Hellenic Studies*, n. 128, pp. 27–51.

GRIFFIN, Jasper

1980. *Homer on Life and Death.* Oxford: Oxford University Press.

HALLIWELL, Stephen

2011. *Between Ecstasy and Truth: Interpretations of Greek Poetics from Homer to Longinus.* Oxford: Oxford University Press.

HAUBOLD, Johannes

2000. *Homer's People: Epic Poetry and Social Formation.* Cambridge: Cambridge University Press.

2013. *Greece and Mesopotamia: Dialogues in Literature.* Cambridge: Cambridge University Press.

2014. "Beyond Auerbach", in D. CAIRNS & R. SCODEL. *Defining Greek Narrative.* Edimburgo: Edinburgh University Press.

HEIDEN, Bruce

2002. "Hidden Thoughts, Open Speech: Some Reflections on Discourse Analysis in Recent Homeric Studies", in F. MONTANARI (org.). *Omero tremila anni dopo.* Roma: Edizioni di Storia e Letteratura.

2008. *Homer's Cosmic Fabrication.* Oxford: Oxford University Press.

HERÓDOTO.

1985. *História,* trad. M. da Gama Kury. Brasília: Ed. da UnB.

HESK, Jon

2013. "Seeing in the Dark: *Kleos*, Tragedy and Perception in *Iliad* 10", in H. LOVATT & C. VOUT. *Epic Visions: Visuality in Greek and Latin Epic and its Reception.* Cambridge: Cambridge University Press.

HESÍODO.

2013a. *Teogonia*, trad., introd. e notas Christian Werner. São Paulo: Hedra.

2013b. *Trabalhos e dias*, trad., introd. e notas Christian Werner. São Paulo: Hedra.

HOMERO.
2011. *The Iliad*, trad. Anthony Verity. Oxford: Oxford University Press.
2013. *Ilíada*, trad. Frederico Lourenço. São Paulo: Companhia das Letras.
2018. *Odisseia*, trad. Christian Werner. São Paulo: Ubu Editora.

JONG, Irene J. F. de
1987. *Narrators and Focalizers: The Presentations of the Story in the Iliad*. Amsterdã: Grüner.
1999. (org.). *Homer: Critical Assessments*. 4 vol. Londres: Routledge.
2011. *Homer: Iliad* Book XXII. Cambridge: Cambridge University Press.

KEANEY, John J. & Robert LAMBERTON (org.)
1992. *Homers Ancient Readers: The Fermeneutics of Greek Epic's Earliest Exegetes*. Princeton: Princeton University Press.

KELLY, Adrian
2007. *A Referential Commentary and Lexicon to Homer, Iliad VIII*. Oxford: Oxford University Press.
2007. "How to End an Orally-Derived Epic Poem?". *Transactions and Proceedings of the American Philological Association*, v. 137, pp. 371–402.
2010. "Tradição na épica grega arcaica". *Letras Clássicas*, n. 14, pp. 3–20. Disponível em <http://www.revistas.fflch.usp.br/letrasclassicas/article/view/1584>.
2016. "Homero nos poetas líricos: transmissão e recepção". *Classica* n. 29, v. 1, pp. 125–156. Disponível em <https://revista.classica.org.br/classica/article/view/410>.
2017. "Achilles in control? Managing oneself and others in the funeral games", in P. BASSINO; L. G. CANEVARO, & B. GRAZIOSI (org.). *Conflict and Consensus in Early Greek Hexameter Poetry*. Cambridge: Cambridge University Press.

KIM, Jinyo
2000. *The Pity of Achilles: Oral Style and the Unity of the Iliad*. Lanham: Bouldner.

KIRK, Geoffrey Stephen (org.)
1985–93. *The Iliad: A Commentary*. Cambridge: Cambridge University Press.
KNUDSEN, Rachel A.
2014. *Homeric Speech and the Origins of Rhetoric*. Baltimore, MD: Johns Hopkins University Press.
KONING, Hugo
2010. *Hesiod: The Other Poet: Ancient Reception of a Cultural Icon*. Leiden: Brill.
KONSTAN, David
2005. *A amizade no mundo clássico*. São Paulo: Odysseus.
2006. *The Emotions of The Ancient Greeks: Studies in Aristotle and Classical Literature*. Toronto: University of Toronto Press.
KONSTAN, David & Kurt A. RAAFLAUB (org.)
2010. *Epic and History*. Malden-Oxford: Wiley-Blackwell.
KRISCHER, Tilman
1971. *Formale Konventionen der homerischen Epik*. Munique: Beck.
KULLMANN, Wolfgang
1960. *Die Quellen der Ilias*. Wiesbaden: Franz Steiner.
KURKE, Leslie
1999. *Coins, Bodies, Games, and Gold: The Politics of Meaning in Archaic Greece*. Princeton: Princeton University Press.
2011. *Aesopic Conversations: Popular Tradition, Cultural Dialogue and the Invention of Greek Prose*. Princeton: Princeton University Press.
LEAF, Walter
1900–02. *The Iliad*. 2 vol. Londres: Macmillan.
LÉTOUBLON, Françoise (org.)
1997. *Hommages à Milman Parry: Le Style formulaire de l'épopée homérique et la théorie de l'oralité poétique*. Amsterdã: Brill.
LOHMANN, Dieter
1970. *Die Komposition der Reden in der Ilias*. Berlim: De Gruyter.
LONSDALE, Steven H.
1990. *Creatures of Speech: Lion, Herding, and Hunting Similes in the Iliad*. Stuttgart: Teubner.

LORAUX, Nicole

1991. "Le point de vue du mort". *Po&sie*, v. 57, pp. 67–74.

1994. "L'*Iliade* moins les héros". *L'Inactuel*, 1, pp. 29–48.

LORD, Albert B.

1960. *The Singer of Tales*. Cambridge, MA: Harvard University Press.

LOWE, Nick J.

2000. *The Classical Plot and the Invention of Western Narrative*. Cambridge: Cambridge University Press.

LYNN-GEORGE, Michael

1988. *Epos: Word, Narrative and the Iliad*. Londres: MacMillan Press.

MACKIE, Christopher J.

2008. *Rivers of Fire: Mythic Themes in Homer's* Iliad. Washington DC: New Academia.

MACKIE, Hilary

1996. *Talking Trojan*: *Speech and Community in the* Iliad. Lanham: Rowman & Littlefield.

MACLEOD, Colin William

1982. *Homer*: Iliad, Book XXIV. Cambridge: Cambridge University Press.

MALTA, André

2006. *A selvagem perdição*: *Erro e ruína na* Ilíada. São Paulo: Odysseus.

MARKS, Jim

2005. "The Ongoing *neikos*: Thersites, Odysseus, and Achilleus". *American Journal of Philology*, n. 126, pp. 1–31.

2013. "Pastoreando gatos: Zeus, os outros deuses, e a trama da *Ilíada*", in A. M. C. POMPEU et. al. (org.). *Identidade e alteridade no mundo antigo*. Fortaleza: Núcleo de Cultura Clássica.

MARTIN, Richard. P.

1989. *The Language of Heroes*: *Speech and Performance in the* Iliad. Ithaca: Cornell University Press.

2000. "Wrapping Homer Up: Cohesion, Discourse, and Deviation in the *Iliad*", in A. SHARROCK & H. MORALES (org.). *Intratextuality*: *Greek and Roman Textual Relations*. Oxford: Oxford University Press.

MONTANARI, Franco (org.)

2002. *Omero tremila anni dopo*. Roma: Edizioni di Storia e Letteratura.

MONTANARI, Franco; Antonios RENGAKOS & Christos TSAGALIS (org.)

2012. *Homeric Contexts: Neoanalysis and the Interpretation of Oral Poetry*. Berlim: De Gruyter.

MORRIS, Ian & Barry POWELL (org.)

1997. *A New Companion to Homer*. Leiden: Brill.

MORRISON, James V.

1992. *Homeric Misdirections: False Predictions in the* Iliad. Ann Arbor: The University of Michigan Press.

MOULTON, Carroll

1977. *Similes in the Homeric Poems*. Göttingen: Vandenhoeck & Ruprecht.

MUELLNER, Leonard C.

1990. "The Simile of the Cranes and Pygmies: A Study of Homeric Metaphor". *Harvard Studies in Classical Philology*, v. 93, pp. 59–101.

1996. *The Anger of Achilles:* Mênis *in Greek Epic*. Ithaca: Cornell University Press.

MURARI PIRES, Francisco

2006. *Mithistória*. 2ª ed. São Paulo: Humanitas.

NAGY, Gregory

1990. *Greek Mythology and Poetics*. Ithaca: Cornell University Press.

1999. *The Best of the Achaeans: Concepts of The Hero in Archaic Greek Poetry*. 2ª ed. Baltimore: Johns Hopkins University Press.

2009. *Homer The Classic*. Washington DC: Center for Hellenic Studies.

2010. *Homer The Preclassic*. Berkeley: University of California Press.

NÜNLIST, René

2009. *The Ancient Critic at Work: Terms and Concepts of Literary Criticism in Greek Scholia*. Cambridge: Cambridge University Press.

OLIVEIRA, Gustavo Junqueira Duarte

2013a. "Histórias de Homero: Um balanço das propostas de datação dos poemas homéricos". *História e Cultura* , v. 1, pp. 126–47.

2013b. "Identidade heroica e identidade da multidão na *Ilíada*". *Romanitas*, v. 2, pp. 134–51. Disponível em <http://periodicos.ufes.br/romanitas/article/view/7414/5217>.

OSWALD, Alice
2013. *Memorial: A Version of Homer's* Iliad. Londres: Norton.
PARKS, Wards
1990. *Verbal Dueling in Heroic Narrative: The Homeric and Old English Traditions*. Princeton: Princeton University Press.
PELLICIA, Hayden
1995. *Mind, Body and Speech in Homer and Pindar*. Göttingen: Vandenhoeck & Ruprecht.
PORTER, James
2011. "Making and Unmaking: The Achaean Wall and The Limits of Fictionality in Homeric Criticism". *Transactions and Proceedings of the American Philological Association*, v. 141, pp. 1–36.
POSTLETHWAITE, Norman
1998. "Akhilleus and Agamemnon: Generalized Reciprocity", in C. GILL; N. POSTLETHWAITE & R. SEAFORD (org.). *Reciprocity in Ancient Greece*. Oxford: Oxford University Press.
PUCCI, Pietro
1995. *Odysseus polutropos: Intertextual Readings in The* Odyssey *and The* Iliad. Ithaca: Cornell University Press.
1998. *The Song of the Sirens: Essays on Homer*. Lanham: Rowman & Littlefield.
PULLEYN, Simon
2000. *Homer*: Iliad *book one*. Oxford: Oxford University Press.
PURVES, Alex C.
2010. *Space and Time in Ancient Greek Narrative*. Cambridge: Cambridge University Press.
READY, Jonathan L.
2007. "The Acquisistion of Spoils in the *Iliad*". *Transactions and Proceedings of the American Philological Association*, v. 137, pp. 3–44.
2011. *Character, Narrator and Simile in the* Iliad. Cambridge: Cambridge University Press.
REDFIELD, James M.
1994. *Nature and Culture in The* Iliad: *The Tragedy of Hector*. 2ª ed. Durham: Duckworth.

REICHEL, Michael & Antonios RENGAKOS (org.)
2002. *Epea Pteroenta: Beiträge zur Homerforschung. Festschrift für Wolfgang Kullmann zum 75. Geburtstag*. Stuttgart: Franz Steiner.
REINHARDT, Karl
1961. *Die Ilias und ihr Dichter*. Göttingen: Vandenhoeck & Ruprecht.
RICHARDSON, Scott D.
1990. *The Homeric Narrator*. Nashville: Vanderbilt University Press.
ROTH, Philip
2014. *A marca humana*, trad. P. H. Britto. São Paulo: Companhia de Bolso.
ROTSTEIN, Andrea
2010. *The Idea of Iambos*. Oxford: Oxford University Press.
ROUSSEAU, Philippe
1996. "Instruire Persès. Notes sur l'ouverture des *Travaux* d'Hésiode", in F. BLAISE; P. JUDET DE LA COMBE & P. ROUSSEAU (org.). *Le Métier du mythe: Lectures d'Hésiode*. Lille: Presses Universitaires du Septentrion.
2001. "L'Intrigue de Zeus". *Europe*, 865, pp. 120–58.
RUIJGH, Cornelis J.
1995. "D'Homère aux origines proto-mycéniennes de la tradition épique. Analyse dialectologique du lange homérique, avec un excursus sur la création de l'alphabet grec", in J. P. CRIELAARD (org.). *Homeric Questions: Essays in Philology, Ancient History and Archaeology, Including the Papers of a Conference Organized by the Netherlands Institute at Athens (15 May 1993)*. Amsterdã: Gieben.
SAMMONS, Benjamin
2010. *The Art and Rhetoric of The Homeric Catalogue*. Oxford: Oxford University Press.
SCHADEWALDT, Wolfgang
1966. *Iliasstudien*. 3ª ed. Darmstadt: Wissenschaftliche Buchgesellschaft.
SCHEIN, Seth L.
1984. *The Mortal Hero*. Berkeley: University of California Press.

SCODEL, Ruth
2002. *Listening to Homer: Tradition, Narrative, and Audience*. Ann Arbor: University of Michigan Press.
2008. *Epic Facework: Self-Presentation and Social Interaction in Homer*. Swansea: Classical Press of Wales.
SEAFORD, Richard
1994. *Reciprocity and Ritual: Homer and Tragedy in The Developing City-State*. Oxford: Oxford University Press.
SEGAL, Charles
1971. *The Theme of The Mutilation of The Corpse in The Iliad*. Leiden: Brill.
SEIBEL, Angelika
1994. *Volksverführung als schöne Kunst: Die Diapeira im zweiten Gesang der Ilias als ein Lehrstück demagogischer Ästhetik*. Frankfurt am Main: Peter Lang.
SLATKIN, Laura
1988. "Les Amies mortels: À propos des insultes dans les combats de *L'Iliade*". *L'Écrit du Temps*, v. 19, pp. 119–32.
1991. *The Power of Thetis: Allusion and Interpretation in The Iliad*. Berkeley: University of California Press.
2007. "Notes on Tragic Visualizing in The *Iliad*", in C. KRAUS; S. GOLDHILL; H. P. FOLEY & J. ELSNER (org.). *Visualizing the Tragic: Drama, Myth, and Ritual in Greek Art and Literature*. Oxford: Oxford University Press.
SNELL, Bruno et al. (orgs.)
1955–2010. *Lexikon des frühgriechischen Epos*. 4 vol. Göttingen: Vandenhoeck & Ruprecht.
TAPLIN, Oliver
1980. "The Shield of Achilles within The *Iliad*". *Greece & Rome*, v. 27, pp. 1–21.
1990. "Agamemnon's Role in The *Iliad*", in C. PELLING (org.). *Characterization and Individuality in Greek Literature*. Oxford: Oxford University Press.
1992. *Homeric Soundings: The Shaping of The* Iliad. Oxford: Oxford University Press.

THALMANN, William G.
1988. "Thersites: Comedy Scapegoats, and Heroic Ideology in the *Iliad*". *Transactions and Proceedings of the American Philological Association*, v. 118, pp. 1–28.
THIEL, Helmut van
2010. *Homeri Ilias*. Hildesheim: Olms.
TORRANO, José Antonio Alves
2005. "O certame Homero-Hesíodo" (texto integral). *Letras clássicas*, v. 9, pp. 215–24.
TSAGALIS, Christos
2004. *Epic Grief: Personal Laments in Homer's Iliad*. Berlim: De Gruyter.
2012. *From Listeners to Viewers: Space in the Iliad*. Washington DC: Center for Hellenic Studies.
VERSNEL, Henk S.
2011. *Coping with the Gods: Wayward Readings in Greek Theology*. Leiden: Brill.
VIEIRA, Leonardo Medeiros
2015. "O jovem Nestor como *leistér* na *Ilíada* e o roubo de gado em Homero", in T. R. ASSUNÇÃO & A. O. DOURADO-LOPES (org.). *Reinterpretando Homero*. Belo Horizonte: Tessitura.
VOLK, Katharina
2002. "*Kleos aphthiton* Revisited". *Classical Philology*, v. 97, pp. 61–68.
WEES, Hans van
1992. *Status Warriors: War, Violence and Society in Homer and History*. Amsterdã: Gieben.
WERNER, Christian
2004. "A astúcia de Aquiles no canto I da *Ilíada*". *Argos*, v. 28, pp. 93–103.
2008. "Wives, Widows and Children: War Victims in *Iliad* Book II". *Antiquité Classique*, v. 77, pp. 1–18.
2013. "O mundo dos heróis na poesia hexamétrica grega arcaica". *Romanitas*, n. 2, pp. 20–41. Disponível em <http://periodicos.ufes.br/romanitas/article/view/7409/5212>.

2014. "Futuro e passado da linhagem de ferro em *Trabalhos e dias*: o caso da guerra justa". *Classica* v. 27, n. 1, pp. 37–54. Disponível em <http://dx.doi.org/10.24277/classica.v27i1.91>.

2016. "'Mire veja': uma fórmula em *Grande sertão: veredas*". *Aletria*, v. 16, n. 1, pp. 177–94. Disponível em <http://dx.doi.org/10.17851/2317-2096.26.1.177-194>.

2018. *Memórias da Guerra de Troia*: a performance do passado épico na *Odisseia* de Homero. Coimbra: Imprensa da Universidade de Coimbra.

WERNER, Christian & Luiz Guilherme COUTO PEREIRA

2014. "Vida herodoteana de Homero: Apresentação e tradução". *Classica*, v. 27, n. 2, pp. 271–92. Disponível em <http://revista.classica.org.br/classica/article/view/321>.

WEST, Martin L.

1992. *Iambi et elegi graeci ante Alexandrum cantati*. 2ª ed. Oxford: Clarendon.

1997. *The East Face of Helicon*: *West Asiatic Elements in Greek Poetry and Myth*. Oxford: Oxford University Press.

1998–2000. *Homerus Ilias*. 2 vol. Leipzig: Saur.

2001. *Studies in the Text and Transmission of the* Iliad. Munique / Leipzig: Saur.

2007. *Indo-European Poetry and Myth*. Oxford: Oxford University Press.

WILLCOCK, Malcolm M.

1978–84. *The* Iliad *of Homer*. 2 vol. Londres: Macmillan.

WILLIAMS, Bernard

1993. *Shame and Necessity*. Berkeley: University of California Press.

WILSON, Donna F.

2002. *Ransom, Revenge, and Heroic Identity in The* Iliad. Cambridge: Cambridge University Press.

WILSON, Nigel G.

2007. *Aristophanis fabulae*. 2 vol. Oxford: Clarendon Press.

WINKLER, Martin M. (org.)

2007. *Troy*: *From Homer's* Iliad *to Hollywood Epic*. Oxford: Blackwell.

YAMAGATA, Naoko

1994. *Homeric Morality*. Leiden: Brill.

ZANKER, Graham
1994. *The Heart of Achilles: Characterization and Personal Ethics in The* Iliad. Ann Arbor: University of Michigan Press.
ZANON, Camila Aline
2004. "Os heróis se armam para a guerra (*Ilíada* III, 328–338; XI, 15–48; XVI, 130–147; XIX, 367–395)". *Letras Clássicas*, v. 8, pp. 129–47. Disponível em <http://www.revistas.fflch.usp.br/letrasclassicas/article/view/759>.
2013. "Homero: Qual cultura? Que sociedade?". *Romanitas*, v. 2, pp. 174–96. Disponível em <http://periodicos.ufes.br/romanitas/article/view/7416/5219>.

SOBRE O AUTOR

HOMERO Poeta ao qual se atribuíram os poemas épicos *Ilíada* e *Odisseia*. É pouco provável que um poeta com esse nome tenha existido, e não é mais possível reconstruir, com um mínimo de precisão, o processo pelo qual, entre os séculos VIII e VI a.C., o texto dos poemas adquiriu a forma na qual hoje são lidos. Uma das razões é que quase nada sabemos acerca do uso da escrita na Grécia no século VIII a.C., nem por que nem quando alguém teve a ideia de *escrever* um poema, já que performances poético-musicais faziam parte do cotidiano grego, ou seja, ainda no século V a.C., esse era o modo principal de recepção de uma composição poética. Por muito tempo, a poesia oral épica era composta no momento mesmo de sua apresentação. Muitos estudiosos modernos creem que um poeta muito bom tenha desenvolvido, com o uso da escrita, um poema monumental – a *Ilíada* –, e que, quando se apresentava diante do público, deixava de improvisar episódios individuais da tradição heroica grega e declamava trechos do poema, que passou a ser conhecido em toda a Grécia.

Se isso for verdade – e disso nunca teremos certeza –, então também é provável que outro poeta teria composto um segundo poema monumental, a *Odisseia*, tentando sobrepujar o autor da *Ilíada*. Fato é que, ainda no século VI a.C., "Homero", na Grécia, era o nome associado a um gênero poético, o épico, e a ele também eram atribuídos outros poemas. Somente no século V a.C. a *Ilíada* e a *Odisseia* adquiriram, em Atenas, um estatuto canônico tal que todo poema épico posterior passou a ser medido em relação a eles ou a emulá-los. Não à toa várias cidades gregas disputaram, desde cedo, a honra de ter sido a terra natal do bardo. Outra história que se conta sobre ele é que era cego, assim como seu confrade Demódoco, personagem da *Odisseia*. Para tornar vivo o passado heroico, o poeta, se abençoado pelas Musas, não precisaria ter visto nada do que conta. Dizer que Homero era cego é apontar para características da própria tradição épica.

SOBRE O TRADUTOR

CHRISTIAN WERNER Professor livre-docente de língua e literatura grega na Universidade de São Paulo, é autor da monografia *Memórias da guerra de Troia: a performance do passado épico na Odisseia de Homero* (Coimbra, 2018) e de traduções de Eurípides e Hesíodo, além de artigos e capítulos de livro sobre diversos aspectos da literatura grega arcaica e clássica e de sua recepção na modernidade, especialmente em João Guimarães Rosa.

ubu SESI-SP editora

Colagens ODIRES MLÁSZHO

Coordenação editorial MARIA EMILIA BENDER
Diretor editorial SESI-SP RODRIGO DE FARIA E SILVA
Preparação MARIANA DELFINI, MARIA EMILIA BENDER
Revisão CLÁUDIA CANTARIN, MARIA FERNANDA ALVARES, ISABELA SANCHES
Design ELAINE RAMOS, GABRIELA CASTRO
Assistente de design LIVIA TAKEMURA
Reproduções fotográficas EDOUARD FRAIPONT
Tratamento de imagem CARLOS MESQUITA
Produção gráfica MARINA AMBRASAS

1ª reimpressão, 2023

Dados Internacionais de Catalogação na Publicação (CIP)
Angélica Ilacqua CRB-8/7057

Ilíada: Homero
Tradução: Christian Werner
Colagens: Odires Mlászho
São Paulo: Ubu Editora/SESI-SP Editora, 2018
704 pp.

ISBN UBU EDITORA 978 85 92886 92 9
ISBN SESI-SP EDITORA 978 85 504 1059 3

1. Literatura grega 2. Poesia épica clássica
I. Werner, Christian.

821-1402 CDD-883.1

Índices para catálogo sistemático:
I. Literatura grega: Poesia épica: 883

SESI-SP EDITORA
Avenida Paulista, 1.313, 4º andar
01311-923 São Paulo SP
editora@sesisenaisp.org.br
www.sesispeditora.com.br

UBU EDITORA
Largo do Arouche 161 sobreloja 2
01219 011 São Paulo SP
ubueditora.com.br
professor@ubueditora.com.br
/ubueditora

Fonte TIEMPOS, NATIONAL
Papel PÓLEN BOLD 70 G/M²
Impressão MARGRAF

ubu SESI-SP editora